Der Kapitalzins

Kritische Studien

Von

Dr. Emil Sax

o. ö. Professor der politischen Ökonomie i. R.

Berlin

Verlag von Julius Springer

1916

ISBN 978-3-642-50564-5 ISBN 978-3-642-50874-5 (eBook)
DOI 10.1007/978-3-642-50874-5

Vorrede.

Der Verfasser des vorliegenden Buches hat sich die Aufgabe gestellt, die Theorie des Kapitalzinses einer auf den Grund gehenden Revision zu unterziehen. Den angestrebten Zweck glaubte der Verfasser am besten durch Anknüpfung an die Lehren desjenigen Schriftstellers zu erreichen, der am tiefsten in den Fragepunkt eingedrungen ist, nämlich an die Theorie von Böhm-Bawerk. Eine kritische Prüfung der Lehrmeinungen, welche die wesentlichen Bestandteile dieser, zu hohem Ansehen gelangten Theorie bilden, liefert ihm die Bausteine zum Aufbau seiner eigenen Theorie: auf die älteren Theorien und deren neuere Varianten zurückzugreifen, erschien ihm zwecklos, nachdem ihre Stellung und ihre Rolle in dem bezüglichen Ideenkreise durch den Genannten in seiner „Geschichte und Kritik der Kapitalzins-Theorien" wohl endgültig bestimmt worden sind. Gegen die „positive Theorie" des Kapitalzinses, welche Böhm-Bawerk an die Stelle der als unzulänglich erwiesenen Lehren setzen will, verhält der Verfasser sich ablehnend. Er nimmt diesen Standpunkt seit dem Erscheinen des Werkes ein und es war von Anfang seine Absicht, ihn im geeigneten Zeitpunkt zum Ausdruck zu bringen. Er war jedoch mit sich im reinen darüber, daß vorerst eine Reihe von Jahren verstreichen müsse, bevor es an der Zeit erscheine, mit seiner abweichenden Lehrmeinung hervorzutreten. Ihm schwebte das schöne Wort vor, mit dem J. St. Mill es begründete, daß er so lange zugewartet, bis er sich entschloß, gegen die Ausartungen der *Philosophie positive* in der zweiten Periode Comte's aufzutreten. „Solange ein Schriftsteller nur einen geringen Leserkreis besitzt und nur auf unabhängige Denker Einfluß ausübt, hat man einzig und allein zu erwägen, was er uns lehren kann; gibt es etwas, worin er weniger weise ist als wir, so müssen wir darüber hinweggehen, bis zu dem Zeitpunkte, wo seine Fehler Schaden zu stiften vermögen."

Der prinzipielle Standpunkt, welchen Böhm-Bawerk in der Theorie der Nationalökonomie vertritt, ist bekannt; er ist auch der des Verfassers. Zur Zeit des Erscheinens seines Werkes, d. i. in den 80er Jahren des vorigen Jahrhunderts, begegnete dieser in Deutschland in den Kreisen der Theoretiker — mit vereinzelten Ausnahmen — nur Mißverständnis und Übelwollen. „Die ganze Richtung paßt uns nicht" war der Leitspruch an einflußreicher Stelle, welche die öffentliche Meinung der Fachwelt und den Zugang zu den Lehrkanzeln der Hochschulen beherrschte. Es war das Wichtigste, jene Richtung vorerst zur Anerkennung zu bringen und gegen die angedeuteten Widerstände durchzusetzen. Dies alles gehört nun glücklicherweise der Vergangenheit an. Man kann heute mit Gemütsruhe auf den Kampf der Schulen zurückblicken, der ja schließlich zum Vorteile der Wissenschaft ausgegangen ist. Solange aber die vornehmlich in Österreich gepflegte sog. reine Theorie der Volkswirtschaft noch um Anerkennung ihrer Berechtigung zu ringen hatte, war es nicht angezeigt, die Stellung eines ihrer hervorragendsten Vertreter dadurch zu schwächen, daß ihm aus dem eigenen Lager Einwendungen gemacht oder Irrtümer nachgewiesen würden. Nunmehr sind solche Rücksichten längst gegenstandlos geworden, angesichts des Umschwunges der Anschauungen, zu dem gerade Böhm-Bawerk selbst durch die Vorzüge seiner Schriften erheblich beigetragen hat. Jetzt kann es keinem Bedenken mehr unterliegen, ja erscheint es im Interesse der nationalökonomischen Theorie geboten, darzulegen, was von der neuen Lehre unbeschadet ihrer prinzipiellen Grundlagen als unhaltbar aufzugeben sei. In welcher Hinsicht sie gegenwärtig Schaden zu stiften geeignet wäre, wird aus den Erörterungen des Buches erhellen.

Dasjenige, was gegen sie vorgebracht wird, beruht zum größten Teile auf Aufzeichnungen, welche schon beim Studium der ersten Auflage des Werkes (1889) gemacht wurden, und ergänzenden, welche die erneuete Prüfung aus Anlaß der zweiten Auflage (1900) anregte. Beim Erscheinen der dritten Auflage endlich (1909—12) hielt der Verfasser eben den Zeitpunkt für gekommen, seine längst gehegte, inzwischen freilich durch äußere Umstände auch wieder in den Hintergrund gedrängte Absicht auszuführen. Ungeachtet der erwähnten Vorlagen gedieh jedoch die Arbeit nur langsam; Alter und Krankheit ließen sie nicht rasch vonstatten gehen; Inanspruchnahme durch andere Interessen verursachte wiederholt lange Unterbrechungen. Mitte 1914 war sie vollendet und reif zur Herausgabe, als der Ausbruch des Weltkrieges neuerlich einen Aufschub mit sich brachte, der zu einer letzten Überprüfung benützt wurde, soweit die jeden einzelnen aufs tiefste berührenden und bewegenden Kriegsereignisse überhaupt Sinn und Zeit für etwas anderes übrig ließen.

Die Kritik ist indes dem Verfasser nicht Endzweck, sie ist nur eine Vorarbeit. Niemand kann gegenwärtig dem Zinsprobleme nachgehen, ohne sich mit der Theorie Böhm-Bawerk's gründlich auseinanderzusetzen. Erst dadurch kann Raum für die eigene theoretische Konstruktion gewonnen werden. Die des Verfassers steht auf dem Boden derjenigen Theorien, die in seiner „Grundlegung der theoretischen Staatswirtschaft“ vorgetragen sind. Das methodologische Prinzip dieses Werkes und die Analyse der elementaren ökonomischen Erscheinungen, auf welche der in ihm enthaltene Gedankenbau gegründet ist, geben auch die Unterlage für seine Auffassung der Zinserscheinung, was übrigens folgerichtig gar nicht anders sein kann. Das Buch, das in Deutschland nur geringe Verbreitung und anderwärts bessere Aufnahme fand, erschien im Jahre 1887, zu einer Zeit, da die „Geschichte und Kritik“ Böhm's bereits vorlag, die „Positive Theorie des Kapitalzinses“ aber noch nicht zur Veröffentlichung gelangt war. Die Darlegungen jenes ersten Teiles hatten in dem Verfasser die Erwartung erregt, der zweite Teil werde eine mit seiner eigenen übereinstimmende Zinstheorie bringen, und das bestimmte ihn, nicht nur inbetreff des Kapitalbegriffes unter ausdrücklicher Verweisung auf Böhm-Bawerk sich sehr kurz zu fassen, sondern auch die Erörterung der Phänomene des Zinses, sowie überhaupt des Produktions- und Verteilungsprozesses in der Privatwirtschaft zu übergehen, was tun zu können ihm im Hinblick auf den durch den Titel ausgedrückten eigentlichen Zweck des Werkes willkommen war. Jene Erwartung wurde dann allerdings enttäuscht und es kann also den Anschein haben, als wenn der Verfasser der „Grundlegung“, schon infolge übereinstimmender theoretischer Grundanschauungen, ein Anhänger der Zinstheorie Böhm-Bawerk's gewesen sei, während er doch nur angenommen hatte, es zu sein! Nun ist es sicherlich jedermann gleichgültig, was in einem vor 29 Jahren erschienenen Buche enthalten ist, das er nicht gelesen hat und nicht zu lesen gedenkt. Aber dem Verfasser ist es wichtig, festzustellen, daß seine theoretischen Ansichten in innerer Folgerichtigkeit durchgebildet waren und sich in solcher weiterentwickelt haben; eine Feststellung, die vielleicht auch nach dritter Seite hin nicht überflüssig ist. Das wird auch die frühere Äußerung, die Theorie Böhm-Bawerk's liefere ihm die Bausteine für seine eigene Lehre, deutlicher erklären und vor Mißverständnis schützen. Die Bemerkung bezieht sich nur auf die Darstellung, der Sache nach aber handelt es sich nicht um eine theoretische Konstruktion, welche jenen Baulichkeiten im südlichen Europa vergleichbar wäre, die aus den Quadern und diversen Baugliedern antiker Bauten aufgerichtet wurden, sondern um eine aus den allgemeinen Grundlagen seines theoretischen Systems hervorgewachsene Lehre. Das ist übrigens auch durch eine Anzahl von in andere Zusammenhänge verwobenen Stellen nachzuweisen, die, zusammengehalten, über die Auffassung des Verfassers keinen Zweifel lassen.

Mit Rücksicht hierauf erschien es notwendig, in dem Gange der Darstellung an einigen Punkten haltzumachen und je einen kurzen Lehrvortrag einzuschieben, der in Ergänzung oder Fortbildung der „Grundlegung“ Einzelheiten der Theorie im Sinne des Verfassers festlegt, auf die er sich im weiteren berufen und stützen kann. Die bezüglichen Ausführungen sind als „Einschaltungen“ bezeichnet und als solche im Druck hervorgehoben. Es dürfte sich empfehlen, sie nicht zu überschlagen.

Bei aufmerksamem Vergleichen der beiden Lehrmeinungen wird man finden, daß, wenn man sie bis in ihre Wurzeln verfolgt, ihre Verschiedenheit hauptsächlich auf zwei Momenten beruht: erstens auf der Konzeption der obersten Grundbegriffe, der Begriffe des Bedürfnisses und des Wertes, und zweitens auf dem methodologischen Prinzipe, das in der „Grundlegung" zu bestimmtem heuristischen Zwecke nachdrücklich formuliert und konsequent durchgeführt wurde.

Mit letzterem war der Verfasser den jüngeren deutschen Nationalökonomen längst vorangegangen, welche speziell für das Gebiet der Produktion auf die Unterscheidung zwischen den Erscheinungen der durch natürliche Faktoren an sich bestimmten ökonomischen Gestaltung der Gütergewinnung und den Erscheinungen der in den sozialen Beziehungen sich abspielenden gesellschaftlichen Güterversorgung so großes Gewicht legen und mit Rücksicht hierauf auch gegen die Kapitallehre Böhm's berechtigte Einwendungen erheben. Dieser Grundsatz gelangt auch bei unseren Erörterungen hier wieder zur Anwendung. Die Analyse der beiden Grundbegriffe mußte ihrer theoretischen Konsequenzen wegen den Ausgangspunkt der Untersuchung bilden, was wohl den Eindruck erzeugen kann, daß die Exposition etwas weit aushole. Es ist das aber unvermeidlich, und es wird sogar eine gewisse Weitläufigkeit notwendig, solange die nationalökonomische Theorie nicht über diese Grundfragen zu einer *communis opinio* gelangt ist.

Zum Zwecke der Analyse der elementaren Vorgänge des Wirtschaftens wird nach dem erwähnten methodologischen Verfahren das Wirtschaftssubjekt vorerst als der Natur allein gegenüberstehend ins Auge gefaßt und werden die allgemeinen Motivationen des menschlichen Handelns als Prämisse zugrunde gelegt. Es dient der Veranschaulichung der Lehrsätze, sich eine konkrete Persönlichkeit unter den gemachten Voraussetzungen handelnd vorzustellen. Die Anknüpfung an Böhm brachte es mit sich, als solche den von der Theorie schon so oft angerufenen Robinson wieder auftreten zu lassen: Robinson, den weltbekannten, zum Begriff erhoben, d. h. das außerhalb des Verkehres stehend gedachte Einzelwirtschaftssubjekt, dem wir die wirtschaftlichen Charakterzüge des Normalmenschen unseres Kulturkreises leihen. In dieser Weise verwendet kann das alte Inventarstück der Wirtschaftslehre, dem wieder zu begegnen vielleicht manchen befremden dürfte, noch ganz nützliche Dienste leisten; zum mindesten war der Verfasser bemüht, der Figur das abzugewinnen, was aus ihr herauszuholen ist.

Böhm spricht einmal den sehr berechtigten Wunsch aus, man möge, wenn man sich mit seinen Lehren beschäftige, diese immer genau in der von ihm gewählten Fassung vorführen. Anführung des Wortlautes ist diesfalls gewiß das einfachste, wenn nicht der Kürze halber eine auszugsweise Wiedergabe sich empfiehlt. In diesem Sinne wird in dem Buche vorgegangen. Die Zitate beziehen sich, wo nicht Gegenteiliges bemerkt ist, auf die dritte Auflage des Werkes, und zwar wird der erste Teil als „Geschichte", der zweite als „Positive Theorie" oder abgekürzt „Pos. Theorie" angeführt.

Anfang August 1914 ist Böhm-Bawerk unerwartet aus dem Leben geschieden und man wird einsehen, daß seinen Heimgang zu beklagen der Verfasser dieses Buches eben als solcher besonderen Grund hat. Dieses betrübende Ereignis veranlaßte auch einige Änderungen formeller Natur an mehreren Stellen des Entwurfes. Böhm hat gegen die „Grundlegung der theoretischen Staatswirtschaft" in einigen wichtigen Punkten Einwendungen erhoben, welche dem Sinne der Ausführungen Gewalt antun. Da diese polemischen Bemerkungen in allen Auflagen seines Werkes wiederholt sind und eine Erwiderung bisher nicht gefunden haben und da dem Verfasser doch daran gelegen sein muß, seine Lehrmeinungen vor Mißdeutung zu wahren, so wird man es begreiflich finden, daß er die Gelegenheit zur Richtigstellung nicht unbenützt läßt. In dieser Hinsicht hat nun die Pietät eine gewisse Zurückhaltung in der Entgegnung geboten, welche dem Lebenden gegenüber nicht hätte beobachtet zu werden brauchen. Hoffentlich haben die betreffenden Ausführungen dadurch an Objektivität gewonnen, was sie an Lebhaftigkeit eingebüßt.

Während des Aufschubes, den die Veröffentlichung des Buches erfuhr, ist die „Theorie der gesellschaftlichen Wirtschaft" von Wieser im Grundriß der Sozialökonomie, I, 1914, erschienen. Es wäre übel angebracht, eine Schrift dieses Autors mit Stillschweigen zu übergehen, wo eine Auseinandersetzung mit ihr ermöglicht ist. Indes muß eine Beschränkung auf das knappste platzgreifen. Die wissenschaftliche Eigenart und Bedeutung Wieser's sind den Lesern bekannt. Er ist ein feiner Kopf. Allein gerade in der Theorie des Kapitals und Kapitalzinses läßt er sich durch die Fehler seiner Vorzüge zu Scheinlösungen verleiten, die unter der Hülle einer ölglatten Sprache als solche nicht leicht zu erkennen sind. Die entscheidenden Einwendungen gegen seine Lehre konnten durch einige Einschiebsel, insbesondere im dritten und im letzten Kapitel, zum Ausdruck gebracht werden. —

Das Buch erscheint auf dem Markte in einem Zeitpunkte, der für seine Würdigung nicht ungünstiger gedacht werden kann. Die weltgestaltenden Ereignisse von säkularer Tragweite, die die Gegenwart unseres Erlebens zu einem geschichtlichen Wendepunkte stempeln, nehmen mit ihren politischen, wirtschaftspolitischen und finanziellen Folgen und mit den Fragen der praktischen Volkswirtschaft, die sich an diese knüpfen, jetzt alles Interesse in Anspruch, so daß für die Theorie der Volkswirtschaft wohl kaum etwas übrig bleibt. Jetzt gilt es, alle Kraft den Neugestaltungen zuzuwenden, nicht aber Theorien zu schmieden! Von diesem Gesichtpunkte aus möchte es vielleicht angezeigt geschienen haben, schon das Manuskript als Makulatur zu behandeln. Allein es harren der Theorie noch wichtige Aufgaben.

Der tiefe Eindruck, welchen die Ereignisse in den Geistern und Gemütern zurückgelassen haben, wird auch in der inneren Entwicklung der Völker sich geltend machen und auf die große Auseinandersetzung zwischen Kapital und Arbeit, die noch bevorsteht, nicht ohne Einfluß bleiben. Für diese Umgestaltung (liegt sie noch in weiter Ferne? ist sie nicht bereits am Wege? Und handelt es sich nicht nurmehr um die Schlußphase der Entwicklung?), die nicht als Umsturz, sondern im Sinne der Evolution vor sich gehen wird, bildet außer voller Beherrschung des geschichtlichen Tatsachenmaterials eine Übereinstimmung der gegnerischen Interessenvertreter in der theoretischen Grundanschauung des Wirtschaftslebens die notwendige geistige Vorbereitung. Wie weit man von einer Übereinstimmung der Ansichten und Einsichten gerade inbetreff der Erscheinungen des Kapitals und Kapitalzinses noch entfernt ist, weiß jedermann und es ist daher sicherlich die dringendste Aufgabe der nationalökonomischen Theorie, das innere Wesen dieser Dinge in einer Weise aufzuhellen, welche durch die Unangreifbarkeit der obersten Ausgangspunkte und die logische Strenge der Folgerungen sich allseitige Zustimmung erzwingt. Jeder Versuch und jedes Bemühen in dieser Richtung muß daher, sollte man meinen, trotz Ungunst der allgemeinen Stimmung willkommen und zeitgemäß erscheinen.

Am 71. Geburtstage.

Emil Sax.

Inhaltsverzeichnis.

I. Kapitel.

Die Wirtschaft Robinson's und die wirtschaftlichen Elementarbegriffe.

§ 1. Die zinstheoretischen Untersuchungen Böhm-Bawerk's beschließen den der Erklärung der Erscheinung im allgemeinen gewidmeten Teil mit einem Satze, der das gewonnene wissenschaftliche Ergebnis in eindruckvoller Weise festzuhalten den Zweck hat. „Sogar in der einsamen Wirtschaft eines Robinson könnte der Grundzug des Zinsphänomens, das Wertschwellen der für den Dienst der Zukunft vorbereiteten Güter und Nutzleistungen, nicht fehlen“ [1]). Der Satz ist nicht etwa nur ein den Ausdruck steigerndes und schmückendes Paradoxon, sondern allen Ernstes gemeint. Er stellt sich als Folgerung aus dem unmittelbar vorhergehenden allgemeineren dar, der besagt, „daß der Kapitalzins nicht eine zufällige historisch-rechtliche Kategorie ist, die gerade in unserer individualistisch-kapitalistischen Gesellschaft zum Vorschein kommt“, sondern sich als eine ökonomische Kategorie herausstelle, „die elementaren ökonomischen Ursachen entspringt und darum ohne Unterschied der Gesellschaftsorganisation und Rechtsordnung überall dort zum Vorschein kommt, wo es überhaupt einen Umsatz zwischen Gegenwarts- und Zukunftsware gibt“. Der Zins sei also als elementare Wirtschaftserscheinung mit seinem Wesen, das in der Wertveränderung der für die Zukunft vorbereiteten Güter und Nutzleistungen bestehe, auch schon in der isolierten Einzelwirtschaft vorzufinden, und es wird lediglich die Abweichung von den Erscheinungen der entwickelten Privatwirtschaft hervorgehoben: daß für Robinson „mit dem Fortfallen des Tauschverkehres der wichtigste Anlaß sich ziffermäßig genaue Rechenschaft über die Größe des Güterwertes zu geben.... fortfällt“; eine Rechenschaft, von der man mithin annehmen muß, daß er sich sie zu geben in der Lage sei, soferne andere Anlässe zu einer solchen sich bieten.

So unscheinbar jener kurze Satz ist, so vielsagend ist er. Einen bezeichnenderen, einen, der den Kern seiner Zinstheorie klarer bloß-

[1]) Positive Theorie, IV. Buch, S. 586.

legt, hätte Böhm in der Tat nicht finden können. Der Wert mit seinen Veränderungen bewirkt in der isolierten Wirtschaft Robinson's einen Wohlfahrtsgewinn, dessen wirtschaftliche Natur die gleiche ist, wie die Gütereingänge, die unsere Kapitalisten unter dem Namen des Zinses beziehen. Dieser Gedanke ist wohl geeignet, zu einer kritischen Prüfung der Theorie und ihrer Grundlagen anzuregen.

In höherem Grade vielleicht als andere mußte der Verfasser des vorliegenden Buches den Anreiz empfinden, eine Untersuchung in dieser Richtung aufzunehmen, da er in seiner „Grundlegung der theoretischen Staatswirtschaft" mit großem Nachdrucke den methodologischen Grundsatz vertritt, in der Analyse der wirtschaftlichen Erscheinungen streng zu unterscheiden zwischen denjenigen, die lediglich aus dem „ökonomischen Grundverhältnisse", der Gebundenheit des menschlichen Zwecklebens gegenüber den beschränkten in der Umwelt vorfindlichen Mitteln, entspringen, und den sozialökonomischen Erscheinungen, die in dem Verhältnis von Mensch zu Mensch ihren Grund haben. Die erstgedachten ergeben die allgemeinen Erscheinungen jedes Wirtschaftens, und was die Analyse als solche aufzeigt, muß in der isolierten Einzelwirtschaft sich in voller Reinheit darstellen. Unter den elementaren Kategorien dieser Art kommt der Zins nicht vor. Nach der Lehre Böhm's müßte er unter diese zu zählen sein und es mußte sich daher dem Verfasser der „Grundlegung" sicherlich nahelegen, zuzusehen, ob denn Robinson wirklich wirtschaftlich irgendwie als Kapitalist zu charakterisieren sei, der Zins gewinnt.

Es gilt somit, die Probe auf die Richtigkeit der gedachten Theorie in der Weise zu machen, daß, anstatt von der Privatwirtschaft der Wirklichkeit ausgehend das Wesen ihrer Erscheinungen der Wirtschaft Robinson's kurzweg zuzusprechen, von der Wirtschaft Robinson's ausgegangen und von dem, was sie uns zeigt, zu den sozialökonomischen Erscheinungen unseres Erlebens aufgestiegen werde.

§ 2. Zu diesem Zwecke wollen wir Robinson nicht etwa nur als schemenhaften *homo oeconomicus* behandeln, vielmehr ihn uns als Wesen von Fleisch und Blut vorstellen; als konkret gedachte Persönlichkeit (die freilich zugleich einen Typus abgibt), deren wirtschaftliche Handlungen psychologisch auf ihre Motivation zurückzuführen und in ihren Folgewirkungen ursächlich zu verstehen sind. Hierfür wird uns bessere Dienste als der Robinson Defoe's ein anderer leisten, dessen Bild Böhm selbst gezeichnet hat, indem er das betreffende Wirtschaftssubjekt zur Demonstration des Wertvorganges benützt [1]: ein Wirtschaftssubjekt, losgelöst aus den sozialen Beziehungen, das allein wirtschaftend der Natur gegenübergestellt ist. „Ein Kolonist, dessen Block-

[1]) Positive Theorie, III. Buch, S. 248.

hütte abseits von allen Verkehrstraßen einsam im Urwald steht.“ Dieser betreibt — offenbar auf freiem Grund und Boden, den er urbar gemacht hat — die Landwirtschaft und erntet regelmäßig fünf Maßeinheiten Getreide; Quantitäten, welche der Kürze halber als „Sack“ bezeichnet werden und mit welchen er seinen Bedarf bis zur nächsten Ernte bestreitet. „Einen Sack braucht er unumgänglich notwendig, um sein Leben bis zur nächsten Ernte zu fristen. Einen zweiten, um seine Mahlzeiten soweit zu vervollständigen, daß er gesund und bei Kräften bleiben kann. Noch mehr Korn in der Gestalt von Brot und Mehlspeisen zu genießen, hat er keinen Wunsch, dagegen wäre es ihm recht erwünscht, zur Brotnahrung etwas Fleischnahrung hinzuzufügen; er bestimmt daher einen dritten Sack zur Mästung von Geflügel. Einen vierten Sack widmet er zur Erzeugung von Kornbranntwein, für den letzten Sack endlich weiß er, nachdem seine bescheidenen persönlichen Bedürfnisse durch die vorausgehenden Dispositionen völlig gedeckt sind, keine bessere Verwendung mehr, als damit eine Anzahl von Papageien zu füttern, an deren Possen er sich ergötzt.“

Wir haben da ersichtlich einen robusten Mann von einfacher Lebensführung vor uns, körperlich und geistig gesund, mit normaler Begabung. Bekanntlich gab es Theoretiker, welche persönliche Eigenschaften dieser Art, Kraft, Gesundheit, Fähigkeiten, als wirtschaftliche Güter auffaßten, und zwar als Kapital, da die Gewinnung von Verbrauchsgütern doch wesentlich von solchen Eigenschaften des Arbeitenden mit verursacht ist. In diesem Sinne wird indes Robinson von uns nicht als Kapitalist angesprochen, denn über solche Kindlichkeiten ist die volkswirtschaftliche Theorie heutzutage doch wohl hinaus. Nach der Geschlossenheit und dem Gegenstande seiner Wirtschaftsführung kann er uns ganz wohl die Wirtschaftsvorstände der hauswirtschaftlichen Periode repräsentieren; die Väter der patriarchalischen Altfamilie, die eine geschlossene Menschengruppe in der primitiven Lebensfürsorge durch Bearbeitung des Bodens leiteten. Unser Kolonist ist noch ledig, doch es ist vorauszusehen, daß er eine Familie gründen wird. Vorläufig hat er sich nur eine notdürftige Unterkunft gezimmert: eine Hütte zum Schutze vor den Unbilden des Wetters und den Angriffen wilder Tiere, aber er wird eine standhaftere Behausung erbauen. Er arbeitet hart, um seine bescheidenen Bedürfnisse befriedigen zu können, aber er besitzt technisches Geschick und er weiß sich, wie Böhm an anderer Stelle einflicht, Geräte anzufertigen, mit welchen er erfolgreich okkupatorischen Tätigkeiten (Jagd, Fischerei) obliegen kann, die ihm wohlschmeckende Nahrungsmittel liefern. Auch den Getreidebau betreibt er mit Hilfe selbstverfertigter Geräte, welche die einfache Kapitalausstattung einer solchen Wirtschaft bilden.

In welchem Erdteile er lebt, welchem Volksstamme er angehört, ob er blonde oder schwarze Haare, eine gerade oder gebogene Nase hat, wissen wir leider nicht. Dennoch wäre dies wichtig, wenn schon nicht für uns, so doch für diejenigen Theoretiker, die den Unterschieden des

Klimas, der Abstammung, des Temperaments usw. einen dermaßen tiefgreifenden Einfluß auf die Handlungen der Menschen zuschreiben, daß man — wie sie meinen — Allgemeingültiges über sie nicht aussagen könne; vielleicht auch für diejenigen, welche unter Umständen bei Robinson schon der Rasse nach eine natürliche Disposition zum Kapitalisten zu finden geneigt wären. Für uns jedoch, ernsthaft gesprochen, haben nicht solche, sondern allgemeine psychische Merkmale der wirtschaftenden Persönlichkeit, die er verkörpert, Interesse. Unser Robinson zählt nicht mehr zu den Menschen der primitiven Entwicklungsstufen. Sein wirtschaftliches Handeln empfängt die Motivation nicht mehr bloß von Gefühlsimpulsen der augenblicklichen Verumständung, sondern schon in erheblichem Maße von der Reflexion. Denn er führt bereits einen Haushalt auf die Dauer der Zeitperiode von der Aussaat bis zur Ernte des Getreides: er bemißt planmäßig Bedürfnisse und Befriedigungsmittel für diesen Zeitraum, wozu er durch die Natur selbst die Anregung empfing, die die erwähnte Gütergewinnung an solchen Zeitverlauf band. Bei ihm sind die intellektuellen Gefühle, auf welche in letzter Analyse die wirtschaftlichen Handlungen des Menschen zurückzuführen sind, das Bedürfnisgefühl, die Unlust der Arbeitsplage und das Wertgefühl, unter dem Einfluß der Reflexion in das Unterbewußtsein zurückgetreten, aus welchem sie jeweils hervortreten, wenn eine neue wirtschaftliche Situation emotionelles Handeln auslöst. Seine Vorsorge für die Zukunft, welche sich nicht bloß auf Ansammeln von Nahrungvorräten und Herstellung dauerbarer Gebrauchsgüter, sondern auch auf Kapitalbildung und -verwendung erstreckt, hat jene Wohlfahrtbilanz zwischen Gegenwart und Zukunft zur Voraussetzung, welche die gedeihlichste Lebensführung im Verlaufe der Zeit erstrebt und den Grund zu höheren Entwicklungsstufen der Wirtschaft legt. Er wird daher für uns auch als Urbild des wirtschaftlichen Kulturmenschen verwendbar. Als ein solcher eignet er sich zum Objekte der psychologischen Analyse, auf welche Böhm seine Theorie aufbaut und die wir nun zunächst einer kritischen Prüfung zu unterziehen haben. Sie betrifft die Begriffe des Bedürfnisses und des Wertes. Der erste bildet die Voraussetzung des zweiten und bei beiden ist der für den Gegenstand unserer Untersuchungen entscheidende Fragepunkt der: welche Erscheinungen durch das „Verhältnis von Gegenwart und Zukunft in der menschlichen Wirtschaft“ bedingt sind.

§ 3. Bei der Analyse des Bedürfnisbegriffes ist zur Gewinnung voller Klarheit die Unterscheidung des zweifachen Sinnes, welchen wir mit dem Begriffsnamen verbinden, sehr nützlich, ja unentbehrlich: die Unterscheidung des Bedürfnisses im objektiven und im subjektiven Sinne[1]). Im objektiven Sinne begreift es die Zustände des Bedürfens, im subjektiven Sinne ist es das durch jene angeregte ökonomische Bedürfnisgefühl.

[1]) Vgl. „Grundlegung der theoretischen Staatswirtschaft“, S. 175.

Der Zustand des Bedürfens: die Tatsache unserer Abhängigkeit von den Naturdingen hinsichtlich der Erreichung unserer Lebenszwecke, ist lediglich Gegenstand des verstandesmäßigen Erkennens und das gilt selbstverständlich auch hinsichtlich der künftigen Bedürfnisse (in diesem Sinne). Der Zustand des Bedürfens ist noch nicht das Bedürfnisgefühl, kann aber mit einem körperlichen Gefühle verbunden sein. Gar arge Mißverständnisse sind dadurch veranlaßt, daß man das nicht unterschied. Hunger, Durst, Frieren sind gewiß sehr unangenehme körperliche Gefühle, aber wirtschaftlich nichts anderes als objektive Zustände des Bedürfens. Letztere erzeugen das ökonomische Gefühl, welches der Verfasser der „Grundlegung", sich stützend auf die zurzeit verfügbaren wissenschaftlichen Erkenntnisse, beschrieben hat als, wie ihm scheine, bestehend „in der Empfindung der Unlust ob der Hemmung, welche dem Menschen in seinen Bestrebungen durch die Gebundenheit an äußere Mittel auferlegt ist", verbunden mit dem „Begehren nach Befriedigung", oder kürzer als die „in Begehr nach Befriedigung auslaufende Seelenstimmung". In jenen Fällen, in welchen der objektive Zustand des Bedürfens mit körperlichen Unlustgefühlen verbunden ist, beeinflussen diese zweifellos die Stärke des letztgedachten Verlangens, ohne daß deshalb dieses mit jenen verwechselt werden darf, wie das z. B. auch bei Böhm geschieht.

Hierzu noch eine ergänzende Bemerkung: Die konkreten objektiven Bedürfnisse bleiben bestehen, auch nachdem die Güter zu ihrer Befriedigung beschafft sind, bis zur Konsumtion. Die subjektiven Bedürfnisse dagegen zessieren, sobald die Erlangung der bezüglichen Güter gesichert ist. Wenn also Robinson einen Getreidevorrat für ein Jahr besitzt, welcher den im Beispiele angenommenen Zuständen des Bedürfens entspricht, so wird er jenes Unlustgefühl und jenes Begehren nach den Gütern nicht weiter hegen, da es ja gestillt ist, es wird ihm nur bewußt bleiben, daß er die Güter während dieser Zeit bewahren und vor Verderb schützen müsse. Das tun bedeutet nur mehr eine Willensregung (vgl. hierzu die Ausführung in der Einschaltung).

Wenn man von gegenwärtigen und künftigen Bedürfnissen spricht, so ist genau darauf zu achten, welche Bedürfnisse gemeint sind. Bestimmte objektive Bedürfnisse können gegenwärtig bestehen, künftig nicht, oder gegenwärtig nicht, dagegen künftig auftreten, und es gibt bekanntlich Dauerzustände des Bedürfens in ununterbrochener oder zeitlich unterbrochener Folge, bezüglich welcher die Frage der Trennungsmarke zwischen Gegenwart und Zukunft eine gründlichere Erledigung bedarf, als welche ihr bisher zuteil geworden ist.

Die subjektiven Bedürfnisse setzen jeweils das Nichtvorhandensein der zur Befriedigung des objektiven Bedürfnisses dienlichen Güter im Bereiche der bezüglichen Wirtschaft voraus und erstrecken sich im einzelnen Falle so weit, als der Mensch an objektive Bedürfnisse, gegenwärtige und zukünftige, denkt.

§ 4. Soweit der Mensch künftige objektive Bedürfnisse ökonomisch in Betracht zieht, nicht etwa bloß Luftschlösser baut, regen sie schon gegenwärtig wirtschaftliches Handeln an. Über die Seelenvorgänge, welche dies vermitteln, herrscht keineswegs Übereinstimmung der Ansichten. In unserer „Grundlegung" war die Meinung zum Ausdruck gebracht, es geschehe dadurch, daß sich mit dem Wissen des Eintretens des künftigen Bedarfsfalles die Erinnerung an die im früheren Falle bis zur Befriedigung gehabte Unlust verbindet [1]. Die Erinnerung ist eine Vorstellung von etwas Vergangenem, hier also die Vorstellung vergangener Unlust, bzw. der Unlust, welche wir wieder zu gewärtigen hätten, wenn wir ihrem Eintreten nicht durch Vorsorge für den künftigen Bedarf vorbeugen. Unter dem Einflusse der Lehrmeinung hervorragender Psychologen, derzufolge jedem menschlichen Zweckbegehren ein Gefühl mitverursachend zugrunde liegt, folgerten wir, daß eben diese Erinnerung schon gegenwärtig ein subjektives Bedürfnis auslöse: „eine in Begehr nach Befriedigung auslaufende Seelenstimmung", nur eben gerichtet auf die Zukunft. Ein solches Begehren sei schwächer als ein gleiches subjektives Bedürfnis der Gegenwart, nehme in der Skala der jeweiligen Bedürfnisregungen den seiner Stärke entsprechenden Platz ein und determiniere dadurch die wirtschaftlichen Entschlüsse des Menschen nach dem Prinzipe, daß „jedes intensivere Bedürfnis das minder intensive in der Geltendmachung zurückdrängt [2]. Böhm lehrte dagegen in der ersten Auflage seiner „Positiven Theorie", daß lediglich die durch die Erinnerung an frühere Bedürfnisfälle eingeleitete Vorstellung künftiger subjektiver Bedürfnisse rein verstandesmäßig die Vorsorge für letztere anrege. Der erwähnten, entgegenstehenden psychologischen Lehrmeinung wird nicht Rechnung getragen, ja es geschieht ihrer nicht einmal Erwähnung. Der Unterschied der beiden vorgetragenen Ansichten kann sich einem Unbefangenen in nichts anderem darstellen, als daß — von dem nämlichen Ausgangspunkte — die eine eine emotionelle, die andere eine ausschließlich auf Reflexion beruhende Motivation annimmt. Nunmehr führt jedoch Böhm [3] mit eingehender psychologischer Begründung seine Lehre des weiteren in einer Weise aus, die geeignet ist, die schon gegen die ursprüngliche Fassung sich aufdrängenden Bedenken noch zu vermehren.

Das Bedürfnis wird — der Wortlaut schließt jeden Zweifel aus — als ein Leid, ein Unlustgefühl charakterisiert, welches der Mensch bei Eintreten eines Bedarfsfalles, d. i. beim gegenwärtigen Bedürfnisse, empfindet. Erst bei künftigen Bedürfnissen, die vorbedacht werden, genüge schon die durch die Erinnerung an solches Bedürfnisleid hervorgerufene Vorstellung des künftigen Bedürfnisleides, d. i. ein intellek-

---

[1] Grundlegung der theoretischen Staatswirtschaft, S. 178.
[2] Grundlegung, S. 176.
[3] Positive Theorie, IV Buch, S. 427 und Exkurs XI.

tuelles Urteil über die Intensität des künftigen subjektiven Bedürfnisses, um eine Motivation für wirtschaftliches Handeln in der Gegenwart abzugeben. Hiermit erscheint jedenfalls eine zwiespältige Erklärung für einen doch sicherlich wesensgleichen Vorgang gegeben. Ist gedacht, daß die Vorstellung des künftigen Bedürfnisleides lediglich verstandesmäßig wirkt, d. h. dem Menschen es als ein Gebot der Klugheit erscheinen läßt, sich der Wiederkehr von Bedürfnisleid zu entziehen: dann ist nicht einzusehen, warum bei einem gegenwärtigen Bedürfnisse nicht auch die verstandesmäßige Erwägung allein genüge, den Menschen zu dessen Befriedigung anzuspornen. Ist aber gedacht, daß ein gegenwärtiger „Mangel" nur durch das Gefühl, das er erregt, zum Handlungsmotive wird, dann ist nicht einzusehen, warum nicht auch ein künftiger Mangel in gleicher Weise solle wirksam werden.

Böhm bestreitet das letztere, indem er ausführt: „Von der Rücksicht auf . . . . uns bedrohende Unlustgefühle (d. i. künftige Bedürfnisse) leiten sich schon in der Gegenwart stattfindende Motivationen ab." „Die bezügliche Motivationskraft steht in irgend einem funktionellen Zusammenhange mit der Intensität der künftigen . . . . . Unlust." „Sie ist . . . . . regelmäßig geringer als sie es sein würde, wenn es sich um gegenwärtige Unlustgefühle handeln würde." (Warum dies der Fall sei, wird nicht gesagt: man muß es einfach glauben.) „Wir können uns ferner über den Grad der Intensität eines künftigen (solchen) Gefühles eine Meinung bilden": „auf Gefühlsvorstellungen fußende Urteile über die Intensität künftiger . . . Unlustgefühle", „wobei diese urteilsmäßigen Intensitätsschätzungen ohne Zweifel von der wirklichen Intensität, mit welcher jene Gefühle" (also die künftigen Bedürfnisgefühle) „in der Zukunft tatsächlich eintreten . . . . . . in der Mehrzahl der Fälle differieren." (Das hier im Druck von uns Hervorgehobene schließt jeden Zweifel darüber aus, daß in einem solchen Falle das künftige Wirksamwerden eines Bedürfnisgefühles, und zwar in gleicher Stärke, wie es unter gleichen Umständen gegenwärtig sich äußern würde, ausgesagt ist.) Jenes Verstandesurteil bestimme das gegenwärtige Handeln unmittelbar, oder wenn in der Kausalkette doch noch irgend ein aktuelles Gefühl enthalten sein sollte, dann müßte dieses Gefühl erst noch entdeckt werden: er (Böhm) vermöge es nicht zu finden.

Wir sind außerstande, die vorgetragene Lehrmeinung zu erfassen. Ihr zufolge macht sich der Mensch eine Vorstellung der künftigen Bedürfnisgefühle, aber er stellt sie sich schwächer vor als sie tatsächlich sein werden: also eine unrichtige Vorstellung. Dieselbe regt ihn zum wirtschaftlichen Handeln an; man muß annehmen: zu richtigem wirtschaftlichen Handeln. Wozu? Offenbar zur Vorsorge für den künftigen Bedarfsfall. Daß solche Vorsorge, welche dem künftigen Bedarfsfalle schon vorhinein die Mittel sichert, gemeint ist, geht aus näheren Ausführungen hervor. Nun muß man doch fragen: Wie kann denn, wenn solcher Art vorgesorgt ist, in Zukunft dann ein Bedürfnisleid entstehen? Daß es dennoch entsteht, ist aber unzweideutig gesagt! Wir stehen vor einem Rätsel und das Gebaren des Menschen nach der Beschreibung müßte geradezu widersinnig erscheinen. Es hätte offenbar guten Zweck, sich das drohende künftige Leid richtig vorzustellen, um es zu vermeiden. Welchen Sinn es jedoch haben soll, es sich falsch vorzustellen, um es dann in voller Stärke über sich ergehen zu lassen, bleibt unerfindlich. Demgegenüber erscheint es doch ersichtlich als eine plausible Erklärung, daß eben die Erinnerung an die in der Vergangenheit bis zur Befriedigung gehabte Unlust das Bestreben hervorruft, die Wiederkehr der Unlust der Nichtbefriedigung zu vermeiden, und dieser Wunsch, ist er etwas anderes als „eine in Begehren nach Befriedigung auslaufende Seelenstimmung"? Böhm versteht jedoch diese gegenwärtige Gefühlsregung nicht, die in so einfacher Weise jenes aktuelle Gefühl darstellt, das er nicht zu finden vermag, weil er in der Meinung befangen ist, es sei hier an ein durch die Vorstellung des künftigen Gefühles erzeugtes Vorgefühl gedacht; eines jener Vorgefühle, die durch die mehr oder minder lebhafte Vorstellung eines künftigen mit Lust oder Unlust verknüpften Zustandes ausgelöst zu werden pflegen; die aber von erheblich geringerer Intensität sind als das Hauptgefühl, indes nicht entstehen müssen, in vielen Fällen bis zur Unmerklichkeit herabsinken, ja auch ganz fehlen können. Solche Vorgefühle könnten nicht dasjenige psychische Phänomen sein, auf welchem die Motivationskraft der künftigen Hauptgefühle beruht. Letzteres ist unbedingt zuzugeben. Das durch die Erinnerung nach unserer Lehrmeinung angeregte Bedürfnisgefühl ist jedoch keineswegs ein solches Vorgefühl, vielmehr das Hauptgefühl selbst, nur eben zeitlich antezipiert. Es werden nicht, wie es Böhm auslegt, zwei Gefühle wirksam, künftig das Hauptgefühl, gegenwärtig das Vorgefühl, sondern das eine Gefühl, um dessen Motivationskraft es sich handelt, wird im voraus, bevor noch der objektive Bedürfnisfall eingetreten ist, empfunden [1]).

[1]) Zu der irrigen Auslegung unserer Lehre hat ein Versehen im Ausdruck Anlaß gegeben, das in der „Grundlegung" unterlaufen ist, wo es heißt (S. 178), daß wir Menschen „das künftige subjektive Bedürfnis vorempfinden". Der Sinn des Satzes wird sofort klar, wenn entweder das Wort „künftige" oder das Wort „subjektive" gestrichen wird. Daß aber in der Tat nur ein nicht gut gewählter sprachlicher Ausdruck des Gedankens vorliegt, erhellt aus dem Zusammenhange des Sinnes der Ausführungen. So schon aus den alsbald nachfolgenden Sätzen, ferner den bezüglichen Stellen auf S. 314 und 315, in welchen, für den unbefangenen Leser deutlich genug, gesagt ist, daß das „voraus", d. i. vor dem Eintreten des Bedarfsfalles, empfundene Bedürfnis durch die Vorstellung des künftigen (objektiven) Bedürfnisses entstehe, und wo das solcherart beschriebene Bedürfnis immer nur mit gegenwärtigen, „unmittelbaren" Bedürfnissen in Vergleich gebracht wird, niemals mit einem künftigen subjektiven Bedürfnisse, zu dem es in irgendwelcher Beziehung stünde! Immer ist nur von einem einzigen Bedürfnis die Rede, niemals von zwei Bedürfnissen: einem künftigen und einem gegenwärtigen, das der Vorläufer des erstgedachten wäre.

Wer unbefangen die vorgetragenen Lehrmeinungen vergleicht, wird nicht im Zweifel sein, welcher er den Vorzug zu geben habe, er wird sich aber auch klar darüber sein, daß das durch den Intellekt geleitete Handeln unserer Lebensfürsorge auf der Reflexion über die Veranlassung, den Verlauf und den Zusammenhang jener Handlungen und ihrer Folgen beruht, die in ihrer ursprünglichen Erscheinung durch die Analyse des Bedürfnisbegriffes beschrieben und erklärt sind. Daß solches Handeln, wie wir es im Alltagsleben beobachten, einen planmäßigen Bedacht auf den künftigen Bedarf zeigt, natürlich ohne Vorstellung des künftigen Bedürfnisleides, das ja infolge der Vorsorge nicht eintritt, bedarf wohl keiner Ausführung mehr.

Damit sind wir aber auch im klaren darüber, wie sich unser Robinson zu den Bedürfnissen verhalten wird. Robinson wird zwar seine durch den Getreidevorrat zu befriedigenden künftigen objektiven Bedürfnisse jeweils vom gegenwärtigen Augenblicke an bis zur Einbringung der

---

Des Sinnes der Darstellung nicht achtend, übt Böhm eine im Tone nicht eben freundliche Buchstabenkritik, die dem Verfasser der „Grundlegung" entgegenhält, einem anderen Autor „ohne eigene Prüfung des Sachverhaltes" nachgefolgt zu sein, den von diesem begangenen Irrtum „in noch derberen Formen" weiterzuspinnen, ja sogar die Konsequenzen der eigenen These nicht zu bedenken! So habe er wohl schwerlich bedacht, welche Folterqualen (!) wir immerfort ausstehen müßten, wenn wir alle die künftigen Bedürfnisse und Leiden, gegen die wir uns durch Vorsorge schützen, nur um ein paar Prozente im Grade abgeschwächt, beim Vorausbedenken wirklich durchempfinden müßten". Böhm schwebt da offenbar eine Summierung der Vorgefühle mit den künftigen Hauptgefühlen vor, die natürlich nicht platzgreift, wo nur e i n Gefühl gedacht ist. Auch ist bei dem Einwande übersehen, daß das Bedürfnisgefühl erlischt, sobald es seine Motivationskraft geäußert, d. h. eine Handlung der Vorsorge ausgelöst hat oder eine solche nach Lage der Dinge nicht auslösen konnte; und daß, wenn der Kulturmensch seine Blicke auf immer weitere Zeiträume in die Zukunft richtet, in ihm die Reflexion in immer steigendem Maße zur Vorherrschaft gelangt ist, mit der Folgewirkung, fernerhin je auf die Dauer der Haushaltperiode, in welcher die Befriedigung durch den Gütervorrat bzw. Gütereingang gesichert ist, die Entstehung eines Bedürfnisgefühles als emotionelles Begehren auszuschließen. Übrigens wären wir, wenn die Bedürfnisgefühle „Qualen" ergäben, mit der Vorausempfindung in geringerer Intensität noch immer besser daran, als nach der Lehre Böhm's in deren jetzigem Wortlaute, derzufolge sie uns trotz der Vorsorge beim Eintritt des Bedarfsfalles mit voller Intensität berühren.

Angesichts einer solchen, bei Böhm sonst ungewohnten Art und Weise der Polemik mußte es den Verfasser um so peinlicher berühren, sich mit namentlicher Anführung den „psychologisch dilettierenden Nationalökonomen" beigezählt zu sehen, (Positive Theorie, II., S. 327), welche von „psychischen Tatsachen entstellende Beschreibungen geben", ..., „deren pseudopsychologische Behauptungen und Darlegungen störende Fremdkörper in der nationalökonomischen Theorie sind" usw., denen gegenüber Böhm sich für berufen erachtet, mit Betonung seiner eigenen Vorsicht und Umsicht bei der Grenzüberschreitung in das psychologische Fachgebiet, korrigierend einzugreifen. Es hätte ihm wohl besser angestanden, dem Urteile jener höheren Instanz nicht vorzugreifen, die zur Entscheidung über alle solchen theoretischen Lehrmeinungen und Kontroversen allein die erforderliche Unparteilichkeit und Kompetenz besitzt.

nächste Ernte wohl vor Augen haben, für diese Zeit jedoch subjektive Bedürfnisse dieser Art nicht empfinden, vielmehr werden die objektiven Bedürfnisse des nächsten Jahres, sobald er an sie denkt, sein Bedürfnisgefühl und durch dieses sein Handeln anregen, soweit es dessen, angesichts der bei ihm schon durch die Planmäßigkeit seiner Wirtschaft gesicherten Wiederholung der Produktion überhaupt bedarf. Treten Bedarfsfälle anderer Art in seinen Gesichtskreis, so wird sich prompt das Bedürfnisgefühl bei ihm einstellen.

§ 5. Das Bedürfnis steht in enger Beziehung zum Werte und eben wegen dieses Verhältnisses war die vorgängige Erörterung notwendig. Die Beziehung zwischen den beiden Begriffen ist eine so nahe, daß sie in der gedanklichen Entwicklung mitunter durcheinander fließen. Ein Zusammenhang dieser Art tritt auch bei Böhm zutage. Bezüglich der künftigen Bedürfnisse stellt er den Satz an die Spitze, daß von der Rücksicht auf solche sich schon gegenwärtig Wertgebungen und Motivationen ableiten, und in einem anderen Abschnitte [1]) hatte er von den Bedürfnissen im allgemeinen gelehrt, daß sie durch die Intensität der Lust und Unlust als gemeinsamem Vergleichungspunkt kommensurabel und dadurch einer Größenbestimmung zugänglich sind und diese Größenbestimmungen die Grundlage für unser Verhalten gegenüber den Gütern bilden und, zwar sowohl für die Wertschätzung als auch für unsere praktischen Wirtschaftshandlungen. Wir sehen hier den Wert in unmittelbare kausale Beziehung gebracht zu den Bedürfnissen und zugleich zwischen diese und das wirtschaftliche Handeln eingeschaltet, wonach also die Motivation der Wirtschaftshandlungen nicht von den Bedürfnissen direkt ausgehend zu denken wäre, sondern vermittelt durch den Wert.

Von der Stärke eines bestimmten Bedürfnisgefühles hinge sonach die Höhe des Wertes ab, welchen wir den Gütern beimessen, die zur Befriedigung des bezüglichen Bedürfnisses dienen, und nach dieser Werthöhe richten wir unser Verhalten zu diesen Gütern ein. Hier muß nun freilich eine Einschaltung gemacht werden. Es ist nicht dasjenige Bedürfnis gemeint, um dessen Befriedigung es sich jeweils handelt, sondern dasjenige, dessen Befriedigung den Grenznutzen ergibt. (Bei der Vertrautheit der Leser mit letzterem Begriff ist dieser kurze Ausdruck möglich.) Aber auch in diesem Sinne der Aussage erscheint die Wertgebung (Bewertung) als Mittelglied zwischen den Bedürfnissen und ihrer Motivationswirkung. Das regt die Frage an, ob bestimmt gesagt sein soll, daß die Motivation von den Bedürfnissen aus durch die Wertgebung hindurchgehe oder nicht. Im ersten Falle wäre demnach den Bedürfnisgefühlen an sich eine Motivationskraft nicht zuzuerkennen, sondern nur die Wirkung, vorerst einen anderen Seelenvorgang anzuregen, der erst zu untersuchen ist. Wäre das nicht ein innerer

[1]) Wertgröße und Gefühlsgröße, Positive Theorie II, S. 340.

Widerspruch der Lehre? Im andern Falle, wenn die Bedürfnisse ihre Motivationswirkung direkt ausüben, entsteht die Frage, wozu denn der Wert da sei; welche Funktion er zu verrichten habe, oder, wenn eine solche nicht nachgewiesen werden kann, ob Bedürfnis und Wert nicht lediglich zwei Seiten einer und derselben Erscheinung seien [1]). Man sieht, daß das Verhältnis der beiden Begriffe zueinander wohl einer näheren Feststellung bedarf, worüber im späteren nebenbei eine kurze Andeutung einfließen soll, daß uns Böhm hierüber jedoch im unklaren läßt, mit Ausnahme eines Punktes, der aber auch mit aller Bestimmtheit zum Ausdruck gebracht ist, nämlich, daß die Höhe des Wertes von der Intensität der Bedürfnisgefühle, der Intensität von Lust und Unlust, abhängt.

Die Aufklärung über den gedachten Fragepunkt kann uns nur von voller Einsicht in das Wesen der Werterscheinung zuteil werden. Eine solche ist aber auch schon mit Rücksicht auf den speziellen Gegenstand unserer Untersuchungen erforderlich. Wenn der Zins eine Werterscheinung ist; wenn er im Wertschwellen seinen Grund hat, so müssen wir vor allem im klaren darüber sein, was für ein Ding das ist, von dem Veränderungen ausgesagt werden können, die mit dem Vergleiche des Anschwellens erläutert werden. Und wir müssen die bezügliche Lehrmeinung des Autors genau zu verstehen trachten, um bei der Untersuchung nicht etwa unvermerkt andere Voraussetzungen, als von welchen er selbst ausgegangen ist, einzuschieben, so daß leerer Wortstreit vermieden werde. In dieser Absicht wollen wir der Analyse des Wertbegriffes, wie sie Böhm durchführt, sorgsam nachgehen.

§ 6. Eingangs der Darstellung finden wir den Vorgang der Wertung mit Worten gekennzeichnet, die nicht anders als auf ein Gefühl gedeutet werden können: „Wir schätzen und lieben die Güter . . . . . . wegen der Förderung, die wir von ihnen für unsere Zwecke erwarten.“ Hiernach gewärtigt man eine Definition des Wertbegriffes im Sinne derjenigen Auffassung, welche in unserer „Grundlegung“ vertreten ist. Allein diese Erklärung wird alsbald verlassen und es tritt eine rein verstandesmäßige „Würdigung“ an ihre Stelle, eine „intellektuelle Schätzung“, an welcher auch weiterhin festgehalten wird, wonach fortab „schätzen“ nur im Sinne von „Wert beilegen“ als Verstandes-Operation oder „einen bestimmten Wert beilegen“, die Größe des Wertes bestimmen, verstanden wird [2]). Unmittelbar an die zitierte Kennzeichnung des all-

[1]) S. 312, l. c. wird von „unserer Wertschätzung künftiger Güter und der damit parallel gehenden Fassung unserer für künftige Bedürfnisse vorsorgenden wirtschaftlichen Entschlüsse“ gesprochen, was bei der Unbestimmtheit des Sinnes des bildlichen Ausdruckes natürlich in dem Fragepunkte auch nichts besagt.

[2]) Es finden sich zwar später wieder einzelne Stellen, an denen genau genommen von „schätzen“ im Sinne einer Gefühlsäußerung, oder von einem auf das Gut übergeleiteten praktischen „Interesse“ gesprochen wird, diese Ausdrücke fallen jedoch nur aus der Rolle und ändern an dem Gesamttenor der Ausführungen nichts.

gemeinen Wesens des Wertes schließt sich die üblich gewordene, von Böhm gebilligte Unterscheidung zwischen Wert im subjektiven und Wert im objektiven Sinne. Der erstere wird erklärt als „die Bedeutung, die ein Gut oder eine Gütermenge für die Wohlfahrtszwecke eines bestimmten Subjektes besitzt", letztere als „die in unserem Urteil anerkannte Tüchtigkeit eines Gutes zur Herbeiführung irgendeines bestimmten äußeren, objektiven Erfolges". Jene „Bedeutung" ist unverkennbar eine individuelle Zweckbeziehung, die letztgedachte Tüchtigkeit eine Eigenschaft der Güter und es fällt einem folgerichtigen Denken wohl sehr schwer, so verschiedene Dinge als Unterfälle der seelischen Regung jenes erstgedachten „Schätzens und Liebens" begreifen zu sollen. Substituiert man diesem aber, wie es von seiten Böhm's geschieht, die lediglich verstandesmäßige „Anerkennung", so wird die Denkschwierigkeit zwar etwas gemindert, aber nicht behoben, da die von ihm selbst bemerkte „tiefgehende Wesensverschiedenheit der beiderlei Werturteile und der Tatbestände, an die sie sich knüpfen", bestehen bleibt. Wenn dann Böhm schließlich sich sogar geneigt zeigt (mehr aus Entgegenkommen gegen andere, als aus eigenem Antriebe), die beiden definierten Begriffe des subjektiven und des objektiven Wertes als Unterarten eines über ihnen zu konstruierenden allgemeinen einheitlichen Wertbegriffes anzusehen, so liegt hierin die Einräumung, daß ein solcher erst zu suchen wäre, von ihm auch nicht formuliert ist (denn die anfangs gegebene Erklärung wurde ja sofort aufgegeben). Der Versuch, zu welchem er sich abschließend herbeiläßt, auf „dürftige, gemeinsame Erscheinungsmerkmale" die Formaldefinition eines einheitlichen wirtschaftlichen Wertes zu bauen, etwa mit der Fassung: „Geltung der Güter im Wirtschaftsleben", oder „Maß der Dinge in der Wirtschaft" (nach Wieser), wird von ihm selbst als wissenschaftlich nicht genügend bezeichnet, da bei näherem Eingehen auf die betreffenden Tatbestände sofort offenbar werde, daß es sich doch „um zwei in ihrem Wesen recht stark differierende Erscheinungsgruppen handelt"! Damit trennt er das Wortgewebe wieder auf. Und er tut wohl daran. Denn Begriffsbestimmungen wie die zuletzt angeführten versetzen uns in jene überwundene Phase des Wissenschaftsbetriebes zurück, in der man durch Umschreibungen eine Erklärung zu geben vermeinte oder sich über die Schwierigkeit einer Erklärung durch anscheinend tiefsinnige, in Wahrheit aber inhaltlose Worte hinweghalf.

Wir müssen also im Sinne Böhm's den Wert lediglich als Verstandesurteil auffassen und die beiden unterschiedenen Wertbegriffe als ganz verschiedene Dinge von Anfang auseinanderhalten. Dies eröffnet uns alsbald eine wichtige Einsicht.

Im Umfange des Begriffes des objektiven Wertes wird der durch Beispiele illustrierten Eignung gewisser Güter zu technischen Zwecken, dem Heizwert von Brennstoffen, dem Nährwerte von Speisen u. dgl. die Eignung von Gütern zur Herbeiführung eines bestimmten äußeren

wirtschaftlichen Erfolges als ganz nahe verwandtes Glied angereiht, welches für die Nationalökonomie eine hervorragende Wichtigkeit besitzt: der (objektive) Tauschwert der Güter. Das ist die „auf den gegebenen tatsächlichen Verhältnissen beruhende Befähigung derselben, im Tausche eine bestimmte Menge anderer Güter als Gegengabe zu verschaffen". Die „bestimmte Menge anderer Güter" ist durch den Marktpreis bezeichnet. Der Tauschwert ist also die Fähigkeit eines Gutes, den jeweilig durch die tatsächlichen Verhältnisse bedingten Marktpreis zu erzielen.

Dieser ganz klare Begriff erschließt uns sofort die Erkenntnis, daß bezüglich desselben von einem Anwachsen, Anschwellen nicht die Rede sein kann. Die Eignung, ein Güterquantum — nicht ein Güterquantum überhaupt, sondern ein bestimmtes Güterquantum x, welches jeweilig durch die einschlägigen ökonomischen Verhältnisse bestimmt ist, im Tausche zu verschaffen, kann nur entweder vorhanden sein oder nicht vorhanden sein, aber sie kann logischerweise nicht wachsen oder sich mindern. Die Charakterisierung als objektiver Wert besiegelt vollends diese Feststellung. Wenn der Tauschwert ein objektiver Wert ist, gleichwie der Brennwert von Holz oder der Nährwert von Nahrungsmitteln, so muß er eben ein fest gegebener sein wie letztere, anderenfalls wäre die Zusammenfassung dieser Dinge in einen Begriff ein logischer Verstoß. Die Qualifizierung als objektive Eigenschaft der Güter rückt überdies den Tauschwert in ein schiefes Licht. Der Marktpreis ist ein Quantitätsverhältnis der Güter, welches durch die im Tauschverkehre stehenden Menschen jeweils konkret festgesetzt wird. Im „objektiven" Tauschwerte in dem ihm hier beigelegten Sinne wird somit ein aus den Wirtschaftshandlungen der Menschen entspringendes Resultat dem Gute zugeschrieben, wie wenn es aus dessen natürlicher Beschaffenheit hervorginge, gleich den angezogenen technischen Wirkungen der Naturdinge. Daß dies keine unterstellende Auslegung ist, erhellt aus der Wendung, die wir S. 217 lesen: „Tauschwert ist die Fähigkeit eines Gutes, im Austausch ein Quantum anderer Güter zu erlangen." Als ob das hingegebene Gut für sich die Gegengabe erwürbe! Natürlich ist nicht beabsichtigt das zu sagen, aber daß solche Wendungen der Feder entschlüpfen, rührt eben von der falschen Basis her, von welcher die Gedankenentwicklung ausgeht. Das alles ist nun aber für unseren Robinson herzlich gleichgültig, da der Tauschwert für ihn nicht existiert. Wir brauchen uns daher an dieser Stelle auch mit der Beleuchtung der Folgen des hier begangenen theoretischen Mißgriffes nicht weiter aufzuhalten [1]).

---

[1]) Im weiteren werden diese Folgen zutage treten und es wird sich zeigen, daß ein prinzipieller Irrtum der Zinslehre Böhm's in ihnen wurzelt (§ 38). Es wird dort auch klar erhellen, daß die Fehlerquelle in dem Begriffe des objektiven Wertes liegt, der die Erfassung des Tauschwertes als sozialökonomische Massenerscheinung beeinträchtigt, und daß der Begriff daher aus der nationalökonomischen Theorie auszumerzen ist.

Für Robinson kann nur der Wert im subjektiven Sinne in Frage kommen, der fortab immer unter dem Begriffsnamen ohne weiteren Beisatz gemeint ist. Dieser wird definiert als „die Bedeutung, welche ein Gut oder ein Güterkomplex für die Wohlfahrtszwecke eines Subjektes besitzt“, und noch genauer: als „diejenige Bedeutung, die ein Gut oder Güterkomplex als anerkannte Bedingung eines sonst zu entbehrenden Nutzens für die Wohlfahrtszwecke eines Subjektes erlangt“. Die „Bedeutung“ ist nun freilich keine Sacherklärung, sondern einfach ein Synonymum: man kann ohne weiteres auch ein anderes an ihre Stelle setzen, z. B. Wichtigkeit, Nützlichkeit; ja man kann auch die Worterklärung einfach umstellen, die Bedeutung der Güter durch den Wert erklären, wie dies Böhm selbst tut, wenn er (l. c. S. 358) sagt, daß „die Bedeutung der Güter für die Lebenswohlfahrt sich in ihrem subjektiven Werte ausspricht“! Kleidung ist das Gewand, welches der Mensch trägt. Wert ist die Nützlichkeit, welche ein Gut oder Gutkomplex für den Menschen als anerkannte Bedingung der Erreichung eines bestimmten Wohlfahrtszweckes besitzt: ist hier an der „Nützlichkeit“, selbst mit dem Mikroskop betrachtet, auch nur der mindeste sachliche Unterschied gegenüber der „Bedeutung“ in der Definition Böhm's zu entdecken? Bekanntlich gibt es eine Richtung der nationalökonomischen Theorie, welche diese ganze Materie unter dem Namen der Nützlichkeit (nicht der Nutzbarkeit, sondern dieser spezifischen Nützlichkeit) abhandelt und den Namen Wert (in diesem Sinne) vermeidet. Wert nach der angeführten Definition ist mithin nicht eine wirtschaftliche Erscheinung, sondern eine Redeweise. Er ist nichts anderes als die Erkenntnis eines „Grenznutzens“ oder ein erkannter Grenznutzen. Ein „Werturteil“ ist ein Urteil über einen Grenznutzen: die Aussage, ein Gut habe einen hohen oder einen niedrigen Wert, ist identisch mit der Aussage, es ergebe einen hohen oder geringen Grenznutzen. Wenn aber gesagt werden sollte, diese „Bedeutung“ beschäftige die Verstandestätigkeit der Menschen in irgend einer Weise, so könnte das nur eine Kontemplation sein, wie gut es doch sei, daß das Ding existiere oder existent werden könne, das einen solchen Nutzen schafft; wie anders unsere Lage wäre, wenn es nicht existierte usw.: ein ganz müßiger Zeitvertreib; müßig, da die Motivation des wirtschaftlichen Handelns inbezug auf das Gut schon durch das Bedürfnis gegeben ist.

Der Wert im Sinne Böhm's, der eine verstandesmäßige Motivation bewirken soll, ist also etwas Unerklärtes, wenn er etwas vom Grenznutzen Verschiedenes sein soll: „Wertgröße“ ist ein Maß von etwas, von dem ich nicht weiß, was es ist. Wir werden aber der Argumentation wegen genötigt sein, im folgenden immer von Wert und Werthöhe im Sinne Böhm's zu sprechen.

§ 7. Die Frage ist nun: wie erfolgt die Feststellung der Werthöhe als ein rein verstandesmäßiger Vorgang? Wir werden hierüber nicht im Zweifel gelassen. Der Mensch, wird uns gelehrt, klassifiziert seine Bedürfnisse nach dem Grade ihrer „Wichtigkeit" oder „Bedeutung"; richtiger wäre zu sagen: nach der Wichtigkeit ihrer Befriedigung. Unter Bedürfnissen nicht Bedürfnisgattungen, sondern konkrete Bedürfnisse verstanden, wohlbemerkt also dasselbe, von dem wir hörten, daß es Gefühle von bestimmter Intensität auslöst (wonach die Psyche in doppelter Weise in Anspruch genommen würde). An unserem Robinson wird exemplifiziert, wie wir uns das zu denken haben [1]). „Bedienen wir uns, um zu einem kurzen ziffermäßigen Ausdruck dafür zu gelangen, einer Skala von 10 Wichtigkeitsgraden, so wird unser Kolonist der Fristung seines Lebens (durch eines der fünf Getreidequanten seiner Ernte) natürlich den höchsten Grad 10 zuerkennen, der Erhaltung seiner Gesundheit etwa den Grad 8, dann absteigend der Verbesserung seiner Kost durch eine Zutat von Fleisch den Grad 6, dem Genuß von Branntwein den Grad 4 und endlich der Haltung von Papageien den denkbar niedrigsten Grad 1."

Diese Beispielziffern sollen, worauf Böhm vorhinein aufmerksam macht, nur das Vorhandensein von Gradunterschieden illustrieren, keineswegs aber besagen, daß diese Gradunterschiede in demjenigen Verhältnisse stehen, welches in den Ziffern zum Ausdruck kommt.

Mit den angeführten Zahlen hat man sich sohin die relative „Bedeutung", d. i. verstandesmäßige Schätzung, der Güter im Geiste Robinson's fixiert zu denken: wenn es sich um einen Sack seines Getreides handelt, mit 1, wenn es sich um den ganzen Vorrat handelt, mit der Summe von $10 + 8 + 6 + 4 + 1$, wenn er nur einen einzigen Sack besäße, mit 10; Zifferndifferenzen, die mit Rücksicht auf die bemerkte Einschränkung der Bedeutung der Beispielzahlen natürlich in gleichem Sinne aufzufassen sind. Der so verstandene Wert biete ihm mühelos die richtige Orientierung hinsichtlich seines wirtschaftlichen Handelns. Bezüglich der Konsumtion wird er allerdings dessen nicht bedürfen; wird er sich nicht erst des Wertes der betreffenden Guteinheit zu erinnern brauchen, um sie nicht unrichtig zu verwenden, vielmehr wird diesfalls die Stärke des (Verwendung-) Begehrens ganz von selbst ihn schon die Wahl treffen lassen.

Warum die Ziffern nur Gradunterschiede, nicht genaue Maßunterschiede illustrieren sollen, wird nicht mitgeteilt, es hat das aber offenbar darin seinen Grund, daß der Mensch eben gar nicht imstande ist, eine vernunftgemäße Abstufung der Bedürfnisse nach Wichtigkeitsgraden im Sinne einer ziffermäßig bestimmbaren Verhältnismäßigkeit vorzunehmen.

Das ergibt nun freilich einen Widerspruch mit der Behauptung, daß Robinson sich nur darum keine ziffermäßig genaue Rechenschaft über die Wertgröße gebe, weil er keinen Anlaß dazu habe, insolange er

---

[1]) Positive Theorie. S. 249.

nicht in einen Tauschverkehr gerät — ein Ereignis, das aber Böhm selbst mit der Möglichkeit der Niederlassung eines anderen Ansiedlers in der Nähe in Aussicht nimmt. Kommt ein solcher neuer Ansiedler zu Robinson und macht ihm ein Anbot auf einen Sack seines Getreides, dann trete seitens Robinson's sofort die ziffermäßige Bemessung der Werthöhe ein, auf Grund welcher er die Entscheidung über Annahme oder Ablehnung des Anbotes fällt. Da stehen wir nun wieder vor einem Rätsel, nämlich: Wie kann der Mensch ein ziffermäßiges Urteil über die Werthöhe fällen, wenn er nicht imstande ist, ein solches über die Wichtigkeit der Bedürfnisse zu fällen, nach welchen sich die Werthöhe richten soll?

Wir erhalten über die Bemessung der Wichtigkeit der Bedürfnisse auch durch dasjenige nicht Aufschluß, was weiterhin darüber ausgeführt wird. Sie erfolge, heißt es, durch Inbetrachtnahme der Schwere der nachteiligen Folgen, die die Nichtbefriedigung für unsere Wohlfahrt nach sich zieht. Die höchste Wichtigkeit werde demnach jenen Bedürfnissen beigemessen, deren Nichtbefriedigung unseren Tod zur Folge hätte, ihnen zunächst stellen wir jene, aus deren Nichtbefriedigung ein schwerer Nachteil für unsere Gesundheit hervorgehen würde usw. Das ist indes nur die andere Seite derselben Sache. Der Nachteil besteht eben in der Nicht-Erreichung des betreffenden Zweckes: der Tod in der Nicht-Erhaltung des Lebens, die Krankheit in der Nichterhaltung der Gesundheit . . . . Die Größe des Nachteils hängt folglich ab von der Bedeutung, welche wir den Zwecken beimessen. Damit bewegen wir uns in einem Zirkel und kommen da schließlich zu der Frage der subjektiven Wertung jener Lebensgüter, der „primären Werte"; einer Frage, welche der Domäne der Philosophie angehört. Wir brauchen uns in sie jedoch nicht einzulassen, da wohl jedermann vorhinein darüber im klaren ist, daß dieser Wertung eine ziffermäßige Bestimmtheit nicht eigen sein kann. Also auch wenn wir die Frage bis in jene Regionen verfolgen, kommen wir zu keinem anderen Ergebnis, als daß eben von einer verstandesmäßigen Bemessung der Wichtigkeit der Bedürfnisse zu einer ziffermäßigen Bemessung der Werthöhe eine logische Brücke nicht hinüberführe. Ungeachtet dessen werden wir im folgenden an der ziffermäßigen Bestimmbarkeit der „Werthöhe" nicht weiter mäkeln, da wir in unserer Werttheorie zu einer solchen, allerdings auf ganz anderer Basis und in anderer Auffassung, ebenfalls gelangen.

Aber da erinnern wir uns, daß Böhm andernorts, wie wir bereits festzustellen Anlaß hatten, die Werthöhe von der Intensität der Bedürfnisgefühle abhängig erklärt, also nicht mehr von der verstandesmäßig erwogenen Wichtigkeit, sondern von der gefühlsmäßig empfundenen Stärke der Bedürfnisse. Das ist doch etwas total Verschiedenes. Die beiden Sätze ergeben abermals einen Selbstwiderspruch der Lehre. Man fühlt sich gedrängt, zuzusehen, ob sie in irgend einer Weise zu vereinigen wären. Da der Widerspruch ein in die Augen springender ist, so hätte man erwartet, daß uns in einer eigenen Ausführung gezeigt werde, daß und wie sie dennoch vereinbar seien. Eine solche geistige Hilfe wird uns jedoch nicht geboten und wir müssen auf eigene Faust den Ausweg suchen. Allein es gelingt uns nicht, ihn im Umkreise der Lehre Böhm's zu finden. Ein solcher könnte nur in einer bestimmten Beziehung gegeben sein, die zwischen der Wichtigkeit und der Intensität der Bedürfnisse obwalte. Diese Beziehung könnte Lust und Unlust herstellen: und zwar in zweifacher Weise. Entweder sind Robinson die Bedürfnisse wichtig und in dem Verhältnisse wichtig, weil, und im Verhältnisse als, ihre Befriedigung ihm Lust erregt, Unlust abwehrt. Oder umgekehrt: weil und im Maße als sie ihm wichtig sind, bereitet ihm ihre Befriedigung Lust bzw. Vermeidung von Unlust.

Im ersten Falle hat also für Robinson das eine und das andere Bedürfnis den Wichtigkeitsgrad 10 bzw. 8 usw., weil die Befriedigung dieser Bedürfnisse ihm Lust von der Intensität von 10 bzw. 8 Grad bereitet. Diese Gefühlsregung wäre das den Wert Bestimmende und das Handeln Motivierende, die verstandesmäßige Erwägung der Wichtigkeit ein bloßes Akzessorium. Im anderen Falle bereiten ihm die Bedürfnisse vom Wichtigkeitsgrade 10 bzw. 8 in ihrer Befriedigung Lustgefühle in der Stärke von 10 bzw. 8, die Wichtigkeit motiviert ihn aber noch nicht, sondern erst die zu gewärtigende Lust bzw. die Unlust des Bedürfnisgefühles und danach bemißt er akzessorisch auch den Wert der Befriedigungsmittel.

Nur im ersten Falle wäre eine ziffermäßige Bestimmtheit der Werthöhe erklärt, weil die Gefühlsintensitäten unmittelbarer Bewußtseinsinhalt sind und eine gegenseitige Abmessung ergeben, die nach der Ansicht Böhm's keine bloße Unterscheidung dem Grade nach, sondern ein eigentliches Messen sei; die Zurückführung auf Einheiten, die sich freilich nur mit annähernder, für die Praxis des Wirtschaftslebens aber ausreichender Genauigkeit vollziehe.

Die gedachte Voraussetzung ist aber nichts anderes als die hedonistische Anschauung und diese wird von Böhm ausdrücklich abgelehnt. Eine andere verwirft er nicht, macht sie sich aber auch nicht zu eigen; das ist die „von so vielen namhaften Psychologen vertretene Lehre, daß alle Begehren notwendig aus Gefühlen entspringen müssen, wobei also die Gefühlsqualitäten Lust und Unlust zwar nicht teleologisch, wie der Hedonismus annimmt, wohl aber kausal bei jedem menschlichen Zweckbegehren im Spiele sein müßten".

Auf Grund dieser Lehre hätten wir im zweiten Falle anzunehmen, daß das der Wichtigkeit des Bedürfnisses entsprechende Begehren nach den Gütern durch das inzwischen liegende Lust- bzw. Unlustgefühl von ebenfalls entsprechender Stärke motiviert werde. Aber die Wertgebung wäre dann ein für die Wirtschaftshandlung gleichgültiger, sie nur begleitender Seelenvorgang. Und überdies wäre ihre ziffermäßige

Bestimmtheit auch nicht konkludent erklärt, denn die 10 bzw. 8 der Wichtigkeitsgrade sollen ja nur zum Ausdruck bringen, daß das eine Bedürfnis wichtiger sei als das andere, nicht aber auch, daß dieser Gradunterschied einer im Verhältnis von 10 : 8 sei, während bei den Gefühlsintensitäten gerade ein durch dieses Ziffernverhältnis ausgedrückter Unterschied der Stärke behauptet wird.

Wir sehen: die eine Annahme, welche die Erklärung bieten würde, lehnt Böhm ab; diejenige, welche er nicht ablehnt, bietet die Erklärung nicht [1]). Somit stehen wir nach wie vor vor der unbeantworteten Frage, wieso „die Größenbestimmungen von Lust und Unlust die Grundlage für das intellektuelle Urteil über die Größe der Bedeutung, welche die Güter für unsere Wohlfahrt besitzen, bilden“ sollen.

Das Fazit ist: Es liegen uns für die Bestimmung der Werthöhe zwei miteinander unvereinbare Erklärungen vor, zwischen welchen wir wählen können, und beide sind unzureichend.

Ein Zusammenhang zwischen intellektuellem Urteil über die Werthöhe und Gefühlsintensität könnte schließlich in entgegengesetztem Sinne gefunden werden, wenn wir das von Böhm vorangestellte „Schätzen und Lieben“ der Güter als eigentliche Werterscheinung auffassen. Wenn wir die Güter wegen der Förderung unserer Zwecke schätzen und lieben, die wir von ihnen erwarten, so doch sicher auch nach Maßgabe dieser Förderung, d. i. nach Maßgabe der Wichtigkeit dieser Zwecke. Danach läge folgender Vorgang vor: Wir fällen zuerst ein intellektuelles Urteil über die Wichtigkeit unserer Zwecke und sonach über die Wichtigkeit der Güter, von denen ihre Erreichung abhängt. Nach Maßgabe dessen schätzen und lieben wir die Güter, d. h. werten wir sie, aber nicht das letztgedachte Gefühl motiviert uns hinsichtlich unseres Verhaltens zu den Gütern, vielmehr jenes Verstandesurteil, das eben noch nicht der Wert ist, sondern nur seine Unterlage. Das wäre gerade das Gegenteil unserer eigenen Ansicht. Wir erblicken im Wert ein Gefühl, das uns je nach seinem Stärkegrade motiviert und auf dessen Äußerungen sich erst die reflektierten Werturteile aufbauen. Jene Meinung stünde aber wieder in dezidiertem Widerspruch zu der Ansicht Böhm's, an welcher nach dem ganzen Gange seiner Darstellung nicht zu rütteln ist: daß die intellektuellen Werturteile unsere Wirtschaftshandlungen inbetreff der Güter leiten.

Abschließende und klare Einsicht ist also mit dieser Werttheorie nicht gewonnen, vielmehr gelangen wir bei allem Bemühen, sie zu ergründen, doch nur zu dem unerfreulichen Ergebnisse, daß sie uns in ein

---

[1]) Wohlverstanden: nach dem ganzen Zusammenhange seiner Lehren. Anders verhält es sich mit unserer Theorie. Für uns ist gerade diese psychologische Grundanschauung der Ausgangspunkt der Bedürfnis- und Werttheorie. Diese Bemerkung möge Platz finden, um unseren Standpunkt betreffs des Hedonismus für denjenigen zu kennzeichnen, für den es überhaupt dessen bedarf.

Wirrsal führt[1]). Aber eine Schlußfolgerung ist mit unbedingter Sicherheit aus ihr zu ziehen, die den Gegenstand unserer Untersuchungen angeht. Wenn der Wert ein intellektuelles Urteil über die Bedeutung der Güter als Mittel zum Zwecke ist, so müssen wir folgern, daß der Mensch den Wert gegenwärtiger Güter und den Wert künftiger Güter, die unter gleichen Umständen gleichen künftigen Bedürfnissen dienen, gleich schätzt, da ja die Zweckbeziehung in beiden Fällen die nämliche ist. Diese Konsequenz erkennt Böhm auch in der Tat für seinen Wert an. Damit sind wir bei der ersten Etappe unseres Weges angelangt.

Einschaltung: Bedürfnis und Wert im Lichte der Psychologie. Die kurzgefaßte Analyse der wirtschaftlichen Grundbegriffe, wie sie in meiner „Grundlegung der theoretischen Staatswirtschaft", 1887, vorliegt, ist ein Versuch, die Lehren der Fachpsychologie, welche Gemeingut der allgemeinen Bildung geworden sind, für die nationalökonomische Theorie nutzbar zu machen. Insoweit die Mangelhaftig-

[1]) Auch Wieser läßt in seinem neuen Werke den, der sich seiner Führung anvertraut, in dieser Grundfrage nicht klar sehen. In der Darstellung der Erscheinung des Bedürfnisses wird der „Zustand erreichter Bedürfnisbefriedigung" Nutzen genannt und gelehrt: Wie alle Bedürfnisbefriedigungen ohne Ausnahme miteinander nach dem Grade ihrer Wichtigkeit vergleichbar sind, so ist auch der Nutzen aller Dinge ohne Ausnahme in seiner Größe vergleichbar (a. a. O., S. 144). Da der Nutzen das befriedigte Bedürfnis ist, so muß „Größe" des Nutzens „Wichtigkeit" des befriedigten Bedürfnisses sein. Unter dem Grade der Wichtigkeit sind wohl ziffermäßig bestimmbare Maßunterschiede nicht zu verstehen; ungeachtet im System der Lehre von „Nutzeinheiten" gehandelt wird, die doch Wichtigkeiteinheiten sein müßten? S. 151 lesen wir sodann: „Die Bedürfnisskalen messen den „Bedürfniswert", das ist „den Wert, welchen die Zustände der Bedürfnisbefriedigung für unser Dasein haben". Die Bedürfniswerte sind „primäre Werte", welche die Wirtschaftstheorie einfach als gegebene Tatsachen hinzunehmen, in deren Analyse sie sich nicht einzulassen hat. Nur das wird uns mitgeteilt, daß sie „unrechenbare Intensitätsgrößen" sind (S. 215). In welcher Beziehung aber diese Intensitätsgröße zur Wichtigkeit der Bedürfnisbefriedigung stehe, darüber wird uns keine Aufklärung gegeben. Die Bedürfnisskalen messen nun den erwähnten Bedürfniswert „nach dem Grade der Intensität, mit dem er begehrt wird". Das kann nur bedeuten: Nach dem Grade der Intensität, mit welchem der Zustand der Bedürfnisbefriedigung, der Nutzen, begehrt wird, werden die Mittel der Befriedigung begehrt, nach der Stärke dieses Begehrens kann man mithin die Intensität des Bedürfniswertes bemessen. Das Begehren ist selbstverständlich als werktätiges Begehren gedacht. Die Bedürfniswerte ergeben also je nach Intensität die Bedürfnisse verschiedener Stärke und die letzteren regen das wirtschaftliche Handeln an. Das wirtschaftliche Handeln erscheint hiermit auf die primären Werte zurückgeführt. Auf der folgenden Seite finden wir aber dargelegt, daß jene primären Werte auf die wirtschaftlichen Befriedigungsmittel übertragen werden, und daß erst diese, durch die Übertragung entstandenen sekundären Werte auf das wirtschaftliche Handeln wirken. Das sind doch offenbar zwei miteinander nicht vereinbarliche Aussagen: die eine läßt die primären Werte der Wohlfahrtzustände durch die Bedürfnisse (die Bedürfnisskalen) den Anstoß zum Handeln geben, die andere läßt diese Wirkung durch den übertragenen, sekundären Wert vor sich gehen.

keit der Ergebnisse nicht dem Verfasser zur Last fällt, beruht sie auf den Unvollkommenheiten, die jeder Neuerung anhaften. Daß auf den ersten Anlauf nicht alle Früchte gewonnen waren, welche das Verfahren liefern kann, ist indes gar kein Grund, es abzulehnen oder wieder aufzugeben. Ein wesentlicher Fortschritt in der zu lösenden Aufgabe, die Wirtschaftshandlungen und wirtschaftlichen Beziehungen der Menschen in ihrer seelischen Verursachung zu erfassen, stand zu erwarten, wenn sie von fachpsychologischer Seite selbst in die Hand genommen würde oder wenn Fortschritte der Psychologie speziell in derjenigen Hinsicht, in welcher sie als Hilfwissenschaft der Nationalökonomie dient, angestrebt würden. Das ist nun in der Reihe von Jahren, die seit Erscheinen jenes Werkes verflossen sind, in der Tat geschehen. Es sind vorwiegend Arbeiten österreichischer Gelehrter, welche dieses Ziel verfolgen, und unsere Einsichten haben durch dieselben eine namhafte Förderung erfahren.

Der Analyse des Bedürfnisbegriffes sind gewidmet die beiden Schriften: O. Kraus, „Das Bedürfnis, ein Beitrag zur beschreibenden Psychologie", Leipzig 1894, und Franz Čuhel, „Zur Lehre von den Bedürfnissen, theoretische Untersuchungen über das Grenzgebiet der Ökonomik und der Psychologie", Innsbruck 1907.

Der erstgenannte Autor faßt das Bedürfnis als den Willensakt des Begehrens auf und bestimmt den Umfang des Begriffes nach den verschiedenen Richtungen des Willens. Diese Auffassung hat er in neueren Untersuchungen fallen gelassen, indem er, wenn wir ihn richtig verstehen, das Begehren als Vorziehen des einen Dinges gegenüber dem anderen in den Wertbegriff verlegt. Demnach würde das Bedürfnis als oberster wirtschaftlicher Begriff nurmehr im Sinne des objektiven Bedürfnisses, als Bedarfsfall und Bewußtsein desselben, Geltung bewahren, und das durch jenes angeregte Begehren in den Wertbegriff einbezogen sein. In gewissem Maße böte das sicherlich eine Vereinfachung der theoretischen Konstruktion. Der Begriff des subjektiven Bedürfnisses entfiele, damit auch die Kontroverse, zu welcher er Anlaß gab. Zugunsten der gedachten Auffassung wäre anzuführen, daß das Bedürfnis-Begehren doch immer ein Begehren nach Befriedigung durch ein bestimmtes Gut ist und daß die Frage der Motivation unseres Verhaltens gegenüber den Gütern keinerlei Schwierigkeit mehr ergäbe. Alles was im folgenden über die Werterscheinung ausgeführt ist, würde uneingeschränkt aufrecht bleiben.

Im Rahmen der überlieferten Auffassung hat der andere Autor die Erscheinung des Bedürfnisses einer äußerst eingehenden Analyse unterzogen, die allerdings den Eindruck macht, daß sie in den Zergliederungen der Einzelheiten wohl gar zu weit geht. Es wird im Bedürfnisse, im Begehren nach Befriedigung durch ein Gut, ein Wohlfahrtsbegehren, ein Verwendungsbegehren und ein Verfügungsbegehren unterschieden. Dem möchten wir beistimmen, ohne uns alle Konsequenzen zu eigen zu machen, in welche die Unterscheidung verfolgt wird. Die Beibehaltung des subjektiven Bedürfnisbegriffes hat den Umstand für sich, daß sie zu einem tieferen Eindringen in die seelischen Vorgänge der menschlichen Wirtschaftshandlungen führt: dafür sind die Untersuchungen Čuhels der sprechendste Beweis. Auf sie im einzelnen einzugehen, liegt nicht in unserer Absicht, wohl auch, soweit die psychologischen Unterlagen in Frage kommen, nicht in unserer Kompetenz. Nur ein Punkt soll mit Bezug auf die Ausführungen des § 4 berührt werden. Čuhel erblickt im „künftigen" Bedürfnisse ein Verfügungsbegehren nach Befriedigungmitteln, von welchen das Wirtschaftssubjekt weiß, daß es in einem künftigen Zeitpunkte ein Verwendungsbegehren nach ihnen haben wird, und leugnet, daß dieser „psychische Reflex" ein aktuelles Gefühl sei. Wir halten auch demgegenüber unsere, gegen Böhm verfochtene Ansicht aufrecht; wir meinen, daß in dem Falle der Mensch gegenwärtig nicht bloß ein Verfügungsbegehren, sondern auch ein Verwendungsbegehren habe, nur eben gerichtet auf zukünftige Wohlfahrtförderung durch das Gut, während nach Čuhel nur eine Vorstellung des (künftigen) Verwendungsbegehrens vorliege. Ist das Gut zufolge der Motivation durch jenes subjektive Bedürfnis für die Zukunft beschafft, dann bildet der Verwendungswille in dem zukünftigen Zeitpunkte kein emotionelles Begehren mehr. Was oben S. 6 ff. gegen die Einwürfe Böhm's ausgeführt wurde, haben wir auch den Einwendungen entgegenzuhalten, dic Čuhel S. 302 gegen die bezüglichen Stellen der „Grundlegung" erhebt.

Als ein spezieller Vorzug der Čuhelschen Analyse erscheint es dem Verfasser, daß sie eine mit seinen eigenen Ansichten vielfach übereinstimmende, sie noch vertiefende Einsicht in das Wesen des Kollektivismus, der Kollektivitätsgefühle und der Kollektivbedürfnisse eröffnet.

Die Ausführungen Čuhel's haben von O. Kraus (in der Anzeige in der Zeitschrift für Volksw. u. Pol. XVII. Bd.) in manchen Punkten eine Kritik erfahren, die als psychologische Kontroverse sich unserem Urteile entzieht und zum Teile wohl auf den abweichenden psychologischen Grundanschauungen, welchen die beiden Autoren folgen, beruht. Jedenfalls ist durch die beiden Schriften die Frage des Bedürfnisbegriffes erheblich geklärt worden.

Noch bedeutender sind die Fortschitte, welche gleichzeitig hinsichtlich des Wertbegriffes gemacht wurden. Sie zielen nach der Richtung, nicht bloß das Wesen des wirtschaftlichen Wertes als Sondererscheinung klarzulegen, sondern den Wert als eine allgemeine psychologische Kategorie zu erfassen, so daß der wirtschaftliche Wert als ein Unterfall der allgemeinen Erscheinung zu begreifen wäre. Die psychologische Fachliteratur hat diesbezüglich unter hervorragender Beteiligung seitens österreichischer Philosophen eine rege Betätigung entfaltet.

Eine vortreffliche Orientierung über die bis nun erzielten Resultate bietet O. Kraus, der selbst mehrere Schriften zu dem Probleme beigesteuert hat, in dem Aufsatze „Die Grundlagen der Werttheorie"

(Philosophische Jahrbücher, II. Jahrg. 1914). Die für uns wichtigsten Ergebnisse wären etwa in folgender Weise zusammenzufassen. Eine namhafte Anzahl von Fachpsychologen (darunter Wundt, Jodl, Paulsen, Meinong) erblickt im Wertungsakte ein Gefühl. Dieser Gefühl- oder Affekttheorie steht eine andere gegenüber, die „voluntaristisch" genannt wird, weil sie lehrt, daß der Wertbegriff aus Akten des Wollens oder Begehrens geschöpft werde. Von österreichischen Autoren zählt v. Ehrenfels hierher. Neuestens scheint sich die Meinung herauszubilden, daß Gefühl und Begehren im Werte vereint sind, da man das Gemeinsame von Fühlen und Wollen in den Vordergrund stellt und das Begehren wohl auch unter die Gefühlsregungen rangiert. Kraus scheint selbst dieser Meinung zuzuneigen. Auf Seelenregungen solcher Art beruhe erst eine „intellektuelle Wertung", bei der es sich um nichts anderes handelt als um ein „durch Reflexion auf Wertungen (die selbstverständlich emotioneller Art sind) gewonnenes Wissen von Werten, wie auch Marty gezeigt hat. Man nennt dieses Wissen auch häufig Werturteil".

Auf der psychologischen Werttheorie fußend, würden wir die wirtschaftliche Wertung verstehen als die Übertragung der Wertung der die Bedürfnisse ergebenden Lebenszwecke (als „primärer Werte") auf die Mittel ihrer Erreichung, die Güter, als „sekundäre Werte", wobei nur die Einschränkung auf den Grenznutzen das unterscheidende Merkmal ausmacht. In diesem Sinne wäre, will uns bedünken, an der Begriffsbestimmung des wirtschaftlichen Wertes, wie sie in der „Grundlegung" zur Darstellung gebracht ist, nicht einmal gar viel auszusetzen. Wert ist nach ihr das Abstraktum der Seelenvorgänge, die darin bestehen, daß wir mit der Vorstellung des Gutes die Vorstellung der eben von ihm zu erlangenden Befriedigung verbinden und die Sache, welche uns diese sichert, daher unter die Dinge einreihen, die wir lieben, schätzen („das liebe Brot", sagt der Volkmund), deren Gewinn uns Freude, deren Verlust uns Leid bereitet, worin eingeschlossen ist, daß wir nach Maßgabe der Schätzung das eine Ding dem anderen vorziehen.

Der trügerische Schein solcher Abstrakta hat auch im vorliegenden Falle nicht gefehlt; er verführte dazu, den Wert als eine Eigenschaft der Güter anzusehen. Einige Autoren haben mit Rücksicht darauf bemerkt, man solle statt vom Wert lieber von Wertung (statt von *valore* von *valutazione*) sprechen und damit hätten sie gar nicht so Unrecht, wenn nicht die Abstrakta dermaßen in unseren Denkgewohnheiten heimisch geworden wären, daß wir sie im sprachlichen Ausdrucke nicht entbehren können.

Entsprechend dem Wohlfahrtsbegehren werten wir bestimmte Güter, und das Gefühl für diese Güter dauert an, auch nachdem sie beschafft sind, also nicht mehr begehrt zu werden brauchen. Derart würde sich das Verhältnis zwischen Bedürfnis und Wert bestimmen, wenn man an dem Bedürfnisbegriffe im subjektiven Sinne festhält.

Daß die „Vorzüglichkeit" ein Merkmal des Wertbegriffes sei, was von Kraus besonders nachdrücklich hervorgehoben wird, wurde wohl im wirtschaftlichen Werte immer mehr oder minder klar erkannt. Ist ja doch die Nötigung zum Vergleichen und Wählen zwischen verschiedenen Zwecken und verschiedenen Mitteln eben der Entstehungsgrund des Wertes. Weil der Mensch die Güter vergleichen muß hinsichtlich ihrer Wohlfahrtsbeziehung zu ihm, so verknüpft sich mit der Vorstellung der betreffenden Güter, die er je zu vergleichen Anlaß hat, die Vorstellung der von ihnen abhängigen Bedürfnisbefriedigung, wodurch jenes Gefühl angeregt wird, nach dessen Stärke er das eine Gut dem andern je nach der Sachlage vorzieht [1]).

Die Wirkung des Wertes äußert sich dann in einem Quantitätsverhältnisse der Güter, in welchem der Mensch sie für seine Zwecke nutzt, was bekanntlich zu der Idee eines objektiven Wertes führte; als ob dieses Quantitätsverhältnis etwas an sich Bestehendes sei, aus dem die Wirtschaftshandlungen der Menschen hervorgehen, anstatt daß, wie es in Wirklichkeit sich verhält, es erst aus den Wirtschaftshandlungen hervorgeht.

Das aus der Wertung entspringende, in den Wirtschaftshandlungen sichtbare Quantitätsverhältnis der Güter wird ebenfalls Wert genannt und das ist recht eigentlich der Sinn, welchen der Sprachgebrauch des Wirtschaftslebens mit dem Worte verbindet. Auch die Wirtschaftstheorie braucht es in gleichem Sinne.

Die urteilsmäßigen Wertgrößen, die die Lehre Böhm's unerklärt läßt, sind der Niederschlag der gefühlsmäßigen Wertgrößen, d. i. der Wertintensitäten, die als unmittelbarer Bewußtseinsinhalt ihr Maß in sich haben. Dieses Maß aber ist immer nur ein relatives. Gefühlsintensitäten sind uns als absolute Größen nicht faßbar und es kann daher auch von einem Messen solcher im eigentlichen Sinne des Wortes nicht die Rede sein.

Die relative Stärke des Wertgefühles wird durch das Quantitätsverhältnis bestimmter Güter, das als ihre Wirkung erscheint, für andere erkennbar und dadurch meßbar, die gedachte Wirkung aber wird auch für das betreffende Wirtschaftssubjekt selbst eine folgenreiche ökonomische Tatsache. Das Quantitätsverhältnis der Güter, in welchem konkrete Wertverhältnisse zum Ausdruck kommen, wird im Gedächtnisse bewahrt und an dasselbe knüpft sohin die Reflexion an. In wiederkehrenden Fällen bietet die Erinnerung dem Geiste das ökonomische Resultat von selbst dar und auf solche Art gewinnt es schließlich den Anschein, als ob das gedachte Quantitätsverhältnis durch den erwägenden Verstand direkt dem Menschen angezeigt worden wäre. Wenn wir dagegen den Wert lediglich als Verstandesurteil aufzufassen hätten,

---

[1]) Vgl. hierzu „Grundlegung" S. 251 und insbesondere betr. des Vorziehens S. 354.

wird es gar nicht begreiflich, wie die relative Werthöhe verschiedener Güter sich in ein bestimmtes Quantitätsverhältnis umsetzen sollte, da ja mit der Erkenntnis einer objektiven Sachlage noch keine Motivation gegeben ist, und wie die Verstandesurteile über die Wichtigkeit der verschiedenen Güter eine ziffermäßig darstellbare Gradation zeigen sollen.

Es will uns scheinen, daß das, was Wieser jetzt Nutzkomputation nennt (a. a. O. S. 190 ff.), ohne es genau zu definieren, nichts anderes ist als der Wert der Güter in der Reflexion der Wirtschaftssubjekte. Denn sie wird dargestellt als die verstandesmäßige Würdigung und Veranschlagung der Güter mit Rücksicht auf den konkreten Grenznutzen, den Teilmengen von ihnen gewähren. (Dieser Grenznutzen wird als Einheit behandelt, mit der die Wirtschaft „rechnet“, worauf sich eine „Nutzrechnung“ aufbaut, über die wohl noch manche wissenschaftliche Diskussion sich entspinnen wird.) Wieser stellt also dasjenige, das uns genetisch als Schlußergebnis erscheint, voran, und läßt das Wirtschaftssubjekt die Nutzkomputation nur nebenher von einem Wertinteresse oder Wertgefühle für die Güter begleiten, „mit dem lebendigen Gefühle seines Interesses durchdringen“ (S. 230), wodurch, wenn jene Nutzrechnung wirklich vorhinein der Leitstern des ökonomischen Handelns ist, das Wirtschaftssubjekt eigentlich seine Psyche recht überflüssigerweise belasten würde.

Es darf sicherlich nicht behauptet werden, daß die Theorie in dem Fragepunkte bereits zu abschließenden Ergebnissen gelangt sei. Erst wann die Psychologen über den Seelenvorgang der Wertung in allen Einzelheiten definitiv einig sein werden, wird es der Nationalökonomie ermöglicht sein, mittels Anwendung der psychologischen Erkenntnisse in einfacher Weise die Lehre vom wirtschaftlichen Werte auszubauen.

Das Quantitätsverhältnis der Güter im Tauschverkehre, der Ausfluß und Ausdruck der gesellschaftlichen Güterwertung der Privatwirtschaft, wird uns erst an späterer Stelle beschäftigen. Solange wir uns in der Wirtschaft Robinson's bewegen, haben wir es selbstverständlich nur mit dem Grundbegriffe zu tun. Die Doppelrolle des Wertbegriffes unter gleichem Namen ist für die Theorie sehr störend, genaue Unterscheidung daher um so notwendiger. Zum Zwecke einer solchen werden wir von dort an, wo sich unsere Ausführungen auf das Quantitätsverhältnis im Gütertausche beziehen, vom Tauschwert im Gegensatze zu „subjektivem“ Wert sprechen, wobei es aber freilich im Flusse der Rede nicht immer leicht möglich, auch nicht immer notwendig ist, die Genauigkeit des Ausdruckes derart festzuhalten.

II. Kapitel.

Das Wertverhältnis zwischen gegenwärtigen und künftigen Gütern und die „drei Gründe" Böhm-Bawerk's.

§ 8. Die Frage betreffend das „Wertverhältnis zwischen gegenwärtigen und künftigen Gütern" ist für Böhm der Ausgangs- und Angelpunkt der Zinstheorie. Die Erörterungen hierüber bilden den Kern der Lehre und ihnen haben wir uns daher zunächst zuzuwenden.

Die Wertschätzung als Verstandesurteil ergibt, wie wir sahen, für gegenwärtige und künftige Güter unter gleichen Verhältnissen den gleichen Wert. „Wir schätzen die künftigen Güter nach dem Nutzen, welchen sie uns bereiten werden", d. i. nach dem künftigen Grenznutzen. Da unter gleichen Umständen der Grenznutzen der künftigen Güter der gleiche sein wird wie der Grenznutzen der gegenwärtigen Güter, so ist der subjektive Wert gegenwärtiger und künftiger Güter unter Voraussetzung unveränderter wirtschaftlicher Verhältnisse gleich.

Es sei jedoch „eine der wichtigsten wirtschaftlichen Tatsachen, daß gegenwärtige Güter in der Schätzung der Gegenwart, in der sich die Wirtschaft vollzieht, einen höheren Wert haben als künftige gleicher Art und Zahl". Wie erklärt sich dies? Die Zeit allein kann nach dem voranstehenden Satze nicht die Ursache hiervon sein. Folgerichtig kann eine solche Wertverschiedenheit hier nur entstehen durch Veränderungen in den Momenten, von welchen die Werthöhe abhängt, und sofern eine Veränderung dieser Art nicht platzgreift, durch Wirksamwerden einer zweiten Ursache, die irgendwie mit dem Zeitverlauf zusammenhängt. Böhm meint nun bekanntlich solche Ursachen aufzeigen zu können und führt sie zurück auf „drei Gründe", welche die Menschen bestimmen, gegenwärtige Güter unter gleichen Umständen höher zu schätzen als gleiche künftige, bzw. gleiche künftige niedriger zu schätzen als gegenwärtige, oder gar gegenwärtige Güter, welche sie sonst niedriger schätzen würden als künftige, dennoch höher zu schätzen als diese. Die „drei Gründe" werden wir einer genauen Prüfung unterziehen.

Es scheint jedoch zweckmäßig, vorher den Gedankengang zu Ende zu verfolgen, in welchem sie ihre Rolle spielen. Die gedachten drei Gründe sollen bei den verschiedenen Wirtschaftssubjekten in verschiedenem Maße zur Geltung kommen, einzeln oder zusammenfallend, die einen bei diesem, die anderen bei jenem, und daher im Endergebnisse eine Universalität der subjektiven Wertschätzungen im Sinne einer Höherwertung der gegenwärtigen Güter bewirken.

Die allgemeine Höherschätzung der gegenwärtigen Güter im subjektiven Werte der verschiedenen Wirtschaftssubjekte erfolge jedoch bei jedem in abweichendem Maße, je nach den konkreten Verhältnissen seiner Wirtschaft, und daraus gehe im Tauschverkehre ein Tauschwertverhältnis gegenwärtiger gegen gleiche künftige Güter im Sinne einer allgemeinen Höherwertung der ersteren hervor. Dieses Tauschverhältnis beherrsche die Wirtschaftshandlungen der Menschen in der Verkehrswirtschaft. Im Sinne des Tauschwertes schätzen alle Menschen bestimmte gegenwärtige Güter höher als gleiche künftige, eine bestimmte Geldsumme höher als die gleiche Summe künftigen Geldes.

Um Böhm recht zu verstehen, müssen wir somit als den Grundzug seiner Lehre vorhinein folgendes festhalten: Bestünden die drei Gründe nicht, so wäre die Höherschätzung der gegenwärtigen Güter gegenüber künftigen (unter gleichen Umständen) seiner Meinung nach eine unerklärte oder unerklärliche Tatsache. Die Wirkung der drei Gründe beruht aber auf ihrer Kombination und der daraus hervorgehenden Tauschwertgestaltung. Alle Folgerungen, welche auf die Wertverschiedenheit gegenwärtiger gegen künftige Güter aufzubauen sind, beziehen sich auf den Tauschwert.

Die Erscheinungen der Tauschwertbildung einer gesonderten Untersuchung vorbehaltend, beschäftigen wir uns vorerst mit dem subjektiven Werte, was ja auch schon zu dem Zwecke notwendig ist, um die bezüglichen Vorgänge in einer isolierten Einzelwirtschaft zu durchschauen.

Aber wir müssen einen Augenblick haltmachen. Es ist noch eine Vorbereitung notwendig. Das „Wertverhältnis zwischen gegenwärtigen und künftigen Gütern" ist ein sprachlicher Ausdruck, welcher der erwünschten Bestimmtheit ermangelt, woraus Unklarheiten der Gedanken entstehen können. Diese müssen vorerst beseitigt werden. Einige Pedanterie wird in der Hinsicht recht nützlich sein.

Vor allem muß man sich erinnern, daß mit jenem Wertvergleiche nicht etwa der Wert gegenwärtiger und künftiger Güter im allgemeinen gemeint sein darf. Böhm selbst hat sehr richtig hervorgehoben, daß ganzen Gattungen von Gütern nie ein Wert in demjenigen Sinne zuerkannt werden könne, in welchem die Grenznutzentheorie vom Wert handelt, für die Wohlfahrtszwecke der einzelnen Menschen vielmehr jeweils nur bestimmte Güter die „Bedeutung" erhalten, welche jene Theorie Wert nennt. Wie beim Werte überhaupt, so handelt es sich also auch hier immer um bestimmte Güter, sei es einzelne Guteinheiten oder eine Mehrzahl von solchen; hierunter auch ein ganzer Vorrat begriffen, nur daß das Bild in dem Falle ein anderes sein wird als bei der Wertung einzelner Stücke. Die oft unvermeidliche Ungenauigkeit der Rede darf uns Voranstehendes nie vergessen machen. Wenn es z. B. heißt, daß „ein allgemeines Zurückbleiben der künftigen Güter an Wert gegenüber den gegenwärtigen" stattfinde, so mag es ja dem Leser nicht leicht fallen, sich dessen bewußt zu bleiben, daß nicht behauptet werden sollte, alle künftigen Güter blieben im Werte gegen die jeweils vorhandenen zurück, sondern gemeint ist, es finde immer ein Zurückbleiben des Wertes bestimmter künftiger Güter gegen den bestimmter gegenwärtiger Güter statt. Wenn im folgenden von dem gedachten Wertverhältnis die Rede ist, so ist stets der Wert gegenwärtiger Güter verstanden, über welche jemand verfügt oder die Verfügung erlangen kann, im Vergleich zum Werte der künftigen Güter, über welche zu verfügen er in die Lage kommen wird. Ein Wert künftiger Güter, die jemand nicht haben wird, interessiert ihn erklärlicherweise gar nicht, wäre eine bloße Träumerei.

Daß der Vergleich sich auf Güter gleicher Art und Zahl beziehen muß, ist selbstverständlich. Ebenso, daß die Wertung künftiger Güter nicht *in infinitum* platzgreift, vielmehr nur insoweit, als konkret die Zwecksetzungen des Wirtschaftssubjektes reichen. Der Mensch hat keineswegs Anlaß, sich stets seine ganze künftige Wirtschaftsführung auszumalen. Er macht sich ein Bild davon jeweilig nur soweit, als das mit Rücksicht auf bestimmte Lebenszwecke und die für solche technisch verfügbaren Mittel nötig ist. Wenn Robinson sein Getreide eingeerntet hat, so denkt er sicherlich an seinen Getreidebedarf für das nächste Jahr, aber es wäre ganz zwecklos, zugleich an den Bedarf für alle seine weiteren künftigen Lebensjahre zu denken, weil er ja doch nur nächstjähriges Getreide produzieren kann.

Doch noch in einer anderen Hinsicht ist Klarheit vonnöten. Was ist unter „Wert künftiger Güter" zu verstehen? Soll gesagt sein: Gegenwärtige Güter sind dem Wirtschaftssubjekte mehr wert als künftige Güter gleicher Art und Zahl jetzt wert sind, oder, als künftige Güter wert sein werden, oder, als künftige Güter wert sein würden? In dem „Wertverhältnisse zwischen gegenwärtigen und künftigen Gütern" sind nämlich verschiedene Wertvorgänge enthalten, die man wohl auseinanderhalten muß, wenn man zur Klarheit gelangen will.

Vorerst der Fall, daß der Mensch eine Entschließung darüber zu fassen hat, ob ein und dasselbe Gut im gegenwärtigen oder in einem künftigen, in einem früheren oder späteren Zeitpunkte Objekt seiner Betätigung werden solle, er also vor die Wahl gestellt ist, ein gewisses Maß von Bedürfnisbefriedigung durch ein bestimmtes Gut gegenwärtig oder künftig zu erlangen. Es ist diese Sachlage wohl zu unterscheiden von dem Falle, daß es sich darum handle, ein Gut, das den künftigen

Bedürfnissen zu dienen hat, schon gegenwärtig zu erlangen, also ohne es für die Gegenwart verwenden zu können. Unter den eben gedachten Umständen wird die Wahl, wenn der Eingang des Gutes im Zeitpunkte des künftigen Bedarfsfalles gesichert ist, nicht auf Erlangung des Gutes als gegenwärtiges fallen, weil dieses bis zum künftigen Verbrauche mit Kosten aufbewahrt werden müßte und in seiner stofflichen Beschaffenheit sich verändern, mithin in seiner Nutzbarkeit leiden kann. Genau betrachtet, liegt hier der Fall einer Wahl gar nicht vor, sondern das Wirtschaftssubjekt wird das Gut nur wider Willen, wenn durch die Umstände dazu genötigt, als gegenwärtiges seinem Besitzstande einverleiben. Handelt es sich jedoch um die vorgedachte Wahl, dann zieht das Wirtschaftssubjekt, Gleichheit der wirtschaftlichen Verumständung vorausgesetzt, unbedingt vor, das Gut jetzt anstatt künftig, früher statt später, zu erlangen und zu verwenden. Der Bestimmungsgrund hiefür ist: weil das gegenwärtige Bedürfnis, wie wir wissen, in dem Verlangen nach Befriedigung ein gleiches künftiges überwiegt. Bei gleicher subjektiver Bedürfnisstärke (die denkbare Folge einer Verschiedenheit der Umstände, welche dem Gute in der Zukunft eine größere Nutzwirkung verleihe) kommt die Ungewißheit des Erlebens der künftigen Bedürfnisbefriedigung in Betracht, wogegen das Gut, gegenwärtig in den Besitzstand eintretend, solche sichert. Nennen wir den Wirtschaftsvorgang die Wahlwertung. Streng genommen wäre bei ihm von einem Wertverhältnisse zwischen gegenwärtigen und künftigen Gütern nicht zu sprechen, da nur entweder ein gegenwärtiges oder ein künftiges Gut in Frage kommt: es erfolgt ein Vergleich zwischen dem subjektiven Werte, den das Gut gegenwärtig für das Wirtschaftssubjekt hat, und demjenigen, den es als künftiges Gut haben würde. Man kann der Ansicht sein, daß der Wert überhaupt hier nicht in Aktion tritt, sondern schon das Bedürfnis-Begehren in dem Streben nach Erreichung des Maximums der Bedürfnisbefriedigung die Wahl bestimmt.

Eine wirtschaftliche Erscheinung anderer Art ist ein Wertverhältnis, welches darauf beruht, daß ein objektiv gleicher Nutzdienst dem Wirtschaftssubjekte als künftiger gegenwärtig subjektiv geringer erscheint und demzufolge bei einem Vergleiche eines gegenwärtigen und eines zweiten künftigen Gutes der Wert des letzteren unter völlig gleichen Umständen gegenwärtig niedriger angeschlagen wird als der des gegenwärtigen Gutes. Das gegenwärtige Gut ist dem Wirtschaftssubjekte mehr wert als ihm jetzt das gleiche künftige Gut, das in den Bereich seiner Wirtschaft eintreten wird, wert ist. Dies ist die Gegenwartswertung der künftigen Güter; eine Erscheinung, die uns hinsichtlich ihrer Verursachung und ihrer wirtschaftlichen Tragweite noch eingehend beschäftigen wird. Sie schließt eine Veränderung des Wertes ein. Denn ist das als künftiges geschätzte Gut durch den Ablauf der Zeit gegenwärtiges Gut geworden, dann zeigt es den gleichen Wert, welchen zur Zeit jenes Vergleiches das gegenwärtige Gut hatte.

Der dritte Fall des Wertverhältnisses ist endlich der Vergleich des Wertes gegenwärtiger mit dem künftigen Werte künftiger (gleicher) Güter. Wenn diesfalls tatsächlich ein Mehrwert eines gegenwärtigen Gutes festgestellt oder wenn dem gegenwärtigen Gute unter gewissen Voraussetzungen theoretisch ein Mehrwert zugesprochen wird, ist es eben ein Wert, höher als derjenige, welchen ein gleiches Gut künftig haben wird. Dieser letztere Wertvergleich, der unter gleichen wirtschaftlichen Umständen Wertgleichheit anzeigt, bildet, wie wir sahen, die Prämisse der Lehren Böhm's, in die wir nun eingehen: heißen wir ihn der Kürze des Merkwortes wegen Zukunftswertung. Erst auf dem Umwege über diese sucht Böhm die Gegenwartswertung künftiger Güter aufzuhellen. Ob das konsequent durchgeführt ist oder ob, im Widerspruche mit der theoretischen Prämisse, die Ausführungen mangels klarer, scharfer Unterscheidung nicht doch in einem oder dem anderen Punkte nur durch direkte Beziehung auf die Gegenwartswertung haltbar erscheinen, wird die Untersuchung ergeben.

Doch nun zu den „drei Gründen". So sehr der betreffende Abschnitt des Werkes [1]) das Interesse der Theoretiker zu erregen geeignet ist — wie er ja solches auch in der Tat gefunden hat — so wenig befriedigend sind die Ergebnisse. Es sei sogleich vorausgeschickt, daß wir sie in keiner Weise zu billigen vermögen und zwar, weil uns einesteils Tatsachen nicht richtig beobachtet scheinen, andernteils in dem Beweisgange Denkfehler unterlaufen. Die Richtigstellung in der einen und in der anderen Hinsicht führt dahin, die Resultate, zu welchen Böhm gelangt, durchwegs abzulehnen.

Erster Grund.

§ 9. Der erste Grund, Verschiedenheit des Verhältnisses von Bedarf und Deckung in Gegenwart und Zukunft, ist schnell erledigt. Was mit ihm zur Darstellung gebracht werden soll, bedarf dem Leser gegenüber keiner Auseinandersetzung. Es ist der Inbegriff der Abweichungen in dem Ausmaße des Bedürfnisstandes einerseits, des verfügbaren Güterbestandes andererseits, d. i der den Grenznutzen der Guteinheit ergebenden Daten, welche (Abweichungen) zwischen den verschiedenen Wirtschaftssubjekten zur selben Zeit und bei einem und demselben Wirtschaftssubjekte im Zeitverlaufe obwalten können und tatsächlich obwalten. Die zeitliche Verschiedenheit des Verhältnisses von Bedarf und Deckung bewirkt, daß bei einem bestimmten Individuum der Wert gegenwärtiger Güter größer sein kann als der künftiger oder aber geringer oder auch gleich mit diesem, bei verschiedenen Wirtschaftssubjekten also eine abweichende bzw. entgegengesetzte Gestaltung dieses Wertverhältnisses platzgreift.

Dennoch soll eine allgemeine Höherwertigkeit der gegenwärtigen Güter dadurch festzustellen sein, daß, während sie bei dem einen Teile

[1]) Positive Theorie, S. 440 ff.

der Wirtschaftssubjekte eo ipso durch das Verhältnis von Bedarf und Deckung tatsächlich gegeben ist, bei den übrigen, bei welchen das nicht der Fall ist, das nämliche Ergebnis durch einen besonderen Umstand herbeigeführt werde, d. ist ein Umstand, der bewirkt, daß trotz Gleichheit des Verhältnisses zwischen Bedarf und Deckung oder selbst trotz einer Gestaltung, welche einen niedrigeren Wert der gegenwärtigen Güter anzeigen würde, dennoch eine Höherwertung derselben erfolgt.

Es ist ein Vergleich des Wertes gegenwärtiger Güter mit dem künftigen Werte künftiger. Wer gegenwärtig schlecht mit Gütern versorgt ist, in künftigen Wirtschaftsperioden, bei gleichgebliebenen Bedürfnissen, besser versorgt sein wird, mißt der Guteinheit jetzt einen höheren Wert bei, als er der Guteinheit künftig beimessen wird, und, wenn er das künftige Versorgungverhältnis vorhinein kennt, wird er der künftigen Guteinheit mit Rücksicht auf den künftigen Wert schon gegenwärtig einen niederen Wert beimessen (sofern das für ihn einen Zweck hat, siehe hierüber die Note am Schluß).

Das sind die Fälle, in welchen das Verhältnis von Bedarf und Deckung schon an sich über das Wertverhältnis zwischen gegenwärtigen und künftigen Gütern entscheidet.

In den entgegengesetzten Fällen, denjenigen der gleichen oder besseren Versorgung in der Gegenwart, soll die gedachte Gegenwirkung der besonderen Ursache einsetzen. Als solche wird bezeichnet der Umstand, daß gegenwärtige Güter nicht bloß für gegenwärtige Bedürfnisse, sondern auch für zukünftige, sei es vorhergesehene oder unvorhergesehene, für letztere als Reservevorrat, zur Verwendung gelangen können. Das setzt natürlich die Aufbewahrung der Güter voraus, die ja in der Geldform gegeben ist, so daß die erwähnte Ursache nur in Ausnahmefällen nicht platzgreift, in denen es sich um nicht aufbewahrbare Güter in Naturform handelt [1]).

---

[1]) Die betreffenden Ausführungen lassen in ihrem Wortlaute an Denkrichtigkeit manches zu wünschen übrig. Wir lesen: „Den künftigen Gütern stehen natürlich nur die künftigen Verwendungen offen; den gegenwärtigen Gütern stehen dieselben künftigen und dazu noch — je nach Wahl — die gegenwärtigen und diejenigen künftigen Verwendungen offen, zu denen sich in der Zwischenzeit vom gegenwärtigen Augenblicke bis zu dem in Vergleichung gezogenen künftigen Zeitraum Gelegenheit ergibt.“ Ganz abgesehen davon, daß hier eine entferntere Zukunft, eine nähere Zukunft und die Gegenwart unterschieden sind, während doch richtig nur von Gegenwart und Zukunft zu handeln wäre, und daß man bei alternativer Verwendung nicht von einer Verwendung noch dazu sprechen kann, ist übersehen, daß die künftigen Verwendungen, welche den künftigen Gütern offen stehen, im Zeitpunkte, zu welchem sie ermöglicht sind, gegenwärtige Verwendungen des dann gegenwärtig gewordenen Gutes sein werden und diesem gegenwärtig gewordenen Gute dann natürlich auch wieder künftige Verwendungen offen stehen! Anschließend lesen wir, nachdem gesagt ist, daß ein gegenwärtiges Gut für künftige Verwendungen aufbewahrt wird und von solchen seinen Wert ableitet, wenn diese „wichtiger“ sind als die gegenwärtigen: „dann steht es also im Werte einem künftigen Gute, das derselben Verwendung dienstbar werden

Bei einem Vergleiche des Wertes gegenwärtiger mit dem **künftigen** Werte künftiger Güter kann indes der erwähnte Umstand einleuchtenderweise nicht mitsprechen. Es zu behaupten, heißt außerachtlassen, daß die künftigen Güter mit der Zeit eben gegenwärtige werden, dann ihrerseits den gleichen eventuellen Dienst für die Zukunft, insbesondere als Reservevorrat für unvorhergesehenen Bedarf, leisten können, wie ihn früher die damals gegenwärtigen Güter geleistet haben, und daß der Mensch das genau so weiß, wie er es von den seinerzeit gegenwärtigen Gütern gewußt hat, es also auch in der Wertung demgemäß in Anschlag bringt. Die Werterhöhung zufolge der Eignung für künftigen Bedarf und als Reservefonds erscheint als eine durchlaufende Post der Rechnung, die die verglichenen Größen nicht berührt, ob man sie mitzählt oder nicht. In dem Argumente wird jedoch in dem einen Gliede des Vergleiches etwas berücksichtigt, das in dem anderen unberücksichtigt bleibt, und dies macht den Schluß aufliegend unrichtig.

Es gibt aber einen Fall, in dem im Vergleiche nichts übersehen wird, weil eine Eignung künftiger Güter zu Verwendungen in weiterer

---

könnte, eben gleich." **Derselben** Verwendung, für welche schon das eine Gut aufbewahrt und verbraucht wird, kann ein zweites gewiß nicht dienstbar werden. Im vorliegenden Falle ist eine Verschiedenheit des Bedürfnisstandes gegenüber dem gegenwärtigen Güterbestande im Vergleich mit dem Verhältnisse in der Zukunft zu konstatieren. Denn wäre der Bedürfnisstand gleich, dann wäre doch das intensivere Bedürfnis auch im gegenwärtigen Bedürfnisstande schon enthalten und das Gut würde daher gar nicht für die Zukunft zur Verwendung gelangen. Ist nun aber der künftige Bedürfnisstand ein höherer, so wirkt er auf den Wert des gegenwärtigen Gutes ein, das wichtigere Bedürfnis des künftigen Bedürfnisstandes wird dann von eben diesem Gute befriedigt und die in gleicher Menge wiederkehrenden künftigen Güter würden nur den schwächeren Bedürfnissen zu dienen haben, wenn nicht der höhere Bedürfnisstand weiter andauert (oder gar sich noch erhöht), in welchem Falle dann konsequenterweise wieder die Zuwendung an die wichtigeren Bedürfnisse, die wieder dem künftigen Bedürfnisstande angehören, zu erfolgen hätte.

Weiter: „Oder eine der früheren Verwendungen ist wichtiger; dann leitet das gegenwärtige Gut von ihr seinen Wert ab und übertrifft dadurch das künftige Gut, das den seinigen nur von einer minder wichtigen künftigen Verwendung herleiten kann." Das würde eigentlich von jedem Gute gelten, denn bei jedem gibt es eine Menge zurückstehender Bedürfnisse und zwar nicht bloß künftiger, zu denen es nicht verwendet werden kann, weil es für andere gebraucht wird. Mit dem zitierten Satze ist nun im Wortsinne folgendes gesagt: Ein gegenwärtiges Gut, welches 10 wertet, weil das künftige Bedürfnis vom Grade 9 und die gegenwärtigen Bedürfnisse 8, 7 usw. für seine Verwendung nicht in Betracht kommen können, ist mehr wert, als ein gleiches künftiges Gut (unter gleichen Umständen, muß verstanden sein), weil das künftige Gut nur für das Bedürfnis 9 in Betracht kommen wird. Wo bleibt das Bedürfnis 10 im künftigen (gleichen!) Bedürfnisstande?! Solche logische Versehen hätten wenig zu bedeuten, wenn nicht aus den aufgestellten Sätzen so weitreichende theoretische Folgerungen gezogen würden. (Der aufmerksame Leser wird bemerkt haben, daß hier die Worte wichtig und intensiv oder stark mit Bezug auf die Bedürfnisse *promiscue* gebraucht wurden. Es hat das seinen Grund lediglich darin, daß man bei Erörterung einer fremden Ansicht sich zweckmäßigerweise des Wortschatzes bedient, mit welchem sie vorgetragen wurde.)

Zukunft tatsächlich nicht platzgreifen kann. Das wird eintreten, wenn die künftigen Güter so knapp zum Bedarfe sind, daß sie sämtlich für die notwendigen gleichzeitigen Bedürfnisse Verwendung finden müssen. Den Fall hat die Stelle im Auge, die besagt: „Sehr viele Personen, die in der Gegenwart besser versorgt sind als in der Zukunft, die aber die Möglichkeit besitzen, gegenwärtige Güter dem Dienste der Zukunft aufzubehalten und überdies für die Zwischenzeit als Reservefonds zu benützen, schätzen gegenwärtige Güter den künftigen gegenüber eben gleich oder noch etwas höher." Da steht offenbar die Gegenwart, in welcher die betreffenden Wirtschaftssubjekte die Möglichkeit besitzen, gegenwärtige Güter dem Dienste der Zukunft aufzubehalten, einer Zukunft gegenüber, welche dermaßen schlecht versorgt sein wird, daß in ihr die gleiche Möglichkeit nicht gegeben ist. Aber auch bei solcher Sachlage wäre, lautet die Konklusion, der Wert der Guteinheit gegenwärtig gleich oder größer als der künftige Wert der künftigen Guteinheit. Das ist indes eine offensichtlich unrichtige Schlußfolgerung. Wenn der Güterbestand ein dermaßen geringer ist, daß alle seine Teile für die aktuellen Bedürfnisse in Anspruch genommen werden, so ist der Wert der Guteinheit ein so hoher (bzw. im vorliegenden Falle: wird bei der vorausgesetzten schlechten künftigen Versorgung der Wert der Guteinheit ein so hoher sein), daß er von der Werthöhe der Guteinheit bei reichlicher Versorgung, die sogar eine Zurückstellung von Bestandteilen des Vorrates gestattet, gewiß nicht erreicht werden kann [1]). Es würde also gerade das Gegenteil des Ausgesagten eintreffen.

Es unterliegt für uns keinem Zweifel, daß an diesen Lehrmeinungen die Mehrsinnigkeit des Ausdruckes „Wertverhältnis gegenwärtiger und künftiger Güter" Anteil hat. Es spielt offenbar, wenngleich äußerst unklar, der Gedanke hinein, es würden künftige Güter gegenwärtig, trotz Gleichheit mit gegenwärtigen, mit einer von der gegenwärtigen verschiedenen Nutzwirkung bewertet, indem man die Nutzwirkung, welche sie für die Gegenwart natürlich nicht stiften können, in Abschlag bringt. Darüber einige Worte an einer späteren Stelle mit Bezug auf eine Ausführung, in welcher der Gedanke ausgesprochener hervortritt.

Hinsichtlich einer allgemeinen Höherwertung der gegenwärtigen gegenüber dem künftigen Werte künftiger Güter mit Rücksicht auf das Deckungsverhältnis zum Bedarfe bliebe nur noch die Frage, ob es etwa Ursachen gäbe, durch welche das Deckungsverhältnis selbst immer im Sinne der Mehrwertigkeit gegenwärtiger Güter gestaltet werde. Dies wird von Böhm nicht behauptet. Er führt lediglich als Tatsache an, daß bei sehr vielen Personen zufolge schlechter Versorgung in der Gegenwart jenes Wertverhältnis platzgreife. Das mag zutreffen. Aber

[1]) Warum hier der Wert der gegenwärtigen Güter im Vergleiche mit dem der künftigen als gleich oder größer erklärt wird, was ein innerer Widerspruch, und warum er nur „etwas" größer sein soll? Das sind Nebendinge, auf welche man nicht einzugehen braucht.

daraus ist selbstverständlich noch nicht Allgemeinheit zu folgern und es kann nicht einmal die Häufigkeit unangezweifelt bleiben, weil ja nicht bloß die Verschiedenheit des Güterbestandes, sondern auch die der Bedürfnisse in Betracht kommt und erst zu untersuchen wäre, ob nicht bei den meisten Menschen die individuellen Bedürfnisstände mit dem Vorschreiten des Lebens wachsen, wodurch auf das künftige Deckungsverhältnis, bzw. dessen Folge hinsichtlich der Werthöhe, eine Gegenwirkung ausgeübt würde. Eine solche Untersuchung wäre jedoch zwecklos. Die Veränderungen, welche die beiden Faktoren der Wertbestimmung bei jedem Wirtschaftssubjekte erfahren, sind so vielfältig, daß sich eine auf alle Wirtschaftssubjekte und ein bestimmtes Maß der Wirkung bezügliche Aussage ganz und gar nicht gewinnen läßt.

Es kann somit als Ergebnis festgestellt werden: Die Lehrmeinung, welche den gegenwärtigen Gütern allgemein eine Mehrwertigkeit gegenüber den künftigen als Folge der Verschiedenheit des Verhältnisses von Bedarf und Deckung in Gegenwart und Zukunft zuschreibt, ist in tatsächlicher Hinsicht wie nach ihrer Begründung unhaltbar [1]).

Zweiter Grund.

§ 10. Der zweite Grund des angeblichen Mehrwerts der gegenwärtigen Güter sei in Eigentümlichkeiten und Unvollkommenheiten unserer Geistesverfassung zu finden, die bei den verschiedenen Wirtschaftssubjekten in verschiedenem Grade wahrzunehmen seien und die, wie uns in psychologischer Detailmalerei dargestellt wird, drei Teilursachen einer fälschlich zu niedrig gehaltenen Schätzung der künftigen Güter ergebe. Das wäre ein (in der Gegenwart) unrichtig bemessener künftiger Wert.

Die betreffenden Teilursachen ergänzen einander in ihrer Wirkung derart, daß auch in dieser Hinsicht wieder eine ganz allgemeine Erscheinung zu konstatieren sei.

---

[1]) Die Verschiedenheit des Wertes der Guteinheit bei Verschiedenheit des Verhältnisses von Bedarf und Deckung in verschiedenen Wirtschaftsperioden ist für die Produktion innerhalb einer Wirtschaft offenbar eine ganz gleichgültige Sache: eine Motivation geht von ihr nicht aus. Wenn das Wirtschaftssubjekt sich vor Augen hält, daß bei künftig besserer Versorgung infolge einer reichlicheren Produktion der Wert der Guteinheit ein geringerer sein wird, als gegenwärtig bei einem geringeren Gütervorrate, so läßt es sich dadurch nicht abhalten, das Plus an Gütern zu produzieren; so wenig wie etwa ein größerer Wert der Guteinheit infolge eines geringeren Ertrages an Produkten die Motivation der Produktion abgab! Das gleiche gilt vom Aufsparen von Gütern für künftige Bedarfsfälle, das bei gegenwärtig reichlicher Versorgung im Hinblick auf künftige knappe geübt wird. Hier ist der Wert der Guteinheit in der Gegenwart geringer, in der Zukunft größer, allein nicht dieser Unterschied des Wertes bildet das Motiv der gedachten Wirtschaftshandlung, sondern der Vorbedacht künftiger Bedürfnisse und das Streben nach ihrer Befriedigung. Der gedachte Wertunterschied erklärt dagegen die Geneigtheit, bei schlechter Versorgung für ein gegenwärtig zu erlangendes Gut ein Mehr in Zukunft zu erstatten.

Gerade die behauptete Allgemeinheit ist geeignet, vorhinein Bedenken zu erregen. Der Satz, mit dem die Ergebnisse der Untersuchung dieser vorangestellt werden, muß jeden befremden: „Wir unterschätzen systematisch unsere künftigen Bedürfnisse und die Mittel, die zu ihrer Befriedigung dienen". Wie wunderlich! Wir unterschätzen systematisch unsere künftigen Bedürfnisse, trachten aber ebenso systematisch, sie bestmöglich zu befriedigen. Wie möchte das wohl zugehen? Da waltet eine Unstimmigkeit, die den Verdacht aufkommen läßt, daß es wohl mit der Allgemeinheit der falschen Schätzung nicht gerade seine Richtigkeit haben dürfte. Dies drängt zu um so aufmerksamerer Prüfung der Beweise, mit welchen die absonderliche These begründet werden soll.

An erster Stelle wird die Lückenhaftigkeit unserer Vorstellungen erwähnt, die wir uns von unserem künftigen Bedürfnisstande bilden, indem wir unsere künftigen Bedürfnisse, insbesondere die entlegenerer Zeitperioden, nur unvollständig bedenken. „Natürlich bleiben dann jene Bedürfnisse, an die wir nicht gedacht haben, auch auf die Bewertung derjenigen Güter ohne Einfluß, die jenen künftigen Bedürfnissen zu dienen bestimmt sind, und ihr Grenznutzen wird infolgedessen irrtümlich zu niedrig bestimmt."

Das ist nur verständlich, wenn wir uns bei gleichem Bedürfnisstande die in gleicher Größe mit den gegenwärtigen Gütern ins Auge gefaßte Summe künftiger Guteinheiten infolge des Entfalles der nicht bedachten Bedürfnisse bis zu Bedürfnissen von geringerem Stärkegrade herabreichend denken, wodurch eben ein geringerer Grenznutzen als der der Einheit gegenwärtiger Güter zum Vorschein kommt. Aber das regt sofort ernste Zweifel an. Es würde doch voraussetzen, daß wir an diese schwächeren Bedürfnisse denken! Wie kommt es nun, daß wir an diese denken, an andere, ihnen in der Reihe an Stärke vorgehende dagegen vergessen? Ist nicht vielmehr anzunehmen, daß wir gerade an die zurückstehenden Bedürfnisse nicht denken? Und wenn dies der Fall, dann würde sich ja eine Güterreihe ergeben, die länger wäre als die Bedürfnisreihe. Das wird nun freilich nicht eintreten, weil wir offenbar auch an die Güter nicht denken werden, die nicht bedachten Bedürfnissen zu dienen geeignet wären: an sie zu denken wäre doch widersinnig. Wenn aber die Gutsvorstellung nicht entsteht, dann kann doch auch von einem Werte keine Rede sein. Dadurch, daß mit den nicht bedachten Bedürfnissen auch die Wertung der bezüglichen Güter entfällt, fällt auch der Lehrsatz. Er wird übrigens mit bemerkenswerter Unklarheit in Beziehung gebracht zu der schwächeren, hinter der Wirklichkeit zurückbleibenden Vorstellung, die wir uns, wie bei der Analyse der Bedürfnisse gelehrt wird, angeblich von den künftigen Bedürfnisgefühlen machen. Wenn ich an ein künftiges Bedürfnis, d. i. an ein objektives Bedürfnis, einen Bedürfnisfall, nicht denke, dann mache ich mir aber doch auch von einem bezüglichen Bedürfnisleide keine Vorstellung: weder eine richtige, noch eine unrichtige. Der Lehrsatz wäre daher, selbst wenn er zuträfe, keineswegs etwa die Erklärung für jene, die künftigen Bedürfnisse betreffenden Lehren, denn dort wurde die Behauptung bezüglich richtig vorausgesehener und bedachter künftiger Bedürfnisse aufgestellt. Wäre diese letztgedachte Lehre, wenn auch unerklärt, zutreffend, dann fände das Gegenteil des hier Vorgetragenen statt: dann unterschätzten wir gerade die richtig vorausgesehenen und vorbedachten Bedürfnisse!

Einschaltend ist zu bemerken, daß wir übrigens alle niemals unsere künftigen Bedürfnisse uns vollständig gegenwärtig halten: nicht zufolge eines seelischen Mangels, sondern als Normalmenschen bei normalem Wirtschaften. Wir fassen sie vernünftigerweise jeweils nur in dem Ausmaße der möglichen Befriedbarkeit und auf jene Zeitdistanz hinaus ins Auge, die der konkreten wirtschaftlichen Aktionsfähigkeit entspricht. Daraus entspringt aber keine Minderwertigkeit künftiger Güter, sondern der Entfall des Vergleiches überhaupt. Bei dem besprochenen Argumente ist das ja wohl auch stillschweigend verstanden: es werden uns in ihm Fälle vorgeführt, in welchen eben das normale wirtschaftliche Handeln nicht platzgreift.

An zweiter Stelle wird des Falles gedacht, daß jemand, wie es „häufig vorkomme", die Befriedigung eines geringeren gegenwärtigen Bedürfnisses der Befriedigung eines wichtigeren künftigen Bedürfnisses vorzieht, was auf einen Willensfehler zurückzuführen ist. „Willensfehler" ist die nach den Voraussetzungen ganz zutreffende Erklärung. Eigentlich ist dem Manne ganz wohl bewußt, daß das künftige Bedürfnis den Vorzug in der Befriedigung verdiene, aber er entscheidet sich für die Befriedigung des minder wichtigen gegenwärtigen, weil es eben ein gegenwärtiges ist und der Verzicht auf diese Befriedigung ihn eine Willensanstrengung kosten würde, der er nicht gewachsen ist. Eine richtige Beobachtung. Folgt aber aus ihr etwas hinsichtlich des in Rede stehenden Wertverhältnisses? Es handelt sich, wie aus den illustrierenden Beispielen deutlich erhellt, nicht um einen Vergleich oder eine Wahl zwischen gegenwärtigen und künftigen Gütern, sondern darum, ob bereits vorhandene Güter dem zukünftigen oder dem gegenwärtigen Bedürfnisse zugewendet werden sollen. Wenn sie nun aus den angenommenen Gründen nicht den wichtigeren künftigen Bedürfnissen zugeführt werden, so unterbleibt nur die Werterhöhung derselben, die durch die Ableitung des Wertes von dem künftigen Bedürfnisse hätte erfolgen sollen. Es geschieht etwas mit dem Werte eines gegenwärtigen Gutes, ein künftiges Gut und dessen Wert kommt doch überhaupt nicht in Frage. Wenn es sich um künftige Güter handeln sollte, so könnte die vorausgesetzte geistige Disposition sich nur darin äußern, daß man vorziehe, ein vorhandenes Gut für ein geringeres gegenwärtiges Bedürfnis zu verwenden, anstatt es zu einem künftigen Gute, das einem höherstehenden Bedürfnisse dienen könnte, umzuarbeiten. Dieser Fall ist, genau besehen, in dem früheren schon enthalten: es unterbleibt die Werterhöhung, welche das Gut als Kostengut erfahren würde. Man kann auch noch den Fall heranziehen, daß jemand, dem in einem künftigen Zeitpunkte der Eingang eines Gutes, das einem bestimmten Bedürfnisse zu dienen hat, gesichert ist, sich ein gleiches Gut gegenwärtig anleiht, um es zur Befriedigung geringerer Bedürfnisse zu verwenden, wohl wissend, daß er durch die Rückgabe des künftigen Gutes seine künftige Befriedigung schädigt. Aber auch hier ist keine Unterschätzung des künftigen Gutes erfolgt. Der Mann hat vielmehr nicht der Anzeige des Wertes entsprechend, sondern ihr zuwider gehandelt, unter dem Einflusse eines mitspielenden zweiten Motivs: dieses, nicht das (gar nicht berührte) Wertverhältnis zwischen gegenwärtigen und künftigen Gütern, hat den Ausschlag gegeben.

Wir vermögen sonach nicht einzusehen, daß die beiden psychischen Defekte diejenigen wirtschaftlichen Folgen, hinsichtlich Beeinflussung des Wertverhältnisses zwischen gegenwärtigen und künftigen Gütern, haben, welche ihnen zugeschrieben wurden.

Angenommen aber, es wäre dennoch für die einzelnen Fälle bewiesen, was bewiesen werden sollte, so folgt hieraus noch keineswegs jene Allgemeinheit, die als Gesamtergebnis vorangestellt wurde. Einzelne drastische, aus dem Leben gegriffene Beispiele solcher ungenügenden Bedachtnahme auf künftige Bedürfnisse: Fälle von Verstandesschwäche oder Leichtsinn, wie wenn ein Arbeiter Sonntags einen großen Teil des Wochenlohnes vertrinkt, ohne daran zu denken, daß er mit Weib und Kind die Woche über darben muß, oder ein flotter Bursche sein Monatgeld schon in den ersten Tagen des Monats in Vergnügungen durchbringt, ungeachtet er die peinlichen Verlegenheiten und Entbehrungen voraussieht, welche infolgedessen seiner warten — solche Beispiele mögen zur Illustration gut geeignet sein, sind aber sicherlich nicht so beschaffen, um zu einer Induktion zu dienen. Auch ein deduktiver Beweis, der uns geboten wird, erscheint nicht haltbar. Es sei die parteiische Unterschätzung künftiger Leiden und Freuden eine Tatsache, die wir in unserer zivilisierten Gesellschaft in tausenderlei Formen wahrnehmen können. Angenommen, daß dies zutreffe, folgt noch gar nicht, daß das gleiche auch beim Bedürfnisse regelmäßig stattfinde, von dessen Befriedigung doch unsere Existenz und unser Wohlergehen abhängt, was uns wohl zu vollster Aufmerksamkeit und Willensfestigkeit anspornen muß. Die Tatsache des Vorkommens solcher Fälle unzureichenden Vorbedachtes ist gewiß zuzugeben, daß sie aber die regelmäßige Geistesverfassung der wirtschaftenden Menschen bezeichnen, ist ebenso gewiß nicht zuzugeben. Erwähnt doch Böhm selbst der Gegenfälle übertriebener Vorsicht und Vorsorge mit ihrer Folge, der Überschätzung künftigen Nutzens. Zwischen beiden Gruppen der Ausnahmefälle liegen die regelmäßigen Betätigungen der die überwiegendste Mehrheit bildenden guten Wirte, die in vernünftiger Weise die Zukunft mit ihren Anforderungen ins Auge fassen, soweit der Mensch jeweils Anlaß hat, die künftigen

Bedürfnisse seinen Handlungen zugrunde zu legen. Jene Beispielfälle der Verstandesschwäche oder des Leichtsinns erklären die daraus hervorgehenden unrichtigen Handlungen einzelner und die aus ihnen für die Betreffenden entspringenden Nachteile, und man darf doch sicherlich nicht annehmen, daß die letzteren nicht als bittere Erfahrungen weiterhin zur Vermeidung solcher Fehler anregen. Diese als wirklich allgemeine Erscheinung hinzustellen, wäre jedoch eine Übertreibung gröblichster Art und einzelne, selbst mehr oder minder häufige, Vorkommnisse unwirtschaftlicher Handlungsweise können sicherlich nicht eine wesentliche Voraussetzung für eine allgemeine Erscheinung des Wirtschaftslebens bilden. Andernfalls wären die Kapitalisten veranlaßt, mit Lob und Preis des liederlichen Arbeiters zu gedenken, der Sonntags seinen Wochenlohn vertrinkt, denn ihm, müßten sie sagen, ihm und seinesgleichen verdanken wir ja mit unsere Zinsen!

Es kann übrigens gar nicht im Sinne der Lehrmeinung gelegen sein, der lückenhaften Vorstellung und Unterschätzung künftiger Bedürfnisse einen Einfluß auf die Wirtschaftshandlungen hinsichtlich der Produktion zuzuschreiben. Wäre die Folge jener Unterschätzung, daß das Wirtschaftssubjekt die unterschätzten künftigen Güter sonach auch nicht erzeugt, so würde ja in Hinkunft das Verhältnis von Bedarf und Deckung verändert. Die falsche Schätzung wäre ein Umstand, welcher eine Änderung des Verhältnisses von Bedarf und Deckung nach sich zieht, als deren Folge künftig ein höherer Wert der Guteinheit zutage käme. Die Folge der angeblichen Unterschätzung der künftigen Bedürfnisse wäre gerade das Gegenteil der ausgesagten! Für die Produktion muß mithin jene Unterschätzung als etwas vollkommen Gleichgültiges, eine Motivation nicht Bewirkendes erscheinen. Es sollte in der Tat auch nicht auf die Produktion, sondern auf etwas anderes hingezielt werden, nämlich auf den Umsatz gegenwärtiger und künftiger Güter zwischen verschiedenen Wirtschaften. Es ist uns nur die Geneigtheit leichtlebiger Personen, die von dem für eine gewisse Zeitperiode bestimmten Gütervorrate sogleich anfangs das meiste aufbrauchen, erklärt worden, für ein gewisses Maß gegenwärtiger Güter ein weit höheres Maß künftiger hinzugeben, bzw. sich zunächst in diesem Sinne zu verpflichten. Dazu war die zu beanstandende Generalisierung sicherlich nicht notwendig. Die leichtsinnigen Schuldenmacher haben es sich wohl nicht träumen lassen, daß ihre Handlungsweise zu einer tiefgründigen Analyse ihrer Seelenzustände Anlaß geben und von so weitreichender Bedeutung für die Volkswirtschaft sein sollte.

§ 11. Die besprochenen psychologischen Argumente wurden denn auch von den Fachkreisen nicht recht ernst genommen. Anders verhält es sich mit einer dritten Teilursache des angeblichen Sachverhaltes, die eine allerdings ernste Seite unserer Existenz betrifft und jeden angeht. Sie bestehe in der Rücksicht auf die Kürze und Unsicherheit unseres Lebens. Zufolge der Kürze und Ungewißheit der Dauer unseres Lebens werde der Nutzen künftiger Güter für uns unsicher und das veranlasse uns, einen dem Grade der Unsicherheit entsprechenden Abzug an ihrem Werte zu machen, was zwar praktisch, aber tatsächlich doch eine falsche Schätzung sei (Pos. Theor. S. 437).

Hier wird die subjektive Unsicherheit des Erlebens eines künftigen Gütereinganges gleichgestellt der objektiven Unsicherheit in betreff des Ausmaßes künftiger Gütereingänge, die durch die Möglichkeit des Einwirkens verschiedener äußerer Umstände auf diese bewirkt ist. Das sind jedoch völlig abweichende Sachlagen. Die objektive Unsicherheit, welche über künftigen Gütereingängen waltet, nötigt dazu, diese mit demjenigen Ausmaße in den wirtschaftlichen Kalkül einzubeziehen, welches ihnen nach Wahrscheinlichkeit zukommen wird. Die Wahrscheinlichkeit ist nur durch die Erfahrung mit Bezug auf eine Mehrzahl von Fällen zu beurteilen und es hat sich daher bekanntlich nahegelegt, durch Aufteilung der wahrscheinlichen Einbuße am Ausmaß des künftigen Gutes, falls solche zu gewärtigen ist, auf alle diejenigen Fälle, welche für das konkrete wirtschaftliche Handeln in Betracht kommen, das im einzelnen Falle in Ansatz zu bringende Mindermaß zu berechnen: die bekannte Risikoprämie, die in jedem einzelnen Falle eine unrichtige, in allen Fällen zusammen jedoch die richtige Schätzung der künftigen Gütereingänge ergibt; wie könnte sie praktisch sein, wenn sie nicht richtig wäre! Die Folge der hiermit vollzogenen Minderschätzung des Quantums ist dann ein geringerer Wert des künftigen Gutes: der Wert der Guteinheit wird gar nicht berührt, sondern nur zufolge der geringeren Anzahl der in Anschlag zu bringenden Guteinheiten ergibt sich ein geringerer Gesamtwert. Das ist nun sicherlich ein von der subjektiven Unsicherheit des Erlebens wesentlich verschiedener Sachverhalt.

Die Aussage, welche dem Menschen mit Rücksicht auf letztere eine Minderschätzung künftiger Güter im gleichen Sinne zuschreibt, steht mit dem tatsächlichen Verhalten der Menschen nicht im Einklang. Wir lassen uns in unserer Vorsorge für künftige Bedürfnisse in keiner Weise durch Erwägungen der Unsicherheit ihrer Befriedigung beeinflussen. — Des Menschen Tage sind gezählt — wohl — und wir wissen nicht, ob uns nicht unversehens die Stunde schlägt. Damit müssen wir uns abfinden und wir tun es in der Art, daß wir unser Leben führen, wie wenn uns jener *dies certus, incertus quando* nicht bevorstünde. Wir können uns dem Gedanken an den Tod nicht entziehen, aber wir räumen ihm keinen Einfluß auf unser Zielstreben ein. Und wenn Alter oder Krankheit den Menschen der dunklen Pforte nahebringen: es kann der Zeitpunkt sie zu beschreiten immer noch hinausgerückt sein; „am Grabe noch pflanzt er die Hoffnung auf." Wir hoffen auch die künftigen Güter noch genießen zu können und werten sie, wie wenn wir dessen sicher wären. Wie sollten wir auch einen dem Grade der Unsicherheit ihres Nutzgewinnes entsprechenden Abzug von ihrem Werte machen? Der einzelne Mensch weiß doch nicht, wie hoch sich die Unsicherheit bezüglich seines Lebens bemesse. Nach dem Durchschnitt der jeweils Lebenden sie zu bemessen wäre sachlich unrichtig und würde voraussetzen, die Mortalitätstabellen bei allen unseren vorausblickenden Wertschätzungen zu Rate zu ziehen. Es hat wohl noch niemand je einen solchen Gebrauch von ihnen gemacht [1]). Man könnte also eher sagen, daß die Menschen, da sie sich immer eine längere Lebensdauer erhoffen, als ihnen tatsächlich beschieden sein wird, von künftigen Gütern Nutzen erwarten, die ihnen tatsächlich solchen nicht stiften werden, daß sie mithin eine Überschätzung der künftigen Güter üben. Außerdem ist nicht zu übersehen, daß der Nutzen künftiger Güter für jeden über das Ende seines Lebens hinausreicht. In den Nachkommen erblickt der Mensch die Fortsetzung seines Ich; ihre Bedürfnisse sind seine Bedürfnisse. Und in Ermanglung von Leibeserben sind es andere Personen, die er unter diesem Gesichtswinkel betrachtet. Außerdem verfolgt er in altruistischer Gesinnung Gemeinzwecke, die nicht selten Generationen auf unbestimmte Zeiten umfassen. Der Tod bedeutet folglich für den Wirtschaftsplan in dieser Hinsicht keine Cäsur. Die künftigen Zwecke harren der künftigen Güter; der Nutzen der letzteren ist mir nichts weniger als unsicher, wenn ich ihn auch nicht erlebe.

Wir schätzen also die künftigen Werte der künftigen Güter mit Rücksicht auf die Unsicherheit ihren Genuß zu erleben keineswegs niedriger als den Wert gleicher gegenwärtiger Güter. Wahrscheinlich hat dies Böhm auch nicht sagen wollen, sondern bezieht sich sein diesbezüglicher Ausspruch auf die Gegenwartswertung. Der Wert, welchen wir künftigen Gütern gegenwärtig beilegen, wäre gleich ihrem künftigen Werte, wenn nicht die Unsicherheit des Erlebens dazwischen läge: mit Rücksicht auf diese schätzen wir ein künftiges Gut geringer als ein gleiches gegenwärtiges und geringer als wir es schätzen werden, wenn es aufgehört haben wird ein künftiges Gut zu sein. Dagegen ist einzuwenden, daß der bezeichnete Umstand nicht das für die Gegenwartswertung Ausschlaggebende ist, zweifellos ist aber damit doch ein Widerspruch zu dem Ansatze des Beweises, der sich auf eine unrichtige Schätzung des künftigen Wertes stützen wollte, vollzogen; freilich mit Nutzen für die Sache. Nur für eine bestimmte Wirtschaftshandlung kann die Unsicherheit des Erlebens eines künftigen Gütereinganges als

[1]) Wohl zu unterscheiden hiervon ist der — recht häufige — Fall eines Tausches gegenwärtiger gegen künftige Güter, bei dem die Entstehung der letzteren oder der tatsächliche Vollzug der Gegenleistung von dem Leben der betreffenden zweiten Tauschpartei abhängt. Hier wird die subjektive Unsicherheit, welche bezüglich der Dauer des Lebens dieses Wirtschaftssubjektes obwaltet, zu einer objektiven Unsicherheit des Gütereingangs für die andere Tauschpartei und diese Unsicherheit wird durch die Versicherung genau in der nämlichen Weise ausgeglichen, wie andere objektive Unsicherheiten, die die Güter betreffen.

ein seinen Wert mindernder Umstand in Betracht kommen. Das ist der Fall, in dem es sich um einen Entschluß handelt, durch Verzicht auf eine gegenwärtige Bedürfnisbefriedigung eine größere künftige, die durch ein künftiges Gut geboten wäre, zu erlangen. Bei Abwägung des auf solche Art zu erzielenden Wohlfahrtsgewinnes kann der Grad von Unsicherheit, welche diesem als einem künftigen anklebt, in die Wagschale fallen: hier mag sich das Wirtschaftssubjekt fragen, ob es mit Rücksicht auf die Größe des in Aussicht stehenden Gewinnes die Ungewißheit seines Genusses in Kauf nehmen und sohin der Gegenwart den Entgang an Wohlfahrt auferlegen wolle; eine Entscheidung, die z. B. bei der Kapitalbildung im bejahenden Sinne getroffen wird. Entscheidungen in entgegengesetztem Sinne wären hiehergehörige Fälle. Diese Abschätzungen sind jedoch durchaus individuell und bei ihnen können kasuistische Verschiedenheiten platzgreifen, von welchen Böhm im Anschluß an die allgemeine Aussage spricht. Er schränkt nämlich das Geltungsgebiet seiner These selbst sofort erheblich ein. Sie gelte eigentlich nur für eine Minderheit von Fällen, in welchen dem Menschen der Gedanke an das Lebensende durch besondere Umstände lebhaft vor die Seele gerückt wird, wie in eminenter Lebensgefahr, und treffe nur für sehr lange Zeiträume des Abstandes der künftigen Güter von der Gegenwart zu (wobei die Verwechslung mit dem Umstande unterlaufen kann, daß diesbezüglich der Entfall der Zweckbestimmung selbst eine Wertung überhaupt entfallen läßt). Dagegen wird ausdrücklich der Unsicherheit des Lebens gar kein unmittelbarer Einfluß „in jener überwiegenden Hauptmasse von Fällen“ zugeschrieben, in denen es sich um Menschen in normalen Verhältnissen und zugleich um die Schätzung von Gütern handelt, die einer nur mäßig entlegenen Zukunft angehören, die z. B. in ein paar Tagen, in ein paar Monaten, oder auch in ein paar Jahren zur Verfügung kommen sollen. Es bleibt somit eigentlich für die Bewährung des Satzes sehr wenig übrig; so wenig, daß sie nur als ein Ausnahmefall anzusehen wäre.

§ 12. Wenn man insoweit den Ausführungen zustimmen kann, so schließen sich doch weitere an, die wieder Einwendungen herausfordern. Wir vernehmen, daß das in Rede stehende Wertungsmotiv dennoch zu universeller Geltung gelangt, aber nur mittelbar, und da freilich auch zugleich im Grade ziemlich abgeschwächt. Die Vermittlung geschehe durch den Tauschverkehr, dessen Mechanik keine grellen Wertsprünge dulde, sondern jene Schätzungsdifferenzen, welche sich für lange Zwischenräume einmal festgestellt haben, in irgend einem Grade durch Geschäfte, welche den Arbitragegeschäften zu vergleichen wären, auch auf die kürzeren Zwischenräume übertrage. Hier hat die Logik einen Seitensprung gemacht. Angenommen, daß eine solche Ausgleichung erfolge. Aber die Proportionalität der zeitlichen Schätzungsdifferenz, die angeblich durch den Tauschverkehr herbeigeführt wird, ist dann doch eben durch diesen, nicht durch das gedachte Motiv verursacht, und es würde die Proportionalität herbeigeführt, nicht aber die allgemeine Wirksamkeit des einen Motivs! Derjenige, welcher für seine Person Güter einer nicht sehr entlegenen Zukunft nicht geringer schätzen würde als gegenwärtige, muß es infolge der Tauschwertbildung, nachdem diese platzgegriffen hat, angeblich tun, aber er tut es, nicht weil jetzt jenes Motiv mittelbar ihn bestimmt, sondern weil andere Menschen im Wege der Arbitrage zwischen nicht proportional geschätzten Gütern die Proportionalität herbeiführen würden [1]). Das ist ein sehr wichtiger Umstand. Er zeigt, daß Böhm den Tauschverkehr und den Tauschwert braucht, um eine Erklärung einer Erscheinung des subjektiven Wertes, also einer Voraussetzung des im Tauschverkehre sich vollziehenden Umsatzes gegenwärtiger und künftiger Güter, d. h. des Tauschwertes, zu gewinnen! Ein Verfahren, das er bei jedem anderen scharf verurteilt hätte. Aber nicht genug damit. Er erklärt anschließend, daß die praktische Wirksamkeit des erwähnten dritten Momentes überhaupt nicht sehr hoch zu veranschlagen, vielmehr den beiden ersten Teilmotiven ein weit erheblicherer Anteil am Gesamteffekte zu vindizieren sei, und hebt schließlich hervor, daß die originären subjektiven Unterschätzungen seitens der verschiedenen Individuen, welche je einem dieser Motive entspringen, höchst ungleich und sprunghaft seien. Ein Gleichmaß der Unterschätzung käme erst durch Vermittlung des Tauschverkehres in die Sache. (Wieder wird der Tauschverkehr hereingezogen, und zwar mit dem gleichen logischen Verstoße. Das Wertverhältnis zwischen gegenwärtigen und künftigen Gütern würde durch ihn eine allgemeine Gleichmäßigkeit, nicht aber die fehlerhafte Würdigung der zukünftigen Bedürfnisse würde Gleichmäßigkeit erfahren.) Das Endergebnis sei, daß „wir", d. h. alle Menschen, den Nutzen, das heißt den Wert, künftiger Güter in geringerem Grade anschlagen als es seiner wahren Größe entspricht (also unrichtig!) und zwar, muß man nach dem soeben vorher Gesagten hinzufügen, alle in gleichem Maße geringer. Hier ist wohl ein Kunststück der Dialektik geleistet! Aus verschiedenen Individuen, die, wie behauptet wird, aus verschiedenen Ursachen sporadische und sehr ungleichmäßige Motivationen hinsichtlich der Wertschätzung künftiger gegen gleiche gegenwärtige Güter empfangen, sind mit Hilfe des auf den Tauschverkehr bezüglichen Fehlschlusses schließlich die Menschen überhaupt geworden, die gleichmäßig künftige Güter niedriger als gegenwärtige und zwar unrichtigerweise noch niedriger schätzen, als sie selbe aus anderen Gründen schätzen würden (wobei durch Heranziehung des Tauschverkehres das zu Erklärende zur Erklärung einer Prämisse des zu Erklärenden verwendet erscheint). So sieht die vorangestellte systematische Unterschätzung unserer künftigen Bedürfnisse und Güter aus. Wir vermögen sie in keiner Weise anzuer-

[1]) Es wird sich übrigens im V. Kapitel (§ 41) zeigen, daß die gedachten Zeit-Arbitragen bloß Phantasiegebilde sind!

kennen. Erweislich sind nur die seltenen Einzel- und Ausnahmefälle, die in individuellen Wirtschaftshandlungen ihre Wirkung zeigen können, in der Unmasse der am Markte aufeinander treffenden Wertschätzungen aber bis zu völliger Neutralisierung aufgehen [1]).

§ 13. Dennoch brauchen wir von diesem Abschnitte nicht ohne Gewinn zu scheiden. Wir finden in ihm ein Wort, das, wie uns scheint, einen namhaften theoretischen Nutzen gewähren kann; allerdings in einem ganz anderen Sinne, als in welchem es von Böhm gebraucht wird. Er erläutert das Schlußresultat seines so anfechtbaren Beweisganges mit dem Satze: „Wir sehen den Grenznutzen künftiger Güter gleichsam in perspektivischer Verkleinerung.“ Daß dies mit einer falschen Schätzung geschehe, können wir nicht gelten lassen. Aber daß die gegenwärtige Wertung künftiger Güter in einer Weise vor sich gehe, welche mit dem Bilde des Wortes treffend gekennzeichnet ist, ist unsere Meinung. Es erscheint geeignet, den Vorgang der Gegenwartswertung zu erläutern, von welcher zu sprechen im früheren Anlaß war, nicht einer „parteiischen“ Unterschätzung künftiger Bedürfnisse und Güter, nicht einer auf psychischen Mängeln beruhenden irrigen Wertung seitens einzelner Personen, sondern jener niedrigeren Bewertung der künftigen Güter, welche seitens aller normalen Menschen mit Rücksicht auf die Zeit — nur mit Rücksicht auf sie und daher auch im Verhältnis zu ihr — erfolgt; jenen Wertungsvorgang, den Böhm nicht anders als durch die bewußten Zwischenursachen erklären zu können meint. Es dient zur Förderung unserer Einsicht in diesen Vorgang, wenn wir vorerst die Analogieschlüsse verfolgen, welche der zitierte Vergleich, der übrigens auch dem Gedankenkreise anderer Autoren nicht ganz fremd ist, an die Hand gibt [2]).

---

[1]) Böhm findet (Positive Theorie, S. 481), daß in der „nicht sehr selbständigen Behandlung“, welche die Frage des Wertverhältnisses gegenwärtiger und künftiger Güter bei Sax (in der „Grundlegung“) gefunden hat, es doch ein Fortschritt gegen Jevons sei (dem der Verf. angeblich unselbständig nachfolge), „daß das Moment der parteiischen Unterschätzung künftiger Bedürfnisse in die Erklärung des Kapitalzinses überhaupt hinein verwoben wurde“. Dieser Ausspruch ist einfach unbegreiflich. Nicht mit einem Worte ist in der „Grundlegung“ von einer parteiischen Unterschätzung künftiger Bedürfnisse im Sinne Böhms die Rede. Daß im Gegenteil dem Verfasser der „Grundlegung“ nichts ferner lag als eine solche Lehre, ist wohl aus den Einwendungen ersichtlich, die soeben gegen sie erhoben wurden.

[2]) Böhm wendet indes den charakterisierenden Vergleich mit der perspektivischen Verkleinerung nicht ausschließlich auf den durch die angebliche (falsche) Unterschätzung der zukünftigen Bedürfnisse und Güter verursachten subjektiven Minderwert der künftigen Güter an, sondern bezeichnet an anderer Stelle den im Verkehr unter Einwirkung aller mitspielenden ursächlichen Momente zutage tretenden Minderwert künftiger Güter als „perspektivisch reduzierten Gegenwartswert“ (Positive Theorie, S. 514 und 585). Dieser letztgedachte ist aber eben nur als Tauschwert zu verstehen. Die derart zwiefältige Anwendung des Bildwortes schadet dem Verständnisse der Ausführungen erheblich, beweist aber sicherlich dessen Eignung zu einer weitreichenden Analogie.

Wir erblicken also die Zukunftswerte im jedesmaligen Präsens unseres Erlebens in perspektivischer Verkürzung. Wie dem körperlichen Auge die Außendinge in der Entfernung (und mit zunehmender Entfernung zunehmend) von geringerer als ihrer wirklichen Größe erscheinen, so erscheinen dem geistigen Auge die Güterwerte in Zeitdistanz (und nach Verhältnis derselben) geringer; bis, wie das körperliche Auge von einem gewissen Punkte an überhaupt nichts mehr wahrnimmt, so dem geistigen Auge von einem Zeitpunkte an die Güterwerte mit den Zwecksetzungen gänzlich entschwinden.

Die Analogie reicht weiter. Die geringere Größe der entfernteren Gegenstände ist nur eine scheinbare: so ist auch der geringere Gegenwartswert der Zukunftsgüter nur ein geistiger Eindruck. Wenn man sich einem entlegenen Objekte nähert, nimmt der Eindruck seiner Größe im Auge zu, bis er mit der wirklichen Größe übereinstimmt. Mit dem Vorschreiten in die Zukunft gewinnen die Güter im Geiste des Menschen an Wert; ihr perspektivischer Wert wächst an, sie erscheinen dem Menschen sukzessive höherwertig gegenüber dem Wertstand in der Vergangenheit, bis schließlich, sobald die Zukunft Präsens geworden ist, der dann aktuelle Wert mit dem der seinerzeitigen Gegenwartsgüter gleicher Art (unter gleichen Umständen natürlich) übereinstimmt.

Und schließlich — um sogleich die Nutzanwendung der Analogie vorwegzunehmen — mit dem Annähern an Gegenstände in der Raumdistanz und seiner Wirkung auf die Gesichtseindrücke ist keinerlei sonstige Veränderung in der Außenwelt verbunden. Die Gegenstände erscheinen uns nach und nach größer bis zum Erreichen ihrer wirklichen Größe, aber irgend eine kausale Wirkung geht hiervon nicht aus. Mit dem Fortschreiten in der Zeitdistanz geht in den scheinbaren Werten (wenn dieser Ausdruck im Zusammenhang des Vergleichs gebraucht werden kann) die Veränderung in gleichem Sinne vor sich, aber eine ursächliche Verknüpfung mit irgendeiner Veränderung, irgendeinem Geschehnisse der wirtschaftlichen Außenwelt ist nicht zu erkennen. Die Wertänderung begleitet das wirtschaftliche Handeln, aber verursacht es nicht. Der Mensch nähert sich nicht entlegenen Gegenständen, weil sie in seinen Augen infolgedessen größer werden, sondern sie erscheinen größer, nachdem er sich ihnen genähert hat. Der Mensch produziert nicht Güter, weil ihr Wert nach der Produktion größer ist als er vorher erschien, sondern ihr Wert tritt in seiner vollen Größe hervor, nachdem er sie produziert hat [1]). Das bedeutet: Der Gütergewinn in der Produktion ist nicht verursacht durch die Wertänderung. Den Menschen den Gütern allein gegenüberstehend gedacht, erweist sich der Vorgang der Wertänderung in der Zeit lediglich als ein Vor-

[1]) Der Satz darf nicht mißverstanden werden. Die Bedürfnisse ergeben das Motiv zur Produktion, der Wert weist ihr die Richtung. Es wird unter allen in Betracht kommenden Gütern das höchstwertige erzeugt, aber es wird nicht erzeugt, weil dieser sein Wert nach der Produktion größer ist als vorher!

gang im Geiste des Menschen, der an sich einen materiellen Gütergewinn nicht bewirkt. (Damit ein Gütergewinn durch Wertverschiedenheiten entstehen könne, muß erst das Verhältnis von Mensch zu Mensch gegeben sein: der Verkehr in der Tauschwirtschaft.)

Endlich noch ein Ausläufer der Analogie. Wenn wir das ganze räumliche Gesichtsfeld auf eine Ebene projizieren wollen, wie dies die Malerei ausführt, so machen wir von den Erfahrungen der Perspektive Gebrauch und stellen die Anschauungsobjekte je entfernter desto kleiner dar. Ebenso in der Wirtschaft. Wenn wir die Werte einer Reihe von Gütern, die wir konkret zeitlich ins Auge zu fassen Anlaß haben, auf den Zeitpunkt der Gegenwart projizieren wollen, so machen wir von den Erfahrungen der Wertperspektive Gebrauch und setzen die Werte der je zeitlich entlegeneren Güter um so niedriger an. Dies gibt ein Bild, in welchem an den Wert des gegenwärtigen Gutes die Werte der folgenden Glieder der Reihe in abnehmender Größe sich anfügen.

Die Ergebnisse der Analogie müssen freilich durch eine aus der Sache selbst gewonnene Erklärung ihre Bestätigung finden.

Einschaltung: Die Wertperspektive. Diesen Namen wollen wir sonach für das in Rede stehende Detail der Werterscheinung festhalten, das schon in der „Grundlegung" berührt ist, dort jedoch mangels eines Anlasses durch die Zwecke des Werkes nicht vollständig theoretisch durchgebildet wurde. Das beschriebene Verhältnis des Gegenwartswertes (subjektiven Wertes) der künftigen Güter zu ihrem künftigen Werte ergibt sich für uns aus dem Urbegriffe des Wertes, wie wir ihn durch psychologische Analyse festzustellen versuchten und an dem solange festgehalten werden kann, als nicht von fachpsychologischer Seite etwa seine Unhaltbarkeit nachgewiesen werden sollte. Durch die Korrelation zur Erscheinung des Bedürfnisses ist die entsprechend der Entlegenheit des Zukunftsnutzens fortschreitende Verminderung des Gegenwartswertes der bezüglichen Güter von selbst gegeben. Die in der gegenwärtigen Sensation abnehmende Intensität der künftigen Bedürfnisse in ihrer zeitlichen Reihenfolge kommt in der perspektivischen Verkleinerung des Gegenwartswertes der betreffenden Güter zum Ausdruck. — Der solcherart bemessene Gegenwartswert der künftigen Güter spielt in der Wirtschaft eine wichtige Rolle.

In erster Linie entscheidet er darüber, ob sich das Wirtschaftssubjekt zur Hervorbringung eines bestimmten Gutes mittels seiner Arbeit entschließe.

Dem Menschen schwebt die Befriedigung vor, welche er von dem künftigen Gute haben werde, ebenso der Zwang und die Anstrengung, welche die zur Herstellung notwendige Arbeit ihm auferlegen wird. Die Lust einerseits, die Unlust andererseits, welche diese Vorstellungen jetzt, d. i. in dem Zeitpunkte in ihm hervorrufen, in dem der Entschluß zu fassen ist, führen die Entscheidung herbei. Die Produktion findet ökonomisch nur statt, wenn dieser Gegenwartswert des zu produzierenden Gutes mindestens eine Höhe erreicht, welche die Unlust der aufzuwendenden Arbeit aufwiegt; in der Regel sie in größerem oder geringerem Grade überwiegt. Bleibt er dahinter zurück, so entfällt die Motivation zur Hervorbringung des Gutes [1]).

Während der Produktion vollzieht sich der Übergang vom Gegenwarts- zum künftigen Werte, welch letzterer sohin beim fertigen Gute als präsent gewordener Wert in seiner vollen Höhe hervortritt. Als solcher wird er lediglich vom tatsächlichen Grenznutzen bestimmt und steht zur Arbeit in keinerlei Beziehung mehr [2]).

---

[1]) Vgl. Grundlegung, § 45, S. 264.

[2]) Die bekannte Kontroverse über das Verhältnis der Arbeit zum Werte der Güter löst sich hierdurch in einfachster Weise; sie hätte bei Unterscheidung des Gegenwarts- vom künftigen Werte überhaupt nicht entstehen können. Die Arbeit ergibt das Minimalmaß der produktiv-wirksamen Wertgröße, diese vom Gegenwartswerte des künftigen Produktes verstanden; sie kommt nur mit diesem in Vergleich, hat hingegen auf den Wert des fertigen Produktes keinen Einfluß. Hiermit erscheint auch der bekannte Meinungsstreit über *utility* und *disutility* erledigt. Neben der *utility*, dem Grenznutzen des künftigen Produktes in der perspektivischen Verkleinerung des Gegenwartswertes, kommt als *disutility* die Arbeitslast in Betracht und wirkt auf die ökonomische Motivation in der angegebenen Weise. Nur eine mißverständliche Auffassung konnte die Wirksamkeit der Arbeitsunlust in Zweifel ziehen. Es ist nicht ein körperliches Unlustgefühl, die Beschwerde der Kraftleistung (die, solange nicht Ermüdung eintritt, nicht einmal vorhanden zu sein braucht), sondern ein intellektuelles Gefühl, welches motivierend wirkt. Die Freiheitsbeschränkung, der Zwang zu einer bestimmten Tätigkeit in bestimmter Zeit, verbunden mit der Vorstellung der von einem gewissen Maße der Anstrengung an sich einstellenden körperlichen Beschwerde, erzeugt die Unlust, die zu überwinden ist. Die äußeren Umstände, unter welchen die Arbeit vor sich geht, können geeignet sein, diese Unlust abzuschwächen oder zu steigern: man denke in letzter Hinsicht nur an die Monotonie der spezialisierten Fabriksarbeit. Daß die Reflexion auch hier vorschreitend die Stelle der emotionellen Regungen einnimmt, kann nicht verkannt werden, andernfalls wäre es widersinnig, von einem *Calculus of pleasure and pain*, einer Abwägung der künftigen Befriedigung gegenüber der Beschwerde, welche sie bedingt, zu sprechen. Der Einfluß der Erziehung und Gewöhnung ist zu bekannt, um aus einem anderen Grunde Erwähnung zu verdienen als dem, daß man sich durch ihn nicht über die ursprüngliche Erscheinung irreführen lassen darf. Störend und verdunkelnd wirkt auch die Verwechslung von Arbeit mit Betätigung, insbesondere der Betätigung in Dienstleistungen des einen für den anderen, die eine andere Seite des Menschenlebens darstellen und erst unter bestimmten Umständen ökonomischen Charakter annehmen.

Sobald man über die perspektivische Verkleinerung im Gegenwartswerte im klaren ist, kann man über die allgemeine Geltung des Verhältnisses zur *disutility* nicht im unklaren sein. Hiernach hätte Böhm auch gar nicht nötig gehabt, inkonsequenterweise für eine gewisse, geringe Anzahl von Fällen den Wert der Güter doch als durch die *disutility* bestimmt zuzugeben (Positive Theorie, S. 300 ff.). Sieht man genau zu, so findet man, daß es sich da um Fälle handelt, in welchen der Gegenwartswert des künftigen Gutes mit der Beschwerde seiner Neugewinnung sich eben gerade das Gleichgewicht hält, also Nebenumstände die Entscheidung herbeiführen, und, wenn diese im Sinne der Produktion ausfällt, es

Hieran reiht sich der Dienst, welchen die Wertperspektive dem Menschen durch richtige Orientierung in bezug auf *wahlweise Verwendung seiner Arbeitskraft* für nächstliegende oder für entferntere Genußziele leistet. Daß unter einer Mehrzahl in Betracht kommender künftiger Güter, die mit der gleichen Arbeit zu gewinnen sind, dasjenige zur Produktion ausgewählt wird, welches den größten Gegenwartswert besitzt, braucht nicht mehr hervorgehoben zu werden. Der Mensch kommt aber auch unzähligemal in die Lage, sich die Frage vorzulegen, ob er seine Wohlfahrt in höherem Grade fördert, indem er für bestimmte Bedürfnisse sorgt, deren Befriedigung sogleich — in der wirtschaftlichen Gegenwart — erfolgen könnte, oder Güter zur Sicherung weiter hinaus liegender Zwecke produziert. Die Frage beantwortet ihm der Güterwert: der Vergleich des Wertes der in erstgedachter Hinsicht in Betracht zu ziehenden Güter mit dem Gegenwartswerte der für die letztgedachten Zwecke zu schaffenden zukünftigen Güter. Der jeweils überwiegende Wert zeigt die gedeihliche Richtung der Produktion und die Arbeit wird auf die Gewinnung des künftigen Gutes gerichtet, wenn dessen Gegenwartswert den Wert des wertvollsten der mit der nämlichen Arbeit für die Gegenwart zu gewinnenden Güter übersteigt [1]).

---

daher den Anschein gewinnt, als ob die Arbeit den Wert bestimme. In Wirklichkeit ist der künftige Wert des Produktes, welcher mittels dieser Arbeit hervorgebracht wird, dann ein höherer als der frühere Gegenwartswert, sonst hätte man auf die Gewinnung des Gutes verzichtet. Es ist an Fälle gedacht, in welchen durch Okkupation eines freien Gutes dieses in ein wirtschaftliches verwandelt wird, ohne daß die bezügliche Arbeitszeit anderweitiger Güterbeschaffung entzogen werde, wie z. B., wenn mir ein Feldblumenbukett zerstört wird und es lediglich von mir abhängt, ob ich Laune habe, mir gelegentlich eines Spazierganges ein neues zu sammeln. Die Mühe des Ansichnehmens muß durch den Wert des durch sie erlangten wirtschaftlichen Gutes *mindestens* aufgewogen sein.

[1]) Die Theorie, welche den Wert vorhinein lediglich als Verstandesurteil und die Arbeit als das in gleicher Weise gewertete Produktivmittel auffaßt, kann die Motivation zur Gewinnung eines Gutes durch Arbeit nur durch Bezugnahme auf einen Vergleich mehrerer Güter, nicht aber durch Entgegenhalt von Wert und Herstellungsarbeit eines Gutes allein gewinnen. Die „Bedeutung" eines bestimmten künftigen Gutes, welches einem Wirtschaftssubjekt ohne Arbeit zukommt, ist sicherlich größer für dessen Wohlfahrt als die Bedeutung eines gleichen Gutes, welches erst durch seine Arbeit zu gewinnen sein wird. Der Grund und das Maß hierfür kann, da die Unlust der Arbeitsbeschwerde für diese Theorie nicht in Betracht kommt, nur in der Minderung an Wohlfahrt gefunden werden, die in der Absorption der Arbeitszeit für den einen Zweck, somit der Verhinderung der Erreichung eines anderen Wohlfahrtszweckes, der durch die betreffende Arbeit zu erreichen gewesen wäre, gelegen ist.

O. *Kraus* (Grundlagen der Werttheorie, S. 43) scheint hierauf den *Kostenbegriff* gründen zu wollen. „So ist doch nicht außer acht zu lassen, daß besonders die willkürliche Begründung eines primär oder sekundär wertvollen Sachverhaltes regelmäßig mit *Kosten* verbunden ist, weil regelmäßig mindestens ein disjunktiv verwertbarer Faktor — sei es auch nur die menschliche Arbeitskraft — beteiligt ist, durch dessen Verwendung für diesen konkreten Zweck ein anderweitiger Wertentgang (Grenznutzenverlust) durch Ausschluß der übrigen Verwertungsmöglich-

Eine weitere Funktion des Gegenwartswertes betrifft die Verwendung der Güter als Produktivmittel. Die Produktivgüter leiten ihren Wert vom Werte des Produktes ab. Klar gedacht muß der Satz lauten, daß vor Beginn und am Beginn der Produktion die Wertableitung vom Gegenwartswerte des Produktes vor sich geht [1]). Diesem abgeleiteten Werte gegenüber kommt der Wert in Vergleich, welchen die betreffenden Güter als Verbrauchsgüter, d. i. — den einfachsten Fall vorausgesetzt — in Verwendung für gegenwärtige Bedürfnisse hätten. In der letzteren Verwendung würden sie mit Rücksicht auf die Zeit den Wertvorzug haben. Um für die Zwecke einer künftigen Wirtschaftsperiode aufgewendet zu werden, müssen sie in dieser Verwendung einen höheren Wert aufweisen, welcher schon als Gegenwartswert mindestens jenem gleichkommt. Anderenfalls ist ihre Verwendung als Gebrauchsgut das ökonomisch Richtige. Eine Komplikation ist es, wenn das Gebrauchsgut für zukünftigen Konsum aufbewahrt wird, für welchen es nach Lage des Falles höheren Wert hat als für gegenwärtigen. Der Vergleich mit dem Werte in der Verwendung als Produktivgut hat sich dann eben auf letztgedachten Wert zu erstrecken.

Der während der Produktion sich vollziehende Übergang vom Gegenwarts- in den zukünftigen Wert äußert sich als Steigerung des abgeleiteten Wertes der Produktivmittel, bis bei Vollendung des Gutes der Produktwert zutage tritt.

In der Verwendung von Gütern, welche den gegenwärtigen Bedürfnissen zu dienen geeignet wären, als Produktivgut liegt ein Entgang an gegenwärtiger Befriedigung. Dieser bildet neben der zur Fertigstellung des Produktes erforderlichen Arbeit die zweite Passivpost in der hier gezogenen Wohlfahrtsbilanz zwischen Gegenwart und Zukunft. Die Addition zur Arbeit ergibt den Begriff der Kosten. Die große Kontroverse über das Verhältnis von Wert und Kosten erscheint durch richtige Erfassung des Gegenwartswertes ebenfalls gelöst. Im Gegenwartswerte des herzustellenden Produktes kommen die Kosten als das Mindestmaß des die Kapitalverwendung anregenden und rechtfertigenden Wohlfahrtsgewinnes der Zukunft, bzw. als das Höchstmaß der zu diesem Zwecke zulässigen Einschränkung der Gegenwart dem Wirtschafts-

keiten bedingt ist." Der Verfasser hält es für zweckmäßiger, den Kostenbegriff einem komplizierteren Gebiete des menschlichen Zweckhandelns vorzubehalten (s. das sogleich Nachfolgende) und hat sich in der „Grundlegung" (S. 262) in dem Sinne ausgesprochen, in dem Bemerkten nur eine Seite der Werterscheinung zu erblicken: eben das Vorziehen der einen Befriedigung und des ihr dienenden Mittels gegenüber anderen. Das Vorziehen bedingt eo ipso das Nachsetzen, das eine ist mit dem anderen logisch gegeben.

[1]) S. „Grundlegung" S. 317. Durch die hiermit klar formulierte These, daß der Wert des Kapitalgutes, weil vom Gegenwartswerte des Produktes abgeleitet, geringer ist als der künftige Produktwert, unterscheidet sich die Lehre der „Grundlegung" von der aller übrigen Autoren der österreichischen Schule. Es ist dies allgemein übersehen worden.

subjekte zum Bewußtsein: das fertige Produkt und dessen aktuell gewordener Wert hat dann mit ihnen keinen ursächlichen Zusammenhang [1]).

Die gleichen Gesichtspunkte kommen zur Geltung, wenn es sich nicht um Verwendung eines bereits vorhandenen Gutes als Produktivgut, sondern erst um Herstellung eines solchen Gutes zu diesem speziellen Zwecke handelt, d. i. jene Wirtschaftshandlung, die man Kapitalbildung im engeren Sinne nennt. Hier erstreckt sich die Wertperspektive auf zwei Distanzen: vom fertigen Endprodukte zum Produktivgute und von diesem zur Gegenwart des über dessen Herstellung zu fassenden Entschlusses. Der sohin dem Wirtschaftssubjekte vorschwebende Gegenwartswert muß größer sein als der gegenwärtige Wohlfahrtsentgang, das ist der Wert derjenigen Güter, welche mit der gleichen Arbeit für gegenwärtigen Bedarf produziert werden könnten. Im Entgegenhalt zum künftigen Wohlfahrtsgewinn kehrt der Kostengesichtspunkt hier selbstverständlich wieder, wobei die vorerwähnte Wertdifferenz minimal sein kann und in der Verkehrswirtschaft bis auf Null herabsinkt.

Ein anderer Fall der Wohlfahrtsbilanz betrifft die Herstellung dauerbarer Güter, die ihre Nutzdienste durch eine Mehrzahl von Wirtschaftsperioden gewähren. Von hervorragender Wichtigkeit ist diesbezüglich die gewonnene Einsicht, betreffend die Wertbildung der dauerbaren Güter. Die aufeinanderfolgenden Nutzleistungen, welche diese enthalten, sind zeitlich aneinander gereihte Güter, die vom Standpunkte der jeweilig gegenwärtigen Nutzleistung aus das perspektivische Bild bieten, das wir bereits kennen lernten. Der Gegenwartswert jedes dauerbaren Gutes ist sonach die Summe der Gegenwartswerte aller Glieder der Nutzleistungsreihe. In ziffermäßiger Darstellung gibt das das nämliche Bild wie der Wert eines Gütervorrats, dessen Bestandteile — ihren gleichzeitigen Verbrauch angenommen — sukzessiv schwächeren Bedürfnissen dienen und somit einen in gleichem Verhältnisse abfallenden Wert besitzen. Wenn wir anknüpfend an die Intensitätszahlen des Robinson-Beispieles (S. I. Kapitel S. 15) den Wert eines Vorrates von fünf Gütereinheiten mit $10 + 8 + 6 + 4 + 1 = 29$ beziffern, so ist in gleicher Weise die Wertung eines Gütervorrates zu illustrieren, dessen Einheiten in zeitlicher Folge einem wiederkehrenden Bedürfnisse dienen.

---

[1]) Auch die Erscheinung der Kosten findet sich in der „Grundlegung" bereits in diesem Lichte dargestellt und nach ihrer prospektiven sowie retrospektiven Seite beleuchtet. Die Grenznutzentheoretiker haben dies nicht beachtet, vielmehr dem Begriffe eine zu eingeschränkte theoretische Rolle zugewiesen und, indem sie in ihm ein Preisgesetz erblickten, die subjektive Natur der Erscheinung verkannt.

Der Verfasser steht nicht an, zuzugeben, daß der Wortlaut der Darstellung auf S. 330 der „Grundlegung" einer Verbesserung fähig wäre, insbesondere im Hinblick auf das Zurücktreten der emotionellen Wertung hinter der reflektierten. Von der abstrakten allgemeinen Erscheinung ist übrigens die privatwirtschaftliche Form derselben wohl zu unterscheiden.

Die dauerbaren Güter sind ein solcher Vorrat von Nutzleistungen und ihre Bewertung zeigt also eben dieses ziffermäßige Bild. Dieser ihr Gegenwartswert gibt dem Wirtschaftssubjekte die Entscheidung an die Hand, ob und wieweit es Arbeit (und Güter) der jetzigen Wirtschaftsperiode für Genußzwecke der Zukunft, welche durch das dauerbare Gut zur Befriedigung gelangen, ökonomischerweise aufwenden könne. Bei Realisierung der sukzessiven Nutzleistungen tritt der aktuelle Wert jeder einzelnen hervor, derjenige Wert, mit welchem sie seinerzeit in dem Gegenwartswerte des Gutes figurierte, gehört der Vergangenheit an und ist für das Wirtschaftssubjekt eine gleichgültige Sache geworden.

In der entwickelten Wirtschaft kann es sich dann wieder um die Wahl zwischen Kapitalbildung und Herstellung dauerbarer Gebrauchsgüter handeln und in weiterer Verwicklung um Produktion mittels dauerbarer Produktivmittel, welche Wirtschaftshandlungen immer auf der Vergleichsbasis des Gegenwartswertes ihre Motivation finden.

Von den voranstehenden Feststellungen wird in folgenden Abschnitten Gebrauch zu machen sein.

Es ist leicht einzusehen, daß die auf den Wert sich erstreckende Reflexion, welche ihm den Anschein eines rein verstandesmäßigen Urteils verleiht, die Urerscheinung verhüllt und daß daher bei direkter Ableitung des Wertbegriffes aus den Vorgängen unserer Privatwirtschaft eine ausschließlich auf die Zeit zurückzuführende Wertveränderung nicht wahrgenommen wurde. Dem intellektuellen Urteile stellt sich ja in der Tat die vorliegende Zweckbeziehung, objektiv betrachtet, unter gleichen Umständen als die gleiche dar. Wer aber sich der Ansicht nicht verschließt, daß der Wert seinem Ursprunge nach dem Bereiche der Gefühle angehört, wird erkennen, daß die Menschen von gegenwärtigen und von künftigen Gütern in verschiedenem Maße sich berührt finden. Von diesem Standpunkte aus stellt sich uns die Wertperspektive als Folgerung aus den Lehrmeinungen dar, die im I. Kapitel betreffs des Bedürfnis- und des Wertgefühles, und zwar im Hinblick auf eben diesen Zweck mit der erforderlichen Ausführlichkeit vorgetragen wurden.

Die gegenwärtige „Schätzung" der künftigen Güter wird angeregt durch das subjektive Bedürfnis, welches durch die Vorstellung des künftigen Bedarfsfalles hervorgerufen wird, und da jenes von geringerer Intensität ist als ein gleiches gegenwärtiges Bedürfnis, so ist auch das Wertgefühl, das sich an jenes knüpft, schwächer als ein von einem unmittelbaren Bedürfnisse angeregtes. So wie das Bewußtwerden des künftigen Bedarfsfalles schon gegenwärtig ein „Egenzbegehren" auslöst, das hinter dem eines gegenwärtigen Bedürfnisses zurücksteht, so weckt die sich damit verknüpfende Vorstellung der künftigen Befriedigung ein Vorgefühl und ein Interesse für das Gut, das in seiner Stärke jenem Begehren entspricht [1]). Da das vorausgefühlte Bedürfnis um so schwächer

[1]) Nach der vorgetragenen Auffassung wäre der seelische Vorgang folgender: Das Bedürfnisgefühl, welches der vorbedachte künftige Bedarfsfall anregt, zessiert,

ist, je entfernter der Zeitpunkt des Eintretens des Bedarfsfalles (des objektiven Bedürfnisses) liegt, so ist damit die fortschreitende Abminderung des Gegenwartswertes der künftigen Güter, der Befriedigungsmittel jenes Bedarfes, die durch die Analogie mit der Perspektive so treffend verdeutlicht wird, erklärt [1]).

Man könnte schließlich mit Überspringen der emotionellen Motivation für das reflektierte Werturteil zum gleichen Ergebnisse gelangen, indem man es ungeachtet der objektiven Gleichheit der Zweckbeziehung des gegenwärtigen und des künftigen Grenznutzens dennoch von dem Zeitpunkte ihres Eintretens beeinflußt sein läßt, wobei man aber freilich das wirtschaftliche Handeln doch nur oberflächlich beschreibt. Das Gut von heute hat für mich mehr „Bedeutung" als das Gut von morgen, weil der Zweck von heute, dem es dient, mir „wichtiger" ist, als der Zweck von morgen. Jener beschäftigt mich in höherem Maße als der von morgen, weil ich für ihn zuerst vorsorgen muß, bevor ich mein Augenmerk und meine Kraft dem von morgen widmen kann. Das Gut von heute steht daher in meinem wirtschaftlichen Kalkül höher als das von morgen, das mir aber morgen den gleichen Nutzen stiften wird, den das gestrige mir gestiftet hat, und mir daher morgen ebenso wichtig sein wird, wie mir das letztere gestern war. Man kann, wenn man will, auch mit dieser Begründung sich zufrieden geben [2]).

---

nachdem es seine motivierende Wirkung ausgeübt hat. Das gleichzeitig ausgelöste Wertgefühl bleibt und begleitet das entstehende Gut mit ansteigender Stärke bis zur Vollendung und zum Verbrauche.

[1]) Böhm war durch seinen Irrtum hinsichtlich unserer Lehrmeinung über die Motivation durch künftige Bedürfnisse gehindert, zu verstehen, daß und wie sich die Erscheinung der Wertperspektive für uns als einleuchtende Konsequenz aus der gedachten Prämisse sozusagen von selbst ergibt und daß es daher für diese Theorie der Heranziehung von Zwischenursachen, gleich seiner Theorie, gar nicht bedarf. Das erklärt seine absprechende Äußerung in der Note, Positive Theorie, S. 452.

Unsere Wertperspektive ist nun wohl zu unterscheiden von den zwei Fällen, für welche Böhm das Wort braucht. Sie ist weder die auf angeblich falscher Schätzung beruhende subjektive Minderwertung künftiger bzw. höhere Bewertung gegenwärtiger Güter, noch auch die Minderbewertung künftiger Güter in der Gegenwart seitens des Verkehres. Dieser Unterschied hat eine Folge, welche für das Thema unserer Untersuchungen besonders wichtig ist, und welche mit Rücksicht hierauf vorgreifend angedeutet werden soll. Was begibt sich im Augenblicke, wann der künftige Wert mit dem Gute zu einem präsenten wird? Die Analogie hat uns gezeigt, was sich im Falle bei unserer subjektiven Wertgestaltung ereignet und daß eine Veränderung in der ökonomischen Außenwelt hierdurch nicht verursacht wird. Beim Tauschwerte geschieht die Reduktion auf den Gegenwartswert dadurch, daß im Verkehre für bestimmte künftige Güter gegenwärtig weniger gegeben wird. Im künftigen Zeitpunkte, in welchem der künftige Wert zutage tritt, erscheint demgegenüber ein Plus an Gütern auf der Bildfläche, was eine sehr bedeutsame Veränderung der ökonomischen Außenwelt darstellt.

[2]) Es findet sich übrigens bei Böhm (Geschichte, II. Aufl., S. 471) in einer Stelle hierzu ein Anklang. Es heißt dort: „Dieses Wertverhältnis (der niedrigeren Schätzung künftiger Güter in der Gegenwart) ist eine unmittelbare Folge dessen,

Zum Schlusse sei nur nochmals, weil es für die weiteren Erörterungen von Nutzen sein dürfte, hervorgehoben, worin sich der Lehrsatz der Wertperspektive von der Theorie Böhm's wesentlich unterscheidet. Diese will den geringeren Gegenwartswert künftiger Güter dadurch erklären, daß es gewisse Umstände gäbe, welchen zufolge die Menschen den künftigen Wert künftiger Güter geringer schätzen, als den Wert gleicher gegenwärtiger Güter. Das schließt streng folgerichtig offenbar den Gedanken ein, daß die Gegenwartsschätzung und der künftige Wert übereinstimmen (außer wo die angebliche irrige Unterschätzung vorgelegen ist), während die Wertperspektive ein Anwachsen des Wertes von der gegenwärtigen zur künftigen Höhe mit sich bringt. Wenn die bewußten Zwischenursachen nicht vorhanden wären, so bliebe für diese Theorie die erwähnte Gegenwartswertung unerklärt. In der Wertperspektive ist dagegen die Erklärung gegeben, und zwar gerade im Hinblick darauf, daß die den gedachten Ursachen gewidmeten Beweisgänge, worunter auch die noch im folgenden besprochenen, sich nicht als stichhaltig erweisen.

Dritter Grund.

§ 14. Länger wird uns die dritte Ursache der behaupteten Wertdifferenz zwischen gegenwärtigen und künftigen Gütern beschäftigen, nämlich die, wie Böhm sagt, „im Groben längst bekannte, jedoch arg mißverstandene Tatsache, daß gegenwärtige Güter in aller Regel aus

daß unser Leben in der Zeit sich abspielt, das Heute mit seinen Bedürfnissen und Sorgen vor dem Morgen kommt und das Übermorgen" usw. Der Zusammenhang eben dieser Wertung mit der Zeit, als dessen unmittelbare Folge sie erscheine, ist hier bestimmt ausgesprochen. Wenn sie eine unmittelbare Folge ist, so bedarf es doch nicht weiter irgendwelcher Zwischenursachen. Der Gedanke wäre nur zu verfolgen gewesen. Offenbar wurde aber Böhm durch seine Werttheorie von diesem Wege abgebracht.

Die hier vorgetragene Theorie wird vielleicht manchem verkehrt erscheinen, der einwenden wird, daß wir uns in der Praxis des Wirtschaftslebens bei unseren die künftigen Güter betreffenden Entschlüssen nicht von deren künftigem oder gegenwärtigem Werte, sondern vom Werte der gegenwärtigen Güter leiten lassen. Das trifft in weitem Umfange in der Tat zu. Wir können uns mit wesentlicher Erleichterung unserer geistigen Tätigkeit unbedenklich an den Wert der gegenwärtigen Güter halten, solange die wirtschaftlichen Verhältnisse ungeändert bleiben. Aber wir sind sofort gezwungen, die Zukunft scharf ins Auge zu fassen, sobald eine Änderung der Umstände eintritt oder bevorsteht.

Vollends wird der Mann der Praxis die Lehre unverständlich finden, der sich bewußt ist, in seinem Geschäfte die Güter überhaupt nicht nach dem Individualwerte zu schätzen und der, soweit er die Zukunft ins Auge faßt, mit Preisschätzungen, nicht mit Wertschätzungen operiert. Daß jene in letzter Auflösung auf diese zurückführen — in einem weiten, äußerst verwickelten Zusammenhange —, darüber kann ihm freilich nur die Theorie Aufschluß geben und dabei kommt sie zu Dingen, von denen die geschäftliche Routine des Alltags allerdings keine Ahnung zu haben braucht.

technischen Gründen vorzüglichere Mittel unserer Bedürfnisbefriedigung sind und daher auch einen höheren Grenznutzen verbürgen als künftige". Der Sinn erfordert es, das auf den künftigen Wert der künftigen Güter zu beziehen: es soll gezeigt werden, daß gegenwärtige Güter aus technischen Gründen uns einen höheren Grenznutzen gewähren, als uns gleiche künftige Güter unter gleichen technischen Voraussetzungen gewähren werden bzw. gewähren würden. Da alle anderen Voraussetzungen ebenfalls als gleich angenommen werden müssen, so würde das Beweisthema geradezu als rätselhaft erscheinen, wenn uns nicht alsbald der Hinweis auf die Lehre von der „Produktivität der Produktions-Umwege" geboten würde, aus welcher sich jener Satz ableiten lasse.

Die Bekanntschaft mit dieser eigensten Theorie Böhm's müssen wir hier voraussetzen und es möge daher — unter Vorbehalt einer näheren Würdigung an späterer Stelle — vorerst nur eine kurze Bemerkung zu dem Zwecke Platz finden, um vorhinein festzustellen, daß, wenn die Lehre selbst nicht haltbar erscheint, auch die Folgerungen, welche auf sie gebaut sind, in sich zusammenfallen.

Von dem richtigen, sicherlich unbestreitbaren Grundgedanken aus, daß die durch Verwendung technischen Kapitals erzielbaren Vorteile an die Bedingung vorhergehender, der Herstellung dieser Hilfsmittel gewidmeter Arbeit geknüpft sind, wird alles Kapital in die Arbeit, welche die Güter von ihrem allerersten Ursprunge an gekostet haben, aufgelöst und dadurch das sekundäre Moment der Zeit in den Vordergrund gerückt.

Daß es aber nicht das ausschlaggebende ist, kann man schon formal logisch behaupten, da das Einschieben technischer Zwischenglieder an sich die Gesamtdauer der Produktion noch nicht zu verlängern braucht: die Zahl der Zwischenglieder mag größer werden, die Zeit, welche jedes einzelne Glied beansprucht, kann kleiner sein und dadurch kann eine gleiche oder eine geringere Gesamtproduktionszeit herauskommen als früher; gerade so, wie ein Umweg nicht notwendig eine Verlängerung der Zeit mit sich bringt, die man braucht, um ans Ziel zu gelangen. Bei allen Gütern, welche ohne die bezügliche Technik überhaupt nicht oder nicht in gleicher Qualität hergestellt werden können wie durch jene, entfällt überhaupt der Gesichtspunkt, denn da das Produkt nicht in Vergleich kommt, so kann selbstverständlich auch das Zeitmoment nicht in Vergleich kommen. In der Tat wird auch die Argumentation auf die Fälle basiert, in welchen durch Kapitalverwendung eine größere Menge von Produkten erzielt wird. Die Ausdehnung des Konklusums von der Quantität auf Qualität ohne zureichende Begründung erscheint vorhinein als eine unzulässige Verallgemeinerung.

Es soll jedoch von Einwänden gegen die Lehre vorerst abgesehen und untersucht werden, was durch sie, ihr Zutreffen angenommen, für das Wertverhältnis gegenwärtiger gegen künftige Güter zu beweisen wäre.

Der Beweisgang ist in folgender Gedankenreihe eingeschlossen.

Durch Zurückführung der sachlichen Produktivmittel auf die Arbeit, welche zu ihrer Herstellung aufgewendet wurde, ergibt sich der Begriff der Produktionsperiode als des Zeitraums, welcher von der ersten ursprünglichen Arbeit bis zur Fertigstellung des Schlußproduktes verfließt. Die Arbeit als Produktivmittel wird in den Gutsbegriff einbezogen, die Abschnitte der Produktionsperiode sind Arbeitseinheiten. Als Gut wird der Arbeit Wert zugesprochen und dieser wird nach dem Ausmaße der künftigen Produktmenge, in letzter Linie der Menge der erzeugten Gebrauchsgüter, bemessen. In einer längeren Produktionsperiode werfe die Arbeitseinheit ein größeres Maß von Produkten ab als in einer kürzeren. Auf einen bestimmten künftigen Zeitpunkt bezogen, setzt eine längere Produktionsperiode natürlich früher ein als eine kürzere, sind die vorgängigen Arbeitseinheiten gegenüber der letzteren gegenwärtige Arbeit. Folglich hat die gegenwärtige Arbeit höheren Wert als künftige.

Es ist wichtig, genau festzustellen, was hiermit bewiesen werden sollte. Gegenwärtige Arbeitseinheiten erzeugen eine größere Produktmenge, aus diesem Grunde sind sie mehr wert als künftige, die eine geringere Produktmenge ergeben, daher weniger wert sein werden. Es ist der gegenwärtige Wert des gegenwärtigen Gutes Arbeit mit dem künftigen Werte künftiger (gleicher) Arbeit verglichen. Das Produktivmittel gegenwärtige Arbeit hat höheren Wert als das gleiche Produktivmittel in der Zukunft haben wird.

Diese Aussage wird generalisierend als für alle Produktivmittel geltend hingestellt. Alle gegenwärtigen Produktivmittel hätten höheren Wert als die gleichen künftig haben werden. Dem aber ist sofort zu widersprechen. Selbst angenommen, die Aussage, die Arbeit betreffend, wäre richtig, so folgt daraus noch keineswegs, daß das nämliche auch für die sachlichen Produktionsmittel gelten müsse. Die Verschiedenheit dieser Dinge ist eine so durchgreifende, daß für die sachlichen Produktivmittel ein selbständiger Beweis der These zu fordern wäre. Es wird hierauf noch mit einigen Worten zurückzukommen sein.

Damit ist schon vorhinein eine erhebliche Einschränkung der Geltung der Beweisresultate gegeben. Sie wäre nur für die Arbeit anzuerkennen, wenn die nähere Untersuchung des Beweisganges seine Schlüssigkeit für diese erweist. Der Mühe einer solchen müssen wir uns unterziehen [1]).

---

[1]) Eine Voraussetzung des Beweisganges ist die Einbeziehung der Arbeit in den Gutsbegriff, mit der Folge, von einem Werte der Arbeit in dem nämlichen Sinne wie vom Sachgüterwerte zu sprechen. Der Verfasser vermag, wie aus den Ausführungen der „Grundlegung" hervorgeht, diese theoretische Konstruktion nicht zu billigen. Sie scheint ihm nicht erforderlich, vielmehr einer folgerichtigen Theorie geradezu abträglich. Die Gründe für diese Ansicht hier zu wiederholen

§ 15. Wie die Leser wissen, führt Böhm den Beweisgang zahlenmäßig durch; mit jenen Tabellen von Beispielziffern, die in der wissenschaftlichen Diskussion manche Anfechtung erfahren haben, allerdings zum Teile auf Grund mißverständlicher Auffassung, die aber durch die hierüber abgeführte Polemik nunmehr wohl beseitigt ist. Um der Sache auf den Grund zu kommen, erübrigt nichts anderes als auch hier nochmals mit diesen Ziffern zu argumentieren. Denn mit ihnen soll etwas plausibel gemacht werden, das nicht von selbst einleuchtet. Ob der Beweis als gelungen anzusehen ist oder nicht, davon hängt es ab, ob die nationalökonomische Theorie die gedachte These fortab als wissenschaftliche Wahrheit zu bekennen oder aber als endgültig abgetan zu betrachten hat.

„Denken wir uns z. B., wir verfügen im Jahre 1909 über eine bestimmte Quantität von Produktivmitteln, z. B. über einen Arbeitsmonat, so würden wir (im Sinne der gedachten Theorie) etwa annehmen können, daß, in unergiebigster Augenblicksproduktion verwendet, jener Arbeitsmonat nur 100 Produkteinheiten hervorbringt, in einjähriger Produktion dagegen 200 Einheiten, aber natürlich erst für das Jahr 1910; in zwei-

---

wäre zwecklos. Für eine Wertung der Arbeit im Sinne der Sachgüterwertung ist die Auffassung des Wertes als intellektuelles Urteil notwendige Voraussetzung. Für die emotionelle Wertung hingegen kommt die Arbeit als das Gegenteil von Gut, als Beschwerde, als ein negativer Wert — wenn der Ausdruck erlaubt ist — in Betracht, was ihrer sittlichen Wertung natürlich keinen Eintrag tut.

Die verstandesmäßige Würdigung der Arbeit als Bedingung der Bedürfnisbefriedigung ist Erkenntnis eines Kausalzusammenhanges, nicht Wert. Daß die elliptische Redeweise, welche vom Wert der Arbeitsleistung spricht, wo der Wert des Geleisteten, des Produktes, gemeint ist, nichts für die Theorie bedeutet, ist selbstverständlich.

Die Subsumtion der Arbeit unter den Gutsbegriff hat zur Folge, daß der Begriff bald in weiterem Sinne (die Arbeit einschließend), bald im engeren (Sachgüter allein) gebraucht wird, was große Unzukömmlichkeiten mit sich bringt, da erklärlicherweise manches, was von Sachgütern gilt, nicht auch von der Arbeit ausgesagt werden kann, und umgekehrt, und somit stete Aufmerksamkeit erforderlich ist, ob im Zusammenhang der Rede der eine oder der andere Sinn vorschwebt. Welche Ungereimtheiten kommen zum Beispiel zutage, wenn Arbeitsleistungen auch zu einem „Vorrate" von Gütern gezählt werden müßten, oder wenn die Bemessung des Wertes nach dem Verhältnisse von Bedarf und Deckung oder die parteiische Unterschätzung des Wertes künftiger Güter auch für die Arbeit ausgesagt werden sollte! Wer an solchen Kautschukbegriffen keinen Anstoß nimmt, beweist nur sein mangelhaftes Verständnis für die Anforderungen der deduktiven Methode und er kann sich von ihrer theoretischen Gefährlichkeit gerade durch eine Schlußfolgerung überzeugen, in welcher Böhm etwas, was nur auf Sachgüter anwendbar ist, auf die Arbeit anwendet auf Grund des Untersatzes, daß Arbeit auch ein Gut ist. (Dieser Syllogismus wird uns im VII. Kapitel beschäftigen.)

Es ist aber auch eine falsche Verallgemeinerung im umgekehrten Sinne möglich. Es kann irgend etwas (wirklich oder vermeintlich) für die Arbeit gültig bewiesen sein und auf Grund dessen, weil eben die Arbeit ein Gut sei, für Güter überhaupt, insbesondere auch für diejenigen Sachgüter, welche durch die Arbeit erzeugt werden, ausgesagt werden. Das ist gerade der Einwand, welcher soeben im Texte erhoben wurde. Das auszuspinnen ist wohl überflüssig.

jähriger Produktion 280 Einheiten — für das Jahr 1911 — und so fort in ansteigender Progression vielleicht 350 Einheiten für das Jahr 1912, 400 Einheiten für das Jahr 1913, 440 für das Jahr 1914, 470 für das Jahr 1915, endlich 500 Einheiten für das Jahr 1916."

Selbstverständlich ist gleiche Arbeit vorausgesetzt und es wird angenommen, daß sämtliche Produkte je erst mit dem Ablauf jeder Produktionsperiode gleichzeitig aus dem Produktionsprozesse hervorgehen.

Das Jahr 1909 ist die Gegenwart, in welcher das Wirtschaftssubjekt hinsichtlich der Verwendung des Produktivmittels Arbeit einen Vergleich zwischen Augenblicksproduktion (Verwendung zu direkter Herstellung von Genußgütern) und Umwegproduktion für künftige Zeitpunkte anstellt. Das Wirtschaftssubjekt ist entweder der Einzelne, der seine Lebensförderung und deren Mittel, die eigene Arbeit, ins Auge faßt, oder die Gesamtheit, deren Bedürfnisse und deren Arbeitstätigkeiten zu einer Einheit zusammengefaßt werden. Hinsichtlich der Umwegproduktion handelt es sich um die Wahl zwischen Verwendungen der Arbeit für kürzere oder längere Produktionsperioden bis zu einer

---

Die Einbeziehung der Arbeit in den Gutsbegriff hängt damit zusammen, daß die überkommene Volkswirtschaftstheorie auch die „Dienstleistungen" in ihn einbezog, weil sie auf andere Weise die diese betreffenden wirtschaftlichen Erscheinungen nicht erfassen zu können meinte, wogegen letztere nach unserer, in der „Grundlegung" durchgeführten Auffassung nur als Sozialbeziehung richtig zu verstehen sind. Die gemeinsame Wurzel der theoretischen Mißbildungen liegt in der Ableitung dieser Begriffe aus den Erscheinungen des privatwirtschaftlichen Tauschverkehres, wie denn die in Rede stehende Auffassung der Arbeit und ihre Bewertung nichts anderes ist als der Gesichtspunkt, unter welchem der privatwirtschaftliche Unternehmer die von fremden Personen in seiner Unternehmung ausgeübte Tätigkeit und deren Produkte betrachtet. Demgegenüber erscheint dem Verfasser die Ableitung der wirtschaftlichen Urbegriffe aus dem ökonomischen Grundverhältnisse unserer Existenz, unter Absehen von den sozialen Beziehungen, als der allein zum Ziele führende Weg, den er seinerseits ja auch eingeschlagen hat. (Ob mit Erfolg, ist eine andere Sache.)

Böhm meint (Positive Theorie, S. 551), daß der Verfasser der „Grundlegung", da er die persönlichen Nutzleistungen nicht in den Gutsbegriff einbezogen wissen will, konsequent auch die Nutzleistungen der Sachgüter vom Gutsbegriffe ausschließen müsse; eine Logik, die wohl schwer zu verstehen ist. Verfasser hat im Gegenteile von Anfang in Übereinstimmung mit der Lehre Böhm's die Nutzleistungen der Sachgüter als Güter aufgefaßt und behandelt. Er vermochte jedoch nicht sich der Ansicht anzuschließen, daß die Menschen gegenseitig die Betätigung von Mitmenschen zur Erreichung von Lebenszwecken gleichsetzen den Kräfteäußerungen der uns umgebenden Naturdinge. Er kann es nur beklagen, wenn die bezüglichen Ausführungen der „Grundlegung" so wenig Wirkung gehabt haben. Auf Böhm haben sie jedenfalls keinen Eindruck gemacht, andernfalls hätte er nicht der Meinung sein können (l. c.), daß es sich hier bloß um eine terminologische Frage handelt.

Vorstehende kurzen Bemerkungen erschienen dem Verfasser notwendig, um festzustellen, daß er den Prämissen der nunmehr zu besprechenden Gedankengänge überhaupt ablehnend gegenübersteht, obschon bei Nachprüfung der letzteren natürlich auch von ihnen ausgegangen werden muß.

ökonomischen Grenze, die durch Umstände gegeben ist, die vorerst außer Betracht bleiben können. In dem ziffermäßigen Beispiele ist die siebenjährige Periode als das ökonomisch gestattete Maximum angesetzt. Innerhalb dieser Zeitgrenze liegen die Produktionsvorgänge, deren Ergiebigkeit das Wirtschaftssubjekt sich vor Augen führt, indem es je um ein Jahr kürzere Produktionsperioden, sämtlich bezogen auf das Endjahr, mit ihren Ergebnissen an Produkten auf die Arbeitseinheit sich vergegenwärtigt. Das gibt die Tabelle (S. 456):

Ein Arbeitsmonat aus dem Jahre

		1909	1910	1911	1912	
ergibt für die Wirtschaftsperiode:	1909	100	—	—	—	Produkteinheiten
	1910	200	100	—	—	
	1911	280	200	100	—	
	1912	350	280	200	100	
	1913	400	350	280	200	
	1914	440	400	350	280	
	1915	470	440	400	350	
	1916	500	470	440	400	

In gleicher Weise ist die Tabelle bis zum Jahre 1916 fortzusetzen und es zeigt dann in den Ziffern pro 1916 jede kürzere Produktionsperiode eine abnehmende Produktmenge, aber freilich nicht deshalb, weil sie spätere (künftige) Arbeit darstellt, sondern weil sie eben die kürzere ist. Nur dem flüchtigen Blicke erscheint durch die gewählte Darstellung die Ursache des Resultates von der Zeitdauer auf die Zeitfolge verschoben.

Mit dem Jahre 1916 beginnt eine neue Produktionsperiode, in welcher, wenn alle Umstände gleich geblieben sind, sich alles wiederholt. Der Arbeitsmonat des Jahres 1916 wird wieder in Augenblicksproduktion 100, in dreijähriger Produktionsperiode 350, in siebenjähriger 500 Produkteinheiten liefern, er wird mithin dem gegenwärtigen Arbeitsmonate des Jahres 1909 gleichwertig sein. Und ebenso der Arbeitsmonat des Jahres 1917 dem des Jahres 1910 usw. Desgleichen in jeder folgenden Produktionsperiode. Da haben wir gegenwärtige Arbeit, die künftiger im Werte gleichsteht. Die behauptete Ungleichheit gilt nur für die Zeit je einer maximalen Produktionsperiode und das ist auch die Meinung Böhm's, wenngleich er sie nicht in dieser Weise ausspricht. Es reicht dies aber schon hin, die vage Allgemeinheit des Satzes vom Mehrwerte gegenwärtiger Arbeit als eine falsche Aussage zu kennzeichnen. Für den Zeitraum einer Wirtschaftsperiode wird nun die Bedeutung der Zifferndifferenzen erläutert, wie folgt: „Übersetzen wir die Sprache der Ziffern in Worte, so zeigt sich, daß, welche Wirtschaftsperiode immer wir ins Auge fassen mögen, wir für jede derselben von einem 1909 er Arbeitsmonat eine größere Förderung erlangen als von einem 1910 er, von diesem wieder eine größere als von einem 1911er Arbeitsmonate usw." Und weiter: „Für die Befriedigung der Bedürfnisse des Jahres 1914 stellt uns ein 1911er Arbeitsmonat 350, ein 1910er Arbeitsmonat 400, ein 1909er Arbeitsmonat 440 Produkteinheiten zur Verfügung."

Diese Auslegung ist ihrem Wortlaute nach irreführend. Im richtigen Sinne der Darstellung zeigt die Arbeit je eines späteren Jahres im Vergleiche mit der Arbeit früherer Jahre bzw. der gegenwärtigen Arbeit nur dann ein geringeres Ergebnis, wenn eine neue Produktionsperiode mit ihr beginnt. Ist sie jedoch in einer von früher datierenden Produktionsperiode eingeschlossen, dann weist sie das nämliche Produkt auf, wie die Arbeit eben dieser Periode von Anfang an. Hierüber kann kein Zweifel bestehen [1]). Wenn die Produktivmitteleinheit von 1909 an bis 1914 in Tätigkeit war, so liefert ein Arbeitsmonat des Jahres 1909 ganz richtig 440 Produkteinheiten, ein Arbeitsmonat von 1910 aber auch 440, nicht 400, und ein Arbeitsmonat des Jahres 1911 ebenfalls 440, nicht 350 Einheiten. Wenn man gemäß der in Rede stehenden Theorie den Wert der Arbeit nach der Menge ihrer Produkte bemißt, so sind folgerichtig die Arbeitseinheiten einer Wirtschaftsperiode unter sich wertgleich. Eine spätere Arbeitseinheit würde, wenn erst mit ihr die Produktionsperiode begänne, geringere Ergiebigkeit für einen bestimmten künftigen Zeitpunkt aufweisen. Durch Ausdehnung einer früher beginnenden Produktionsperiode auf sie gelangt sie zu größerer Ergiebigkeit. Mag man mit Rücksicht hierauf sagen, die spätere Arbeit danke der früheren (gegenwärtigen) den höheren Wert, aber sie besitzt ihn dann eben: beide haben gleichen Wert.

Eine Mehrwertigkeit der gegenwärtigen Arbeit wäre theoretisch nur zu gewinnen durch ausdrückliche Zurechnung jenes der späteren Arbeit mitgeteilten Mehrwertes an sie (die gegenwärtige Arbeit). In folgender Weise. Wenn für 1914 der Arbeitsmonat des Jahres 1909 die Produktmenge 440 ergibt, der des Jahres 1910, eine Produktionsperiode eröffnend, 400, in Werkfortsetzung mit 1909 jedoch ebenfalls 440, so wäre das Plus von 40 demnach nicht dem Arbeitsmonat von 1910, sondern jenem aus dem Jahre 1909 zuzurechnen, welch letzterer demnach mit einer Ergiebigkeit von 440 + 40 (usw.) zu figurieren hätte. Eine solche

---

[1]) Es wird ausdrücklich gesagt, daß die für den Arbeitsmonat eines jeden Jahres eingestellten Produktziffern im Falle der Werkfortsetzung durch spätere Arbeit jedesmal denjenigen Produktanteil bezeichnen, der vom Gesamtprodukt auf die Produktivmitteleinheit, als welche eben der Arbeitsmonat angenommen ist, entfällt; mithin z. B. bei einem einjährigen Produktionsumwege der von dem Gesamtprodukt von 2400 Einheiten, das in allen zwölf Arbeitsmonaten des Jahres erzielt wird, auf je einen Monat entfallende Teil, im Betrage von 200 Einheiten. Bei einem zweijährigen Produktionsprozesse ist es demnach der von dem Gesamtprodukte der 24 Monate auf je einen dieser Monate entfallende Teil usf. in jeder der unterschiedenen sieben Produktionsperioden, von deren Gesamtprodukt je der aliquote Teil auf die Produktivmitteleinheit entfällt. Somit trifft es für die in Werkfortsetzung einbezogenen Arbeitsmonate nicht zu, daß die ältere (gegenwärtige) der jüngeren (künftigen) Produktivmittelmenge technisch überlegen wäre: alle liefern das gleiche Produkt.

Zurechnungsoperation findet sich jedoch bei Böhm nicht und zwar offenbar aus gutem Grunde, da ja auch die gegenwärtige Arbeit ihre Mehrergiebigkeit in der längeren Produktionsperiode (die 440) nicht für sich allein erzielt, sondern der Werkfortsetzung durch die nachfolgende verdankt [1]).

Fassen wir die Ergebnisse der Darlegung zusammen, so zeigt sich inbetreff des behaupteten Mehrwertes gegenwärtiger Güter als Produktivmittel gegen den Wert der gleichen künftigen Güter folgendes.

1. Ein solcher Mehrwert wäre aus der Theorie der Produktionsumwege (sie als Prämisse hingenommen) logisch nur für die Arbeit — diese als Gut aufgefaßt — nicht eo ipso für die sachlichen Produktionsmittel abzuleiten;
2. er gilt nicht für eine gegenwärtige Produktionsperiode gegenüber künftigen, gleichen Produktionsperioden;
3. er trifft auch nicht zu hinsichtlich der gegenwärtigen und der künftigen Arbeit innerhalb einer und derselben Produktionsperiode, die vielmehr, weil gleich ergiebig, auch als gleichwertig anzusehen wären;
4. er gilt auch nicht als zugerechneter Mehrwert von künftiger Arbeit, welche solchen in der Werkfortsetzung gewinnt.

Was bleibt da von dem Satze noch übrig?

Unanzweifelbar bleibt nur — unter der Voraussetzung der Theorie —, daß von der Gegenwart aus eine längere Produktionsperiode (Umwegproduktion) eine größere Produktmenge auf die Arbeitseinheit liefere als kürzere Produktionsperioden, daher auch als künftige Arbeitseinheiten in einer zu einem späteren Zeitpunkte einsetzenden (kürzeren) Produktionsperiode liefern würden. Daraus entnimmt das Wirtschaftssubjekt den Antrieb, eben diese Produktionsweise anzuwenden. Wenn man aber sagt, es messe bei ihr der gegenwärtigen Arbeit einen höheren Wert bei als künftiger, einen Wert, der sich nach den Mengen der in beiden Fällen erzielbaren Produkte bestimmt, so wird ein Vergleich zwischen einem Dinge gezogen, das existiert, und einem Dinge, das nicht existiert. Ein Arbeitsmonat aus dem Jahre 1909, welcher in eine siebenjährige Produktionsperiode einbezogen wird, ist doch eben durch die sieben

[1]) In einer sehr bemerkenswerten Ausführung, die uns an späterer Stelle (§ 74) in anderem Zusammenhange beschäftigen wird, schreibt Böhm der früheren Arbeit in einem Produktionsprozesse ungeachtet des gleichen aliquoten Anteils an der technischen Leistung, höheren Wert zu als der späteren. Es wäre nahe gelegen, diese merkwürdige Behauptung mittels der oben gedachten Zurechnung zu begründen. Das geschieht jedoch nicht, sondern es wird dabei *ad usum* jener angebliche Mehrwert der früheren Arbeit aus dem Satze der Mehrwertigkeit gegenwärtiger gegen künftige Güter gefolgert, während hier gerade der Mehrwert der gegenwärtigen Güter durch den angeblichen Mehrwert der gegenwärtigen Arbeit erst bewiesen werden soll! Von einer Zurechnung in der angedeuteten Art wird jedoch, wie gesagt, kein Gebrauch gemacht.

Jahre in der bestimmten Produktion gebunden, es kann folglich keinen Arbeitsmonat der Jahre 1910, 1911 usw. bis einschließlich 1915 geben, der für eine kürzere Produktionsperiode verfügbar wäre. Sobald ich mich für die siebenjährige Produktionsperiode entschieden habe, kann ich doch den Arbeitsmonat aus dem Jahre 1909 gar nicht vergleichen mit Produktionsperioden innerhalb derselben, die von einem Arbeitsmonate 1910, 1911 usw. eröffnet werden: ich kann nur, bevor ich mich entschieden habe, den Vergleich anstellen mit Arbeitsmonaten der Jahre 1910, 1911 usw., die neue Produktionsperioden eröffnen würden. Wenn man aber dem Wirtschaftssubjekte auf Grund dieses Vergleiches das Raisonnement zumutet: Weil die früheren und die späteren Produktivmitteleinheiten im Verein miteinander ein größeres Erträgnis auf die Einheit ergeben als die späteren für sich ergeben würden, so ist die Bedeutung der früheren für meine Wohlfahrt eine größere — so könnte, will uns bedünken, der Mann mit gleichem Rechte den späteren Arbeitseinheiten eine größere Bedeutung zuschreiben, denn ohne sie würden die, ohnehin vorhandenen, früheren die erhöhte Produktivität nicht haben, die eben von dem Hinzutreten der späteren abhängt.

In welchem Sinne wird sich das Wirtschaftssubjekt mithin entscheiden? In salomonischer Weise. Es wird weder die frühere Arbeit höher werten als die spätere, noch diese höher als jene. Es wird eine Wertung solcher Art überhaupt nicht vornehmen, und zwar deshalb, weil es dazu keinen Anlaß hat. Es wird einen Produktionsumweg einschlagen, wenn und weil er ihm einen Wohlfahrtsgewinn in der Güterversorgung verschafft, und das geschieht, einerlei, ob die spätere Arbeit, welche zu der früheren in dem verlängerten Produktionsprozesse hinzutritt, höher werte als die frühere oder nicht. Es findet somit der vorausgesetzte Wertungsvorgang mangels eines Grundes für einen solchen überhaupt nicht statt. Indes ist für den Fall, daß die bezüglichen Erwägungen des Wirtschaftssubjektes dennoch als Wertvorgänge im eigentlichen Sinne aufzufassen wären, noch weiterer Argumentationsstoff gegeben.

Von einem Werte der Arbeit könnte doch nur die Rede sein, insofern der Wert des Produktes auf sie übertragen würde. Und das ist auch die bestimmte Meinung Böhms, der seine Beweisführung auf diesen Punkt ausdehnt, in der Absicht, dieselbe dadurch erst vollgültig zu machen. Er berechnet in Fortführung des ziffermäßigen Beweisganges den Wert jeder der Arbeit entstammenden Produktmenge durch Multiplikation mit dem Grenznutzen der Guteinheit. Als solcher wird in die Tabelle eine von Jahr zu Jahr fallende Ziffer als beispielsweise Annahme eingestellt; „ganz willkürlich für irgend ein Individuum nach seinen im ganzen sich zunehmend verbessernden Versorgungsverhältnissen", d. i. nach der durch die Steigerung der Produktmengen bewirkten Änderung des Verhältnisses von Bedarf und Deckung [1]).

---

[1]) Die „sich zunehmend verbessernden Versorgungsverhältnisse" dürfen nur auf die Ergebnisse der in Frage stehenden Produktion bezogen werden. Ein An-

Das ergibt folgende Tabelle (a. a. O. S. 463).

Ein im Jahre 1909 verfügbarer Arbeitsmonat ergibt:

für die Wirtschaftsperiode:	Zahl der Produkteinheiten:	Grenznutzen der Einheit:	Wertsumme des ganzen Produktes:
1909	100	5,0	500
1910	200	3,8	760
1911	280	3,0	840
1912	350	2,2	770
1913	400	2,0	800
1914	440	1,8	792
1915	470	1,5	705
1916	500	1,0	500

Hieran reihen sich zum Vergleiche die Wertrechnungen für die folgenden (späteren) Arbeits-Jahrgänge.

Ein Arbeitsmonat aus dem Jahre 1910 ergibt:

für die Wirtschaftsperiode:	Einheiten:	Grenznutzen:	Wertsumme:
1909	—	5,0	—
1910	100	3,8	380
1911	200	3,0	600
1912	280	2,2	616
1913	350	2,0	700
1914	400	1,8	720
1915	440	1,5	660
1916	470	1,0	470

Ein Arbeitsmonat aus dem Jahre 1911 ergibt:

für die Wirtschaftsperiode:	Einheiten:	Grenznutzen:	Wertsumme:
1909	—	5,0	—
1910	—	3,8	—

setzen der Grenznutzenziffern nach den anderweitigen Versorgungsverhältnissen des Wirtschaftssubjektes würde ja die Beweisführung einleuchtend illusorisch machen, da das Ergebnis nicht mehr der einen Ursache allein zugeschrieben werden könnte. In dieser Auffassung ist der Ansatz der Rechnung zweifellos richtig; so zweifellos, daß eine Begründung dafür, die durch Darstellung der Unmöglichkeit einer Annahme gleichen Wertes der Guteinheit unter allen Verhältnissen gegeben wird (a. a. O. S. 467), beinahe schwer verständlich wird. Die fallenden Zahlen des Grenznutzens werden noch weiter vermindert mit Rücksicht auf die perspektivische Verkleinerung des „wahren" Grenznutzens (zweiter Grund). Davon wird unsererseits selbstverständlich abgesehen, da wir letztere negieren. Wir setzen daher die reduzierten Ziffern als die des „wahren" Grenznutzens ein. Es ist dies ermöglicht dadurch, daß nach ausdrücklicher Versicherung die Ziffern beliebig gewählt werden können, und es wird auf diese Weise herbeigeführt, daß die bei Böhm vorfindlichen Tabellen mit unveränderten Endziffern hier reproduziert werden können. Übrigens wird uns in einer eigenen Tabelle (a. a. O. S. 466) gezeigt, daß auch der „wahre" Grenznutzen allein das gleiche Ergebnis der Rechnung mit sich bringt.

für die Wirtschaftsperiode:	Einheiten:	Grenznutzen:	Wertsumme:
1911	100	3,0	300
1912	200	2,2	440
1913	280	2,0	560
1914	350	1,8	630
1915	400	1,5	600
1916	440	1,0	440

Ein Arbeitsmonat aus dem Jahre 1912 ergibt:

für die Wirtschaftsperiode:	Einheiten:	Grenznutzen:	Wertsumme:
1909	—	5,0	—
1910	—	3,8	—
1911	—	3,0	—
1912	100	2,2	220
1913	200	2,0	400
1914	280	1,8	504
1915	350	1,5	525
1916	400	1,0	400

Schließlich der Kommentar: „Ziehen wir aus diesen Zusammenstellungen das Ergebnis für den im Jahre 1909 verfügbaren Arbeitsmonat, so ist der für seine eigene Bewertung maßgebende höchste erreichbare Produktwert 840, für einen erst im Jahre 1910 verfügbaren Arbeitsmonat reicht der höchste erzielbare Produktwert nur mehr auf 720, für einen Arbeitsmonat des Jahres 1911 nur mehr auf 630, für einen Arbeitsmonat des Jahres 1912 nur mehr auf 525. Es ist also in der Tat der gegenwärtige Arbeitsmonat allen künftigen nicht bloß an technischer Produktivität, sondern auch an Grenznutzen und Wert überlegen." Das sei ein notwendiges Ergebnis, welches in ganz gleicher Weise bei allen möglichen Zifferansätzen über Produktmasse und Wert der Einheit in den verschiedenen Jahrgängen zum Vorschein kommen muß, unter der einzigen Voraussetzung, daß längere Produktionsumwege überhaupt zu einem größeren Produkt führen. Das Ergebnis scheint einleuchtend, bietet aber der kritischen Untersuchung alsbald Anlaß zu den gewichtigsten Bedenken.

Zunächst stößt die Wahrnehmung auf, daß die längere Produktionsperiode zwar die größere Anzahl von Produkteinheiten liefert, dieses jedoch keineswegs mit der höchsten Wertsumme zusammenfällt, ja daß sogar in auffallender Weise einer größeren Produktmenge zuweilen eine kleinere Wertsumme entspricht. Der Wert der Arbeit könnte demnach ein verschieden hoher sein, je nachdem er nach der Menge oder nach dem Werte des Produktes bemessen wird! Das geht nicht an. Daher müßte der Wert nach der Produktmenge etwas anderes bedeuten als der Wert nach dem Produktwerte. Vielleicht wäre eine Vereinbarkeit des Sinnes dadurch zu erzielen, daß man unter dem erstgedachten Werte in der früheren Ausführung nicht die absolute Werthöhe, sondern die relative versteht. Der Sinn der früheren Ausführungen wäre dann: Die zeitlich verschiedenen Arbeitseinheiten werden bewertet im Verhältnis der Gütermengen, welche als ihr Produkt erscheinen. Die Arbeit, welche 200 Stücke erzeugt, ist das Doppelte der Arbeit wert, welche 100 Stücke ergibt, und diejenige Arbeit, welche 400 Stück liefert, das Doppelte der ersten, das Vierfache der letzterwähnten. Wenn der Wert der Arbeit mit der Ergiebigkeit von 100 x ist, so ist der Wert der anderen Arbeitseinheiten 2 x, resp. 4 x. Demgegenüber ergibt der von dem Produktwerte abgeleitete Wert die absoluten Ziffern der Werthöhe der Arbeit. Aber es erhebt sich sofort ein anderer Anstand. Wir sehen, daß diese Ziffern nicht das gleiche Verhältnis zeigen, wie die Gütermengen. Laut der Tabelle sind die 100 Gütereinheiten 500, 200 Gütereinheiten 760, 400 Gütereinheiten 800 wert, das ist nicht das Verhältnis von 1 : 2 : 4, sondern von 1 : 1,52 : 1,6. Der Grund der Abweichung ist auch leicht erklärlich. Bei der Berechnung der Wertsumme durch Multiplikation der Produktmenge mit Grenznutzen der Guteinheit kann je nach dem Maße, in welchem der Grenznutzen bei zunehmender Menge niedriger angesetzt wird, das Produkt geringer werden als dem Verhältnis der Menge entspräche. Wenn die in dieser Weise berechneten Wertsummen der Produkte, auf die Arbeit übertragen, den Wert der Arbeit in absoluter Ziffer anzeigen, so muß auch das Verhältnis, welches diese Ziffern darstellen, als das richtige Wertverhältnis zwischen verschiedener Arbeit gelten. Dann kann aber das hiervon abweichende Wertverhältnis nach der Menge der Produkte nicht gelten und es ist somit alles, was dort in betreff des Vergleiches gegenwärtiger und zukünftiger Arbeit ausgeführt wurde, nur hinsichtlich der Produktivität, nicht auch hinsichtlich des Arbeitswertes zutreffend. Was hier vom Werte zeitlich verschiedener Arbeit gelehrt wird, hebt also den früheren Beweisgang, insoweit er Wertverschiedenheiten nachweisen sollte, auf.

Aber es regen sich auch Zweifel hinsichtlich der eigenen Beweiskraft der neuen These. Sie besagt, daß das Maximum des Produktwertes für den Wert der Arbeit maßgebend ist. Daher wohl auch entscheidend für die Länge der Produktionsperiode, die wirtschaftlicherweise bis zur Erreichung des Wertmaximums der Produkte ausgedehnt wird, aber nicht weiter, selbst wenn eine weitere Steigerung der Produktmenge (mit abnehmendem Werte der Einheit) in Aussicht steht [1]). Nach den Voraussetzungen des Beispielfalles würde ab 1909 ein zweijähriger Produktionsumweg gewählt, weil dieser eben das Wertmaximum

[1]) Es kann freilich auch vorkommen, daß nach Erreichung eines Maximums mehrerer Jahre im folgenden Jahre ein Abfall eintritt, nach diesem sich aber wieder ein Ansteigen der Wertsumme, vielleicht sogar über jenes frühere Maximum, zeigt. Das hängt von den eingesetzten Ziffern der beiden Faktoren ab und es ergäbe frühere Arbeit, die weniger, spätere, die mehr wert ist! Dieser Umstand ist wohl geeignet, den Ansatz des Beweises als nicht einwandfrei erscheinen zu lassen.

ergibt, das für die Wirtschaftsperiode 1911 zur Verfügung stünde. Die späteren Arbeitseinheiten ergäben das Wertmaximum: der Arbeitsmonat ab 1910 in vierjähriger Periode für 1914, der Arbeitsmonat ab 1911 in dreijähriger Periode ebenfalls für 1914, der Arbeitsmonat ab 1912 in dreijähriger Periode für 1915. Das bedeutet: Das Wertmaximum würde bei den späteren Arbeitseinheiten auf Jahre fallen, die nicht mehr in der Produktionsperiode inbegriffen sind. in welcher ab 1909 produziert wird. Eine Wertbemessung nach diesen Daten würde offensichtlich die Basis der Argumentation verschieben. Es wird jetzt der Vergleich nicht mehr auf ein bestimmtes Jahr bezogen, sondern auf das Wertmaximum. Nach dem Sinne des Gedankens, welcher den Ansatz des Beweises bildet, handelt es sich aber doch nur um einen Vergleich früherer mit späterer Arbeit innerhalb des Zeitraumes, der sich für die Gegenwart als die wirtschaftlich vorteilhafteste und daher jeweils tatsächlich eingeschlagene Produktionsperiode erweist, wie das im früheren bezüglich der Produktmengen gehalten wurde. Nach der Sachlage des Beispielfalles käme folglich nur noch der Arbeitsmonat aus dem Jahre 1910 in Vergleich mit dem in zweijähriger Periode produzierenden Arbeitsmonate des Jahres 1909 [1]).

---

[1]) Das hat freilich eben nur in den gewählten Zifferansätzen seinen Grund. Andere Ziffern für die Wertmengen oder die Grenznutzen würden andere Wertsummen ergeben und zwar unter Umständen solche, welche für die Argumentation brauchbarer schienen. Bei Böhm selbst finden wir auf Grund der Rechnung, welche die Wertsummen nach dem „wahren" Grenznutzen zeigt, eine Tabelle (a. a. O. S. 466), in der für sämtliche verglichenen Arbeitsmonate das Wertmaximum auf ein und dasselbe Jahr fällt, nämlich auf das Jahr 1914, verfügbar für 1915. Diese Maxima zeigen einen Abfall von Jahr zu Jahr und man könnte daher wohl versucht sein, in der Tabelle eine volle Bestätigung der Lehre zu erblicken. Allein es ist nicht zu übersehen, daß das Zusammentreffen der Maxima in demselben Jahre lediglich die Folge der gemachten ziffermäßigen Annahmen ist, unter anderen sich nicht wiederholt.

Die ziffermäßigen Suppositionen konnten von Böhm keineswegs „ganz willkürlich" gewählt werden. Um die gewünschten Illustrationsdaten für die Motivierung der Umwegproduktion zu gewinnen, mußte die Abnahme der Grenznutzenziffern für jedes Jahr gegenüber dem ersten in geringerem Maße angesetzt werden als die Zunahme der Produktmengen. Denn würde die Abnahme des Grenznutzens in genauem umgekehrten Verhältnisse zur Zunahme der Gütermenge angesetzt (nach dem bekannten Satze Bernouilli's), so käme für alle Produktionsperioden selbstverständlich die gleiche Wertsumme heraus, und ließe man die Grenznutzenzahlen in stärkerem Maße abnehmen als demjenigen, in welchem die eingestellten Produktmengen zunehmen, so kämen für die Umwegproduktionen sogar abnehmende Wertsummen zum Vorschein. Da nun aber in den nach dem erwähnten Gesichtspunkte gewählten Ansätzen das Verhältnis der Abnahme des Grenznutzens von einem Jahre zum nächsten mit dem Verhältnisse der bezüglichen Produktmengen in gar keiner regelmäßigen Beziehung steht, so resultieren allerlei Verschiedenheiten und Unregelmäßigkeiten (verschiedene Zeitdauer der Erreichung des Wertmaximums, Wechsel von zunehmenden und abnehmenden Wertsummen), die zu verwirren geeignet sind, so lange man nicht im klaren darüber ist, daß sie — gar nichts bedeuten! Offenbar aus diesem Grunde

Die von einem Jahr zum anderen vorschreitende Verminderung der in der Reihe ansteigenden Wertsummen, somit auch der Wertmaxima, in den Tabellen ist mathematisch sehr einleuchtend. Es ist je ein gleicher Faktor (Grenznutzen) mit einem anderen, sich verkleinernden Faktor (Produktmenge) multipliziert. So z. B. die Grenznutzenziffer 2,2 in der ersten Tabelle mit 350, in der zweiten mit 280, in der dritten mit 200, in der vierten mit 100. Das Produkt ist daher selbstverständlich abfallend.

Allein es drängt sich die Frage auf, ob das Resultat auch sachlich richtig ist. Eine Wahrnehmung führt dazu, die Frage zu verneinen. Wir sehen die Wertmengen, welche den Arbeitseinheiten aus den Jahren 1910, 1911 usw. entstammen, sämtlich mit den Grenznutzenzahlen multipliziert, die den Wertmengen der Produktion ab 1909 entsprechen, was sogar die gewiß schon äußerlich auffallende Konsequenz hat, daß in den Tabellen selbst für die Jahre, in welchen gar keine Gütermengen eingetragen sind und nichts zu multiplizieren ist, ein Grenznutzen und zwar überdies von in 2, 3 aufeinanderfolgenden Jahren verschiedener Höhe figuriert! Hier unterläuft in dem Gedankengange ein offenbarer Fehler. Es kommen zu vergleichen die wirtschaftlichen Ergebnisse von Arbeitseinheiten, die in eine Produktionsperiode einbezogen sind, mit den Ergebnissen, welche die nämlichen Arbeitseinheiten in einem anderen, später einsetzenden Produktionsprozesse liefern würden. Da müssen, so gut wie die (geringeren) Gütermengen, welche die Arbeit in letztgedachter Verwendung liefert, auch die eben diesen Gütermengen entsprechenden Grenznutzenziffern in die Rechnung eingestellt werden. Denn sonst käme ein eklatanter Widerspruch mit den eigenen Lehrsätzen zutage, die lauten, daß wir die künftigen Güter nach dem Nutzen schätzen, welchen sie uns stiften werden, und daß die Werthöhe der Guteinheit von dem Verhältnis zwischen Bedarf und Deckung abhängt. Die Grenznutzenziffer kann doch nicht für bestimmte Zeitabschnitte fixiert sein, wie das in den Tabellen der Fall ist und es ist durchaus un-

---

reflektiert auch Böhm auf sie nicht mit einem Worte; er legt ausschließlich auf die Maxima Gewicht. Hierzu sei auf eine Unstimmigkeit aufmerksam gemacht. Man stelle für den Arbeitsmonat aus dem Jahre 1909 in genauer umgekehrter Proportionalität den Produktmengen 100, 200, 280, 350, 400, 440, 470, 500 die Grenznutzenziffern 5, 2,5, 1,79, 1,428, 1,25, 1,136, 1,064, 1,0 gegenüber und man erhält für jede der unterschiedenen Produktionsperioden die gleiche Wertsumme 500. Nun stelle man die gleichen Zahlen in die Tabellen für die Arbeitmonate, z. B. der Jahre 1910, 1911 ein und man wird nicht mehr eine gleiche Produktwertsumme, sondern eine von Jahr zu Jahr steigende, also bis zu einem Maximum ansteigende Wertsumme finden. Das bedeutet: Der Arbeitsmonat aus dem Jahre 1909 liefert in Augenblicksproduktion und in jeder verlängerten Produktionsperiode das gleiche Produkt, das Wirtschaftssubjekt hat also kein Motiv, mit ihm Umwegproduktion zu betreiben. Im Jahre 1910, 1911 aber zeigt sich wieder die steigende Produktivität und somit das Motiv für Umwegproduktion. Dieses merkwürdige Ergebnis muß in irgend einem Fehler im Ansatze des Kalküls seinen Grund haben. In welchem, werden wir sogleich sehen.

richtig, wenn für ein gewisses Jahr in einem längeren Produktionsprozesse zufolge der von diesem gelieferten größeren Produktmenge ein bestimmter Grenznutzensatz resultiert, einen gleich hohen für eine kleinere Produktmenge einzustellen, die ein kürzerer Produktionsumweg in jenem Jahre liefern würde. Danach muß im Jahre 1909 bei einem Vergleiche des Arbeitsmonates aus diesem Jahre mit den Arbeitsmonaten der folgenden Jahre, welche neue Produktionsperioden eröffnen, vorgegangen werden. Es darf daher in der Tabelle 1910, wo der Arbeitsmonat für das Jahr in Augenblicksproduktion nur die Gütermenge 100 liefert, diese richtig nur mit dem Grenznutzen 5, nicht aber mit dem Grenznutzen 3,5 multipliziert werden, der sich bei einer Gütermenge von 200 ergibt, die in einem einjährigen Produktionsumwege von dem Arbeitsmonat ab 1909 erzielt wurde und die auch vom Arbeitsmonat 1910 in einjährigem Produktionsumwege erzielt wird, daher auch für diesen einzusetzen ist, nicht Ziffer 3, die der Gütermenge 280 entspricht.

Die Wertrechnung, in dieser Art durchgeführt, zeigt das (übrigens voraussichtliche) Resultat, daß die Wertsummen zeitlich verschiedener Arbeitseinheiten in gleich langen Produktionsperioden gleich sind, also auch das Wertmaximum das gleiche ist, und daß bei dem Vergleiche früherer mit späteren Arbeitseinheiten, diese das eine mal als Werkfortsetzung, das andere mal als Werkbeginn ins Auge gefaßt, das Wertmaximum im letzteren Falle immer außerhalb der Periode fällt, welche durch das Wertmaximum der Werkfortsetzung bestimmt wird. Diese Formulierung des Ergebnisses wird ein Blick auf folgende Tabelle leicht verständlich machen:

Wertsummen

		Arbeitsmonat 1909	Arbeitsmonat 1910	Arbeitsmonat 1911
für die Wirtschaftperiode:	1909	100×5 = 500	—	—
	1910	200×1,8 = 760	100×5 = 500	—
	1911	280×3 = 840	200×3,8 = 760	100×5 = 500
	1912	350×2,2 = 770	280×3 = 840	200×3,8 = 760
	1913	—	350×2,2 = 770	280×3 = 840

Der Arbeitsmonat von 1909 findet in der zweijährigen Produktionsperiode mit 840 sein Wertmaximum. Der Arbeitsmonat von 1910, eine Produktionsperiode eröffnend, findet das gleiche Wertmaximum in gleich langer Periode, indes zu einer Zeit, die schon außerhalb der Vergleichsperiode fällt, die mit 1910 endet. Die übrigen Arbeitsmonate kommen nicht einmal in Betracht, da sie erst zu einer Zeit einsetzen, zu welcher die Produktionsperiode ab 1909 bereits abgeschlossen ist.

Das gestattet eine Nutzanwendung, die das anscheinend so sicher und leicht gewonnene Ergebnis der Wertsummenvergleichung in Frage stellt. Das Wertmaximum ergibt keine Wertüberlegenheit der gegenwärtigen gegen die künftigen Arbeitseinheiten. Denn innerhalb der Produktionsperiode liefern alle Arbeitseinheiten gleiche Produktmengen, haben also auch den gleichen Wert. Im Vergleich mit Arbeitseinheiten einer späteren, selbständigen Produktionsperiode ist das Wertmaximum auch gleich. Endlich: innerhalb der Produktionsperiode der früheren Arbeitseinheiten erreichen spätere in einem anderen Produktionsprozesse, soweit solche in Betracht kommen können, nicht das Wertmaximum, diejenige Produktwertsumme, die sie beim Abschluß der Vergleichsperiode aufweisen, ist aber, weil nicht das Wertmaximum, für ihre Bewertung nicht maßgebend. (Der Arbeitsmonat aus 1910 weist bei Abschluß der Vergleichsperiode den Wert von 760 auf, dieser ist aber eben nicht das seinen Wert bestimmende Maximum.) Die Beispielsrechnung mit variierten Ziffern, welche eine längere Vergleichsreihe ergeben, führt zum nämlichen Ergebnisse. Man sieht: Der Beweis durch den Wertvergleich bricht zusammen.

Der Grund seines Versagens ist auch unschwer zu finden. Er liegt in der Berechnung des Wertes der Produkte durch Multiplikation der Gütermenge mit dem Grenznutzen der Einheit. Richtig hätten die Gütermengen als Vorrat gewertet werden sollen. Demzufolge wäre die größere Gütermenge durchwegs auch als größere Wertsumme erschienen, wenngleich nicht in gleichem Verhältnisse mit der Menge selbst. Dann wäre die Argumentation, welche im früheren bezüglich der Produktmengen durchgeführt wurde, auch bezüglich der Produktwerte eo ipso aufrecht geblieben, es hätte dann aber auch das Resultat keine andere Deutung erfahren können als jene zuließ. Das Schlußergebnis des abstrakten, durch die angewendete Methode wohl auch ermüdenden, Beweisganges erweist sich somit bei kritischer Prüfung als ein durchweg negatives.

Aus diesem abstrakten Beweisgange sollen wir die Erkenntnis schöpfen, daß auch gegenwärtige sachliche Produktionsmittel vorzüglichere Mittel unserer Bedürfnisbefriedigung seien als zukünftige gleiche?! Wie verhält es sich also diesbezüglich mit dem Rohstoff, der Maschine von heute gegenüber einem gleichen Rohstoffe, einer gleichen Maschine vom nächsten Jahr? Daß diese Produktivmittel mir einen größeren Nutzen stiften, wenn ich sie heute besitze, als wenn ich sie anstatt heute erst in einem Jahre besitzen bzw. erlangen würde, wird niemand bezweifeln, da die in ihnen enthaltenen Naturstoffe und -kräfte zur Gewinnung von Gütern verhelfen, die mir frühere, daher vom gegenwärtigen Zeitpunkte an größere Bedürfnisbefriedigung bieten, als diejenigen, die erst vom nächsten Jahre an mit gleichen Hilfsmitteln gewonnen werden könnten. In diesem Sinne ist sicherlich die Maschine von heute ein „vorzüglicheres Mittel" meiner Bedürfnisbefriedigung als eine Maschine des nächsten Jahres und ich werde sie daher unter gleichen Umständen der letzteren vorziehen. Das ist die uns bekannte „Wahlwertung", für die der Umstand, daß man in der Wirtschaft der Wirklichkeit jedes Gut in ein Produktivmittel verwandeln kann, die

Entscheidung in dem zweifellosen Sinne noch wesentlich verstärkt. Dahin zielt auch eine gelegentliche Äußerung Böhm's, die in einem solchen Falle das Wirtschaftssubjekt das gegenwärtige Gut wählen läßt, weil es mit diesem „für die Zukunft wirksamer und ergiebiger versorgen kann". Der objektive technische Wirtschaftsnutzen, auch der Grenznutzen der Maschine von heute ist unter gleichen Umständen gleich dem der Maschine vom nächsten Jahr, aber ich wähle die gleichwertige Maschine von heute, geleitet von dem Streben nach der erreichbar größten Bedürfnisbefriedigung. Das ist so klar, daß es des langwierigen Beweises wahrlich nicht bedurft hätte. Die generalisierende Aussage des Inhaltes, daß gegenwärtige Produktivmittel vorzüglichere Mittel unserer Bedürfnisbefriedigung seien als zukünftige, soll mir aber gewiß Aufschluß darüber bieten, wie ich einen Rohstoff oder eine Maschine von heute werte, gegenüber einem zweiten Rohstoff oder einer zweiten Maschine, die im nächsten Jahre Gegenstand meiner Wirtschaft sein werden. Ich muß sie konsequent in gleicher Weise werten, wie ich gegenwärtige Arbeit gegenüber künftiger Arbeit werte. Gegenwärtige Arbeit werte ich, wie ja eben erwiesen werden sollte, höher als ich künftige Arbeit heute werte, weil die gegenwärtige Arbeit (zufolge ihrer größeren Produktivität) mehr wert sei, als künftige wert sein wird. Der Rohstoff, die Maschine von heute sei mir daher auch mehr wert, als der nächstjährige Rohstoff, die nächstjährige Maschine mir heute wert ist. Der Grund dessen: weil der Rohstoff und die Maschine von heute mehr wert sind als der Rohstoff und die Maschine des nächsten Jahres — unter gleichen Umständen — wert sein werden. Die angegebene Wertaussage wird jedermann einleuchten; der Begründung wird niemand zustimmen! Letztere ist, auf sachliche Produktionsmittel bezogen, ein offenbarer Widersinn, wobei darauf gar kein Gewicht gelegt werden soll, daß sie, die Wertung, durch die aufeinander folgenden Wirtschaftsperioden fortgesetzt gedacht, zur Nullifizierung des Wertes führt. Auch Böhm hat den bezüglichen Satz sicherlich von sachlichen Produktivmitteln nicht verstanden, aber er hat ihn im Wortlaute der formallogischen Deduktion gelehrt. Wir können nun allerdings die Folgerung ablehnen, indem wir die Statthaftigkeit der verallgemeinernden Ausdehnung des für die Arbeit geltenden Beweisresultates auf sachliche Produktivmittel bestreiten. Wir können ihr aber um so mehr den Glauben vorenthalten, als wir schon für die Arbeit den Beweis, selbst wenn wir die ganze theoretische Konstruktion, auf welcher er basiert, anzunehmen bereit wären, nicht als gelungen erachten [1]).

[1]) Böhm kann sich nicht versagen, es der „Grundlegung" als „empfindlichen Mangel" vorzuwerfen, „die Mitwirkung der größeren produktiven Ergiebigkeit bei Begründung des Mehrwertes gegenwärtiger Güter nicht zu berücksichtigen" (Positive Theorie, S. 481). Die „Grundlegung" nimmt wirklich von diesem Momente nicht die mindeste Notiz! Warum? Darüber wird der Leser des vorliegenden Buches nicht im Zweifel sein.

§ 16. **Mit dem bis nun Erörterten ist indes der Wirkungsbereich des „dritten Grundes“ noch nicht erschöpft: sein Arm reicht weiter, er ergreift auch Genußgüter.** Nicht nur gegenwärtige Produktivmittel, sondern auch gegenwärtige Genußgüter erlangen, so hören wir, ihm zufolge einen Wertvorzug vor künftigen (gleichen) Genußmitteln, so daß auch die gedachte Ursache „eine ganz universell wirkende Ursache des Mehrwerts gegenwärtiger Güter wird“. Die Sache gehe so zu: „Eine Summe gegenwärtiger Genußmittel deckt unsere Subsistenz in der laufenden Wirtschaftsperiode (diese, wie wir bemerken müssen, sei sie noch so ausgedehnt, als Gegenwart betrachtet!), macht dadurch die in dieser Periode verfügbaren Produktivmittel für den Dienst der Zukunft, also einer folgenden Periode frei, und verschafft dadurch das bei längeren Produktionsmethoden erzielbare reichlichere Produkt. Künftige Genußgüter lassen dagegen die Nötigung fortbestehen, unsere in der Gegenwart verfügbaren Produktionsmittel auf den Dienst der Gegenwart zu richten, in welchem sie nur ein dem kürzeren Produktionsprozesse entsprechendes geringeres Produkt liefern können.“ Die Differenz beider Produkte sei der Vorteil, der sich an den Besitz der gegenwärtigen Genußgüter knüpft, und eben dieser Nutzen werde, so muß man den Gedanken zu Ende führen, ihrem Wert angerechnet.

Die künftigen Genußgüter des Untersatzes der Schlußfolgerung sind, wenn man genau zusieht, die nicht vorhandenen Gegenwartsgüter; denn die geschraubte Ausdrucksweise des Satzes verhüllt nur den Gedanken: wenn das Wirtschaftssubjekt nicht an Gebrauchsgütern einen Subsistenzvorrat hat, muß es Augenblicksproduktion zur Befriedigung der gleichzeitigen Bedürfnisse treiben. Deshalb, lautet der Schluß, sind gegenwärtige Gebrauchsgüter mehr wert, als künftige wert sein werden. Die Folgerichtigkeit dieses Schlusses ist allerdings schwer einzusehen. Darum soll ein Beispiel der Logik nachhelfen. Das Beispiel (nach Roscher) von dem Fischer, welcher mit Handfang nur den notwendigen Lebensunterhalt gewinnt, mit einer Anzahl Fische, welche ihm ein anderer leiht, diesen einen Monat hindurch bestreitet, während dessen er Boot und Netz anfertigt, mittels welchen er fortab ein Vielfaches an Fischen gegen vordem fängt, so daß er nicht nur die entliehenen Fische, ja selbst ein vorhinein ausbedungenes größeres Quantum zurückerstatten kann, sondern noch weit mehr übrig behält, was drastisch beweise, daß die erborgten Fische für ihn nicht nur mehr wert waren als eine gleiche Anzahl, sondern auch mehr wert als das größere Quantum der dafür bezahlten künftigen Fische.

Das Geschäft kann sicher nach den Annahmen des Beispielfalles zustande kommen und das motivierende Wertverhältnis zwischen den gegenwärtigen und den zukünftigen Gütern ist nicht zu bestreiten. Aber hinsichtlich des Grundes dieses Wertverhältnisses erfährt es eine keineswegs unbestreitbare Deutung. Kommt das Leihgeschäft mit den Fischen zustande, weil der Wert der Fische als gegeben betrachtet wird und der Entlehner durch den höheren Wert sich bestimmen läßt, welchen er gegenwärtigen Fischen mit Rücksicht auf die Ermöglichung der Anfertigung von Boot und Netz und die damit zu gewinnenden Vorteile beilegt, oder liegt die Sache nicht vielmehr so, daß die gegenwärtigen Fische für ihn nach ihrem Gebrauchsnutzen werten, er dagegen die künftigen Fische mit Rücksicht auf ihre größere Anzahl gegenüber seinem Bedarfe im Verhältnis eben zu ihrer größeren Menge niedriger schätzt und deshalb ein größeres Quantum künftiger für ein bestimmtes gegenwärtiges zu geben bereit ist? Das erstere wäre eine gezwungene, das letztere ist die natürliche Erklärung. Denn nicht in dem Kausalzusammenhange zwischen Subsistenzmittel und Produkt, sondern in der Verschiedenheit der Versorgungsverhältnisse liegt der Grund der verschiedenen Bewertung. Auch andere haben das gefunden. Daß das Verhältnis von Bedarf und Deckung das entscheidende ist, kann durch eine Veränderung des Beispieles leicht erwiesen werden. Das Geschäft käme in gleicher Weise zustande, wenn jemand in der Gegenwart Fische zu fangen nicht in der Lage ist, dagegen ihm in der Zukunft, etwa infolge natürlicher Ursachen, z. B. des in der betreffenden Jahreszeit sich einstellenden Zuzuges von Fischen, reicher Fischfang bevorstünde. Auch da wären die gegenwärtig empfangenen Fische ihm mehr wert als eine bestimmte größere Menge künftiger. Das Übereinstimmende und daher die wahre Ursache der Wertverschiedenheit in beiden Fällen ist die Verschiedenheit des Verhältnisses von Bedarf und Deckung in Gegenwart und Zukunft. Wodurch sie herbeigeführt wird, erscheint für das Resultat gleichgültig.

Allein mit demjenigen, was das Beispiel beweist, ist die Wertzurechnung an die gegenwärtigen Güter nichts weniger als begründet, da sie ja zur Erklärung des Vorganges nicht notwendig ist. Ob sie wirklich erfolgt, ist vielmehr eine Frage, die bei den Produktionsvorgängen ihre Beantwortung finden müßte und die wir daher an unseren Robinson stellen wollen (was im nächsten Kapitel geschieht). Robinson kann sich einen Vorrat getrockneter Fische aufgespart haben, die ihm den Lebensunterhalt während der Anfertigung von Boot und Netz gewähren, und wir werden ja sehen, ob ihn bei den bezüglichen Wirtschaftshandlungen etwa das Motiv leitet, daß ihm die aufgesparten gegenwärtigen Fische zufolge der Wertzurechnung mehr wert sind als die künftigen oder ob nicht vielmehr lediglich der Gewinn an künftiger Lebensförderung, die Gewißheit, in Zukunft mehr Fische zu erlangen, ihn bewegt, sich der bezüglichen Arbeit und den Opfern, welche die Aufsparung des Subsistenzvorrates erheischt, zu unterziehen.

In der Klammer möge die Frage aufgeworfen werden, was denn bezüglich der Gebrauchsgüter von Personen gelte, die gar nicht produzieren? Wie sollte seitens dieser eine Anrechnung künftiger Produkte stattfinden? Kann man da von einer universellen Geltung des gedachten Wertvorganges sprechen?

Indes wäre, wenn die gedachte Wertzurechnung erweislich platzgriffe, für den zu beweisenden Satz noch gar nichts gewonnen. Es soll, das darf nicht übersehen werden, gezeigt werden, daß gegenwärtige Güter (aus dem bewußten Grunde) mehr wert seien als künftige unter gleichen Umständen wert sein werden. Auch bei den künftigen Gütern würde die Wertzurechnung geübt werden, wenn sie bei gegenwärtigen geübt wird. Welcher Inkonsequenz würde sich der Mensch sonst schuldig machen, indem er zwar den gegenwärtigen Genußgütern, die ihm ermöglichen, seine Arbeit oder Güter der Versorgung der Zukunft zu widmen, den produktiven Mehrerfolg zurechnet, den gleichen Vorgang aber nicht auch bei den künftigen Gütern beobachten würde, bzw. jetzt dessen uneingedenk wäre, daß er den gleichen Vorgang in der Zukunft wiederholen wird. Wenn die künftigen Gebrauchsgüter wieder als Subsistenzfonds für weitere Produktion in Betracht kommen, so würde sich sogar nicht bloß ein gleicher, sondern ein höherer Wert für die künftigen Güter ergeben. Die in der gesteigerten Ergiebigkeit der Umwegproduktion gewonnenen größeren Produktmengen würden doch offenbar einen größeren Subsistenzfonds darstellen, als der frühere war, würden folglich die Verwendung der Produktivmittel in einer längeren als der früheren Produktionsperiode gestatten, die abermals ein größeres Erträgnis abwürfe. Diese größere Produktmenge müßte konsequent dem Werte jener Gebrauchsgüter des Subsistenzfonds angerechnet werden, der also größer würde als der Wert des früheren Subsistenzfonds war. Insoweit die künftigen Güter als Subsistenzfonds in Betracht kämen, würde somit ihr Wert infolge solcher Zurechnung steigen, größer sein, als der gegenwärtiger Gebrauchsgüter. Es würde also eher das Gegenteil des verkündeten Lehrsatzes zu deduzieren sein.

Aber ganz abgesehen davon, ob die gedachte Zurechnung platzgreift oder nicht: der Syllogismus des Beweises ist, als einen Fall der Zukunftswertung behandelnd, nicht aufrecht zu halten. Der Obersatz enthält implicite die Aussage der Ableitung des Wertes der Güter von ihrem Nutzen, hier also der Gebrauchsgüter von dem Gebrauchsnutzen, was zutreffend bleibt, ob man die Zurechnung akzeptiert oder nicht. Der Untersatz besagt, daß künftige Genußgüter diesen Nutzen gegenwärtig nicht leisten können. Der Schluß im Sinne der Zukunftswertung lautet, daß wegen dieses Mangels an Nutzfähigkeit für die Gegenwart (der doch die Nutzfähigkeit in der Zukunft nicht ausschließt) diese Güter künftig werden geringer geschätzt werden als die gegenwärtigen (und sie deshalb auch schon gegenwärtig geringer werten). Das wäre ein so offensichtlicher Trugschluß, daß man doch wohl nicht annehmen kann, er sei beabsichtigt gewesen. Der Beweis kann daher nur in einem anderen Sinne gemeint sein. Ein solcher einwandfreier Sinn aber ergibt sich durch Beziehung auf die Gegenwartswertung. In der Tat wird der Beweisschluß nur verständlich, wenn man ihn auf die Gegenwartswertung künftiger Güter bezieht, und in diesem Sinne bleibt er gültig, ob man die vorerwähnte Zurechnung behauptet oder negiert.

Ein Nahrungsmittel von morgen dient eben erst meinem Nahrungsbedürfnis von morgen, seine „Bedeutung" für mein Nahrungsbedürfnis überhaupt ist mir daher heute sicher geringer als die Bedeutung des Nahrungsmittels von heute, welch kurze Wendung an die Erläuterung *ex professo* im früheren (s. Wertperspektive) erinnern soll. Das gilt aber von jeder Verwendung, welche die Güter finden können: für die Verwendung als Gebrauchsgut, wie als technisches Produktionsmittel oder als Reservevorrat. In diesem Sinne ist der Lehrsatz der Zustimmung sicher, die ihm im Sinne der Zukunftswertung sicher versagt werden muß. Damit scheint eine vollständige Klärung des Fragepunktes gewonnen, der „dritte Grund" ist dabei allerdings in Rauch aufgegangen [1]).

Zusammenfassung.

§ 17. Halten wir die Ergebnisse der Untersuchung, insoweit sie für die Fragen, die uns im folgenden beschäftigen sollen, von Wichtigkeit sind, in gedrängtem Überblicke fest.

Sie lassen sich in wenige Sätze zusammenfassen.

1. Mit Rücksicht auf die zeitliche Verschiedenheit des Verhältnisses von Bedarf und Deckung walten zwischen dem Werte gegenwärtiger Güter und dem künftigen Werte künftiger Güter bei den einzelnen Wirtschaftssubjekten die größten Verschiedenheiten ob. Den Fällen, in welchen das Wirtschaftssubjekt gegenwärtige Güter höher schätzt als künftige mit Rücksicht auf den Umstand, daß es über solche in einem größeren Ausmaße verfügen wird, zufolge eigener Arbeit oder irgend einer sozialen Beziehung, stehen die Fälle gegenüber, in welchen künftige

---

[1]) Wie der Leser weiß, reiht sich bei Böhm an die Darstellung der „drei Gründe" eine Untersuchung darüber, wie sich diese als wirkende Ursachen in den Wertungsvorgängen bei verschiedenen Wirtschaftssubjekten kombinieren: sich verbinden, ausschließen oder ersetzen. Solche Grübeleien bieten für uns kein Interesse mehr. Ob und wiefern diese Gründe sich in ihrer angeblichen Wirkung gegenseitig ergänzen, beschränken oder aufheben, ist uns sicherlich ganz gleichgültig, da wir sie überhaupt als Ursachen nicht anerkennen. Ebenso bedeutet es für uns keinen weiteren Fortschritt an Klarheit, wenn etwa an einer oder der andern Stelle der Gedanke der Gegenwartswertung durchschlägt. Noch weniger vermögen wir die Subtilitäten als Gewinn an realer Erkenntnis anzusehen, in welche Böhm in weitläufigen Exkursen zwecks Widerlegung erhobener Einwände und gegenteiliger Ansichten seine Lehren dialektisch ausspinnt. Diese gleichen wirklich manchmal den von aller Realität abgehobenen Spitzfindigkeiten und Streitigkeiten der Scholastiker, worauf auch ein Kritiker angespielt hat. Bei allem Bemühen, den fein verästelten Gedankengängen des Autors zu folgen und sie vom Standpunkte ihrer Prämissen zu würdigen, erliegt man schließlich doch dem Eindrucke des Bedauerns, so viel Scharfsinn so nutzlos verwendet zu sehen.

Güter in Hinblick auf einen gesteigerten Bedürfnisstand oder verringerten Güterbestand eine Höherschätzung erfahren, während wieder in anderen Fällen Wertgleichheit vorliegt.

2. Die Lehrmeinung, daß das Wirtschaftssubjekt künftige Güter gegenwärtig niedriger schätze als gleiche gegenwärtige, weil ihm ihr künftiger Wert zufolge allgemein geübter fälschlicher Unterschätzung oder nach den ökonomischen Gesichtspunkten der Produktionstechnik geringer erscheint, hat sich als unhaltbar erwiesen.

3. Es findet allgemein eine niedrigere Bewertung der künftigen Güter gegenüber gegenwärtigen Gütern und gegenüber ihrem künftigen Werte im Verhältnis der Zeitdauer statt, welche bis zu dem Zeitpunkte verfließt, in dem sie dem Wirtschaftssubjekte zur Verfügung stehen werden; ein Wertungsvorgang, der als subjektive Werterscheinung durch die auf diesen Blättern vertretene Werttheorie seine Erklärung findet.

III. Kapitel.

Das Kapital in der Wirtschaft Robinson's.

§ 18. Wir sind nunmehr genügend vorbereitet, um in die Vorgänge Einblick zu erlangen, welche sich bei Robinson abspielen, insoferne er in seiner Wirtschaft Kapital verwendet. Er produziert mit Kapital: in welchem Umfange geschieht dies? Welche Werterscheinungen sind desfalls festzustellen? Welches ist das Ergebnis dieser Wirtschaftshandlungen?

Einschaltung: Der Kapitalbegriff. Damit die Erörterung der vorstehenden Fragen in der Atmosphäre vollster Klarheit vor sich gehe, erscheint es erforderlich, uns vorerst hinsichtlich des Kapitalbegriffes selbst der erreichbaren Klarheit zu befleißen, indem wir die verschiedenen Lesarten desselben scharf umschreiben und auseinanderhalten. Tunlichster Kürze wegen soll an Bekanntes nur erinnert werden, zumal eine neuerliche Abhandlung des Gegenstandes nach der eingehenden in dem Werke von Böhm wahrlich überflüssig wäre und wir überdies auch auf die bezüglichen Stellen der „Grundlegung" verweisen können. Dabei müssen wir zu Böhm selbst Stellung nehmen.

Der Gedanke, aus welchem der Kapitalbegriff entsprang, ist wohl zweifellos die Zusammenfassung der Ergebnisse wirtschaftlicher Tätigkeit in einem gegebenen Zeitpunkte mit Beziehung auf die Bestimmung derselben, der wirtschaftlichen Tätigkeit der anschließenden Zeitperioden zur Grundlage zu dienen. Das Kapital ist als Kollektivbegriff zu verstehen: als der Inbegriff der vorhandenen Güter (Sachgüter), welche in der jeweiligen Gegenwart des wirtschaftlichen Denkens und Handelns dem Wirtschaftssubjekte neuen Gütergewinn (Wohlfahrtsgewinn) ermöglichen. Für die Fassung des Grundbegriffes sind demnach die zur unmittelbaren Bedürfnisbefriedigung dienenden Güter auszuscheiden und zwar die beiden Kategorien a) der verbrauchlichen Konsumgüter und b) der dauerbaren Gebrauchsgüter. Es erübrigen die mittelbar zur Bedürfnisbefriedigung geeigneten, erst noch durch Arbeit zu Gebrauchsgütern umzugestaltenden Nutzleistungsvorräte: die „Zwischenprodukte" Böhm's, die Instrumentalgüter, die sachlichen Produktivmittel, mit welchen die Produktion technisch vor sich geht. Als Güterkategorie c) ergeben sie den Umfang und zugleich den Inhalt des Elementarbegriffes des Kapitales. Die Zusammenfassung der drei Kategorien a, b und c in einen Begriff mit Beziehung auf zukünftige Bedürfnisbefriedigung, die, sei es direkt, sei es indirekt, durch Gütervorräte der Gegenwart ermöglicht wird, hat für einzelne Zwecke sicherlich guten Sinn, den Kapitalbegriff auf sie zu übertragen erscheint jedoch unangemessen, da hiermit Dinge, die ein ganz verschiedenartiges wirtschaftliches Handeln bedingen, mit Außerachtlassung der ihre Unterscheidung veranlassenden Gründe wieder zusammengeworfen werden und damit gerade derjenige Begriff von der Bildfläche verschwindet, um den sich der tiefgehende Streit der Interessen und der Theorien dreht[1]).

Einzelne, und darunter hochangesehene Volkswirtschaftslehrer, haben bekanntlich die Güterkategorien b und c zu einem Kapitalbegriffe verschmolzen, eine unlogische Konstruktion, die natürlich nicht ohne schädliche Folgen in theoretischer Hinsicht bleiben konnte; logisch mangelhaft, da sich in ihr zwei Einteilungsgründe kreuzen. Was sie veranlaßte, wird alsbald anzuführen sein. Demgegenüber ist wohl an dem engeren Sinne des Begriffes festzuhalten, welcher nur solche Dinge in sich begreift, auf welche noch Arbeit verwendet werden muß, bevor ein künftiges Bedürfnis durch sie befriedigt werden kann, und die daher das wirtschaftliche Handeln in einer ganz bestimmten Richtung anregen. Daß innerhalb der Gruppe dieser Güter sich wieder der Unterschied zwischen in einem Akte verbrauchlichen und dauerbaren, eine Reihe von Nutzungen abgebenden, zeigt, ist jedermann geläufig und veranlaßt nur die Bemerkung, daß ein solcher sekundärer Unterschied keineswegs die oben erwähnte Zusammenfassung mit den dauerbaren Gebrauchsgütern rechtfertigen kann.

Die *vexata quaestio*, ob Grundstücke zum Kapital zu rechnen seien oder nicht, erledigt sich für die supponierte Einzelwirtschaft mit freiem Grund und Boden in einfacher Weise. Wenn wir eine der vorgeschrittenen Bodenkultur gleichende Bearbeitung des Bodens (Lockerung, Düngung usw.) annehmen, so würde der solcherart für die Zwecke des Pflanzenbaues geeignet gemachte Boden zweifelsohne als ein „Zwischenprodukt" anzusehen sein, das ja auch verbraucht wird und erneuert werden muß, während der freie Boden an sich wirtschaftlich überhaupt nicht in Betracht kommt. Anders liegt die Sache in der auf Sondereigentum beruhenden Privatwirtschaft, in welcher schon die Okkupation

[1]) Ein Autor, der die bezeichnete Auffassung bis in die äußerste Konsequenz verfolgt, nimmt keinen Anstand, den Vorrat an Brot, der einem Arbeiter den Bedarf vom Morgen bis zum Abend deckt, als Kapital zu verzeichnen!

bestimmter Teile des Bodens von seiten der einen mit Ausschluß der anderen, sodann das gegebene unveränderliche Ausmaß der Bodenfläche gegenüber der stets anwachsenden Bevölkerung ökonomische Erscheinungen verursachen, die in ihrer Eigenart nur durch scharfe Erfassung der bedingenden Sachlage zu erkennen sind, was eben durch Scheidung der Begriffe zu erreichen ist.

Wie derzeit wohl allgemein anerkannt, erfährt der Kapitalbegriff in der Verkehrswirtschaft eine Wandlung. In dieser tritt er auf als der Inbegriff der Güter, welche dem Wirtschaftssubjekte einen Güterzuwachs durch ihren Umsatz gegen Güter anderer Wirtschaftssubjekte verschaffen: er bezeichnet nunmehr die Güter als Erwerbsmittel im Verkehre. Dieser Begriff unterscheidet sich offenbar sowohl in seinem Umfange als in seinem Inhalte von dem Grundbegriffe. Er umfaßt die Güterkategorien a, b und c, und das gemeinsame Merkmal ist ein anderes, als welches jenem das Gepräge gibt. Der Güterkonsum und durch diesen die Beziehung auf künftige Bedürfnisbefriedigung ist hier vermittelt durch einen Verkehrsakt.

Der gleiche Name für so verschiedene Dinge hat großes Wirrnis in der volkswirtschaftlichen Theorie angerichtet. Zur Festhaltung des Unterschiedes wären eigene Begriffsnamen wohl in hohem Maße erwünscht. Solange solche nicht in Geltung stehen, muß der Zusammenhang der Wortfassung jeweils ergeben, ob das Kapital im rein ökonomischen Sinne oder im sozial-ökonomischen Sinne gemeint ist. Vielleicht wäre das erste als der Urbegriff, das letztere als der Verkehrsbegriff des Kapitals zu bezeichnen. Es sei erlaubt, sich fortab dieser Namen zu bedienen, obschon sich auch manches gegen sie einwenden läßt. Der Verkehrsbegriff des Kapitals kann selbstverständlich weder in einer außerhalb des Verkehres stehenden oder als solche gedachten Einzelwirtschaft, noch in einer kommunistischen Gemeinwirtschaft Anwendung finden. Die Praxis des Wirtschaftslebens unserer Privatwirtschaft kennt nur den Verkehrsbegriff und es steht außer Zweifel, daß die Theorie der Volkswirtschaft von ihm ausgegangen ist. Sie hat dann erst für die obersten Verallgemeinerungen, die wirtschaftlichen Grundbegriffe, den Urbegriff abgezogen. Dabei sind erhebliche Denkschwierigkeiten dadurch erwachsen, daß sie alle Momente des einen Begriffes in dem anderen wiederfinden zu müssen glaubte. Der durch den Umsatz im privatwirtschaftlichen Verkehre bewirkte Güterzuwachs ergibt in dem wirtschaftlichen Kalkül nach dem Verkehrswerte den Begriff des Reingewinnes oder Reinertrages. Eben derselbe, meinte man, müsse auch mit dem Urkapitale gegeben sein. Das Suchen nach ihm ist die eigentliche Wurzel des Zinsproblems.

Die bezüglichen Bemühungen haben zu ganz absonderlichen Begriffkonstruktionen geführt. Da durch den Umsatz in der Verkehrswirtschaft die Geldsumme, welche den Verkehrswert des Kapitalgutes enthält, immer wieder zum Kapitalbesitzer zurückkehrt, so glaubte man die gleiche Eigenschaft der immerwährenden Selbsterneuerung im Kapitale des Urbegriffs voraussetzen zu müssen, und da den Sachgütern eine solche wunderbare Autoreproduktion eben nicht eigen sein kann, so nahm man neuestens von einer Seite, die nicht auf die abgetane Wert-Produktivität zurückgreifen wollte, zu einem von der Körperlichkeit der Gutsdinge losgelösten Nebelgebilde seine Zuflucht. Es sind die Phantasien von Clark gemeint, die eigentlich einen metaphysischen Kapitalbegriff bedeuten: eine geradezu platonische „Idee" des Kapitals, die als die wahre Wesenheit der Erscheinung (*the true capital*) außerhalb der konkreten Kapitalgüter existiere und in diesen nur jeweils ihre Verkörperung finde. Hiermit wurde eine Fiktion zum Zwecke der Erklärung der Wirklichkeit herangezogen; eine solche kann, mag man sie auch in den geistvollsten Gedankenvariationen hin- und herwenden, selbstverständlich niemals zu einer Realität werden.

Eine Übertragung aus dem Verkehrsbegriffe in den Urbegriff stellt auch jener oben berührte Begriffszwitter dar, der den Umfang des Begriffes aus den Güterkategorien b und c zusammensetzt, was gegenüber dem Urbegriffe eine Erweiterung, gegenüber dem Verkehrsbegriffe eine Einschränkung ist. Der Grund der Zusammenfassung war die Wahrnehmung, daß sowohl Produktivmittel als dauerbare Gebrauchsgüter im Verkehre den erwähnten Reingewinn abwerfen, der in beiden Fällen Zins genannt wird. Den gleichen Gütergewinn, den dieser „Zins" bei dauerbaren Gebrauchsgütern im Verkehre zeigt, glaubten jene Theoretiker im Eigenverbrauche der Nutzungen dauerbarer Gebrauchsgüter innerhalb einer Wirtschaft erkennen zu müssen. Böhm verwirft den erwähnten Kapitalbegriff, schreibt aber gleichwohl den dauerbaren Gebrauchsgütern einen solchen Zinsertrag zu. Dieser Punkt wird eine gesonderte Untersuchung erfordern.

Zu dritt ist ein Kapitalbegriff ganz abweichenden Inhalts zu verzeichnen, zu dem sich indes nur vereinzelte Theoretiker bekannt haben. Wir meinen die Anschauung, welche den Nutzen der aus einer Wirtschaftsperiode überkommenen Güter darin erblickt, daß sie die Bedürfnisbefriedigung des Wirtschaftssubjektes während der Zeit ermöglichen, in welcher die Gewinnung neuer Güter vor sich gehen kann. Auch Böhm räumt dieser Anschauung eine wichtige Stelle in seiner Lehre ein: in der Darstellung der Rolle, welche der „Subsistenzmittelfonds" in der kapitalistischen Produktion spielt. Er begreift hierunter in der Terminologie seiner Lehre den jeweils vorhandenen Gütervorrat, welcher dadurch, daß er die Bedürfnisse des Wirtschaftssubjektes während der Produktion deckt, es diesem ermöglicht, „Umwegproduktion" zu betreiben mit dem produktiven Mehrerfolge, welchen eben diese ergebe, wobei erklärlicherweise das Maß des zu erzielenden Gütergewinnes zu der Größe jenes Gütervorrates im Verhältnis stehe. Unter den während der Produktion zur Befriedigung gelangenden Bedürfnissen sind nicht nur die des notwendigen Bedarfes, die der bloßen Erhaltung des Lebens oder der Arbeitskraft dienen, sondern die tatsächlich befriedigten, auch solche des freien Bedarfes, verstanden, was einen wohl zu bemerkenden Unterschied von dem alten Begriff der „Produktionskosten der Arbeit" bedeutet. Dem Umfange nach erstreckt sich dieser Subsistenzmittelfonds nicht etwa nur auf Güter der Kategorien a und b, wie man wohl meinen sollte, sondern auch auf c, indem auch diese Güter, aus welchen sich erst Gebrauchsgüter entpuppen, nach ihrer Ausreifung zu letzteren dem gleichen Zwecke, freilich in weiter hinausliegenden Produktionsperioden, dienen. Ob gegen die so begründete Einbeziehung der Zwischenprodukte in den Subsistenzfonds nicht etwas einzuwenden wäre, soll hier nicht erörtert werden und es soll nur berichtend der Umfang des Begriffes gekennzeichnet sein, welcher mithin mit dem des Verkehrsbegriffes des Kapitales zusammenfällt. Was den Inhalt anbelangt, so besteht er in zwei Merkmalen, deren eines dem Urbegriff, das zweite ebenfalls dem Verkehrsbegriffe des Kapitales entnommen ist. Dem rein ökonomischen Begriff des Kapitales ist die Beziehung auf die Produktion entnommen: die betreffenden Güter werden ins Auge gefaßt als Mittel der Produktion für spätere Bedarfsperioden, insoferne ihr Vorhandensein eben die Voraussetzung einer solchen bildet. Dem Verkehrsbegriffe ist in der Darstellung Böhm's der Umstand entnommen, daß diese Beziehung auf künftige Bedürfnisbefriedigung im Wege eines Umsatzes zwischen verschiedenen im Verkehre stehenden Wirtschaften erfolgt. Zwar ist der Gedanke, daß während einer Produktionsperiode Subsistenzmittel benötigt werden, als das allgemeine Kennzeichen der kapitalistischen Produktionsweise, ohne Unterschied des Wirtschaftssystems, zu verstehen, allein es wird der wirtschaftlichen Wirkungsweise des Subsistenzmittelfonds prinzipiell der Übergang seiner Bestandteile aus den einen in die anderen der Privatwirtschaften zugrunde gelegt, aus welchem Umsatze eben der Gütergewinn, dessen Erklärung gegeben wird, entspringt. Sonst wäre ja auch die vorgängige Feststellung des Kapitalbegriffes als Zwischenprodukt, was eben nur für den abstrakten Begriff der Produktion gelten kann, ohne argen logischen Verstoß nicht möglich gewesen. Wir haben also in dem Subsistenzmittelfonds eigentlich den Verkehrsbegriff des Kapitales vor uns, nur mit einem durch die Beziehung auf die Produktion, und zwar die besondere Art dieser Beziehung verschobenen Inhalt. Doch nicht des gesamten Kapitals! Nicht jeder Bestandteil des Verkehrskapitales wird der Produktion in der erwähnten Weise gewidmet; es werden Gütervorräte auch zu Umsätzen verwendet, welche nicht der Produktion dienen. Insoferne deckt sich die Verwendung von Bestandteilen des Subsistenzmittelfonds zur Ermöglichung bzw. Erstreckung von Produktionsvorgängen für künftigen Bedarf auch nicht mit dem Umsatze gegenwärtiger gegen künftige Güter im allgemeinen; sie bildet einen engeren Kreis solcher Umsätze. Diese Einschränkung ist hier — nebenbei — vom Anfang anzumerken, weil mit ihr alle jene Wendungen als irrtümlich gekennzeichnet sind, welche den Umsatz gegenwärtiger gegen künftige Güter als in der Produktion (nur in der Produktion) vor sich gehend erscheinen lassen[1]).

Somit sehen wir eine Verschiebung des Kapitalbegriffes vollzogen: von der Basis der Zwischenprodukte über den Verkehrsbegriff (Inbegriff der gegenwärtigen zum Umsatze bestimmten Güter) auf den Umfang des letztgedachten mit der Einschränkung auf Verwendung dieser Güter als Subsistenzmittel für privatkapitalistische Produktion. Bei Erläuterung des Kapitalbegriffes geht Böhm von dem Urbegriffe im Umfange der Güterkategorie c aus: bei Erläuterung der Zinserscheinung in der privatwirtschaftlichen Produktion stützt er sich auf den charakterisierten Begriff der Subsistenzmittel, in welchem die Güterkategorien a, b und c enthalten sind [2]).

Die gedachte Schwenkung des Begriffes macht unausgesprochen die Voraussetzung, daß alle Bedürfnisbefriedigung mit Gütern erfolge, die aus früheren Wirtschaftsperioden überkommen sind, also keine Bedürfnisbefriedigung aufgeschoben wird, bzw. aufgeschoben zu werden braucht, bis in der laufenden Wirtschaftsperiode die auf sie hinzielende

[1]) Die Ursache der Inkongruenz liegt darin, daß dem Autor bei Konzeption des Begriffes die gesellschaftliche Produktion, diese kollektiv betrachtet, vorschwebt (eine Volkswirtschaft im ganzen kann neue Güter natürlich nur mittels Produktion gewinnen), dann aber der gewonnene Begriff unverändert auf alle einzelnen Wirtschaftssubjekte, die von der gesellschaftlichen Güterversorgung umfaßt sind, angewendet wird, was aber zu Widersprüchen mit der Wirklichkeit führt. Auch bei anderen Autoren können wir das nämliche Verfahren finden.

[2]) Nach der Definition im I. Buche der „Positiven Theorie" begreift das Kapital lediglich die „Zwischenprodukte", z. B. Boot und Netz in der produktiven Tätigkeit des Fischfanges; in der Darstellung der Zinserscheinung (IV. Buch) sind Kapital die Gegenwartsgüter, welche gegen künftige umgesetzt werden und zwar in der privatwirtschaftlichen Produktion als Subsistenzmittel zur Ermöglichung der Herstellung und Verwendung von technischen Produktivmitteln: die Fische des im vorigen Kapitel erwähnten Beispiels, mit welchen der Unterhalt während der Anfertigung von Boot und Netz bestritten wird. S. 590, in dem Abschnitte, welcher von der Zinshöhe handelt, werden in ziffermäßiger Darstellung die mit dem solcherart hergestellten Boote und Netze gefangenen Fische, abzüglich der konsumierten, ausdrücklich als Zins jenes dargeliehenen Kapitales in Fischgestalt erklärt, indem der hohe „Zinsfuß" hervorgehoben wird, der in den ziffermäßigen Ansätzen des dort angeführten Beispieles zum Vorschein kommt.

Bei dieser Wandlung macht der Begriff zugleich eine terminologische Häutung durch. Als „Zwischenprodukt" wird das Kapital „Zukunftsgut" genannt; „Zukunftsware", die erst dadurch Gutseigenschaft und Wert erlangt, daß sie sich in die Gegenwartsgüter einer künftigen Wirtschaftsperiode zum Verbrauche in dieser umwandelt. Als Subsistenzfonds ist es „Gegenwartsware, die gegen Zukunftsware umgesetzt wird". Und dabei ist die „Zukunftsware" nicht in beiden Fällen das gleiche. Dort sind die betreffenden Güter, welche sie darstellen, „körperlich gegenwärtig"; hier ist die „Zukunftsware" körperlich zukünftig, denn sie bedeutet künftige Güter im eigentlichen Sinne des Wortes. Und es ist der Zins, der nämliche Zins, der das eine Mal aus der Zukunftsware, das andere Mal aus der Gegenwartsware hervorgehen soll! Daß ein solches Wortgewand der Lehre nicht zum Vorteil gereicht, ist erklärlich.

Produktion („Augenblicksproduktion", „Gegenwartsproduktion") ihr Ergebnis geliefert hat. Dies würde den vollendeten Kapitalismus bedeuten.

Die übrigen Theoretiker, auf welche hingedeutet wurde [1]), beziehen die Auffassung des Kapitales als Gebrauchsgütervorrat für den Unterhalt während der Produktion auf den Urbegriff, wonach dieser Kapitalbegriff schon in der verkehrslosen Wirtschaft Geltung hätte. Damit schreiben sie dem Wirtschaftssubjekte jene Wertanrechnung zu, die wir bereits im vorigen Kapitel kennen lernten. Nur dürfen, wenn die Subsistenzmittel als das „eigentliche", das „ursprüngliche" Kapital anzusehen sind, die Zwischenprodukte, während deren Herstellung jene verbraucht werden, nicht zum Kapitale gerechnet werden, weil das einen inneren Widerspruch und eine Doppelzählung ergäbe. Danach muß der Umfang dieses Kapitalbegriffes auf die Güterkategorien a und b beschränkt bleiben. Die technischen Produktionsmittel werden daher folgerichtig von dieser Theorie nicht als Kapital angesehen, vielmehr als Objekte, in welchen Kapital „investiert" ist. Für die isolierte Einzelwirtschaft kommt somit der Kapitalbegriff der Produktivmittel oder der Kapitalbegriff der Subsistenzmittel im letztgedachten Sinne in Frage.

---

§ 19. In erster Linie ist es das Kapital als technisches Produktionsmittel, dem wir in der geschlossenen Einzelwirtschaft Robinson's das Augenmerk zuwenden. Robinson bedient sich desselben je nach der Technik der Güterherstellung, über welche er verfügt. So, wenn er sich einen Bogen geschnitzt hat, um Wild zu erjagen, das er sonst nicht zu erlegen imstande wäre; wenn er mit Angel oder Boot und Netz Fische fängt, die er ohne diese Hilfsmittel nicht oder nicht in gleicher Menge erlangen könnte oder durch sie mit geringerem Aufwande von Arbeit gewinnen kann; so schon vorher, indem er sich die Werkzeuge verfertigte, mit welchen die erwähnten Geräte hergestellt werden konnten. Auch die Geräte zur Speisebereitung sind hierher zu zählen, wenn man in dieser Tätigkeit den letzten Akt der auf Herstellung der Nahrungsmittel gerichteten Produktion erblickt.

Der Getreidebau, dem Robinson obliegt, ist ebenfalls im Sinne der Theorie als Produktion mittels Kapital [2]) aufzufassen. Die Werkzeuge zur Bodenbearbeitung, seien sie noch so einfach, der Speicher, das Saatgut, das, erstmals okkupatorisch gewonnen, fortab Jahr für Jahr dem zur aktuellen Bedürfnisbefriedigung dienenden Getreidevorrate entzogen wird, sind „Zwischenprodukte", ja selbst abgesehen von allen technischen Hilfsmitteln: schon das bloße Versenken des Saat-

[1]) Speziell Jevons, in Italien Pantaleoni (*Economia pura*), der den Begriff schon bei Ortes finden will.

[2]) Wir sagen nicht: kapitalistische Produktion, weil das Wort in einem Sinne gebraucht zu werden pflegt, der eine Entwicklungsstufe innerhalb der Kapitalwirtschaft repräsentiert.

kornes in die Erde erklärt Böhm als eine „Umwegproduktion" [1]). Letzteres ist nun freilich eine Auffassung, gegen die sehr Erhebliches einzuwenden wäre, worauf an späterer Stelle einzugehen sein wird. Es entspricht wohl der Eigenart der Dinge besser, die bloße Benützung des Vegetationsprozesses der Pflanzen, wie des Wachstums und der Fortpflanzung der Tiere seitens des Menschen für die Zwecke seiner Lebensfürsorge nicht mit der Verwendung technischer Produktivmittel, die fortlaufend Arbeit erfordert, auf eine Linie zu stellen, obwohl sie wegen der Zeit, an welche diese Vorgänge des organischen Lebens gebunden sind, ebenfalls erst künftigem Bedarfe dient. Die schaffende Natur erzeugt hier dem Menschen ohne sein Zutun Güter, welche ihm schon durch die Verfügung über die Samenfrucht, die junge Pflanze oder das junge Tier oder das Muttertier gesichert sind. Er hat die Wahl, die letztgedachten Güter zum gegenwärtigen Bedarf oder die ihm aus ihnen von selbst erwachsenden für den Bedarf der Zukunft zu verwenden, so daß, insolange die Wirtschaftstätigkeit eigentlich nur im Abwarten des Reifezustandes der Pflanze oder des Tieres besteht, ein Wirtschaftszustand vorliegt, der einen Übergang von der auf Bedürfnisbefriedigung der Gegenwart oder Vorratsansammlung gerichteten okkupatorischen Tätigkeit, der Ansichnahme genußfertiger Güter aus der Natur, zur Kapitalwirtschaft bildet. Wenn wir uns vorstellen — nicht als geschichtliche Wirklichkeit, sondern als theoretische Annahme —, daß der erste Getreidebau in nichts anderem bestand, als darin, die von reifen Pflanzen der betreffenden Art in weitem Umkreise eingesammelten Samenkörner auf einer von allen Pflanzenwurzeln befreiten Bodenfläche auszustreuen, so können wir hierin eine Wirtschaftshandlung erblicken, die zwar eine bedeutende Arbeitsersparnis im Gefolge hatte, aber dem Wirtschaftssubjekte doch nur das gleiche an Produkt erbrachte, das er durch Einsammeln der Fruchtkörner „wildwachsender" Pflanzen früher gewann. Es wird auch jetzt nur eingeholt, was die Natur wachsen ließ: nicht mehr und nicht zeitiger als vordem, nur mit geringerem Arbeitsaufwande. Es ist offenbar, daß hier zu dem Wertungsvorgange einer Kapitalbildung kein Anlaß vorliegt. Die Kapitalwirtschaft beginnt erst mit einer Beförderung der erwähnten organischen Lebensprozesse durch eingreifende Arbeitstätigkeiten, wie Bodenlockerung, Düngung, welche in Verbindung mit der Verwendung technischer Hilfsmittel eine Steigerung des natürlichen Güterzuwachses bewirkt. Wo dann bei Benützung der primitivsten der Natur entnommenen Hilfsmittel zur Bodenbearbeitung usw. die Grenze gegen die kapitallose Wirtschaft zu ziehen sei, ist offenbar nicht zu bestimmen. Die Dinge der Wirklichkeit sind eben nicht durchwegs in die Abgrenzungen haarscharfzugeschnittener Begriffe einzuordnen [2]).

---

[1]) Positive Theorie, I. Buch, II. Abschnitt, S. 20.

[2]) Man vergleiche z. B. Wicksell „Vorlesungen über Nationalökonomie" — woselbst, ungeachtet der Autor sonst in allem Wesentlichen dem Gedankengange

Außer von seinen technischen Kenntnissen hängt die Ausdehnung der Kapitalverwendung seitens Robinson's auch von dem Maße ab, in welchem seine wirtschaftliche Einsicht und seine wirtschaftliche Lage ihm Kapitalbildung ermöglichte. Böhm versetzt uns in ihre Anfänge, indem er darstellt, wie Robinson, bevor er den Getreidebau aufgenommen hat, also noch genötigt ist, sich den Unterhalt auf primitivste Weise, z. B. durch das Einsammeln wildwachsender Früchte zu verschaffen, einen Teil seiner Arbeitskraft und Arbeitszeit der Beschaffung von Lebensmitteln für den jeweilig gegenwärtigen Bedarf entzieht, so schwer ihm dies auch bei der vorausgesetzten Sachlage fallen mag, um ihn z. B. zur Anfertigung von Jagdgeräten zu verwenden, mit welchen er sich fortab reichlichere und bessere Nahrung und die Nutzungen der tierischen Produkte beschaffen kann. Später, nachdem er durch den Getreidebau sich ein höheres Maß regelmäßiger Bedürfnisbefriedigung gesichert hat, braucht er sich an diesem natürlich keinen Abbruch mehr zu tun, aber er entzieht auch dann seine Produktivkraft durch Anfertigung von technischen Produktivgütern den gleichzeitigen anderweitigen Bedürfnissen, welche durch Richtung seiner Arbeit auf solche hätten zur Befriedigung gelangen können. Es sind das Befriedigungen geringeren Grades und die Kapitalbildung wird solcherart in größerem Umfange ermöglicht und angeregt. Das Fischbeispiel des vorigen Kapitels kann auch mit Nutzen hier angezogen werden. Nehmen wir an, unser Robinson sei ein Liebhaber von Fischen als Zukost zur vegetabilischen Nahrung und fange mühevoll mit der Hand oder einem zugespitzten Stocke täglich ein, zwei Fische. Er verzichtet nun durch längere Zeit auf jenen Genuß und verwendet die auf diese Weise gewonnene Arbeitszeit zur Herstellung von Boot und Netz, die ihm künftig einen reichlichen Fang verbürgen oder den Fang der gewohnten zwei Fische in weit kürzerer Zeit ermöglichen, so daß er die ersparte Arbeitszeit zur Gewinnung anderer Güter, die früher unbefriedbaren Bedürfnissen dienen, verwenden kann. Die erwähnte Einschränkung der gegenwärtigen Lebensführung zum Zwecke der Steigerung der künftigen ist die zeitliche

---

Böhm's zustimmt, eine primitive Landwirtschaft der geschilderten Art geradezu als das Urbild einer kapitallosen Wirtschaft vorgeführt wird. Es erscheint in der Tat keineswegs nötig, den Kapitalbegriff heranzuziehen, um uns die Wirtschaftshandlungen der Ackerbau und Viehzucht treibenden abgeschlossenen Einzelwirtschaft verständlich zu machen. Die Leute dieser Wirtschaftsstufe sahen sicherlich die Güter Saatkorn und Vieh nicht in dem Lichte, in welchem sie zwecks Einordnung in unseren Kapitalbegriff betrachtet werden müssen. (Auch bei diesen Gütern hat sich der Kapitalbegriff erst im Verkehre herausgebildet; will doch Hainisch selbst den Kapitalnamen etymologisch auf das Viehhaupt beim naturalwirtschaftlichen Darlehen zurückführen.) Das Bemerkte kann nun freilich keinen Einwand gegen eine abweichende theoretische Konstruktion für die Zeiten der vollentwickelten Wirtschaft abgeben, wofern eine solche nur an sich gerechtfertigt ist. Denn es ist nicht geboten, vielleicht auch nicht immer erreichbar, wenn eine Entwicklung den Umfang oder Inhalt eines Begriffes umgewandelt hat, diesen dann derart zu fassen, daß er alle Phasen des Entwicklungsganges einschließt.

Wohlfahrtsbilanz, die uns hier mittels eines durch seine Einfachheit ausgezeichneten und daher schon oft gebrauchten Beispiels ersichtlich wird.

Der Vollständigkeit wegen ist auch derjenigen Einschränkung zu gedenken, welche durch Verwendung von Naturstoffen, die für gegenwärtigen Verbrauch dienen könnten, als Produktionsmittel gelegen ist, wie des Holzes für Konstruktion des Bootes. Bei Robinson, der in einem Bereiche freier Güter wirtschaftet, die er lediglich durch okkupatorische Arbeit in wirtschaftliche zu verwandeln braucht, ist der Vergleich auch in dieser Hinsicht vereinfacht, da es sich im Beispielsfalle nur darum handelt, ob er mit einem gewissen Aufwande von Arbeit Holz zur Feuerung oder für den Bootbau gewinnen will. In unserer Wirtschaft der Wirklichkeit, in welcher diese „Bodennutzungen" aufgehört haben, freie Güter zu sein, nimmt die Bilanz die Gestalt der Wertdifferenz an, die diese Güter als „Produktivkräfte" gegenüber der Verwendung als Gebrauchsgut aufweisen.

Auch beim Getreidebau ist der Gesichtspunkt der Kapitalbildung leicht ersichtlich. Schon bei der erstmaligen Gewinnung von Saatgut durch Einsammeln der reifen Körner von wildwachsenden Gräsern der betreffenden Spezies findet Einschränkung der gegenwärtigen Bedürfnisbefriedigung durch Verwendung der Arbeitskraft für den erwähnten Zweck statt und sie wiederholt sich jedes Jahr durch Verringerung der zum Konsum dienenden Getreidemenge um das vorweggenommene Saatgut und durch die der Feldbestellung gewidmete Arbeit, die anderen Zwecken entzogen bleibt. Handelt es sich dann um Steigerung des Ertrages durch technische Hilfsmittel, so wird sie davon abhängen, ob die Herstellung der betreffenden Geräte nicht so viel für gegenwärtige Bedürfnisse verwendbare Arbeit erfordert, daß auf den zukünftigen Gewinn demgegenüber verzichtet wird. Und wir können uns schließlich ganz wohl in die Lage Robinson's versetzen, wenn wir ihn darüber Entschluß fassen lassen, ob er ein bestimmtes Ausmaß von Arbeit auf Herstellung von landwirtschaftlichen oder von Jagdgeräten verwenden wolle, und den Entschluß nach jener Seite hin annehmen, auf welche die Wage der Wohlfahrtsbilanz sich neigt[1]).

---

[1]) Die Wertbilanz der Kapitalbildung dürfte durch die angeführten Beispiele aus dem Wirtschaftsleben Robinson's ausreichend gekennzeichnet sein. Es wird nicht an Leuten fehlen, die solche für einfältig erklären, doch diese mögen bedenken, daß sie ja nicht zur Gewinnung der theoretischen Lehrsätze erdacht wurden, vielmehr den Zweck haben, die aus den verwickelten Erscheinungen der Wirklichkeit abgeleiteten Lehrsätze in der Hinsicht zu kontrollieren, ob nicht Ausflüsse sozialer Beziehungen mit ökonomischen Elementarerscheinungen vermengt seien. Dieser Zweck ist eben in anderer Weise als durch äußerste Vereinfachung der Sachlage und Zurückgehen bis in die primitiven Stadien der Wirtschaft nicht zu erreichen.

Das in der gedachten Bilanz gelegene Verhältnis ist offensichtlich nicht dasjenige, welches eine bekannte Zinstheorie annahm, nämlich: daß der Entgang an gegenwärtiger Wohlfahrt den künftigen Wohlfahrtsgewinn verursache und recht-

§ 20. Die Frage ist nun, welche Wertungsvorgänge sich bei Verwendung von Kapital im gedachten Sinne abspielen und ob sie jenes Wertschwellen „der für den Dienst der Zukunft vorbereiteten Güter", i. e. eben der Kapitalien gegenüber dem Produkte, zeigen, das das Wesen des Zinses ausmache.

Der Wert des Produktes wird auf die Produktivmittel übertragen. Den Satz kennen wir. Wir finden aber bei Böhm eine Darstellung des Vorganges, welche, aus den Erscheinungen der Verkehrswirtschaft abgeleitet, für die isolierte Einzelwirtschaft nicht ohne weiteres brauchbar ist und die überdies bei näherer Prüfung nicht nur einer Klarstellung des Sinnes, sondern auch einer Richtigstellung der Begründung bedarf. Es ist dies die Lehre, daß der Grenznutzen des Schlußproduktes den Wert der Produktivgüter, welche in letzteres aufgehen, bestimme [1]). Zum Erweise der These wird die Supposition gemacht, daß durch die Produktion je zu einem bereits vorhandenen Vorrate von Gütern einer bestimmten Gattung ein Exemplar hinzugewonnen werde, so daß, wenn nicht (mit den betreffenden Kapitalgütern) produziert würde, „wir also von der Gütergattung ein Exemplar weniger hätten". Diese theoretische Konstruktion erscheint jedoch unstatthaft. Wenn ich erstmals den wirtschaftlichen Vorgang bei der Produktion erfassen bzw. erläutern will, darf ich doch nicht schon Produkte, also eine vorgängige Produktion, voraussetzen! Produzieren, um künftige Bedürfnisse zu befriedigen, setzt voraus, daß diese Bedürfnisse eben sonst unbefriedigt blieben, nicht etwa durch bereits vorhandene Güter ihre Befriedigung erlangen. Wenn der Bedarf durch gegebenen Vorrat gedeckt ist, braucht man nicht zu produzieren, wird auch nicht produziert, also auch nicht hinzuproduziert. Wenn die benötigten Güter nicht vorhanden sind, wird eben produziert, aber nicht hinzuproduziert. Robinson erbaut Jahr für Jahr diejenige Getreidemenge, die er bis zur nächsten Ernte konsumiert; er produziert kein Getreide zu einem bereits vorhandenen Vorrate hinzu. Er repräsentiert in dieser Hinsicht ein ganzes Land, ja den Produktionszweig überhaupt. (Wenn sich Getreidevorräte von einem Jahre auf das andere erhalten, so ist das ein Zufall, der bekanntlich mit den bei dieser Produktion durch natürliche Ursachen hervorgerufenen Schwankungen der Produktmenge zusammenhängt und die Produktion nicht beeinflußt.)

---

fertige, sondern es ist der dem Wirtschaftssubjekte technisch erreichbare künftige Wohlfahrtsgewinn, welcher die Einschränkung am gegenwärtigen bedingt und motiviert. Hier zeigt sich gerade der Nutzen jener Kontrolle in einem speziellen Falle. Die Theorie, auf welche hingedeutet wird, war aus den Verhältnissen des privatwirtschaftlichen Verkehres abgeleitet und führte in ihrer Generalisierung zu einer den Widerspruch geradezu herausfordernden theoretischen Konstruktion. Man sehe hierzu § 29.

[1]) Positive Theorie, S. 290 ff.

Geht man hiervon aus, so ist auch ein Irrtum oder ein Mißverständnis ausgeschlossen, zu dem die Beziehung auf das Grenzprodukt verleiten kann. Die Produktion wird nicht auf das mindestwichtige der zu befriedigenden Bedürfnisse gerichtet, sondern auf das wichtigste (oder, wie wir sagen, auf das stärkste), und wenn das Produkt als Mengengut die Befriedigung mehrerer Bedürfnisse ermöglicht, auf die der Reihe nach wichtigsten bis zu dem Grenzpunkte. Der Wertanschlag, welcher auf die Produktivgüter übertragen wird, muß mithin im letztgedachten Falle das Gesamtquantum des Produktes, welches aus dem konkreten Produktionsakte hervorgeht, umfassen, nicht etwa bloß den Grenznutzen, den Wert der an letzter Stelle stehenden Einheit, zugrunde legen. Die Grenznutzentheoretiker werden keiner anderen Meinung sein. In der Verkehrswirtschaft, in welcher alle Güter gegeneinander umgesetzt werden, ergibt sich der gedachte Wertanschlag als das Multiplum der Anzahl der Produkteinheiten mit dem Grenznutzen der Einheit. In der supponierten Einzelwirtschaft käme hingegen jene Wertung des Vorrates in Betracht, welche durch die Summierung der speziellen (subjektiven) Werte jedes einzelnen im Vorrate enthaltenen Stückes resultiert. Wenn wir Robinson den Wert des Getreides auf die Produktionsmittel übertragen lassen, müßten wir also die Summe der in dem Beispiele S. 15 zur Illustrierung der Intensität der zur Befriedigung gelangenden Bedürfnisse gewählten Ziffern in Ansatz bringen: $10 + 8 + 6 + 4 + 1$, nicht etwa bloß die fünf Maßeinheiten des Produktes, multipliziert mit dem Grenznutzen 1.

In gleicher Weise wird Robinson den Wert von Jagd- oder Fischereigeräten nach dem Gesamtquantum der mit diesen zu gewinnenden Beute bemessen, wobei wir aber eine Wertübertragung von jener Genauigkeit, wie sie die Theorie annimmt, ihm selbstverständlich nur als Repräsentanten des wirtschaftenden Kulturmenschen zuschreiben dürfen.

Bekanntlich läßt die besprochene Theorie die Überleitung des Wertes vom Produkte nicht bloß auf die technischen Produktivmittel, sondern auch auf die Arbeit sich erstrecken, welche zur Gewinnung des Gebrauchsgutes mit Hilfe derselben notwendig ist. Die Arbeit wird ja von dieser Lehre als das komplementäre Produktivgut angesehen. Was gegen eine solche Auffassung der ökonomischen Elementarerscheinungen nach den Gesichtspunkten des privatwirtschaftlichen Unternehmers spricht, soll hier nicht weiter ausgeführt werden, weil die Beantwortung der in Rede stehenden Frage nicht davon berührt wird, ob man die Übertragung des Gesamtwertes des Produktes auf die Produktivmittelgruppe im ganzen oder nach Abschlag des der Arbeit nach jener Theorie zuzurechnenden Teiles auf die technischen Kapitalien ins Auge faßt.

Die Frage geht also dahin, ob eine Wertdifferenz zwischen Produkt und Produktivgut, wie sie das präsumierte Wertschwellen zeigen müßte, in der Tat wahrzunehmen und in dem Wertplus das Wesentliche des Wohlfahrtsgewinnes der Produktion gegeben sei.

Die Antwort ergibt sich aus den Einsichten, die wir in das „Wertverhältnis zwischen gegenwärtigen und künftigen Gütern“ gewonnen haben.

Im Rahmen der besprochenen Werttheorie ist eine solche Wertdifferenz nicht zu erweisen. Wenn der Wert der Produktivgüter von dem Werte der Produkte abgeleitet wird und die künftigen Produkte nach dem Nutzen bewertet werden, den sie seinerzeit der Wirtschaft stiften werden, so ist der Wert der Produktivgüter eben gleich dem Werte der Produkte und ist mithin für einen Wertgewinn in diesem Gedankenprozesse kein Raum. Einen solchen könnte man nur erschließen, indem man eine allgemeine Minderwertigkeit der zukünftigen Güter in der Gegenwart als Prämisse einschiebt. Wir hatten Anlaß, von allem Anfang festzustellen, daß die gedachte Theorie eine solche allgemeine Minderwertigkeit der künftigen Güter als Tauschwerterscheinung deduziert. Sie kann daher auch nur für die Privatwirtschaft gelten und darf nicht hier, wo es sich um die Wertung seitens des einzelnen isolierten Wirtschafters und um den abstrakten Produktionsakt handelt, irgendwie zur Schlußfolgerung herangezogen werden. Nur dadurch, daß Erscheinungen der Privatwirtschaft ungeprüft in die Wirtschaft Robinson's verpflanzt werden, kann die bezügliche Wertdifferenz in diesen gefunden werden. Die Thesen, welche das erwähnte Wertverhältnis für den subjektiven Wert erweisen sollten, die „drei Gründe“, ermöglichen das jede einzeln genommen nicht. Denn selbst wenn sie zutreffend wären, gäben sie über das Verhältnis des Wertes der Produktivmittel zum Werte des Produktes keinen Aufschluß, in ihrer Kombination aber sollen sie, wie man sich erinnert, eben die Tauschwertgestaltung jenes Verhältnisses ergeben.

§ 21. In der Einzelwirtschaft tritt jedoch dasjenige Wertverhältnis in Erscheinung, welches die Gegenwartswertung nach unserer Auffassung ergibt: die Wertperspektive. Diese schließt die Wertveränderung im Verlaufe der Zeit ein. Aber auch da stimmt der Wert des Produktes und der des Produktivmittels immer zusammen. Denn es wird der Gegenwartswert des künftigen Produktes auf die Produktivmittel nicht als ein Wert übertragen, der unveränderlich bestehen bleibt, sondern als ein weiterhin bis zur Fertigstellung des Gutes sich verändernder; als ein Wert, der sich steigert, je näher der Zeitpunkt der Befriedigung rückt und je mehr an Arbeitsmühe überstanden ist, bis er in den Wert des ein gegenwärtiges gewordenen Produktes übergeht. Der Einblick in die Natur dieser Wertveränderung, den uns die Analogie mit der Perspektive gewährte, bewahrt uns vor einer schiefen Auffassung des ökonomischen Vorganges. Die vorliegende, Produkt und Produktivmittel gemeinsam betreffende Wertänderung, dieses „Wertschwellen", verursacht den Gütergewinn der Produktion nicht. Es ist lediglich ein Vorgang im menschlichen Inneren, welcher die wirtschaftliche Tätigkeit einleitet und begleitet. Die gewonnenen Güter sind das Ergebnis eines physikalischen Vorganges, der in der Produktion sich abspielt, nicht des Vorganges im Innern des Menschen, der mit jenem verbunden ist. Damit gelangt uns um so nachdrücklicher zum Bewußtsein, daß im Wertgewinn nicht das Wesentliche des Wohlfahrtsgewinnes durch die Produktion liegt, und wird der durch die privatwirtschaftliche Denkweise erzeugte falsche Schein zerstreut, als ob in der abstrakten Produktion ein durch Wertgewinn vermittelter Gütergewinn vorliege. Der Gütergewinn entstammt nicht dem Wertplus, sondern das Wertplus entstammt dem Gütergewinn. Der Wert gibt nicht das letzte Ziel, sondern die Direktive der einschlägigen Wirtschaftshandlungen. Das letztere läßt sich mit den Ziffern des Beispiels der Getreideproduktion und -wertung durch Robinson zur Darstellung bringen, was freilich für das Verständnis nicht gerade notwendig erscheint. Wir lassen der Einfachheit wegen Robinson das Ernteergebnis lediglich auf das Saatgut beziehen.

Robinson findet sich bewogen, zum Zwecke der Befriedigung seiner künftigen Bedürfnisse dem gegenwärtigen Güterbestande von fünf Säcken Getreide einen Sack zu entnehmen, den er zur Aussaat bestimmt und dadurch dem gegenwärtigen Bedürfnisse des untersten Grades entzieht. Das Produktivmittel Saatgut gilt ihm so viel wie der Gegenwartswert des künftigen Produktes. Der Wert des Getreidevorrates wird $10 + 8 + 6 + 4 + 1 = 29$ sein. Nehmen wir an, er werde gegenwärtig mit 9 bewertet. Dieses ist also die Wertziffer des Produktivmittels und es erübrigen für den gegenwärtigen Verbrauch nur mehr vier Einheiten, im Werte von 10, 8, 6, 4, wonach der Grenznutzen der Einheit von 1 auf 4 gestiegen ist. Würde eine Einheit irgendwie verloren gehen, so würde zur Befriedigung der Bedürfnisse der Grade 8, 6 und 4 sicherlich nicht die Einheit mit dem Werte 9 verwendet, sondern es bliebe fortab das Bedürfnis vom Grade 4 unbefriedigt usw. Der Wert als Saatkorn schließt dieses Getreidequantum von der Verwendung für zurückstehende gegenwärtige Bedürfnisse aus, ist aber geringer als der Wert des zur Lebenserhaltung nötigen Quantums. Von der Aussaat bis zur Ernte steigert sich der Wert des in Umwandlung zum künftigen Produkte befindlichen Produktivmittels von 9 auf 29. Letztere Wertsumme begreift den momentanen Wert der eingeernteten fünf Einheiten in sich und es findet nun wieder die Umwertung der einen Einheit vom Gebrauchs- zum Produktivgute mit Rücksicht auf die nächstfolgende Bedarfsperiode statt usw. Von einer Produktionsperiode zur andern spielt sich der gleiche Wertwechsel ab. Er ist aber keineswegs die Ursache des Wohlfahrtsgewinnes in der Produktion, vielmehr nur sein Ausdruck: sein Spiegelbild[1]). Das Wertwachstum des Kapitales (Produktivmittel) zum Produktwerte ist also ein Wertungsvorgang, der einen „Zins" nicht in sich schließt.

§ 22. Aber vielleicht zeigt sich uns ein anderes Bild, wenn wir Robinson das Kapital unter dem Gesichtspunkte der Subsistenzmittel ins Auge fassen lassen; wir wollen sogleich zusehen. Doch wir müssen uns zuerst fragen, ob wir diese Auffassung von ihm erwarten können.

Man muß einen gewissen Vorrat an Gebrauchsgütern als gegeben annehmen und kann zunächst davon absehen, auf welche Art er entstanden ist. Ein solcher Gütervorrat überhebt das Wirtschaftssubjekt der Nötigung, seine Arbeitskraft der Beschaffung des „laufenden" Bedarfes zuzuwenden, wodurch ihm die Möglichkeit eröffnet ist, sie der Vorsorge für die Zukunft, und zwar durch Herstellung und Verwendung technischer Hilfsmittel einer reichlicheren Versorgung zu widmen. Bezieht nun Robinson die solcherart gewonnenen Produkte auf die während ihrer Gewinnung konsumierten Gebrauchsgüter, bzw. bezieht er die gedachten Gebrauchsgüter während ihres Verbrauches vorhinein auf die künftigen Produkte?

Um sich dazu bestimmt zu finden, müßte er einen Kausalzusammenhang erkennen, mit Rücksicht auf welchen er jene Zurechnung, jene Übertragung des Produktwertes auf das verursachende Gut vornimmt, die nach Böhm bei der Wertung gegenwärtiger Gebrauchsgüter platzgreift („dritter Grund") und die ihren Wert somit über das Niveau des Grenznutzens der gegenwärtigen Bedürfnisbefriedigung hinaushöbe. Der Zusammenhang, welcher hier vorliegt, ist ersichtlich ein sehr loser. Es ist doch nur festgestellt, daß ein Gütervorrat es dem Wirtschaftssubjekte ermöglicht, seine Produktivkräfte der Vorsorge für die Zukunft zuzuwenden. Damit der Erfolg eintrete, muß das, was ermöglicht ist, auch tatsächlich ins Werk gesetzt werden. „Ermöglichen"

[1]) Das Gleiche läßt sich bei dem Beispiele der Produktion von Fischen mittels Boot und Netz zeigen. Der Wert dieses Produktivmittels bei Beginn der Produktion leitet sich ab vom Gegenwartswerte der gesamten gewinnbaren Beute, welcher als Vorratswert die Gegenwartswerte der künftigen Fische nach der Formel $10 + 8 + 6$ usw. inbegreift. Wenn sohin die Produktion im Zeitverlaufe vor sich geht, so bestimmt sich der Wert jeder einzelnen Nutzleistung von Boot und Netz nach dem durchschnittlich mit ihr gewonnenen Produkte, das dann natürlich Gegenwartswert hat. So bestätigt sich auch beim dauerbaren Produktivgute, was im vorigen Kapitel über die Wertperspektive betreffend die dauerbaren Gebrauchsgüter ausgeführt wurde. Es findet ein Anwachsen des in der Wertsumme des Gegenwartswertes der künftigen Beute und desgleichen von Boot und Netz enthaltenen einzelnen Posten von der perspektivisch reduzierten auf die aktuelle Werthöhe statt. Dieses „Wertschwellen" ist die Begleiterscheinung der produktiven Tätigkeit; man könnte sagen die geistige Buchführung über denjenigen Wohlfahrtsgewinn, um dessentwillen das Wirtschaftssubjekt seine Produktivkraft auf Kapitalbildung und -Verwendung richtete. Eben diese Betätigung — und nur sie — bewirkt den Wohlfahrtsgewinn; die Wertvorgänge haben an ihm keinen Anteil.

ist nicht gleich „bewirken“. Die Arbeitstätigkeit ist jedenfalls die nähere, die Ermöglichung der Arbeitstätigkeit die entferntere Voraussetzung des produktiven Ergebnisses. Mag die bezügliche Arbeitstätigkeit nicht ohne Subsistenzmittel möglich sein, so ist doch, wie Böhm einmal richtig bemerkt, „nicht ohne“ etwas keineswegs gleichbedeutend mit „durch“ etwas. Wenn dennoch die beiden Voraussetzungen einander gleichgestellt werden, so wäre der Erfolg höchstens beiden Ursachen zuzuschreiben, keinesfalls einer von beiden.

Aber auch mit solcher Einschränkung könnte ein Kausalzusammenhang zwischen der (reichlicheren) Produktion und den verbrauchten Gütern nur für dasjenige Quantum anerkannt werden, das erforderlich ist, um den Produzenten am Leben und bei Arbeitskraft zu erhalten: das bekannte physische Existenzminimum. Zwischen der Befriedigung anderer Bedürfnisse und dem Arbeitsprodukte ist keinerlei kausale Verknüpfung zu finden. Eine höhere Bewertung der Güter des notwendigen Bedarfes mit Bezug auf den gedachten Kausalzusammenhang kann aber offenbar dem Menschen gar nicht in den Sinn kommen, weil jene Güter ohnehin schon in der gegenwärtigen Verwendung für ihn den denkbar höchsten Wert besitzen, der mithin einer Erhöhung nicht mehr zugänglich ist.

Die nächsten Ursachen des produktiven Erfolges sind unzweifelhaft, abgesehen von der Arbeit, die technischen Hilfsmittel, welche zur Anwendung gelangen. Es legt sich dem Geiste nahe, den Erfolg auf diese zu beziehen, und die Wertzurechnung an sie hat einen guten Sinn, weil dadurch das Verhalten des Menschen bezüglich eben dieser Güter gegenüber anderen die förderlichste Leitung erhält. Nunmehr würde dem Menschen zugemutet, die Wertübertragung fortzusetzen auf die Arbeit, mittels welcher die technischen Produktivmittel hergestellt und zur Anwendung gebracht werden [1]), und weiterhin auf die Güter, welche während dieser Arbeit konsumiert werden.

---

[1]) Robinson mißt der Arbeit Wert nicht bei, weder direkt noch mittels Übertragung. Die aus der Beschränktheit der menschlichen Arbeitskraft sich ergebenden ökonomischen Konsequenzen sind ihm selbstverständlich gegenwärtig. Es leuchtet ihm ein, daß er nicht Arbeit auf ein minderwertiges Gut verwenden darf, mit welcher er ein höherwertiges herstellen kann. Die Erkenntnis dieses Sachverhaltes ist keine Wertung und die danach erfolgende Wahl des Arbeitszieles ist die Folge des Wertvergleiches der in Betracht kommenden Güter. Aus dem Umstande, daß die Arbeit als ein Mittel der Bedürfnisbefriedigung ebenso beschränkt ist, wie diejenigen, welche die äußere Natur liefert, folgt noch keineswegs, daß er ihr mit gleichen Gefühlen gegenübersteht wie letzteren: sie ist ihm doch sicherlich kein Gegenstand des Begehrens! Wer der Arbeit als Gut Wert zuschreibt, überträgt unbewußt einen Gesichtspunkt der Verkehrswirtschaft auf die elementaren wirtschaftlichen Begriffe. In der Privatwirtschaft ist dem Arbeitgeber die Arbeit des einen Arbeiters, wie man sagt, wertvoller als die eines anderen, genau zugesehen ist es aber nicht die Arbeit, sondern das Geleistete, das Produkt, was für jenen Wert bzw. größeren oder geringeren Wert hat. Die Arbeit wird entlohnt nach dem Werte ihres Produktes: Entlohnung nach ihrem Werte ist eine sprachliche Abkürzung.

Welch' schwere Belastung der Seele eine solche dreifache Übersetzung der Wertung mit sich bringen würde, ist offensichtlich: die Gedanken müßten stets bei den bezüglichen Zusammenhängen weilen. Und welchem Zwecke würde diese Beanspruchung des Geistes dienen? Wäre sie als Motivation bestimmter Wirtschaftshandlungen erforderlich? Es ist nichts dergleichen erkennbar. Soll etwa die Konsumtion der bezüglichen Güter oder die gedeihlichste Richtung der Konsumtion dadurch angeregt werden? Das erfolgt schon durch das Begehren nach den Gütern mit Rücksicht auf ihren unmittelbaren Gebrauchsnutzen. Oder soll das Wirtschaftssubjekt erst durch den besprochenen Vergleich zu Produktionen angespornt werden, welche ein höheres Maß von Wohlfahrtsnutzen mit sich bringen als das jenes früheren Verbrauches? Auch dessen bedarf es nicht, da das Streben der Wirtschaft ohnehin nach dem jeweils erreichbar höchsten Wohlfahrtsnutzen geht. Es scheint mithin in der Tat nicht abzusehen, daß sich im Geiste Robinson's der beschriebene Wertvorgang abspiele. Angenommen aber, es geschähe dennoch, so wäre abermals ein Wertschwellen im bewußten Sinne ausgeschlossen. Würde gedacht, es werde der künftige Wert der Produkte übertragen, so ergibt sich Wertgleichheit eo ipso: wird eine Übertragung des Gegenwartswertes der künftigen Produkte angenommen, dann haben wir wieder die Wertperspektive mit dem nämlichen Ergebnisse, das bei den Produktivmitteln festgestellt wurde.

§ 23. Doch es stellt sich vielleicht ein Wertwachstum heraus, wenn eben die Wertübertragung n i c h t erfolgt, sondern die verbrauchten Gebrauchsgüter nur zum eigenen Nutzwerte angesetzt werden? Dann gerade würde sich ein Plus des Produktwertes zeigen? Unter dem Einflusse des privatwirtschaftlichen Kapitalbegriffes, der uns beherrscht, werden wir geneigt sein, dies vorhinein anzunehmen. Allein das wäre eine Täuschung: das vorausgesetzte Verhältnis braucht nicht einzutreten. Wir können gerade in der Wirtschaft Robinson's einen Umsatz von Gegenwartsgütern in zukünftige Güter Jahr für Jahr sich vollziehen sehen, bei welchem kein Plus von Gütern oder Güterwert zum Vorschein kommt. Robinson erbaut Jahr für Jahr das gleiche Getreidequantum. Der aus der Ernte des Vorjahres gewonnene Subsistenzmittelfonds, das Getreidequantum, welches seine Bedürfnisse deckt, ermöglicht ihm, den „Produktionsumweg" des Getreidebaues in einjähriger Produktionsperiode einzuschlagen, er erzeugt jedoch, sofern nicht natürliche Ursachen eine Änderung bewirken, die gleiche Getreidemenge, von welcher wieder das gleiche Quantum als Subsistenzmittelfonds zur Befriedigung seiner als gleichbleibend angenommenen Bedürfnisse in der folgenden Produktionsperiode dient. Die Werte dér verbrauchten und der gewonnenen Güter sind gleich; es zeigt sich kein Überschuß. Das Fischbeispiel ließe sich in gleicher Weise durchführen und würde noch die Vereinfachung ergeben, daß nur die zur Herstellung der technischen

Produktivmittel konsumierten Gebrauchsgüter in Betracht zu ziehen wären, da Boot und Netz sogleich vom Anfang ihrer Verwendung an Produkt dem Bedarfe liefern.

Die privatwirtschaftliche Denkweise darf uns nicht verleiten, in einer solchen Produktion, die nur das nämliche Maß an Produkten erbringt wie dasjenige, welches während der Herstellung und der Anwendung der Produktivmittel, mit welchen sie betrieben wird, konsumiert wurde, einen erfolglosen, unrichtigen Wirtschaftsakt zu erblicken. Der gegebene Verbrauchsgütervorrat bewirkt die Befriedigung einer gewissen Gruppe von Bedürfnissen während einer gewissen Zeit. Würde verfügbare Arbeitskraft während dieser Zeit dazu verwendet, Güter herzustellen, welche in eben derselben Zeit konsumiert werden können, so würde dadurch die Befriedigung von Bedürfnissen einer zweiten Gruppe, von geringerer Intensität als die bereits durch den Gütervorrat gedeckten ermöglicht. Die Zeit, für welche die Bedürfnisbefriedigung in dem konkreten Ausmaße durch den Gütervorrat gesichert ist, ist die „Gegenwart". Durch Verwendung der Arbeitskraft in der angenommenen Weise würden gegenwärtige Güter erzeugt, die das Ausmaß der Bedürfnisbefriedigung durch Ausdehnung auf minder intensive Bedürfnisse erweitern. Wird aber mit Hilfe der Produktivmittel, auf deren Herstellung und Anwendung die Arbeit gerichtet wird, für die Zukunft auch nur das gleiche Maß von Produkten erzielt, wie das bei jener Arbeit verbrauchte, so gelangt dann wieder die Gruppe der stärkeren Bedürfnisse zur Befriedigung und schon das ist ein wirtschaftlicher Vorteil gegenüber der entfallenden Befriedigung zurückstehender Bedürfnisse in der Vergangenheit, denn die nachfolgende Wirtschaftsperiode würde sonst nur ein Maß von Bedürfnisbefriedigung haben, welches hinter jenem zurückbliebe, das der vorhergehenden schon durch den Gütervorrat geboten war. Wird also unter den gemachten Voraussetzungen für die Zukunft produziert, so werden höherwertige Güter gewonnen, als wenn für die Gegenwart produziert würde. Der ökonomische Gewinn ist schon erreicht, wenn die künftigen Güter auch nur gleich sind, mithin den gleichen Wert haben mit den bei der Produktion konsumierten. Der ökonomische Vorteil ist selbstverständlich größer, wenn die produktive Wirkung der Kapitalverwendung eine größere ist, und das Wirtschaftssubjekt wird solche auch anstreben. Aber wenn auch Ertrag und Verbrauch sich nur decken, in einer stationären Wirtschaft, so ist dies nichts mit dem Wesen des Kapitales Unverträgliches. Es kann damit schon ein erheblicher Wohlfahrtsgewinn gegeben sein gegenüber jenem Wirtschaftszustande, da der erstmals angesammelte Gütervorrat durch weitgehende Anspannung unergiebiger Arbeit oder Einschränkung der Bedürfnisbefriedigung oder durch beides zugleich errungen werden mußte.

Wenn die technische Produktivität des Kapitales gesteigert wird, ebenso wenn Kapitalvermehrung durch Einschränkung der Bedürfnisbefriedigung (Sparen) erfolgt, dann wird der anschließenden Wirtschaftsperiode sicherlich ein höheres Maß von Bedürfnisbefriedigung zuteil als im Verbrauch der vorhergehenden gelegen war. Aber im Vergleich mit der nächstfolgenden zeigt sich in ihr kein Minus. Man hat jetzt mehr Güter zum Konsumieren, während man neue Produktivmittel (zum Ersatz der verbrauchten) herstellt und verwendet. Das höhere Ausmaß der Bedürfnisbefriedigung kehrt fortab bei gleichbleibendem Kapitale in gleichem Maße wieder. Der Mensch kann das nunmehr größer gewordene Produktquantum verbrauchen, während er neues Kapital (Produktivmittel) erzeugt und mit dessen Hilfe das nämliche Güterquantum für die nächste Wirtschaftsperiode gewinnt. Das Maß des Wohlfahrtsnutzens ist absolut gestiegen, aber das Verhältnis desselben von einer Periode zur andern ist fortab wieder das gleiche, wie es auf dem früheren Niveau war, solange nicht eine neuerliche Steigerung in dem „Grade des Kapitalismus" eintritt.

Die durch die bezeichneten Ursachen bewirkte Ertragsteigerung ergibt mithin nur für denjenigen Umsatz von Verbrauchsgütern in Produkt, bei welchem sie erstmals in Erscheinung tritt, einen Zuwachs an Wohlfahrtsnutzen. Daß dieser Wohlfahrtsgewinn, der als relativer mit seinem Eintreten sein Ende findet, der Zins nicht sein kann, ist einleuchtend, ganz abgesehen davon, daß er nicht in dem Güterkonsum seine Ursache hat. Der absolute Wohlfahrtsgewinn aber, welcher durch Herstellung und immer wiederkehrende Reproduktion technischer Produktivmittel, die zur Anwendung gelangen, dauernd bewirkt wird, wird vom Wirtschaftssubjekte keineswegs weiterhin in allen künftigen Wirtschaftsperioden auf jenen in der Vergangenheit erfolgten erstmaligen Güterverbrauch zurückbezogen, was doch der Fall sein müßte, wenn in ihm der Zins als wiederkehrender Gütergewinn erblickt werden sollte. Es könnte das höchstens in der Erinnerung geschehen, aber das wäre, falls es einmal geschähe, für das wirtschaftliche Handeln von einer Wirtschaftsperiode zur andern vollständig gleichgültig und zwecklos[1]).

---

[1]) Man sieht, wie falsch der Schluß ist, welcher den Gütergewinn, den der „Eigentümer von Gegenwartsware beim Umsatz gegen Zukunftsware" erlangt, als „überall dort (sogar in der einsamen Wirtschaft eines Robinson) zum Vorschein kommend" erklärt, „wo es überhaupt einen Umsatz zwischen Gegenwartsware und Zukunftsware gibt", wie ein solcher ja eben in dem Umsatze der konsumierten Gebrauchsgüter in die künftigen Produkte der durch den Verbrauch ermöglichten Arbeit gegeben erscheint. Im Vordersatze ist von einem Umsatze die Rede, welcher zwischen dem Eigentümer der Subsistenzmittel und anderen Wirtschaftssubjekten stattfindet, im Nachsatze ist vom Eigentum abgesehen, mithin ein Umsatz eingeschlossen, der sich innerhalb einer und derselben Wirtschaft vollzieht. Daß im privatwirtschaftlichen Verkehre der Umsatz mit dem bewußten Nutzen für den Eigentümer der Gegenwartsware sich abspielt, ist die bekannte Tatsache, die uns im folgenden noch zu beschäftigen hat. Daß der Umsatz im Kreise einer verkehrslosen Wirtschaft das nämliche ergebe, folgt aus jener Tatsache noch keines-

§ 24. Den Ertrag seiner Produktion bezieht Robinson, da er die freien Gaben der Natur als Geschenk hinnimmt, lediglich auf seine Arbeit zurück und er hat keinen Anlaß, ihn auf etwas anderes zu beziehen. Zwar ist er sich ganz wohl dessen bewußt, daß die technische Beschaffenheit der Zwischenprodukte eine Zwischenursache des erlangten höheren Wohlfahrtsnutzens bildet; er vergleicht auch den Nutzen, welchen er auf diese Weise erzielt, mit demjenigen, der ihm bei gleichem Aufwande von Arbeit ohne diese Hilfe erwächst. Daraus empfängt er ja gerade den Antrieb, seine Arbeit vorerst auf Herstellung eben dieser technischen Hilfsmittel zu richten. Aber der dadurch erzielte Mehrertrag erscheint ihm nicht im Lichte eines Gütergewinnes ohne Arbeit, d. i. des Zinses, denn er hat ja die Zwischenprodukte, welche den Mehrertrag vermitteln, eben durch eigene Arbeit sich geschaffen, die Zurückführung des Kapitals auf die Arbeit ist ihm greifbare Wirklichkeit und er erblickt daher mit Recht in seiner Arbeit die letzte Ursache, auf die aller Wirtschaftsnutzen, den er gewinnt, zurückzuführen ist. Der Vorstellung des Kapitales als eines „selbständigen Produktionsfaktors" würde er gänzlich unzugänglich sein und die dialektischen Künste, die diesem Faktor mittels der Zurechnung einen periodischen, aus ihm selbst erwachsenden Reinertrag anargumentieren, würden in seinem Geiste kein Echo wecken.

Einschaltung: Das Kapital als „selbständiger Produktionsfaktor". Das Mittel, durch welches das Kapital zum Range eines „selbständigen" Produktionsfaktors erhoben wird, ist die Übertreibung eines an sich richtigen Gedankens. In dem jüngsten Buche Wieser's (im „Grundriß der Sozialökonomie") wird das klar ersichtlich. Es ist vollkommen zutreffend, daß das Wirtschaftssubjekt bei der Kapitalbildung vorhinein in der Regel die Absicht hat, sie stets zu wiederholen; eine Absicht, die sich auf die Andauer der Bedürfnisse gründet. Die derart motivierte, wiederkehrende Neubildung von Kapital in einer Wirtschaftsperiode für die Zwecke folgender wird nun als die Eigenschaft des Kapitales unverbrauchlich zu sein, gedeutet. Vorerst heißt es, diese Unverbrauchlichkeit bestehe darin, daß das Kapital im fortwährenden Wechsel seiner Bestandteile sich immer wieder er-

---

wegs. Ob er durch die mitspielenden Wertvorgänge jenes Ergebnis herbeiführt, ist eben die Frage, die zu untersuchen war, und die Untersuchung hat sie verneint. Es hat sich ferner ergeben, daß auch jene Theorie, welche in den während der Herstellung und Verwendung von Instrumentalgütern verbrauchten Unterhaltsmitteln das „eigentliche" Kapital erblickt, etwas Unhaltbares behauptet, wenn sie auch bei Eigenverwendung dieses Kapitales in der Einzelwirtschaft einen Zins zum Vorschein kommen läßt.

neuern lasse, das besagt doch: bestehe in der fortwährenden Erneuerung durch den Menschen. Mittels glatter sprachlicher Wendungen wird daraus jedoch am Ende „die notorische Tatsache, daß das Kapital als Ganzes unverbrauchlich ist“, und die These, daß „das Kapital im steten Wechsel, den seine Zusammensetzung durch Verbrauch und Wiederersatz erfährt, in seiner Substanz unvermindert bleiben und von ihm sich periodisch wiederkehrende Nutzungen von Konsumtivgütern absondern lassen müssen, wie vom Lande Jahr für Jahr die Früchte“ (a. a. O. I. S. 176). Man bemerke die dem dialektischen Zwecke dienende Unbestimmtheit des Sinnes des Wortes Substanz. Da von einem steten Wechsel der Teile die Rede ist, so kann unveränderliche Stofflichkeit damit nicht gemeint sein, die Beziehung auf Verminderung läßt nur die Auslegung als eine Mengengröße zu, die aber der Art nach nicht bezeichnet ist, und am Schlusse muß man doch wieder an etwas Körperliches denken, weil gesagt ist, daß etwas davon abgesondert, d. i. losgetrennt werde. Die Deutkunst erreicht vollends ihr Ziel durch die Gleichstellung des Kapitales mit dem Boden; dem Boden, dessen sich die Natur als Medium der ewigen Neubetätigung ihrer Schaffenskraft bedient. Die dauernde Wohlfahrtsmehrung, welche die Folgewirkung der ursprünglichen Kapitalbildung ist, jedoch die stete Mitwirkung des Menschen erfordert, wird so dem freien Geschenk der Natur gleichgestellt. Die Absonderung der „Nutzungen“ ist ebenfalls die Umdeutung eines an sich unbezweifelbaren Sachverhaltes. Die jeweilige Wirtschaftsperiode, welche Produktivmittel, Zwischenprodukte, aus der vorhergehenden übernommen hat, erzielt nunmehr dadurch, daß die in jenen Gütern enthaltenen Naturstoffe und -kräfte zur Ausnützung gelangen, einen höheren Ertrag an Wohlfahrtsnutzen als sie durch die Arbeit allein zu erzielen vermöchte. Das dankt sie der Erbschaft aus der Vergangenheit, die für die Gegenwart als ein Datum erscheint. Dieser Wohlfahrtsmehrung steht aber die Wohlfahrtsminderung als Entgang gegenüber, die die nämliche Wirtschaftsperiode auf sich nehmen muß, wenn sie in gleicher Weise für die künftige sorgen will, wie die vergangene für sie gesorgt hat: die Verwendung von vorhandenen Gütern und von Arbeit zur Kapitalerneuerung anstatt zur Befriedigung von Bedürfnissen der Gegenwart. Da, wenn die Kapitalbildung erstmals den in Aussicht genommenen Erfolg tatsächlich gehabt hat, in der folgenden Wirtschaftsperiode ein Mehr an Befriedigung, ein Güterplus, zu verzeichnen ist, so ist die in der Güterverwendung zur Kapitalerneuerung gelegene Wohlfahrtsminderung fortab eine im Verhältnis geringere als diejenige, welche im Akte der Kapitalbildung geübt wurde, und sie bleibt sich weiterhin gleich, solange die Kapitalbildung in der Erneuerung unter ungeänderten Umständen wiederholt wird. Die zu solcher Verwendung gelangenden Güter werden nunmehr vom Kapitale selbst aus jenem Güterplus geliefert — darin bestehe die automatische Reproduktion — und der übrige Teil jener Gütermenge trete als dauernder, weil immer wiederkehrender, auf die erstmalige Kapitalbildung zurückzuführender Wohlfahrtsgewinn in den wirtschaftlichen Gesichtskreis; als „Reinertrag an Konsumtivgütern", der sich als „Nutzung" von dem in ewiger Selbsterneuerung begriffenen Produktivgute absondere. Zu diesem Konklusum kann man ersichtlich nur kommen durch Vernachlässigung des Entganges an Bedürfnisbefriedigung, den die jeweilige Gegenwart immer wieder durch Enthaltung vom Verbrauche der betreffenden, wenngleich vom Kapitale selbst gelieferten Güter auf sich nimmt [1]).

Nachdem einmal dem Kapitale die Eigenschaft der Selbsterneuerung zugeschrieben ist, bietet es keine Schwierigkeit mehr, auch den „Reinertrag" auf das Kapital als dessen alleinige Ursache zurückzuführen. Es geschieht dies mittels der Theorie der wirtschaftlichen Zurechnung, die uns einen wirtschaftlichen Erfolg derjenigen Ursache zuzuschreiben lehrt, die aus der Reihe der Ursachen als die praktisch entscheidende

---

[1]) Daß die mittels des Kapitales gewonnenen Güter gleichartig mit denjenigen sind, die zur Kapitalerneuerung verwendet werden, ist eine Aussage, die allgemein nur von der abstrakten gesellschaftlichen Produktion, die eben alle dem Verbrauche dienenden Güter erzeugt, gemacht werden kann. Die Produktion einer Einzelwirtschaft kann nur einzelne Fälle aufweisen, in welchen bei der Kapitalbildung Güter dem gegenwärtigen Verbrauche entzogen werden, die gleich denjenigen sind, die mit Hilfe des Kapitals in Hinkunft gewonnen werden. Das Beispiel vom Fischer, der während der Herstellung von Fischereigeräten sich durch Fische ernährt, die mühsam mit der Hand gefangen werden mußten, kann hier wieder seine Dienste leisten und wird in der Tat auch von anderer Seite dem gleichen Ideengange nutzbar gemacht, so daß es nachgerade zum eisernen Inventar der Kapitaltheorie zu werden scheint. Um Boot und Netz herzustellen, war zur Bedürfnisbefriedigung während der Arbeit ein Quantum von Fischen erforderlich, dessen Beschaffung eine gewisse Zeit bzw. Arbeit kostete. Boot und Netz liefern dann so viele Fische, daß bei gleichbleibendem Konsum diejenigen, welche während der Erneuerung des Fischereigerätes verbraucht werden, schon vom Kapitale selbst geliefert erscheinen. Hier wird offenbar der Umstand vernachlässigt, daß die für den erwähnten Zweck konsumierten Fische immerhin doch, wenngleich mit geringerer Arbeit, gewonnen werden mußten und der Bedürfnisbefriedigung während anderer Zeit vorenthalten werden. Auch wird ignoriert, daß die zur Herstellung von Boot und Netz verwendeten Materialien anderen Bedürfnissen entzogen werden, die durch Fische keine Befriedigung finden können. Das scheinbar beweiskräftigste Beispiel ist jedoch das des Getreidebaues. Dieser liefert immer wieder von selbst das Saatgut: das Kapital Saatgut reproduziert sich solcherart von selbst. Hierzu ist nur zu bemerken, daß der natürliche Zuwachs an sich eben nicht Produktion mit Kapital ist (d. h. Produktion in rein ökonomischem Sinne, die tauschwirtschaftliche Produktion von der Betrachtung ausgeschieden); daß neben dem Saatgute die anderen Produktivmittel zur Gewinnung des Getreides mitwirken, dieses also keineswegs auf das Saatgut allein zurückgeführt werden kann und selbst, soweit dies zulässig, das letztere immer wieder dem Verbrauche als Konsumtivgut entzogen wird, und die Arbeit des Feldanbaues immer in dem Maße ausgedehnt werden muß, um die betreffende Saatkörnermenge zu gewinnen. Übrigens, wenn die erbauten Getreidemengen als „Früchte des Landes" anzusehen sind, können sie nicht Früchte des Kapitales sein.

hervortrete, wobei insbesondere alles außer Betracht bleibe, was sich in einer früheren Wirtschaftsperiode begeben hat [1]).

Geht man dem Gedankengange nach, mit welchem die Zurechnung in ihrer Durchführung dargestellt wird, so findet sich, daß sie im Grunde nichts anderes ist als der Wertungsvorgang, den wir im vorigen Kapitel als Anwendungsfall der Wertperspektive bei der Kapitalbildung und -verwendung kennen lernten. Es ist der Wertvergleich, bestehend in der Ableitung des Wertes des Produktivmittels bei Beginn der Produktion vom Gegenwartswerte des künftigen Produktes bzw. dem Werte der als „Kosten" aufgewendeten Gegenwartsgüter, und dem Entgegenhalte des vollen Wertes des Produktes im Zeitpunkte seiner Perfektion. Die Wertdifferenz zeige ein „Zuwachsperzent", das der „ziffermäßige Ausdruck für den Grad der rechenmäßigen Produktivität des Kapitales" und „als Kapitalzins anzusprechen" sei. Aber diese Zurechnung Wieser's ist nicht die Gegenwartswertung des abstrakten ökonomischen Handelns, sondern die Bewertung der Güter, wie sie der Privatunternehmer vornimmt. Denn sie operiert mit „Nutzeinheiten", legt dem Vergleiche die Menge der Nutzeinheiten zugrunde, „mit welcher die Substanz des Kapitales zu rechnen war, als sie in die Produktion einbezogen wurde", und diese Nutzeinheiten sind, genau besehen, nichts anderes als — Tauschwerteinheiten: die Tauschwerteinheiten der Verkehrswirtschaft, mit welchen der Unternehmer im strikten Sinne des Wortes „rechnet". Auf diese Weise werden die Gesichtspunkte der Privatwirtschaft unvermerkt in die Begriffe der allgemeinen wirtschaftlichen Erscheinungen hineingetragen. Es wird zwar vermeintlich von dem Einflusse des Verkehres abgesehen, aber in der Tat ist dies nicht der Fall. Beweismachend hierfür ist der Umstand, daß Wieser die Wertsumme (Nutzgröße) einer Gütermenge auch hier als Multiplum des Grenznutzens mit der Stückzahl festhält, was eben nur in der Verkehrswirtschaft zutrifft.

Nach dieser Zurechnungstheorie müßte in Gemäßheit der zitierten Definition der Kapitalzins mit dem Mehrertrage der kapitalistischen Produktion gegenüber der kapitallosen Produktion zusammenfallen, was doch nicht zutrifft.

Die Erhaltung des jeweiligen Kapitalbestandes durch steten Wiederersatz, die im Verein mit der neuen Kapitalbildung zu dem bekannten „Akkumulationsprozesse" des Kapitales führt, gilt nur für die Gesamtheit der zu einer „Volkswirtschaft" vereinigten Wirtschaftssubjekte

[1]) Einschaltend ist zu bemerken: Es verwirrt ein wenig, einen Satz zu lesen wie den (S. 220), „die Anrechnung eines Überschusses über die Erneuerung an das Kapital ergebe sich mit Folgerichtigkeit aus dem Sinne der Zurechnung, denn es wäre ein Widerspruch, wenn dem Kapitale, das zur Reinertragsgewinnung hilft, nicht auch ein Teil des Reinertrages zugerechnet würde". Nicht ein Teil des Reinertrages, sondern der ganze Reinertrag im vorbezeichneten Sinne wird ihm zugerechnet.

als Saldo der einschlägigen Wirtschaftshandlungen, den die Fälle der „Verzehrung" von Kapital übrig lassen, und auch da nur in der aufsteigenden Phase der wirtschaftlichen Entwicklung, oder einem sich an diese anschließenden stationären Zustande, wogegen in unabsehbarer Zukunft, wenn erst der Nahrungsspielraum für die angewachsene Bevölkerung der Erde karg geworden sein wird, ganz wohl wieder eine absteigende Phase denkbar ist. In dieser Hinsicht ist also der Unterschied der Kollektiverscheinung von der einzelwirtschaftlichen Erscheinung bedeutsam. In der gesellschaftlichen Wirtschaft der Wirklichkeit tritt aber das Kapital in der Verkehrsform auf, in der es als eine sich automatisch erneuernde Quelle von ins unendliche wiederkehrenden Erträgnissen sich darstellt. Die betreffende Erscheinung mit ihrer gedanklichen Konzeption ist erst im nächsten Kapitel aufzuhellen (§ 31), muß jedoch vorgreifend hier wegen des Zusammenhanges der Dinge erwähnt werden. Es ist offensichtlich, daß unter dem Einflusse der Verkehrsgestaltung des Kapitales der Gedanke der automatischen Selbsterneuerung des periodischen Gütergewinn „abwerfenden" Kapitales und der sich eben darin bekundenden Selbständigkeit desselben als Faktor im gesellschaftlichen Produktionsprozesse Wurzel fassen konnte, es ist aber festzuhalten, daß das eben nur als Entwicklungserscheinung zu verstehen ist. Daraus, daß man die Entwicklungserscheinung von der Urerscheinung nicht auseinanderhält, vielmehr die Merkmale der ersteren in letztere hineinträgt, geht jene so angreifbare Auffassung hervor, die schon im Kapitale als technischem Produktionsmittel einen selbständigen Produktionsfaktor erblicken will.

---

§ 25. Setzen wir, um der Wirklichkeit vollständig Rechnung zu tragen, schließlich die Annahme ein, daß die Rohstoffe, welche Robinson gewinnt, und die Stoffe, die er zu Werkzeugen formt, in dem Verhältnisse wirtschaftlicher Güter stehen, so sehen wir ihn in der Produktion mit Kapital die Wohlfahrtsbilanz zwischen Gegenwart und Zukunft mittels jenes Wertungsvorganges ziehen, der im früheren als Verlgeich des Gegenwartswertes der „Kosten" mit dem Werte des künftigen Produktes beschrieben wurde. Es ist dies ein Vergleich subjektiver Werte, auf den die Charakterisierung als Zurechnung nicht nach dem Wortsinne anwendbar ist, da eine ziffermäßige Rechnung mit Nutzeinheiten = Werteinheiten sich erst in der Tauschwirtschaft herausbilden kann. In dem Wertvergleiche gelangt zum Ausdruck, welches Plus an Befriedigung dadurch erzielt wird, daß die Produktivkräfte Arbeit und Bodennutzungen durch Kapitalbildung und -verwendung auf Genußziele künftiger Wirtschaftsperioden gerichtet und dadurch der gegenwärtigen entzogen werden. Die Eigenschaften der Naturdinge, welche diese Wirkung technisch vermitteln, kommen als gegeben nicht in Betracht. Wird die den Wohlfahrtsgewinn zum Ausdruck bringende Wertdifferenz als Zins aufgefaßt, so bezeichnet sie, bzw. bezeichnet er, also einen Mehrertrag der kombinierten Produktivkräfte in der einen Verwendung gegenüber einer anderen Verwendung. Das bedeutet, daß, wenn eine der Produktivkräfte entfiele, gar kein Ertrag entstanden wäre. Da nun das Zusammenwirken der Produktivkräfte das gedachte Ergebnis liefert, so können sie treffend als Faktoren bezeichnet werden. Damit ist aber von selbst gesagt, daß keiner von beiden für sich allein einen produktiven Erfolg verursacht, daher auch der Mehrertrag, welcher durch die Kapitalbildung und -verwendung erzielt wird, nicht durch das Kapital an und für sich herbeigeführt ist. Wenn man ihn auch dem Kapitale zwecks des Vergleiches der verschiedenen wirtschaftlichen Betätigungen mit Beziehung auf ihren Erfolg zuschreibt, so ändert das nicht das geringste an der Tatsache, daß er von dem anderen Faktor mit verursacht ist.

Jener „Zins" wäre also nicht auf das Kapital allein zu beziehen. Das ist aber nicht der Sinn, in welchem wir in unserer Wirtschaft der Wirklichkeit von Zins reden. Wir wollen mit dem Worte einen Gütergewinn (Wohlfahrtsgewinn) bezeichnen, der ohne Zutun des Wirtschaftssubjektes diesem durch die Verfügung über das Kapitalgut zukommt. Das ist sicherlich ein anderer Begriff als der vorgedachte: was wir in der Wirtschaft der Wirklichkeit als Zins auffassen, ist keineswegs identisch mit jenem produktiven Mehrertrage. Daß beide Begriffe in einem gewissen Zusammenhange miteinander stehen, ist ebenso ersichtlich. Wie dieser Zusammenhang beschaffen sei, ist freilich nicht leicht zu durchschauen und das ist ja gerade der Grund der Denkschwierigkeiten, welche die Erscheinung der Theorie bereitet hat. Aber eines ist sicher: Die Wirtschaft Robinson's kennt den uns geläufigen Zinsbegriff nicht.

IV. Kapitel.

Auftreten des Zinses in der Privatwirtschaft.

§ 26. Der Zins, den die isolierte Einzelwirtschaft nicht kennt, kommt erst in der Privatwirtschaft der Wirklichkeit zur Erscheinung. Er hat Bezug nicht auf den Urbegriff, vielmehr lediglich auf den Verkehrsbegriff des Kapitals. Er entspringt einer entgegengesetzten Wertung bestimmter gegenwärtiger und künftiger Güter seitens verschiedener Wirtschaftssubjekte, die in einem Umsatze solcher Güter zwischen diesen zutage tritt. Wir können ihn entstehen sehen, wenn wir Robinson seiner Weltabgeschiedenheit entrücken, ihn mit anderen Wirtschaftssubjekten in Berührung treten lassen und uns dieserart die Anfänge eines Verkehres vorstellen.

Nehmen wir an, das Ereignis, dessen schon aus anderem Anlasse gedacht wurde, sei eingetreten: es habe sich ein zweiter Ansiedler in der Nähe niedergelassen und er käme eines Tages zu Robinson mit der Absicht, eine Maßeinheit seines Getreidevorrates von ihm zu erwerben. Aber es mangelt ihm an Gütern, die er als Kaufpreis bieten könnte. Der Mann hat das Unglück gehabt, daß ein Brand in seiner Farm ausbrach und seinen Getreidevorrat vernichtete, bis auf einen Rest, der gerade hinreicht, ihn bis zur nächsten Ernte am Leben zu erhalten. Unter den zerstörten Maßeinheiten Getreides befand sich auch diejenige, die zur Aussaat, die eben bevorsteht, bestimmt war. Dieser Kolonist lebt unter völlig gleichen Verhältnissen, mit gleichen Bedürfnissen wie Robinson. Er hofft, von diesem eine Maßeinheit Getreides, die ihm als Saatgut dienen soll, zu erstehen, und kann als Gegengabe nur Getreide der nächsten Ernte anbieten. Er sieht voraus, daß ein Anbot, die gleiche Menge Getreide nach der Ernte zu erstatten, abgelehnt würde. Das Getreidequantum unter solcher Bedingung abtreten, hieße für Robinson das gegenwärtige Bedürfnis, welches durch dasselbe befriedigt würde, unbefriedigt lassen. Es wäre dies das an letzter Stelle der Bedürfnisskala stehende, von der fünften Maßeinheit abhängige Bedürfnis, dessen Befriedigung unterbleiben müßte, bis sie durch das selbsterbaute Getreide der nächstjährigen Ernte wieder aufgenommen werden kann.

Die Rückerstattung eines Getreidequantums würde dann die Befriedigung eines bisher unbefriedbaren, also schwächeren Bedürfnisses ermöglichen und wir wollen annehmen, daß dies ein dermaßen schwaches Bedürfnis sei, daß Robinson sich durch dessen Befriedigung, die überdies erst in der Zukunft winkt, für den Genußentgang der Gegenwart nicht entschädigt finde.

Das Anbot wäre mithin für ihn unannehmbar, der des Saatguts bedürftige Ansiedler macht daher, um dieses zu erlangen, das Anbot, nach der Ernte das doppelte Quantum Getreide zu erstatten. Er wird dabei von denselben Erwägungen geleitet, welche wir bereits an früherer Stelle an dem Fischbeispiele kennen gelernt haben. Das Saatgut hat für ihn den Wert der ganzen nächsten Ernte, die zwei Maßeinheiten, welche aus dieser zu erstatten sind, werden nach dem Verhältisse zwischen Bedarf und Deckung, das in jenem künftigen Zeitpunkte in seiner Wirtschaft herrscht, nur den geringeren Grenznutzwert haben. Er folgt mit dem Anbote des doppelten Quantums der Anzeige des Wertes und handelt somit wirtschaftlich richtig. Wir nehmen an, das doppelte Getreidequantum ermögliche Robinson die Befriedigung eines künftigen Bedürfnisses, durch welche er sich für den erwähnten Genußaufschub vollauf entschädigt hält, die ihm also einen, wenngleich minimalen Überschuß an Lust gewährt; etwa, um im Rahmen des gegebenen Beispieles zu bleiben, die Ernährung eines gezähmten Tieres, das er bisher wegen Mangel des erforderlichen Getreidefutters sich nicht halten konnte. Hiermit ist für ihn ein Beweggrund gegeben, auf das Anbot einzugehen: der Vertrag wird geschlossen.

Auf der Gegenseite liegt die Mehrung der Befriedigung in der Gegenwart, die Minderung in der Zukunft und die erstere erreicht ein Ausmaß, welches für letztere volle Entschädigung gewährt. Der Wert des gegenwärtig Empfangenen ist größer als der Wert des in Hinkunft Erstatteten; der Vertrag wird nicht geschlossen, wenn ein solches Wertverhältnis nicht vorliegt. In dem Beispielfalle lag der Grund des hohen Wertes des gegenwärtigen Gutes in seiner Verwendung als Produktivgut. Es läßt sich aber ohne weiteres das Beispiel in der Weise geben, daß das Gut zum Verbrauche in der Gegenwart verwendet wird. Wenn der neue Ansiedler auch das Saatgut aus dem Brande gerettet hätte, so würde er noch eine Maßeinheit Getreide begehren, um wenigstens über die bloße Lebenserhaltung hinaus eine mäßige Lebensförderung sich zu verschaffen; im Beispiele die Befriedigung des Bedürfnisses vom Stärkegrade 8. Es würde in gleicher Weise mit Robinson zum Abschlusse kommen, vorausgesetzt, daß die Sicherung der Befriedigung des Bedürfnisses vom Stärkegrade 8 in der Gegenwart für das betreffende Wirtschaftssubjekt ein höheres Maß von Lebensförderung bedeutet, als der Entfall der Befriedigungen vom Stärkegrade 4 und 1 in der nächstfolgenden Wirtschaftsperiode, was doch wohl zutrifft.

Auf Grund der geschilderten Voraussetzungen wird von den beiden Wirtschaftssubjekten ein Umsatz von gegenwärtigen gegen künftige Güter vollzogen, in welchem das Quantitätsverhältnis der umgesetzten Güter durch die Verschiedenheit des Wertverhältnisses bestimmt wird, das sich durch die Verschiedenheiten des beiderseitigen Besitzstandes ergibt. (Der beiderseitige Bedürfnisstand wurde als gleich angenommen.) Bei diesem Umsatze werden für die gegenwärtigen Güter mehr künftige, gleiche Güter gegeben. Das Plus ist ein ohne Arbeit erzielter Gütereingang, eben der Zins, der einen Wohlfahrtsgewinn in dem Maße darstellt, in welchem die Wohlfahrtsmehrung der Zukunft die in dem Genußaufschube der Gegenwart liegende Wohlfahrtsminderung übersteigt.

Wenn dem einen zugezogenen Ansiedler andere nachfolgen, so daß eine ganze Siedlungsgemeinde entsteht, so kann Robinson, der nunmehr in den wirtschaftlichen Verkehr versetzt ist, in die Lage kommen bald mit diesem bald mit jenem Nachbarn einen Umsatz der gedachten Art vorzunehmen. Das hingegebene Getreide, für ihn und seine Zwecke als vertretbares Gut mit dem rückerstatteten gleichen Quantum identisch, kehrt so immer wieder in den Kreis seiner Wirtschaft zurück, jedesmal vermehrt um ein gewisses Quantum, das als neues Gut erscheint, und auf diese Weise kann es den Anschein gewinnen, als wenn das Gut selbst sich mit Zuwachs reproduziere; den Anschein allerdings nicht für Robinson, dem die zwischenliegenden Ursachen zu klar vor Augen stehen.

Ein gleiches Ergebnis wie in dem besprochenen ist in einem zweiten Falle zu verzeichnen, in dem Robinson Güter durch die Arbeit eines anderen gewinnt, mit dem er in Verkehr tritt. Lassen wir auch unseren Robinson seinen Freitag finden. Es sei ihm gelungen, einen Angehörigen des Jägerstammes, der rings im Urwald sein Dasein führt, dahin zu bringen (durch Gewalt oder Überredung), sich dem Ackerbau in Robinson's Farm zuzuwenden. Er ernährt ihn, wozu er diejenige Getreidemenge verwendet, die ihm bisher zur Befriedigung des letzten seiner eigenen Bedürfnisse gedient hat, und leitet ihn an, seine Arbeitskraft der Bestellung des Feldes zu widmen. Durch seine Mithilfe bei Bearbeitung des Bodens, bei der Aussaat, der Abwehr von Schädlingen, der Ernte, der Anfertigung von Geräten usw. wird eine Steigerung des Ertrages erzielt: die Ernte beträgt jetzt sieben Maßeinheiten, fünf liefern Robinson wieder sein gewohntes Maß an Bedürfnisbefriedigung bis zur nächsten Ernte, wobei nunmehr durch die fünfte Einheit der aufgeschobene Genuß ermöglicht ist, zwei ergeben eine Mehrung der Bedürfnisbefriedigung — eine solche würde Robinson um so willkommener sein, wenn sich durch Eingehen einer Ehe und Vermehrung der Familie sein Bedürfnisstand gesteigert hätte, die hinzukommenden Getreidemengen mithin zur Befriedigung von Bedürfnissen höherer Grade benötigt würden. Mit jeder neuen Wirtschaftsperiode würde sich der geschilderte Vorgang wiederholen, der in seinen Merkmalen durchaus denjenigen gleicht, die das Wesentliche der früher erörterten Umsätze ausmachen. Es wird ein gegenwärtiges Gut an ein zweites Wirtschaftssubjekt übertragen, das durch seine Arbeit ein Mehr an Gütern schafft, welches jenem Besitzer des Gegenwartsgutes in der künftigen Wirtschaftsperiode vermehrte Bedürfnisbefriedigung, also Mehrwert bietet. Der Träger der Arbeitskraft aber bescheidet sich in dem extremen Falle, den wir vor Augen haben, damit, gegen bloßen Lebensunterhalt, den ihm das übertragene, gegenwärtige Gut gewährt, das künftige Produkt seiner Arbeit abzutreten, was, wenn es nicht erzwungen geschieht, sich nur dadurch erklärt, daß er die kärgliche, doch gesicherte Lebensführung auf der Farm dem beschwerlichen, hinsichtlich der Ernährung so unsicheren Jägerleben vorzieht, d. h. theoretisch gesprochen: daß er solcherart ein Güterquantum erlangt, das er außerhalb des Arbeitsverbandes nicht in gleichem Ausmaße, zum mindesten nur mit größerer Arbeitsbeschwerde zu beschaffen imstande wäre. Es kann sich aber auch begeben, daß Robinson ihm ein größeres Gütermaß überläßt, etwa, weil er sonst seine Flucht besorgt, er wird das aber nur bis zu einem Ausmaße tun, bei welchem der Umsatz noch immer einen Wohlfahrtsnutzen für ihn erbringt. Die Einwirkung reichlicherer Befriedigung auf die Arbeitskraft und den Arbeitseifer kann durch Vermehrung der Produkte das Nutzverhältnis unverändert lassen, selbst günstiger gestalten. Es bedarf wohl erst keiner näheren Ausführung darüber, was mit solchen Beispielfällen, die selbstverständlich ebenso ausgeklügelt sind wie die Figur Robinson's überhaupt und auch gar nicht anders sein können, erläutert werden soll. Sie haben trotz allem, was gegen sie einzuwenden ist, ihrem Zwecke genügt, wenn sie uns die sozialökonomischen Erscheinungen der Wirklichkeit, welche in solchen Güterumsätzen und den ihnen zugrunde liegenden wirtschaftlichen Voraussetzungen vorliegen, in elementarer Vereinfachung veranschaulichen. Man kann sich die Vervielfältigung derselben bis zu der Erscheinungsfülle der entwickelten Privatwirtschaft leicht ausmalen. Wir brauchen nur an die ökonomische Differenzierung der im gesellschaftlichen Verbande lebenden Menschen zu denken: die Ausbildung individuell abweichender Arbeitsfähigkeiten bei verschiedenen Wirtschaftssubjekten, die nicht über die Güter verfügen, an welchen sie diese in der eigenen Wirtschaft produktiv zu betätigen in der Lage wären; an die Verschiedenartigkeit der Eigentumsobjekte, derzufolge die einen unter den Wirtschaftssubjekten aus ihrem Besitze Güter herstellen, welche sie anderen, die solchen einen höheren Wert beimessen, in Tausch geben, wodurch sie eine Wohlfahrtsmehrung erzielen, die über diejenige hinausreicht, die sie durch die mittels der gleichen Arbeit im Kreise der eigenen Wirtschaft zu gewinnenden Güter erzielen würden. Das Gemeinsame aller solcherart sich entspinnenden wirtschaftlichen Vorgänge ist ein Umsatz gegenwärtiger gegen künftige Güter zwischen verschiedenen Wirtschaftssubjekten, durch den dem Besitzer der gegenwärtigen Güter ein ausschließlich auf diesen Besitz zurückzuführender Wohlfahrtsgewinn erwächst: eben unser Zins[1]).

Einschaltung: Der Zins ein Tauschgewinn. Wie sich die Zinserscheinung in das theoretische System einordnet, ist leicht zu ersehen und es möge gestattet sein, in dieser Hinsicht auf unsere „Grundlegung" zurückzugreifen. Mit Rücksicht auf die Zwecke des Werkes sind die privatwirtschaftlichen Erscheinungen in ihm nur so weit erörtert, als notwendig erschien, um ihre Zurückführung auf das allem Ökonomischen Gemeinsame nachzuweisen. Die Preiserscheinungen sind bloß flüchtig gestreift und insbesondere der Zins nur mit einem Worte erwähnt. Aber die Stellung im System der Lehrsätze ist ersichtlich, freilich nur im Zusammenhalte zerstreuter Sätze, da ein Vortrag *ex professo* nicht beabsichtigt war.

Das einzige Mal, in welchem das Wort Zins im Texte des Werkes vorkommt, erscheint es mit dem privatwirtschaftlichen Kapitale in Beziehung gebracht (S. 322), indem gesagt ist, daß der Sachverhalt, welcher diese Erscheinungsform des Kapitales ergibt, die sozialistischen Angriffe gegen das Kapital verstehen macht, aber auch die Rechtfertigung „des privatwirtschaftlichen Kapitales, resp. des Zinses" (als notwendige Konsequenz des Individualeigentums) enthält. Während in den Darlegungen, welche die elementare Erscheinung des Kapitales betreffen, vom Zinse nicht die Rede war, ist dieser hier mit dem Privatkapitale und dem Individualeigentum in innigste Verbindung gebracht. Die Institution des Eigentums, heißt es S. 322, beeinflußt auch den Begriff des Kapitales. „Das Eigentum, die gesicherte Verfügung über konkrete Güter, von welchen andere Wirtschaftssubjekte ausgeschlossen sind, ermöglicht es dem Inhaber dieser Güter, auch wenn dieselben ihrer

---

[1]) O. Engländer („Zur Theorie des Produktivkapitalzinses", 1908) hat das Fischbeispiel ausgesponnen, um die Entstehung des Produktivkapitalzinses unter dem Einfluß der arbeitsteiligen Gliederung der Gesellschaft zu veranschaulichen. In einer Ansiedlung von Fischern befassen sich die einen mit Anfertigung der Netze, die andern obliegen dem Fang; schließlich schiebt sich zwischen beide Teile eine Mittelsperson ein, welche die Netze von den Erzeugern kauft und angeworbene Arbeiter mit ihnen fischen läßt. Damit ist jedoch der Zins noch nicht erklärt, sondern nur dargestellt, wie der durch Herstellung und Anwendung des technischen Produktionsmittels erzielte Mehrertrag unter die Teilnehmer der arbeitsteiligen Gemeinschaft verteilt wird. Es liegt vorerst nur Kapitalertrag, nicht Kapitalzins vor, und das Dazwischentreten der untätigen Mittelsperson als dauernde Einrichtung ist nicht plausibel zu machen. Diese Einwände wurden auch schon von anderer Seite erhoben (H. Oswalt, „Beiträge zur Theorie des Kapitalzinses", Zeitschr. f. Sozialw. 1910). Insoweit erreicht also das Fischbeispiel den angestrebten Zweck noch nicht. Es muß noch das Sondereigentum hinzukommen: es muß angenommen werden, daß die Erzeuger der Netze ausschließlich Eigentümer der Stoffe seien, aus welchen die Netze und die Geräte zu ihrer Herstellung angefertigt werden. Nur unter dieser Voraussetzung ist ein Ertragsanteil im eigentlichen Sinne des Namens Kapitalzins nachweisbar.

Beschaffenheit nach Gebrauchsgüter sind, sie dennoch zum Mittel der Gewinnung neuer Güter zu benützen, welche ihm künftige Bedürfnisse befriedigen, und zwar dadurch, daß er sie anderen Wirtschaftssubjekten, welche dieselben entbehren und sie zur Befriedigung präsenter Bedürfnisse benötigen, ohne gleichzeitig im Besitz von Gütern zu sein, die sie für jene in Tausch geben könnten, derzeit abtritt, gegen die Verpflichtung, ihm in einem späteren Zeitpunkte Güter, also Güter, die seinen zukünftigen Bedürfnissen dienen sollen, dafür zu übertragen. Egoistisch handelnd, hat er zu solchem Vorgehen selbstverständlich nur unter der Bedingung Grund, daß das Maß der an ihn übertragenen Güter ein so bedeutendes ist, daß der Wert derselben den höheren Wert, welchen die gegenwärtig hingegebenen Güter als Mittel zur Befriedigung präsenter Bedürfnisse besitzen, mindestens aufwiegt, und das andere Wirtschaftssubjekt findet sich bestimmt, auf die Transaktion einzugehen, weil ihm eben die Güter als Gebrauchsgüter mit Bezug auf präsente Bedürfnisse höheren Wert besitzen als die künftigen Güter. Auf solche Weise kann der Eigentümer von Gebrauchsgütern, verbrauchlichen und dauerbaren, die ihm als Überschuß vergangener Wirtschaftsführung zu Gebote stehen, soweit er dieselben seiner gegenwärtigen Bedürfnisbefriedigung nicht zuwendet, mit denselben in dem privatwirtschaftlichen Verkehre den gleichen Effekt erzielen wie mit Produktivmitteln, die er selbst benützt oder anderen Wirtschaftssubjekten zur Benützung überläßt. Wenn jemand durch einen Gütertausch solcher Art für einen Sack Getreide, den er jetzt hingibt, in einem Jahre zwei erhält, so ist es im Effekte für ihn gerade so, als wenn er das Getreide ausgesät, d. h. als technisches Produktionsmittel verwendet und das Doppelte geerntet hätte."

Hiermit ist der Umsatz von gegenwärtigen und zukünftigen Gütern, welcher sich zwischen verschiedenen Wirtschaftssubjekten vollzieht, dem allgemeinen Begriffe des Tausches eingeordnet, der früher S. 134 ff. als eine sozialökonomische, der Privatwirtschaft zugehörige Erscheinung charakterisiert wurde, deren „Unterlage der individuell verschiedene Inhalt des Besitzes, deren treibende Kraft die Wertgestaltung" sei. „Die Menschen nehmen untereinander wahr, daß der eine Güter besitzt, welche dem andern nicht zu eigen sind, oder über gewisse Güter in größerer Fülle gegenüber seinen Bedürfnissen verfügt als der andere, während bei letzterem das nämliche Verhältnis hinsichtlich Gütern anderer Art gegenüber seinen Bedürfnissen obwaltet. Die egoistische Verfolgung der beiderseitigen ökonomischen Zwecke lehrt diese Menschen ihren Vorteil dadurch fördern, daß jeder dem andern die für ihn minderwertigen Güter überläßt und dafür die für ihn höher wertenden von diesem übernimmt, wobei sie sich implicite über das Maß des Vorteils verständigen, der dem einen wie dem andern durch den reziproken Besitzwechsel der betreffenden Güter erwächst".

Ein solcher Güterwechsel kann sich auch auf gegenwärtige und künftige Güter erstrecken, was sofort bemerkt wurde, indem der „Umsatz gegenwärtiger Güter gegen künftige“ als ein Unterfall dieser sozialen Beziehung zwischen den Menschen bezeichnet wird (S. 135). Nachdem auf der nächstfolgenden Seite der in Rede stehende Vorgang noch ausdrücklich als eine Unterart des Tausches bezeichnet wird — „Tausch, welcher Bar-Tausch (und -Kauf), Kreditgeschäft und Lieferungsgeschäft umfaßt“ — ergibt sich als selbstverständliche Konklusion, daß der Gewinn beim Umsatz gegenwärtiger gegen künftige Güter eben nichts anderes ist als eine Unterart des Tauschgewinnes überhaupt. Der Verfasser der „Grundlegung“ erblickte also im Kapitalzinse den Tauschgewinn, der resultiert beim Umsatze gegenwärtiger gegen zukünftige Güter, welcher zwischen verschiedenen Wirtschaftssubjekten als Ausfluß ihres individuellen, aus verschiedenem Besitz- und Bedürfnisstande hervorgegangenen Wertstandes vollzogen wird.

Als der häufigste Fall des Umsatzes gegenwärtiger Gebrauchsgüter gegen künftige wird es erklärt (S. 323), „daß Arbeiter wegen Besitzlosigkeit die Gebrauchsgüter, welche sie während des Produktionsprozesses konsumieren, gegen Vorausverkauf ihres Produktanteiles in solcher Weise erwerben müssen, was in der Regel in Form des Lohnes in einem Tausche mit dem Unternehmer geschieht“. Der Unternehmer hat den Produktanteil der Arbeiter, d. s. die künftigen Güter, die aus dem Produktionsprozesse hervorgehen werden, gegen die präsenten Lohngüter gekauft und der dabei erzielte Gewinn ist der Zins. (Von Fällen des reinen Konsumtivkredites zu handeln, war kein Anlaß.) Schließlich wird dargestellt, wie die Güterumsätze in der individualistischen Privatwirtschaft unter dem Zeichen der Tauschwertbildung vor sich gehen, und es erscheinen in dieser Hinsicht S. 283 die Umsätze gegenwärtiger und zukünftiger Güter mit den Umsätzen gegenwärtiger Güter als wesensgleich zusammengefaßt. „Solange von einer der beiden Tauschparteien Erwerb oder Entäußerung der respektiven Güter als Teiloperation des großen Gesamtgüterversorgungsprozesses erfolgt, ist für die bezüglichen Wirtschaftssubjekte der Tauschwert (in dem in der „Grundlegung“ erörterten Sinne) maßgebend; so für den Händler, welcher kauft, um weiter zu verkaufen, für den Produzenten, welcher jenem oder direkt an den Konsumenten verkauft, für den Käufer von Gebrauchsgütern auf dem Markte, für den Unternehmer, welcher Produktivgüter und die werdenden Produkte von Arbeitstätigkeiten zum laufenden Preise einkauft, um das Schlußprodukt eben wieder zum Marktpreise abzusetzen, für den Kapitalisten, welcher seine Produktivgüter dem Unternehmer überläßt, und den Arbeiter, welcher seinen Anteil an den durch seine Tätigkeit erzeugten Gütern eben demselben im voraus verkauft. Die Wesensgleichheit aller dieser Preiserscheinungen auf Grundlage des Wertes ist ein Hauptpfeiler einer soliden standhaltenden Theorie der Privatwirtschaft.“

Über die theoretische Auffassung der Zinserscheinung, welche dem Autor der „Grundlegung" vorschwebt, kann somit wohl kein Zweifel sein [1]).

---

§ 27. Zur vollen Entfaltung gelangt die Zinserscheinung, wie bekannt, in der Geldwirtschaft. Erst das Geld führt einen allgemeinen Umsatz gegenwärtiger und künftiger Güter herbei; ermöglicht es in seiner vollkommenen Gestalt, die feinsten Quantitätsunterschiede zum Ausdruck zu bringen und ergibt die uns so geläufige Rechnungsform des Zinses, die allerdings für die Theorie ein Stein des Anstoßes war, über den sie stolperte und zu Falle kam. Der Umsatz einer Geldsumme gegen eine größere künftige Geldsumme darf jedoch in keiner Hinsicht anders verstanden werden, als der Umsatz der Getreidequantitäten oder der Fische in den Beispielen. Es sind Vielfache von Münzeinheiten, Guteinheiten, welche umgesetzt werden, nicht Werteinheiten. Inwieferne und in welchem Sinne Münzeinheiten Werteinheiten bedeuten können, wird an späterer Stelle zu erörtern sein: im Gebiete des subjektiven Wertes können sie solche selbstverständlich nicht sein.

Geldeinheiten und Geldsummen sind vielmehr Objekte der subjektiven Wertung, wie alle Güter überhaupt, die sie ja eben repräsentieren. Die gleiche Summe von Münzeinheiten kann für den einen größeren oder geringeren Wert besitzen als für den andern, je nachdem weniger oder mehr solcher für größeren oder kleineren Bedürfnisstand zur Verfügung stehen. Aus denselben Gründen kann für ein Wirtschaftssubjekt eine Geldsumme in der Gegenwart einen größeren Wert haben als eine größere Geldsumme in der Zukunft, während das nämliche bei einem anderen Wirtschaftssubjekte nicht der Fall ist. Das Geld unterliegt auch der perspektivischen Wertung wie andere Güter. Jedem ist eine bestimmte Geldsumme gegenwärtig unter gleichen Umständen mehr wert als eine gleiche künftige Geldsumme: eine Konsequenz unserer Werttheorie, während die Lehre Böhm's das für den subjektiven Wert nicht einschließt. Nach dieser könnte mit Bezug auf die „drei Gründe" — wenn sie zutreffend wären! — nur gesagt werden, eine bestimmte Geldsumme habe gegenwärtig für ein Wirtschaftssubjekt einen höheren Wert

[1]) Böhm hat ihn nicht richtig verstanden, wenn er sagt (Geschichte, II. Aufl., S. 613), der Verfasser der „Grundlegung" führe den Zins lediglich auf die Wertdifferenz gegenwärtiger gegen künftige Güter zurück, ohne in Detailausführung des Gedankens die Probe zu machen, ob in diesem wirklich eine genügend breite Basis zur Erklärung des Phänomens zu finden sei oder ob nicht vielmehr auch gewisse produktionstechnische Tatsachen (womit der „dritte Grund" gemeint ist) in den Erklärungsgang verwoben werden müßten. Es ist nun wohl ganz klar, was außer jenem Wertverhältnisse der Verfasser der Grundlegung als Ursache des Zinses ansieht und daß ihm die gedachten produktionstechnischen Tatsachen eben den Zins nicht ergeben. Ob seine Meinung, die er ja in der Tat nicht hervorzukehren beabsichtigte, für Böhm wirklich nicht erkennbar sein konnte, muß dahingestellt bleiben.

als eine gleiche Geldsumme künftig haben wird; eine Aussage, die für vorausgesetzte gleiche Umstände sicher unrichtig wäre!

Für uns bietet demnach die Erklärung des Umsatzes einer gegenwärtigen Geldsumme gegen eine größere künftige — diesen als einen isolierten angenommen — keinerlei Schwierigkeit. Ein Umsatz in diesem Sinne findet statt, wenn der eine eine bestimmte gegenwärtige Geldsumme mit Rücksicht auf seinen Bedarf höher schätzt als eine künftige größere Geldsumme mit Rücksicht auf das Verhältnis zwischen Bedarf und Deckung, wie es in jenem künftigen Zeitpunkte sich stellen wird, während ein anderer die gegenwärtige Geldsumme geringer schätzt als die größere künftige, die Voraussetzung eines Tausches also gegeben ist. Bekanntlich beeinflußt in dem entwickelten geldwirtschaftlichen und Kreditverkehre die Eigenschaft des Geldes als Zahlungsmittel zeitlich fixierten Bedarf im Sinne der Höherwertung. Die ökonomische Sachlage, welche die Voraussetzung des Umsatzes bildet, findet sich auch da unverändert wieder. — Der Umstand, daß eine bestimmte künftige Geldsumme einen geringeren Gegenwartswert hat als eine gleiche gegenwärtige und bei Eintritt des Zeitpunktes ihrer Verfügbarkeit dann eben ihren aktuellen Wert besitzen wird, hat auf das Zustandekommen des gedachten Umsatzes keinen Einfluß. Es werden beispielsweise 100 gegenwärtige Münzeinheiten gegen 105 künftige getauscht, wenn A. sie höher schätzt als letztere, während B die 105 künftigen den 100 gegenwärtigen vorzieht: daß 105 künftige gegenwärtig weniger wert sind als 105 gegenwärtige und im künftigen Zeitpunkte wieder ihren vollen Wert aufweisen werden, ist ein für den Umsatz vollständig gleichgültiger Umstand. Die perspektivische Wertung allein kann die Umsätze schon darum nicht herbeiführen, weil sie ja für beide Teile gilt[1]).

Somit ist festgestellt, daß der Kapitalumsatz in Geldform in dem generellen Wesen der Zinserscheinung, bzw. des Umsatzes gegenwärtiger gegen künftige Güter vollständig enthalten ist und an diesem nichts ändert.

§ 28. Die gewonnene Auffassung vom Wesen der Zinserscheinung eröffnet einige wichtige Einsichten.

Der Geldumsatz ist geeignet, den Eindruck hervorzurufen, daß lediglich der Empfänger des Zinses einen Gütergewinn habe, der Zinszahler dagegen eine Einbuße erleide. Wer 105 für 100 Geldstücke erhält, verzeichnet einen Gewinn, wer 105 für 100 zahlt, einen Verlust. Sobald man die subjektiven Wertdifferenzen erfaßt, die bei dem Umsatze den Ausschlag geben, wird das Irrige des Anscheins offenbar. Wie bei jedem Tausche, so fördern auch bei dem vorliegenden beide Tauschparteien ihre Wohlfahrt dadurch, daß sie Güter von geringerem Werte gegen

[1]) Wir werden im folgenden Kapitel sehen, daß die Theorie von Böhm die Erklärung dieser Umsätze nur für den Tauschwert gibt; ein Punkt von großer theoretischer Wichtigkeit!

Güter von höherem Werte abgeben. Die Umsätze gegenwärtiger gegen künftige Güter sind eben mit den Umsätzen gegenwärtiger Güter untereinander als Verkehrsakte identisch. Alle Formen und Fälle der Zinserscheinung sind als solche Umsätze zu begreifen: gegenseitige Ungleichheit der Schätzung von Ware und Preis bei beiden Tauschparteien und beiderseitiger wirtschaftlicher Vorteil durch den Güterwechsel macht ihr Wesen aus. Damit ist nicht gesagt, daß das Maß der wirtschaftlichen Förderung durch den Kapitalumsatz auf beiden Seiten gleich sei, oder gleich sein solle: es kann im Gegenteil ein sehr verschiedenes sein, wie dies auch beim Austausch gegenwärtiger Güter der Fall ist. Die Lebensförderung durch die gegenwärtig empfangenen Güter kann unter Umständen die bloße Erhaltung sein, dann nämlich, wenn dem betreffenden Wirtschaftssubjekte mangels jedweden Besitzes nicht einmal diese gesichert wäre. Nicht auf den absoluten, sondern auf den relativen Wohlfahrtsnutzen kommt es an.

Wirtschaftlich richtig ist somit ein Zins, bei welchem beiden Tauschparteien ein solcher Wohlfahrtsgewinn durch den betreffenden Umsatz zukommt. Hieraus folgt, daß, wenn aus besonderen mitspielenden Ursachen diese Voraussetzung bei konkreten Umsätzen nicht erfüllt ist, vielmehr das Widerspiel, ein Nachteil auf seiten einer Tauschpartei zutage tritt, der Verkehrsakt gemeinwirtschaftlich zu verhindern oder zu modifizieren ist. Hierher gehören vor allem die Fälle, in welchen schon die Zwangsgewalt der Rechtsordnung einzuschreiten Anlaß hat, wie bei Irrtum, Betrug, Zwang und Ausnützung jugendlicher Unerfahrenheit. Außerdem Fälle, in welchen durch die wirtschaftliche Verumständung eine einseitige Förderung der einen Tauschpartei zum Schaden der andern ermöglicht und tatsächlich bewirkt wird, wie die Fälle wirtschaftlicher Schwäche zufolge einer Notlage oder mangelhafter Bedachtnahme auf die künftigen Bedürfnisse, die diejenige Tauschpartei, welche die gegenwärtigen Güter zu erlangen wünscht, einer Ausbeutung seitens der anderen aussetzt. In Fällen dieser Art kann indes ein Eingreifen der öffentlichen Gewalten aus Rücksichten der allgemeinen Wohlfahrt nur dann gerechtfertigt erscheinen, wenn das Ausmaß der Benachteiligung der betreffenden Wirtschaften ein so hohes ist, daß es für die Gesamtheit der verbundenen Wirtschaften nicht gleichgültig sein kann, und der Vorteil der Gegenseite demgegenüber nicht in Betracht kommt. Es genügt, das Wort „Wucher" auszusprechen, um den Gedankenkreis wieder zu schließen: was es für den Umsatz gegenwärtiger Güter bezeichnen soll, das gleiche bedeutet es für die Umsätze, welche die Zinserscheinung ergeben, nur daß bei letzteren die Anlässe zum Einschreiten der Gemeinwirtschaft in dem bezeichneten Sinne häufiger sein mögen[1]).

---

[1]) Oskar Engländer („Die Erkenntnis des sittlich Richtigen und die Nationalökonomie", Jahrb. f. Gesetzgebung usw., 38. Jahrg., 3. Heft) erklärt die Akte des wirtschaftlichen Verkehres, welche den angeführten Voraussetzungen

§ 29. Hieran reiht sich eine Einsicht von nicht geringerer Bedeutsamkeit. Der Gütergewinn des Zinsempfängers ist kein Reingewinn. Es steht ihm als Abzugpost der zeitweilige Entgang an Lebensförderung gegenüber, der in dem Aufschube der Bedürfnisbefriedigung gelegen ist. Ist das hingegebene Gut ein Produktivmittel, so kommt selbstverständlich nicht der Entgang unmittelbarer Bedürfnisbefriedigung in Betracht, sondern zunächst der Entgang an Gütern, welche mit jenem zu gewinnen wären, und weiterhin der Aufschub der Bedürfnisbefriedigung, welche diese letztgedachten Güter zu bewirken geeignet sind. Dieser Sachverhalt hat zu der bekannten „Abstinenztheorie" des Zinses Veranlassung gegeben. Sie ist eine schiefe Auffassung, insoferne sie den Entstehungsgrund des Zinses in einer durch die wirtschaftliche Gerechtigkeit erforderten Belohnung für die Enthaltung vom Verbrauche des bezüglichen Gutes finden will. Man fordert nicht den Zins, weil man sich des Genusses in der Gegenwart enthält, sondern man enthält sich des Genusses, weil man in dem Zinse eine Wohlfahrtsmehrung erlangt. Man würde den Entgang an Wohlfahrtsnutzen zugunsten einer anderen Wirtschaft ohne die entgeltende Wohlfahrtsmehrung nicht auf sich nehmen, aber man würde die Belohnung vergeblich fordern, wenn es nicht ein zweites Wirtschaftssubjekt gäbe, das im Interesse seiner eigenen Wirtschaft den Zins zu zahlen bereit ist [1]).

---

entsprechen, nicht nur als wirtschaftlich richtig, sondern auch als sittlich richtig. Die Gegenseitigkeit des Vorteiles gestattet vom sittlichen Standpunkte die Verfolgung des eigenen Interesses von seiten jeder Tauschpartei, die ja in dem Bewußtsein erfolgt, daß dem eigenen Interesse von der andern Seite gleichfalls das eigene Interesse entgegengesetzt wird. Sonach sei die Wahrung des Selbstinteresses bei solchen Verkehrsarten, soweit nicht besondere Verhältnisse vorliegen und soweit nicht eine Überspannung des Selbstinteresses eintritt, als sittlich gerechtfertigt und unter Umständen als sittliches Gebot anzusehen. Das bestätige auch die Erfahrung über das tatsächliche sittliche Empfinden bei Verkehrsakten... Man fühlt beim Verkehrsakte oder wenigstens bei ihrer Gesamtheit, dem wirtschaftlichen Berufe, daß man sein Interesse wahren kann, und daß der Akt doch etwas sittlich Berechtigtes bleibt, weil er eben auch der Gegenpartei zum Vorteil gereicht.

[1]) Diese schiefe Auffassung hat die gedachte Theorie dann noch weiterhin auf den Kapitalbegriff der Produktion übertragen, um auch den Zins bei Eigenverwendung des Kapitales zu erklären. Auch die Kapitalbildung schließe eine Enthaltung von Bedürfnisbefriedigung in der Gegenwart, ein Zuwarten in sich; ein „Opfer", das durch den höheren „Preis" des künftigen Produktes vergolten werden müsse. Wir wissen, daß das ebenfalls eine Verkehrung des Sinnes dieser Wirtschaftshandlung ist; daß bei der Kapitalbildung im Saldo nicht ein Entgang, sondern ein Gewinn an Wohlfahrtsnutzen vorliegt und der Genußaufschub nicht das Motivierende, sondern das Motivierte ist. Man stellte also den zugunsten einer fremden Wirtschaft erfolgenden Verzicht auf gegenwärtige Bedürfnisbefriedigung gleich dem Verzichte zugunsten der eigenen Wirtschaft in einer folgenden Wirtschaftsperiode, welch letzterer durch den überschießenden Wohlfahrtsgewinn doch im voraus gedeckt ist.

Es zeigt sich auch hier wieder, wie alle Irrungen der Zinstheorien durch Konfundierung des Verkehrsbegriffes und des Urbegriffes des Kapitals entstanden sind und wie einfach eine klare Erkenntnis des Sachverhaltes die Schwierigkeiten behebt, die die Theorie sich selbst bereitet hatte.

Aber es liegt eine richtige Beobachtung vor, von welcher nur ein unrichtiger Gebrauch gemacht wurde. Doch kann sie selbst wieder zu Irrungen führen, wenn man nicht genau zusieht. Die Wohlfahrtsminderung ist zweifellos gegeben, wenn es sich bei gleichbleibendem Bedürfnisstande um den Aufschub der Befriedigung eines in ihm enthaltenen Bedürfnisses handelt, das im betreffenden Zeitpunkte hätte zur Befriedigung gelangen sollen. Es kann jedoch gleichzeitig eine Änderung des Bedürfnisstandes eintreten und diese so beschaffen sein, daß ihr zufolge der Aufschub der gedachten Befriedigung keinen Wohlfahrtsentgang mehr bedeutet. Es können stärkere Bedürfnisse hinzugekommen sein, welche ohnehin die Befriedigung jenes Bedürfnisses ausschließen, indem sie diejenigen Güter absorbieren, welche jenem gedient hätten. In diesem Falle würde man auf die Befriedigung in der Gegenwart ohnehin zugunsten der Befriedigung der neu hinzugekommenen stärkeren Bedürfnisse der Zukunft verzichtet haben. Wenn man nun die betreffenden Güter zu einem Umsatze gegen künftige verwendet, die eben im Zeitpunkte des Eintrittes jener künftigen Bedürfnisse eingehen werden, so ist keine Wohlfahrtsminderung mehr erfolgt.

Allein diese in der Person des Wirtschaftssubjektes eingetretene Änderung läßt dasselbe der anderen Tauschpartei nicht zugute kommen: es vollzieht den Umsatz gleichwie wenn die Wohlfahrtsminderung nach wie vor platzgriffe. Die Tatsache bleibt bestehen, daß aus seiner Wirtschaft im Interesse einer anderen ein Gut ausscheidet, das einem gegenwärtigen Bedürfnisse hätte dienen können, und diese Tatsache macht es dem andern Teile gegenüber geltend, wenngleich mit dem gegenwärtigen Nichtverbrauchen dem eigenen Interesse gedient ist. Nicht ohne Absicht ist der Fall in den Beispielen angedeutet worden. In weitestem Umfange erfolgt die Steigerung des künftigen Bedürfnisstandes durch das Streben nach reichlicher Versorgung der Nachkommen.

Wie leicht einzusehen, ist der im Aufschube der Befriedigung gelegene Wohlfahrtsentgang um so geringer, je schwächer das betreffende Bedürfnis an sich ist. Je größer der Güterbesitz ist, desto schwächer sind die zu unterst der Bedürfnisreihe stehenden Bedürfnisse, welche eben diejenigen sind, die vom Aufschube betroffen werden, folglich nimmt der Wohlfahrtsentgang im Genußaufschube mit der Zunahme des Güterbesitzes ab und es gibt daher einen Grad von Wohlhabenheit, bei welchem derselbe praktisch nicht mehr ins Gewicht fällt. Aber auch da gilt der anderen Tauschpartei gegenüber das nämliche wie im soeben früher besprochenen Falle.

Beim Entgegenhalte des im Genußaufschube liegenden Entganges und des künftigen Wohlfahrtsgewinnes kommt auch die Unsicherheit des letzteren für das Wirtschaftssubjekt in Betracht. Die objektive Unsicherheit, welche darin gelegen ist, daß der künftige Wohlfahrtsgewinn von der Gegenleistung der anderen Tauschpartei abhängt, wird, wie wir wissen, durch Erhöhung des Entgeltes als „Risikoprämie" im

Ausmaße der durch die Erfahrung gegebenen Wahrscheinlichkeit ausgeglichen. Die subjektive Unsicherheit hingegen, die für das Wirtschaftssubjekt hinsichtlich des Erlebens des künftigen Wohlfahrtsgewinnes besteht, wird in der Regel nicht in Anschlag gebracht, in den seltenen Fällen jedoch, in welchen das Wirtschaftssubjekt diesem Gesichtspunkte dennoch Einfluß auf sein Handeln einzuräumen sich veranlaßt findet, wird der bezügliche Umsatz entweder unterlassen, oder ein Entgelt in einer Höhe verlangt, die durch die Erwartung das psychologische Gegengewicht gegenüber der Besorgnis des Ausfalles bietet. Es war bereits im § 11 Gelegenheit, diesen Punkt zu berühren.

Es kommt aber noch ein anderer Umstand in Betracht, welcher die Wohlfahrtsbilanz beider Tauschparteien beeinflußt, nämlich die Arbeitsmühe. Für denjenigen, der Zins empfängt, bildet sie ein Aktivum der Bilanz. Die Güter, welche im Umsatz gewonnen werden, sind ohne eigene Arbeit erlangt. Das ist ein Charakteristikum jedes Tauschgewinnes, tritt aber beim Zinse besonders augenfällig hervor. Der Entfall der Arbeitsmühe macht die gewonnenen Güter nicht wertvoller, aber er schwächt den Wohlfahrtsentgang ab, der im Genußaufschub liegt. Genußaufschub und Arbeitsentfall beschränken sich derart gegenseitig in ihrer Motivationskraft. Man nimmt den Genußaufschub leichter auf sich, da der künftige Genuß ohne Arbeit winkt. Und von der anderen Seite angesehen: dem Vorteil des künftigen, arbeitslos erlangten Genusses steht der Entgang an gegenwärtiger Befriedigung gegenüber. Die Wirkungskraft der beiden Momente kann eine sehr ungleiche sein. Muß auf die Befriedigung starker gegenwärtiger Bedürfnisse verzichtet werden, so wird der Entfall an Arbeitsmühe das wirtschaftliche Handeln wenig beeinflussen. Umgekehrt: Wird der Genußaufschub an sich als geringer Entgang empfunden, so wird der künftige Genuß, weil ohne Arbeit erlangbar, um so mehr den wirtschaftlichen Entschluß bestimmen. Das erklärt wohl, daß zuweilen das eine oder das andere der Motive übersehen wurde.

Auf seiten des Zinszahlenden fällt die Arbeitsmühe als Passivum in die Wagschale. Derjenige, welcher künftige Güter, die er durch Arbeit erwerben muß, gegen gegenwärtige tauscht, hat auch die Arbeit anzuschlagen, welche derjenige Teil der künftigen Güter erfordert, den er hingibt. Für diese Arbeitsmühe muß er ebenfalls durch den Wohlfahrtsgewinn, den er durch die gegenwärtig eingetauschten Güter erlangt, entschädigt werden. Die Grenze für die Hingabe der künftigen Güter liegt an dem Punkte, wo die Arbeitsmühe ihrer Gewinnung und der Entfall künftiger Befriedigung, die die hinzugebenden Güter bieten können, schwerer empfunden würden, als der Entgang der jetzigen Befriedigung, wenn die gegenwärtigen Güter nicht erlangt würden. Derjenige, dem die Güter zur Befriedigung der notwendigen Bedürfnisse fehlen, wird bereit sein, entweder ein großes Maß künftiger für solche hinzugeben, oder wenn erforderlich, große Arbeitsmühe auf sich zu nehmen, um diejenigen Güter herzustellen, die der Besitzer der gedachten gegenwärtigen Güter in Tausch verlangt. Der Gesichtspunkt der Arbeitsmühe greift nicht Platz in den Fällen, in welchen die künftigen Güter nicht durch eigene Arbeit gewonnen werden, sondern durch soziale Beziehungen, wie z. B.: Geschenk, Erbschaft oder Abgaben der Mitglieder eines kollektivistischen Verbandes an diesen.

§ 30. Aus dem dargestellten Wesen des Zinses ergibt sich weiter eine ganz bestimmte Folge hinsichtlich des Verhältnisses seines Ausmaßes zur Zeitdauer des Güterumsatzes. Der Zins steht notwendigerweise zur Zeitdauer des Umsatzes in genauer Proportionalität, und zwar aus einem ebenso einfachen als naheliegenden Grunde. Der Entgang an Wohlfahrt, welcher in dem Ausscheiden eines Gutes aus dem gegenwärtigen Wirtschaftsbereiche gelegen ist, wird genau im Verhältnis der Zeit größer, auf welche die betreffende Wirtschaft das Gut entbehren muß. Andererseits: Je weiter die vom Tauschgewinne gebotenen Befriedigungen in der Zukunft liegen, desto weniger fallen sie in die Wagschale der Wohlfahrtsbilanz.

Der Besitzer gegenwärtiger Güter, welcher solche gegen zukünftige umsetzen will, muß daher eine um so größere Menge der letzteren erhalten, je mehr Zeiteinheiten bis zu ihrer Erlangung verstreichen. Wenn eine Wirtschaftsperiode die Zeiteinheit bildet, so muß er den Zins je für eine Wirtschaftsperiode verlangen, was übrigens sich auch schon dadurch nahelegt, daß ein über längere Zeiträume sich erstreckender Umsatz wirtschaftlich mit einer von Wirtschaftsperiode zu Wirtschaftsperiode erfolgenden Erneuerung des Umsatzes identisch ist.

Die Berechnung des Zinses durch Beziehung auf solche Zeiteinheiten ist also a priori gegeben und braucht nicht erst durch irgendwelche Zwischenursache erklärt zu werden. Die Proportionalität des Zinses zur Dauer der Kapitalverwendung folgt eben für uns unmittelbar aus der Erkenntnis, daß ein Umsatz zum Wesen der Zinserscheinung gehört und der durch den vorliegenden Umsatz erzielte Wohlfahrtsgewinn ein aufgeschobener ist.

Wir werden im nächsten Kapitel (§ 41) einer theoretischen Konstruktion begegnen, die lediglich durch den Mangel der Einsicht in diesen Sachverhalt veranlaßt ist. Letzterer läßt sich aber sofort noch in anderer Richtung theoretisch verwerten. Diejenige Theorie, welche den Ertrag der rein ökonomischen (nicht verkehrswirtschaftlichen) Produktion als Zins auffaßt, muß in dem Punkte einer Schwierigkeit begegnen, da doch die Erträge bei Produktionsprozessen von verschiedener Dauer mit dieser Dauer keineswegs proportional zu sein brauchen. Wir können hierin ein gegen diese Theorie sprechendes Argument erblicken.

§ 31. Schließlich ist ein Sachverhalt festzustellen, welcher ein spezifisches Merkmal des verkehrswirtschaftlichen Kapitalbegriffes ergibt.

Man kann den vollzogenen Umsatz von gegenwärtigen Gütern gegen künftige unter gleichen wirtschaftlichen Voraussetzungen stets wiederholen, wobei an Stelle des Genußaufschubes ein Verzicht auf jene Befriedigung erfolgt, die ein gegenwärtiges Gut als Gebrauchsgut in der eigenen Wirtschaft zu bewirken geeignet ist. Lediglich der Tauschgewinn ergibt dann künftige, jedoch in jeder Wirtschaftsperiode wiederkehrende Bedürfnisbefriedigung, indem das betreffende Güterquantum dem Konsum zugeführt wird. Der Rest des im Umsatz erlangten gesamten Güterquantums, welches letztere eben den die Wirtschaftshandlung bestimmenden höheren Wert zum Ausdruck bringt, ist wertgleich dem früheren Umsatzgute (gleichbleibende Umstände vorausgesetzt) und spielt daher in der Wirtschaft des betreffenden Wirtschaftssubjektes die gleiche Rolle, welche das Umsatzgut je in der früheren Wirtschaftsperiode gespielt hat. In diesem Sinne kann das wieder in Umsatz gebrachte Gut als identisch mit denjenigen, die in der Umsatzreihe ihm vorangingen und nachfolgen, angesehen werden und hierin liegt die Reproduktion des Kapitales als Umsatzgut für seinen Besitzer, die sich ohne Arbeitstätigkeit seinerseits vollzieht und jeweils von einem Gütergewinn begleitet ist. Die Identifizierung des Gleichartigen ermöglicht es, das Gedankenbild des im steten Wechsel seiner Bestandteile sich als bleibendes Erneuernden als Realität zu behandeln, der alten eingewurzelten Gewohnheit unseres Geistes folgend, selbstgeschaffene Begriffe für Wesenheiten zu halten. Auf diese Weise entsteht der verkehrswirtschaftliche Kapitalbegriff, der von den Umsatzgütern dauernden Bestand mit der Eigenschaft, ihrem Besitzer periodisch Zinsgewinn abzuwerfen, aussagt. Die Einkleidung in die Geldform, die alle Güter als Vielfache einer als wertkonstant angenommenen Einheit erscheinen läßt, ist vollends geeignet, den Gedanken durch den zahlenmäßigen Ausdruck zu bestärken.

Das Umsatzgut wird in der Geldform die „Hauptsumme" (der gedachten Einheiten), auf welche die Zinssumme bezogen wird und die durch den Umsatz immer wieder als gleiche Summe, d. i. als identische Zahlengröße, zu ihrem ursprünglichen Besitzer zurückkehrt. Es ist erklärlich, daß unser Wirtschaftsleben das Verkehrskapital nur in der Geldform erfaßt, in der allein es ihm vertraut ist. Nachdem wir durch die Analyse zur tieferen Einsicht in sein Wesen vorgedrungen sind, ist es für uns klar, welche Schwierigkeiten die Theorie sich dadurch bereitete, daß sie die Merkmale des verkehrswirtschaftlichen Kapitalbegriffes im rein ökonomischen Begriffe des Kapitals als Produktivmittel wiederfinden, ja in diesem schon vorgezeichnet finden wollte, wobei dem Gute an sich die Eigenschaft der Selbsterneuerung und Erzeugung eines Gütergewinnes zugeschrieben werden mußte, die das Umsatzgut nur zufolge der Tauschbeziehungen für den Besitzer bewährt.

§ 32. Vom Allgemeinen zum Besonderen vorschreitend, sind die verschiedenen Formen der Erscheinung zu unterscheiden, die als große Gruppen von Fällen insgesamt den Umfang des Erscheinungsgebietes bilden.

Für die theoretische Erörterung sondert sich von allen diesen Wirtschaftshandlungen zunächst das Darlehen aus, da in ihm die Voraussetzungen, der Verlauf und die Folgen des Vorganges klar und äußerlich faßbar zutage treten. Ihm schließt sich als nächstverwandt das Mietverhältnis an.

Als zweite Gruppe kommen die Umsätze zwischen Kapitalbesitzer und Lohnarbeiter der kapitalistischen Arbeitsgemeinschaft in Betracht. Dem Darlehen gegenüber gleichen sie dem photographischen Negativ, sie müssen erst theoretisch entwickelt werden, um die Züge, welche das Darlehen zeigt, zur Anschauung zu bringen.

Die voll ausgebildete Privatwirtschaft bringt endlich die aus der arbeitsteiligen Gliederung der Güterversorgung entspringenden Umsätze zur Erscheinung, welche in der Verwendung von gegenwärtigen Gütern zur Produktion (inkl. Handel) für andere Wirtschaftssubjekte und dem Absatz der Produkte zum künftigen Werte an diese bestehen (Zins der Produktiv- und Handelskapitalien). Mit den Umsätzen der Arbeitsgemeinschaft verbunden ergeben sie die höchstkomplizierte Erscheinung des Unternehmergewinnes.

Allen diesen Umsätzen gemeinsam ist schließlich die bekannte Entwicklungserscheinung, daß die Wirtschaftssubjekte, welche sie vornehmen, einander nicht mehr einzeln gegenübertreten, sondern auf beiden Seiten Konkurrenz und zwar in immer ausgedehnterem Maße eintritt. Die Umsätze vollziehen sich mittels Marktpreisbildung. Der theoretischen Durchdringung des Wirtschaftslebens erwächst hierdurch eine neue Aufgabe.

V. Kapitel.

Der marktmäßige Umsatz gegenwärtiger gegen künftige Güter und das Darlehen.

§ 33. Die Untersuchung, welcher wir uns nunmehr zuwenden, muß wieder an Böhm anknüpfen und sie betrifft einen der wichtigsten Punkte seiner Lehre. Auch Böhm geht von der Tatsache aus, daß gegenwärtige Güter gegen künftige auf dem Markte vertauscht werden; daß die Verschiedenheit der subjektiven Wertschätzungen, die sich da begegnen, den Besitzwechsel zwischen beiden Tauschparteien ermöglicht (womit der Besitzwechsel zwischen Angehörigen der einen Partei und Angehörigen der anderen Partei gemeint ist) und daß sich, was vorerst ermöglicht ist, sohin in einem Quantitätsverhältnisse vollzieht, welches als Resultierende aus den einander begegnenden subjektiven Wertschätzungen nach den gleichen Regeln, wie überhaupt beim Gütertausch, für alle bestimmend wird.

Die Divergenz der subjektiven Wertschätzungen gründet sich für Böhm, wie wir wissen, außer den durch das zeitlich verschiedene Verhältnis von Bedarf und Deckung bedingten Verschiedenheiten, auf die Wirksamkeit der „drei Gründe", genauer gesagt darauf, daß zwar jedermann aus einem oder dem anderen dieser Gründe gegenwärtige Güter höher schätze als künftige, daß aber das Maß der Höherschätzung ein individuell verschiedenes sei. Für uns entfällt diese Voraussetzung natürlich und kommt nur das Gegeneinanderwirken derjenigen subjektiven Wertdifferenzen in Betracht, die wir als allein wirklich vorhanden zugeben können.

Es sind dies diejenigen, die aus den Verschiedenheiten der individuellen Bedürfnis- und Besitz-Verhältnisse entspringen und durch die Differenzierung der Wirtschaftssubjekte in der Privatwirtschaft immer von neuem hervorgebracht werden; jene Differenzierung, die uns auf der einen Seite Leute zeigt, die der Güter entbehren, die sie im gegebenen Zeitpunkte für ihre Wirtschaftszwecke benötigen, während auf der anderen Seite Wirtschaftssubjekte vorhanden sind, die sich im Besitze solcher Güter befinden und sie für gesteigerte Bedürfnisbefriedigung der Zukunft verwenden wollen, woraus sich diejenigen Motivationen ergeben, die im vorigen Abschnitte dargelegt wurden.

Nach der bei Ableitung der Preisgesetze angewandten Methode werden auch hier die beiden Parteien der Kauflustigen und der Verkauflustigen in einer Anzahl von Vertretern vorgeführt, welchen ziffermäßig bestimmte Wertschätzungen in den Mund gelegt sind, mit den sie einander gegenübertreten. Unter Kauflustigen sind hier diejenigen verstanden, welche gegenwärtige Güter gegen künftige eintauschen wollen, unter Verkauflustigen diejenigen, welche künftige Güter für gegenwärtige erwerben wollen. Die Leser wissen, was sich sohin begibt und wie das Schlußergebnis, der für alle in den Tausch eintretenden geltende gleiche Preis, deduziert wird.

Die bezügliche Tabelle [1]) zeigt folgendes Bild:

Reihe der Kauflustigen		gegenwärtige Gütereinheiten		nächstjährigen Gütereinheiten	Reihe der Verkauflustigen		gegenwärtige Gütereinheiten		nächstjährigen Gütereinheiten
A_1	schätzt	100	=	300	B_1	schätzt	100	=	99
A_2	„	100	=	200	B_2	„	100	=	100
A_3	„	100	=	150	B_3	„	100	=	101
A_4	„	100	=	120	B_4	„	100	=	102
A_5	„	100	=	110	B_5	„	100	=	103
A_6	„	100	=	108	B_6	„	100	=	105
A_7	„	100	=	107	B_7	„	100	=	106
A_8	„	100	=	106	B_8	„	100	=	107
A_9	„	100	=	104	B_9	„	100	=	108
A_{10}	„	100	=	102	B_{10}	„	100	=	109

Die horizontale Teilungslinie scheidet die „subjektiven Wertschätzungen der letzten noch zum Austausch gelangenden und der ersten vom Austausch schon ausgeschlossenen Bewerber“, als deren Resultierende das Quantitätsverhältnis des konkreten Marktpreises zum Vorschein kommt: nach der Marktlage des Beispiels somit ein Preis zwischen 106 und 107, also etwa von $106^1/_2$ zukünftiger für 100 gegenwärtige Güter. Wir fügen bei: ein Zins von $6^1/_2\,^0/_0$.

§ 34. Gegen voranstehende ziffermäßige Darstellung wird nichts eingewendet [2]). Desto mehr Anlaß zu Einwendungen gibt die Prämisse,

---

[1]) Positive Theorie. S. 483.

[2]) Damit soll nicht gesagt sein, daß diese Methode der Darstellung der Marktpreisbildung die vollkommenste sei. Die Darstellung der mathematischen Schule wird sicherlich denjenigen, welchen die höhere Mathematik geläufig ist, als den wissenschaftlichen Anforderungen entsprechender erscheinen. Hier handelt es sich lediglich darum, daß diejenigen Preisgesetze, welche für den Umsatz gegenwärtiger Güter untereinander aufgestellt werden können, in gleicher Weise für den Umsatz gegenwärtiger Güter gegen künftige anwendbar sind und zwar in dem Sinne, daß gezeigt werde, wie die in letzter Linie entscheidenden Ursachen durch die subjektiven Wertungen der einzelnen Wirtschaftssubjekte ihren Durchgang nehmen.

auf welcher das Schema der Wertdifferenzen aufgebaut ist. „Absolut werden fast alle Mitglieder beider Parteien gegenwärtige Güter höher schätzen als künftige, allein die Überhöhung wird bei der ersten Partei (den Käufern) stärker sein als bei der zweiten.“ „Jene, die aus irgendwelchen subjektiven Gründen gegenwärtige Güter relativ hoch schätzen, werden als Käufer, jene, die sie relativ niedrig schätzen, als Verkäufer gegenwärtiger Güter gegen Zukunftsware auftreten.“ Logisch genauer müßte der Satz lauten: Diejenigen, welche gegenwärtige Güter gegen künftige in einem höheren Grade höher schätzen als andere, werden als Käufer, diejenigen, welche sie in einem geringeren Grade höher schätzen, als Verkäufer auftreten. Denn der Grad der Höherschätzung wird als entscheidend dafür erklärt, ob jemand Käufer oder Verkäufer von gegenwärtigen Gütern gegen künftige sein wolle.

Der Wortlaut würde die Folgerung einschließen, daß die relative Höherwertung allein genüge, einen Tausch herbeizuführen. Wenn jemand z. B. 100 Einheiten seines jetzigen Besitzes gleich 110 seines künftigen, jemand anderer 100 Einheiten gegenwärtiger Güter gleich 150 seines künftigen Besitzes schätzte, so würde der letztere als Käufer der gegenwärtigen Güter des anderen gegen seine eigenen Zukunftsgüter, der erstgedachte als Verkäufer seiner gegenwärtigen Güter gegen die Zukunftsware des anderen auftreten. Das ergibt eine Ungereimtheit. Es muß mithin der Gedanke eingeschaltet werden, daß es sich beim Käufer um die Bewertung von gegenwärtigen Gütern, die er nicht besitzt, gegen künftige, die er besitzen wird, handelt und beim Verkäufer um gegenwärtige Güter, die er besitzt, gegen künftige, die er zu erlangen wünscht. Das kann nun wohl aus den Worten „Kauflustiger“ und „Verkauflustiger“ herausgelesen werden, allein man muß doch darauf aufmerksam sein, um der theoretischen Formel eine bessere Deutung zu geben, als ihr Wortlaut mit sich bringt.

Indes auch in dieser richtigen Auffassung kann die vorangestellte Formel unmöglich richtig sein. „Fast“ alle Mitglieder beider Tauschparteien schätzen gegenwärtige Güter höher als künftige. Also doch nicht alle. Wo bleiben diese übrigen beim Umsatz? Sowohl Käufer als Verkäufer, hörten wir, schätzen gegenwärtige Güter höher und es hängt nur von dem Grade der Höherschätzung ab, ob sie die eine oder die andere Rolle spielen. Diejenigen nun, welche die gegenwärtigen Güter nicht höher schätzen — ununtersucht vorläufig, ob ihrer wenige oder viel sind — werden diese weder als Käufer noch als Verkäufer auftreten, sondern ganz aus dem Markte verschwinden?

In der Tabelle nehmen sie aber in der Reihe der Verkauflustigen ihren Platz ein! In ihr tritt ein Verkauflustiger auf, der gegenwärtige Güter nicht höher schätzt als künftige, ja sogar einer, der sie niedriger schätzt als künftige. Das ist ein unüberbrückbarer Selbst-Widerspruch. Soll die Tabelle als Grundlage der Schlußfolgerung ihre Gültigkeit behalten, so muß der oberste Satz als unhaltbar gestrichen werden.

In dieser Hinsicht kann man sich auf Böhm selbst berufen, der andernorts das direkte Gegenteil des Satzes aussagt. Schon auf der nächsten Seite kann man lesen: „Leute, deren Bedarfs- und Bedeckungsverhältnisse derart sind, daß der subjektive Gebrauchswert gegenwärtiger und künftiger Güter für sie ungefähr gleich steht, gibt es genug." An späterer Stelle (in einem Zusammenhange, der uns vorläufig nicht interessiert) wird hervorgehoben, es sei „für die modernen Wirtschaftsverhältnisse anzunehmen, daß für die Kapitalisten der subjektive Gebrauchswert der gegenwärtigen Güter nicht größer ist als der der künftigen Güter". Da eben die Kapitalisten das Angebot an Gegenwartsgütern darstellen, so schiene hieraus zu folgen, daß alle Verkauflustigen als solche anzusehen wären, bei welchen eine Höherwertung der gegenwärtigen über die künftigen Güter nicht platzgreift? Der Umsatz wird durch eine solcherart geänderte Voraussetzung nicht in Frage gestellt. In der Tat ist es zum Zustandekommen eines Umsatzes gegenwärtiger Güter gegen künftige nicht erforderlich, daß seitens der Verkauflustigen die gegenwärtigen Güter höher geschätzt werden als die künftigen: es genügt, daß dies seitens der Kauflustigen geschieht. Setzt man in der Tabelle bei sämtlichen Verkauflustigen die Annahme ein, daß jeder 100 gegenwärtige Gütereinheiten gleich 100 nächstjährigen Gütereinheiten schätzt, so erhält man ebenfalls einen für alle gültigen Marktpreis von mehr als 100 künftigen gegen 100 gegenwärtige Güter. Die Tabelle böte dann das Bild einer Sachlage, wie sie Böhm in einem späteren Abschnitte als das auf dem großen allgemeinen Kapitalmarkte der ausgebildeten Privatwirtschaft herrschende Verhältnis schildert: einer Sachlage, „bei der alle Anbietenden gegenwärtige und künftige Güter eben gleich, alle Nachfragenden gegenwärtige Güter höher schätzen als künftige" (S. 540).

Die Formel muß also modifiziert werden. Es wäre aber wieder zu weit gegangen, sie im letztgedachten Sinne zu fassen. Es ist auch ein Angebot solcher Wirtschaftssubjekte einzusetzen, welche gegenwärtige Güter höher schätzen als künftige, wenn ihnen nur andere gegenüberstehen, die solche in noch höherem Grade höher schätzen.

Die Höherschätzung seitens der einen Tauschpartei gegenüber der anderen Partei ist im richtigen Sinne auf je einen Angehörigen der einen Partei gegenüber einem Angehörigen der anderen Partei zu beziehen, da eben nur je zwischen zwei solchen Wirtschaftssubjekten ein Tausch zustande kommen kann. Dieses Verhältnis ist auch vorhanden zwischen einem, der gegenwärtige und künftige Güter gleich schätzt, und einem, der gegenwärtige Güter höher schätzt, sei es auch nur um ein geringes. Die Tabelle stellt dann je zwei solche Tauschlustige einander gegenüber, angefangen von denjenigen, deren Wertung die größte Differenz aufweist, herabsteigend zu denjenigen, welche die geringste Differenz zeigen, und schließlich bis zu denjenigen, bei welchen ein Wertverhältnis in umgekehrtem Sinne zutage tritt.

Die zurückgewiesene These muß übrigens vorhinein wohl jedem logisches Unbehagen bereiten. Entweder es ist die Voraussetzung des Erscheinens auf dem Markte, daß jeder die gegenwärtigen Güter höher schätzt als die künftigen, dann muß das ausnahmslos gelten, da doch jedes Wirtschaftssubjekt als in dem allgemeinen Verkehr stehend angenommen werden muß; oder es ist jenes nicht notwendige Voraussetzung, dann ist es gleichgültig, ob sie bei vielen oder wenigen nicht zutrifft. Das „fast alle" ist nur der Ausfluß der theoretischen Schrulle, die mit so vielem Aufwand geistiger Bemühung in den „drei Gründen" und ihren Kombinationen die Ursache einer Wertgestaltung sucht, nämlich einer „universellen" Höherwertung der gegenwärtigen gegen künftige Güter, die zur Gewinnung der Voraussetzungen des marktmäßigen Umsatzes solcher Güter gegeneinander gar nicht notwendig ist. War aber erst einmal diese Idee gefaßt, dann blieb freilich, da beim Tausche Wertdifferenzen die Richtung geben, kaum eine andere Wahl, als die Differenz eben in das Maß der Höherwertung zu verlegen.

§ 35. Unter Abweisung des theoretischen Fehlgriffes bedienen wir uns der Tabelle als einer ganz zweckentsprechenden Darstellung der typischen Sachlage allgemeiner Tauschkonkurrenz, derzufolge aus dem Gegeneinanderwirken der subjektiven Wertdifferenzen ein Quantitätsverhältnis hervorgeht, in welchem alle zum Tausch Gelangenden den Güterumsatz vollziehen[1]).

---

[1]) In der „Grundlegung der theoretischen Staatswirtschaft" hatte der Verfasser in der Absicht, eine vollständige Darstellung der Preistheorie zu vermeiden, die Sachlage allseitiger Tauschkonkurrenz in der einfachsten Weise durch Gegenüberstellung von nur zwei Tauschlustigen auf beiden Seiten gekennzeichnet, wobei er zu dem nämlichen Konklusum gelangte. Solches Vorgehen war für seine Zwecke ausreichend, da es sich lediglich darum handelte, den „Tauschwert als gesellschaftliche Wertform" nachzuweisen, d. h. zu erweisen, daß der Individualwert, die Wertung der einzelnen Wirtschaftssubjekte, in den gesellschaftlichen Zusammenhängen der Tauschwirtschaft als sozialökonomische Massenerscheinung wirksam werde, die eine Rückwirkung auf die einzelnen wirtschaftenden Individuen in sich schließt und den Güterwechsel zwischen den Wirtschaften beherrscht. Mit Rücksicht auf den solcherart klargelegten genetischen Zusammenhang zwischen Individualwert und Tauschwert wurde dieser der Kürze halber wiederholt als ein Durchschnitt der Individualwerte, als Durchschnittswertung bezeichnet. Böhm tadelt das nachdrücklich (Positive Theorie, S. 376): „Diese Bezeichnung ist, wenn sie ohne Kommentar gegeben wird, in hohem Grade unglücklich, ja geradezu irreführend, denn es ist im Gegenteile für die Preisresultante charakteristisch, daß sie kein Durchschnitt im gewöhnlichen Sinne des Wortes ist." Wer dieses Urteil liest, muß annehmen, daß in der „Grundlegung" die erwähnte Bezeichnung „ohne Kommentar gegeben" sei und daß dort gelehrt werde, der Preis sei das arithmetische Mittel (denn das ist doch wohl der Durchschnitt im gewöhnlichen Sinne des Wortes) der Individualwerte. Anstatt dessen findet der Leser der Grundlegung den Namen Durchschnitt erst angewendet (S. 276), nachdem die Einigung der konkurrierenden Tauschparteien auf ein bestimmtes Quantitätsverhältnis als „Resultierende" der individuellen Wertschätzungen beschrieben ist; angewendet

Die Wertungen der einzelnen Angehörigen beider Tauschparteien finden in den Gütermengen ihren Ausdruck, welche diese gegeneinander mit Tauschgewinn umzusetzen streben. Die Kauflustigen schätzen 100 gegenwärtige Gütereinheiten gleich 100 und so und so viel künftigen Gütereinheiten, bedeutet: sie sind gewillt die ersteren für letztere, aber nicht für mehr, einzutauschen, womöglich für weniger (als Tauschgewinn). Die Verkauflustigen schätzen 100 gegenwärtige Gütereinheiten gleich 100 und so und so viel künftigen Gütereinheiten, bedeutet: sie sind gewillt, erstere für letztere, aber nicht für weniger hinzugeben, womöglich für mehr. Auch diejenigen, welche 100 gegenwärtige Gütereinheiten gleich 100 künftigen schätzen (die Kapitalisten, wie Böhm einräumt) sind zu einem Umsatze der ersteren gegen letztere bereit, jedoch mit Tauschgewinn[1]).

Maßgebend für alle wird das Austauschverhältnis derjenigen, deren Wertungen am geringsten unter allen Mitbewerbern differieren und noch eine Plusdifferenz auf seiten des Kauflustigen zeigen. Das Austauschverhältnis stellt sich inmitten dieser Wertziffern, wobei sein genaues Ausmaß von sekundären Umständen abhängt, die das Kompromiß der beiderseitigen Bestrebungen nach Tauschgewinn bestimmen. In diesem Sinne ist der zitierten theoretischen Darstellung des marktpreismäßigen Umsatzes gegenwärtiger und künftiger Güter sicherlich beizupflichten.

§ 36. Sofort erhebt sich die Frage, welche Bedeutung für die Zinstheorie den Lehrsätzen betreffend die Marktpreisbildung im Umsatze gegenwärtiger und künftiger Güter innewohnt, und damit gelangen wir *in medias res.*

---

zur Umschreibung und zwar nicht im Sinne des arithmetischen Mittels aller einander gegenüberstehenden Individualwerte, sondern ausdrücklich als „ein" Durchschnitt, von welchem gesagt wird: „Aufgabe der Preistheorie ist es, die Formel für den Durchschnitt des näheren zu entwickeln"...... „für unsere Zwecke genügt die (minder bestimmte) Charakteristik der in Rede stehenden Erscheinung als ein Durchschnitt überhaupt". Als Bericht über den Inhalt der „Grundlegung" ist also die Äußerung Böhm's objektiv unrichtig und es erscheint der Ausspruch, daß die erwähnte Bezeichnung (nach der so deutlichen Erläuterung ihres Sinnes!) geeignet sei, irrezuführen, wohl als sehr subjektiv gefärbt. Übrigens hätte es für sie in den Augen Böhm's doch vielleicht zur Entschuldigung dienen sollen, daß er selbst gelegentlich sie braucht, z. B. Positive Theorie, I. Aufl., S. 294 „..... bringt eine Massenerhöhung der subjektiven Wertschätzungen ustande, die notwendig auch mit einer Erhöhung der Durchschnittslinie: der Tauschwertresultante, verbunden ist". Danach scheint die Bezeichnung doch nicht gar so unglücklich gewählt zu sein.

[1]) Die Einstellung eines Verkauflustigen, der gegenwärtige Güter sogar niedriger schätzt als künftige, beruht auf ganz vereinzelten Ausnahmefällen, welche Güter in Naturalform betreffen, die nicht aufbewahrbar sind. In der schematischen Darstellung, welche ideelle Gütereinheiten ins Auge faßt, die also auch für Geldsummen gilt, sollte der Fall eigentlich keinen Platz finden.

Böhm legt anschließend dar, welche volkswirtschaftliche Rolle die marktpreismäßige Höherwertung der gegenwärtigen Güter im Umsatze gegen künftige spielt. Die bezüglichen Lehren erfordern unsere vollste Aufmerksamkeit.

Er führt aus, daß ein derartiger Marktpreis der gegenwärtigen Güter nivellierend auf die subjektiven Wertschätzungen zurückwirke, indem jetzt alle die gegenwärtigen Güter nach dem höheren Tauschwerte schätzen, den die Marktlage ihnen verleiht, ferner, daß die Marktpreisbildung eine Nivellierung der Höhe der Wertdifferenzen im Verhältnisse zur Länge des die gegenwärtigen von den künftigen Gütern trennenden Zeitraumes hervorbringe, und faßt die Ergebnisse in einer Satzfolge zusammen, bei welcher alles auf den Wortlaut ankommt: „Aus diesem Verhältnis subjektiver Wertschätzungen geht auf dem Markte allgemein ein überlegener objektiver Tauschwert und Marktpreis der gegenwärtigen Güter hervor, der rückwirkend den gegenwärtigen Gütern auch bei denjenigen Personen eine höhere subjektive (Tausch-) Wertschätzung verschafft, bei denen nach ihren zufälligen persönlichen Verhältnissen eine Überlegenheit an subjektivem Grebauchswert nicht besteht. Die Nivellierungstendenzen des Marktes bringen endlich den Minderwert der künftigen Güter in eine regelmäßige Proportion zu ihrem zeitlichen Abstand. Es findet demnach in der Volkswirtschaft ein allgemeines Zurückbleiben der künftigen Güter an subjektivem und objektivem Wert nach Maßgabe ihrer zeitlichen Entlegenheit statt."

§ 37. Die hier wiedergegebenen Sätze erwecken erhebliche Bedenken. Der „überlegene objektive Tauschwert" der gegenwärtigen Güter wird richtig als „auf dem Markte" zum Vorschein kommend beschrieben. Er betrifft also nur die Güter, welche auf dem Markte gegen künftige zum Umsatz gelangen. Am Schlusse wird jedoch ein „allgemeines Zurückbleiben der künftigen Güter" an Wert in der Volkswirtschaft behauptet. Das geht über die vorherige Aussage hinaus. Es durfte nicht heißen „in der Volkswirtschaft", sondern „in der Privatwirtschaft" und es darf die Aussage nicht auf solche Güter ausgedehnt werden, welche nicht in den Umsatz einbezogen werden. Schon hieraus ergibt sich, daß, welcher Art immer die Folgerungen sein mögen, die weiterhin gezogen werden, sie nur für die Privatwirtschaft Geltung haben können.

Wie aber der „überlegene objektive Tauschwert" der gegenwärtigen Güter zu verstehen sei, darüber erhalten wir, soferne es noch nötig, an einer anderen Stelle (S. 574) Auskunft. Dort wird der Umsatz gegenwärtiger Güter gegen eine größere Summe der (angeblich minder wertvollen) künftigen gleichgestellt den Vorgängen beim Umsatze gegenwärtiger Güter untereinander: wie „wenn der Besitzer von Weizen einen Metzen Weizen für mehr als einen Metzen Hafer oder Gerste, oder wenn der Besitzer von Gold ein Pfund Gold für mehr als ein Pfund

Eisen oder Kupfer austauscht". Die gegenwärtigen und künftigen Güter sind genau so verschiedene Güter wie der Weizen, die Gerste, das Gold, das Eisen und Kupfer. Der überlegene Tauschwert der ersteren ist mithin nichts anderes als der „überlegene" Tauschwert des Weizens und des Goldes in dem Beispiele. Dieser aber ist lediglich der Ausdruck der Tatsache, daß in dem Quantitätsverhältnisse des Umsatzes eine Maßeinheit Weizen oder Gold gleichgesetzt ist mehr als einer Maßeinheit eines anderen Tauschgutes. Wenn das Quantitätsverhältnis des Austausches als Wertgleichheit angesehen wird, dann ist natürlich in dem Falle eine Einheit des letztgedachten Gutes weniger wert als die Einheit des Warengutes, und in Umkehr des Vergleiches, die letztere mehr wert als eine Einheit des eingetauschten Gutes.

Der überlegene Wert der Gegenwartsgüter besagt also nichts anderes, als daß in der Privatwirtschaft derzeit tatsächlich die Einheit der gegenwärtigen Güter, die Geldeinheit, umgesetzt wird gegen mehr als eine Einheit der künftigen Güter, künftigen Geldes. Dieser Sinn der Benennung „überlegener Tauschwert" ist festzuhalten: an sich ist „überlegener Tauschwert" eine *contradictio in adjecto*[1]).

In dem durch den Druck hervorgehobenen Schlußsatze der zitierten Ausführung ist eine pointierte Zusammenfassung der gewonnenen Erkenntnisse beabsichtigt. Der Wortlaut der Stelle ist jedoch geeignet, im Geiste des Lesers einen anderen Gedanken zu erzeugen als denjenigen, welcher sich folgerichtig aus den vorangehenden Sätzen ergibt. Und zwar in zweifacher Hinsicht.

Im vorhergehenden war festgestellt worden, daß der „objektive" Tauschwert rückwirkend diejenige Wertschätzung bestimmt, welche „subjektiver Tauschwert" benannt wurde, nämlich die Schätzung mit Rücksicht auf Kauf und Verkauf. Es wird nicht schaden, diesen Begriff

---

[1]) Anders verhält es sich mit der Anwendung dieser Benennung zur Kennzeichnung einer verschiedenen Kaufkraft der gleichen Maßeinheit verglichener Güter. Für ein Pfund Gold erhalte ich gegebenenfalls gleichviel andere Güter wie z. B. für 18 Pfund Silber. In diesem Sinne kann man mit Recht sagen, das Gold habe gegenüber dem Silber einen 18fach überlegenen Tauschwert. Die beiden Geldmetalle aber lediglich einander gegenüber gehalten, ist 1: 18 Wertgleichheit, nicht Wertüberlegenheit. Der „überlegene" Wert wird an vielen Stellen „Agio" benannt. Hat je jemand, ja hat Böhm selbst je das mehr als ein Metzen Hafer oder Gerste, welche in dem Beispiele für einen Metzen Weizen gegeben werden, oder die 17 Pfund Silber, welche mehr als 1 Pfund Silber gegen 1 Pfund Gold gegeben werden, Agio genannt? Die Anwendung dieses Namens als Vergleich mit der bekannten Erscheinung des Währungswesens erklärt sich eben durch den Grundgedanken der Werttheorie Böhm's. Gegenwärtige und künftige Güter seien a priori wertgleich. Das Wirksamwerden der „drei Gründe" bewirkt eine Änderung dieses Verhältnisses: eine Wertminderung der künftigen Güter. Folglich muß, damit wieder Wertgleichheit zum Vorschein kommt, diese durch Entrichtung eines Aufgeldes in künftigen für gegenwärtige Güter hergestellt werden. Wer sich den Fachnamen „Wertagio" zu eigen macht, sollte sich bewußt werden, daß er damit die Wertlehren Böhms akzeptiert!

klarzustellen. Diejenigen Wirtschaftssubjekte, welche in der Verkehrswirtschaft Güter mit Rücksicht auf Ankauf oder Veräußerung ins Auge fassen, berechnen den jeweiligen Marktpreis derselben, wissend, daß sie eben nach dem Quantitätsverhältnisse, welches dieser ausdrückt, andere Güter für jene hingeben müssen oder erlangen können. Es sind Marktpreisschätzungen, welche sie vornehmen, und es ist daher, wenn man jedes Wirtschaftssubjekt für sich betrachtet, zweifellos nur von solchen zu sprechen. Aber alle Wirtschaftssubjekte zusammengenommen, die durch die Wechselbeziehungen der Verkehrswirtschaft miteinander verbunden sind, vollziehen in der allgemeinen Marktpreisbildung, die ja der Ausfluß und der Ausdruck ihrer sämtlichen Individualwerte ist, eine Gesamtwertung. Vom Standpunkte der verbundenen Wirtschaftssubjekte insgesamt ist mithin die Aussage einer Wertung vollkommen zutreffend, denn es liegt eine gesellschaftliche Wertung vor, die mit Recht Tauschwertung genannt wird. Es ist daher die Bezeichnung „subjektiver Tauschwert" nicht als glücklich gewählt anzusehen, da das „subjektiv" auf das Individuum deutet und das Individuum sich lediglich einer Preisschätzung bewußt ist, aber über die Sache selbst kann wohl kein Zweifel bestehen[1]).

Mit einem Male ist aus dem so zu verstehenden subjektiven Tauschwerte „subjektiver" Wert schlechthin geworden und es ist gar nicht zu verhindern, daß der Leser hierbei an denjenigen Sinn des Namens denkt, in welchem des langen und breiten von ihm die Rede war. Die unmittelbare Gegenüberstellung mit dem „objektiven" Wert bestärkt noch den Eindruck. Wenn es nicht beabsichtigt war, ihn hervorzubringen, so ist doch nichts vorgekehrt worden, ihm vorzubeugen.

Aber selbst auf den „subjektiven Tauschwert" in dem festgestellten Sinne bezogen, ist die Aussage in voller Allgemeinheit, genau genommen, nicht richtig. Sicherlich erachten die Verkauflustigen, welche für 100

---

[1]) Mit der Unterscheidung, ob die Aussage sich auf das einzelne Individuum oder auf alle Individuen zusammen bezieht, scheint das Verhältnis der Begriffe Marktpreis und Tauschwert geklärt, vollends dann, wenn unter letzterem nicht ein konkreter, sondern ein idealer Marktpreis begriffen wird, d. h. „das Quantitätsverhältnis zwischen Gütern, wie es sich gestalten würde, wenn alle, für welche die betreffenden Güter wirtschaftlich erreichbar sind, mit ihren individuellen Wertbildungen einwirkend in die Aktion treten" (Grundlegung, S. 276). Unter Wert ist hier der „Ausdruck" des Wertes, eben das Quantitätsverhältnis verstanden. Wenn von einer Seite die Tatsache, daß das einzelne Wirtschaftssubjekt Verkehrsgüter im Verkehr nach dem Marktpreise schätzt, im Tone und in der Absicht einer Berichtigung der Lehre Böhm's (und Wieser's) entgegengehalten wurde, so war man in einer Täuschung über die Tragweite dieser Feststellung befangen: es ist damit weder etwas Neues gesagt, noch ein haltbarer Einwand gegen die Wert- und Preistheorie der genannten Autoren erhoben. Gelegentlich wird übrigens von diesen unter subjektivem Tauschwerte die subjektive Wertung von Umsatzgütern nach den individuellen Bedürfnis- und Besitzesverhältnissen verstanden, wie in dem Beispiele von dem plötzlich reich gewordenen, der die Geldeinheit, die er früher hoch schätzte, auf einmal niedrig wertet.

gegenwärtige Güter 106$^1/_2$ künftige erlangen können, sie, nachdem sich dies gezeigt hat, eben 106$^1/_2$ gleich, wenn sie auch nach ihrer subjektiven Wertschätzung 100, 101, 102 usw. 105, 106 dafür zu nehmen bereit wären, und ebenso sind auch jene Kauflustigen jetzt nur bereit, 106$^1/_2$ zu geben, welche nach ihrer individuellen Lage 300, 200, 180 .... 107 zu geben bereit gewesen wären. Allein es bleiben nicht nur für die nicht zum Tausche Gelangenden ihre individuellen Wertschätzungen nach wie vor maßgebend — diese gestatten ihnen eben nicht zu tauschen —, sondern es treten auch nach vollzogenem Umsatze immer wieder von neuem die subjektiven Wertschätzungen der beiden Tauschparteien für neue Umsätze in Kraft. Zwar nimmt man vorerst an, auch der neue Umsatz werde sich auf gleicher Basis wie der frühere vollziehen lassen, und diese Erwartung erfüllt sich, falls die wirtschaftlichen Verhältnisse auf beiden Seiten die nämlichen sind wie früher, wenn aber inzwischen Änderungen eingetreten sind, treten die individuellen Wertschätzungen neu motivierend hervor, es bildet sich eine neue Resultante derselben. Das ist nicht anders als wie beim Umsatze gegenwärtiger Güter gegeneinander und es sollte auch gar nicht anders verstanden werden.

Die Aussage eines allgemeinen Zurückbleibens der künftigen Güter an subjektivem Wert deckt sich also in ihrem Wortlaute keineswegs mit den Gedanken, welche ihr zugrunde liegen. Das verschlägt nichts, solange man dessen eingedenk bleibt, was eigentlich auszusagen beabsichtigt war, aber es hat schädliche Folgen, sobald aus dem Wortlaute Folgerungen gezogen werden, welche über die Prämissen der Gedanken hinausgehen. Auf solche ist aber gerade die Formel berechnet!

§ 38. Unmittelbar nachfolgend gewahren wir abermals die Substitution eines Namens durch einen anderen. An Stelle des „objektiven Tauschwertes", von dem in der Erörterung die Rede war, wird auf einmal das Wort „objektiver Wert" gebraucht. Dieser Wechsel der Worte qualifiziert sich noch ärger als der eben besprochene. Durch ihn wird im Geiste des Lesers, der sich der Definition des Begriffes (S. 213 ff.) erinnert, der Gedanke erzeugt, daß auch hier „die Fähigkeit eines Gutes zur Herbeiführung eines bestimmten „äußeren objektiven Erfolges" vorliege. Man vergesse nicht, daß der Tauschwert der Güter, d. h. diese gewisse „Fähigkeit", mit dem Brennwerte des Holzes, dem Nährwerte von Speisen, kurz natürlichen Eigenschaften der Güter auf eine Linie gestellt war. Die Fähigkeit gegenwärtiger Güter, im Umsatze ein Mehr an künftigen zu erbringen, muß demnach durch die Erinnerung an die Merkmale des Begriffes objektiver Wert im allgemeinen als etwas erscheinen, das in den Gütern selbst liege, als eine Eigenschaft der Güter an sich, wodurch im Geiste der Eindruck ausgelöscht wird, der sich aus der genetischen Darstellung des Hervorgehens des Tauschwertes, d. h. des Tauschquantitätsverhältnisses, aus den subjektiven Werten gebildet hat.

Es offenbart sich uns da eine in die Definition gelegte *petitio principii*: die Tendenz des ganzen Zuschnittes der Theorie (Tendenz natürlich im guten Sinne des Wortes), den Zins als eine von sozialökonomischen Einrichtungen unabhängige Erscheinung, als eine Naturnotwendigkeit zu erweisen. Durch Charakterisierung des gedachten Tauschwertes gegenwärtiger Güter gegen künftige als etwas Objektives wird das Mengenplus, das infolge der individuellen Bedürfnis- und Besitzverschiedenheiten im Umsatze tatsächlich zu erzielen ist, zu einem sächlichen, „natürlichen" Wertplus umgedeutet und das bildet die Gedankenbrücke, die von den privatwirtschaftlichen Erscheinungen zum allgemein Ökonomischen hinüberführt. Denn was objektive Geltung hat, muß unter allen Wirtschaftszuständen, in der isolierten Wirtschaft eines Robinson, wie in dem sozialistischen Zukunfts- oder Traumstaate gelten. Diesem Zwecke dient der dialektische Kunstgriff, der aber natürlich um seine Wirkung kommt, sobald er bemerkt wird. Für uns, die wir schon die Prämissen der „drei Gründe" als unhaltbar erkannten, ist das solcherart gewonnene Konklusum vollends ganz und gar hinfällig [1]).

Die auf solche Weise deduzierte „natürliche Wertdifferenz zwischen gegenwärtigen und künftigen Gütern" wird weiterhin als Prämisse von Schlußfolgerungen verwendet.

---

[1]) Man beachte übrigens, welch verschiedene Dinge als gleich behandelt werden, wenn die Fähigkeit eines Gutes „nach den gegebenen tatsächlichen Verhältnissen" einen gewissen Marktpreis zu erzielen, mit technischen Eigenschaften in einen Begriff zusammengefaßt wird. Wenn Holz bestimmter Qualität verbrannt wird, erzeugt es eine Wärme von soundso viel Kalorien: immer die gleiche. Wenn ein Gut gegen andere vertauscht wird, so hängt die Menge der dafür erlangten Güter von der subjektiven Wertschätzung verschiedener Menschen bzw. den diese bestimmenden Momenten ab, die variabel sind. Also: der Brennwert eines Holzes ist die Eigenschaft, immer eine bestimmte, gleiche Wärmemenge zu erzeugen: der Tauschwert eines Gutes ist die Eigenschaft, eine bestimmte Menge anderer Güter nur unter bestimmten Verhältnissen im Umtausch zu verschaffen und noch dazu nicht einmal eine festbestimmte, sondern nur annähernd eine gewisse Menge, vielleicht mehr, vielleicht weniger als tatsächlich erzielt werden, also die Eigenschaft, je nach den Verhältnissen eine verschiedene Menge anderer Güter zu verschaffen. Man beachte auch, zu welchen logischen Konsequenzen es führt, den „Tauschwert" gegenwärtiger Güter gegen künftige und umgekehrt, als eine (objektive) Fähigkeit, eine Eigenschaft der Güter zu erklären. Wenn gegenwärtige Güter diese Eigenschaft besitzen, so müssen auch künftige Güter sie besitzen. Es kommt da die Absonderlichkeit zutage, daß ein noch gar nicht existierendes Gut schon gegenwärtig eine Eigenschaft hat. Nicht etwa, daß man gegenwärtig von der Eigenschaft des künftigen Gutes nur spricht, sondern das künftige Gut verschafft mir wirklich schon heute ein gegenwärtiges im Verhältnis von z. B. 105: 100. Ist die „Tüchtigkeit" eines Gutes diesen bestimmten Erfolg herbeizuführen, eine Eigenschaft desselben, dann besitzt in der Tat ein noch nicht existierendes Ding gegenwärtig eine Eigenschaft: eine Denkunmöglichkeit! Sie rührt daher, daß man dem Gute zuschreibt, es verschaffe ein anderes, während es doch die Menschen sind, die sich wechselweise die Güter beschaffen. Eine solche Theorie wird ersichtlich ein Spiel mit Worten, das in gar keiner Weise die Einsicht in die Natur der Dinge fördert, sondern diese nur verhüllt.

Allein des aufmerksamen Lesers harrt vorher noch eine unliebsame Überraschung: der so anfechtbare Satz wird als allgemein gültig nicht festgehalten. Schon auf der nächsten Seite erfährt man, daß die gedachte Resultante der subjektiven Wertschätzungen nur in der Regel, mithin nicht immer zugunsten der gegenwärtigen steht, und kurz danach wird der Fall als möglich, wenngleich selten, ins Auge gefaßt, daß der „Marktpreis zwischen gegenwärtigen und künftigen Gütern für letztere so günstig steht, daß sie ohne Aufgeld eine gleiche Zahl gegenwärtiger Güter . . . . . . erkaufen können". Schon vorher war gesagt worden, daß die Marktlage fast immer so sehr zugunsten der gegenwärtigen Güter steht, daß sie diesen einen Vorzug im Tauschwerte sichert. Da haben wir einen Brennwert des Holzes, der in der Regel, fast immer, soundso viel Kalorien betrage! Wie das wissenschaftlich zu beurteilen sei, kann nicht zweifelhaft sein. Eine allgemeine Erscheinung kann nicht auf etwas beruhen, das nur in der Regel gilt. Wenn Ausnahmen überhaupt zugegeben werden, kann man den Bereich derselben beliebig annehmen, jedenfalls erscheint mit solchen, ob sie selten seien oder nicht, der Satz als allgemeine Wahrheit aufgegeben.

§ 39. Zunächst dient der Satz zur Erläuterung des Zinses in seiner einfachsten Erscheinungsform: des Darlehenszinses. Jene „natürliche Wertdifferenz zwischen gegenwärtigen und künftigen Gütern sei die Quelle, aus welcher aller Kapitalzins seinen Ursprung zieht". Im Darlehen „gibt der Gläubiger dem Schuldner eine Summe gegenwärtiger Güter, z. B. gegenwärtiger Gulden, in sein volles, freies Eigentum. Der Schuldner übergibt als Gegengabe dem Gläubiger eine Summe gleichartiger künftiger Güter, z. B. nächstjähriger Gulden, in sein volles freies Eigentum; der „ideale Typus eines solchen Tausches". Da nun die Resultante der subjektiven Wertschätzungen, die den Marktpreis der gegenwärtigen und künftigen Güter bestimmt, zugunsten der gegenwärtigen Güter steht, so wird der Schuldner die gegenwärtigen Gulden, die er empfängt, mit einer größeren Summe künftiger Gulden, die er hingibt, erkaufen, er wird ein „Agio" oder Aufgeld bezahlen müssen. Dieses Aufgeld ist der Zins" [1]).

---

[1]) Im Wortlaute der Stelle heißt es: „Da die Resultante der subjektiven Wertschätzungen in aller Regel zugunsten der gegenwärtigen Güter steht, so wird der Schuldner in aller Regel . . . mit einer größeren Summe künftiger erkaufen". Das ist es, wogegen wir uns soeben wenden mußten. Die Ausnahmen, auf welche die Wortfassung hinzielt, sind Fälle, in welchen Zins nicht gefordert wird. Sie sind die Folge der Wirksamkeit eines zweiten Motives, das leicht erkannt werden kann. Es könnte aber auch der Fall gedacht werden, daß keine Kauflustigen vorhanden sind, welche gegenwärtige Güter mit einem Plus an künftigen zu erkaufen geneigt wären. In diesem Falle würde die Resultante der subjektiven Wertschätzungen offenbar nicht zugunsten der gegenwärtigen Güter stehen. Allein unter dieser Voraussetzung würde nicht ein Umsatz ohne Zins, sondern überhaupt ein Umsatz nicht zustande kommen.

Im Wortlaute ist hiermit der Zins durch Voraussetzung des Zinses erklärt, denn die Tauschwertresultante, mit Rücksicht auf welche der Schuldner „Agio" zahlen muß, ist jene angebliche Wertdifferenz, die eben Agio genannt wird (z. B. S. 444, 453). Im Sinne des Autors, von dem doch nicht anzunehmen ist, daß er die jeweilige konkrete Zinszahlung durch das allgemeine Bestehen des Zinses erklären wollte, ist die Aussage jedoch in minder verfänglicher Weise zu verstehen. Die Höherwertung der gegenwärtigen, die Minderwertung der künftigen Güter ist seiner Meinung nach schon im subjektiven Werte der Individuen eine universelle. Weil sie also solcherart gegeben sei, so komme sie auch im Umsatze solcher Güter zutage. Der Umsatz erzeuge nicht erst die Wertdifferenz, er findet sie bereits vor. Durch die marktmäßige Gestaltung der Umsätze wird lediglich eine Nivellierung der subjektiven Wertdifferenzen herbeigeführt. Das Darlehen ist ein Fall solcher Umsätze, mithin muß es auch die allgemeine Erscheinung der Wertdifferenz, den „überlegenen Tauschwert" der gegenwärtigen Güter, zeigen, der für diese ein Aufgeld in künftigen einschließt. Der Darlehenszins ist also durch Subsumtion des Darlehens unter die Umsätze gegenwärtiger und künftiger Güter und durch die Zurückführung der bei solchen Umsätzen sich zeigenden Wertdifferenzen auf die allgemeine Erscheinung der Mehrwertigkeit gegenwärtiger Güter gegen künftige erklärt. Das einzige Neue, das wir hierbei erfahren, ist, daß das betreffende Agio Zins genannt wird. Für denjenigen, der die gedachte allgemeine Werterscheinung nicht zu erkennen vermag, ist damit folglich keine Erklärung des Leihzinses gegeben.

§ 40. Der Kern der unhaltbaren Theorie ist hier bloßgelegt. Ihr zufolge ist der Zins nur eine Form, ein Fall der angeblich allgemeinen Wertverschiedenheit gegenwärtiger und künftiger Güter, empfängt mithin durch diese vorhinein sein Ausmaß. Nach der entgegenstehenden Meinung hat er lediglich die verschiedene Wertgestaltung bei bestimmten Wirtschaftssubjekten zur Voraussetzung und empfängt erst in dem Umsatze sein Maß, welchen die betreffenden Wirtschaftssubjekte untereinander vollziehen. Von einer Nivellierung jener individuellen Wertverschiedenheiten ist nicht die Rede, sondern die marktmäßige Vollziehung der Umsätze ergibt die Bestimmung der Höhe des Zinses für sämtliche in den Verkehr einbezogenen Wirtschaftssubjekte, die allgemeine Zinshöhe.

Indes, auch wenn man die theoretischen Prämissen der Agiotheorie des Zinses anzunehmen geneigt wäre, kann man ihr das Zeugnis einwandfreier Logik nicht ausstellen. Dadurch, daß sie nicht die einzelnen subjektiven Wertdifferenzen, sondern die durch den Tauschverkehr nivellierte Wertverschiedenheit gegenwärtiger und künftiger Güter die Voraussetzung und das Maß des Zinses werden läßt, bietet sie immerhin noch logischen Anstoß, indem eine Wirkung des Tauschverkehres zur ursächlichen Bestimmung einer Tauscherscheinung gemacht wird. Es war schon bei Erörterung des „zweiten Grundes“ Anlaß, hierauf die Aufmerksamkeit zu lenken. In der zitierten Stelle wird die Marktpreisbildung des Mehrwertes der gegenwärtigen Güter zur Begründung dafür angeführt, daß der Schuldner im einzelnen Darlehensfalle das entsprechende Agio zahlen müsse. Das widerstreitet zugleich den Tatsachen des Wirtschaftslebens. Darlehen und Darlehenszins gibt es auch ohne und vor der Marktpreisbildung. Der richtige theoretische Weg ist zweifelsohne, gerade von den Einzelfällen solcher Umsätze auszugehen und von solchen aus zu der marktmäßigen Preisbildung vorzuschreiten, neben welcher jene ja auch tatsächlich noch immer vorkommen. Auf welche Weise ein isolierter Umsatz auf Grund der subjektiven Wertbildung, die durch die individuellen Bedürfnis- und Besitzverhältnisse bedingt ist, zustande kommt, haben wir im vorigen Kapitel kennen gelernt. Wir sahen da einen Kauflustigen und einen Verkauflustigen einander gegenüberstehen, welche gegenwärtige und künftige Güter in einem bestimmten Quantitätsverhältinsse tauschen. Indem auf beiden Seiten eine Vielheit von Umsatzwilligen auf dem Plane erscheint, erfolgt die Bestimmung des Quantitätsverhältnisses der zum Umsatz gelangenden Güter marktmäßig für alle gleich und dieses Quantitätsverhältnis schließt den Zins ein. Die marktpreismäßigen Güterumsätze enthalten den marktmäßigen Zins, nicht aber, daß der Zins die marktpreismäßigen Umsätze voraussetzt,

Die These der allgemeinen, gleichmäßigen Mehrwertigkeit gegenwärtiger Güter wird jedoch auch weiter bei den die anderen Zinsarten betreffenden Erörterungen als Argument verwendet, und zwar fortab stets im Sinne eines ausnahmslosen Gesetzes und insbesondere mit Bezug auf Geldsummen. Gegenwärtige Gulden sind mehr wert als künftige Gulden: öfters kehrt dieses Argument wieder. Es ist notwendig festzuhalten, auf welche Weise der Satz theoretisch gewonnen wurde. Der allgemeine nivellierte Mehrwert resultierte erst aus den marktmäßigen Umsätzen gegenwärtiger gegen künftige Güter. Demnach erscheint im Sinne der vorliegenden Theorie eine Summe gegenwärtiger Geldeinheiten nur aus dem Grunde mehr wert als eine gleiche Summe künftiger, weil Kauflustige, Darlehenswerber (und andere) bereit sind, sie mittels eines Aufgeldes an solchen zu erkaufen! Nur in dieser Tauschwertschätzung figurieren Geldsummen in dieser Theorie. Böhm kennt den subjektiven Wert von Geldeinheiten und Geldsummen ganz wohl, aber das Wertverhältnis gegenwärtigen Geldes gegenüber künftigem faßt er immer im Sinne des Tauschwertes auf und er kann es konsequenterweise ja auch gar nicht anders auffassen. Das gibt den schönsten Zirkelschluß, wenn das gedachte Argument dazu verwendet wird, die Zahlung eines Aufgeldes in den Umsätzen gegenwärtiger gegen künftige Güter zu begründen. Es wird im späteren sich Gelegenheit ergeben, hierauf zurückzukommen.

§ 41. Die zitierte Darstellung der wirtschaftlichen Rolle der Marktpreisbildung in den erörterten Güterumsätzen schließt noch eine Nebenwirkung derselben ein, deren Erörterung zweckmäßigerweise bis hierher zurückgestellt wurde. Es wird ihr die Wirkung zugeschrieben, durch ihre Nivellierungstendenzen den Minderwert der künftigen Güter in eine regelmäßige Proportion zu ihrem zeitlichen Abstande zu bringen. Das will sagen, daß die genaue Abstufung des Zinses nach der Zeitdauer des Umsatzes erst durch die Marktpreisbildung hervorgebracht werde. Diese Ansicht muß voraussetzen, daß eine solche Proportionalität vorher nicht bestehe. Wir wissen aber bereits, daß jedweder Zins, auch der nicht marktmäßig zustande gekommene, sich genau im Verhältnis der Zeitdauer abstuft, auf welche er gezahlt wird.

Aus demjenigen, was Böhm über das Wertverhältnis gegenwärtiger und künftiger Güter vortrug, war diese Folgerung in der Tat nicht zu gewinnen, daher sah er sich in die Notwendigkeit versetzt, erst nach einer Ursache des notorischen Sachverhaltes zu suchen. In dieser theoretischen Notlage geriet er auf den Einfall, eine Art Zeit-Arbitrage auszumalen, für die man allerdings eine konkrete Vorstellung sich nicht zu bilden vermag. „Es wäre möglich, daß, während 100 gegenwärtige Gütereinheiten auf dem Markte gegen 100 nächstjährige Einheiten nur ein Aufgeld von fünf Einheiten erzielten, sie gleichzeitig gegenüber Gütern des zweitnächsten Jahres ein Agio von mehr als zweimal fünf, vielleicht ein solches von 20, gegenüber Gütern des drittnächsten Jahres vielleicht ein Agio von 40 Einheiten erlangen. Allein solche unverhältnismäßige Preise künftiger Güter aus verschiedenen Jahrgängen könnten nicht lange bestehen bleiben. Sie würden sehr rasch durch eine Art Zeitarbitrage in ein ausgeglichenes Verhältnis gebracht. Beständen z. B. in einem gegebenen Augenblicke die eben angegebenen Marktpreise nebeneinander, so würden sich sofort Spekulanten finden, welche auf Spekulation gegenwärtige Güter gegen zweitjährige verkaufen, die Deckung hierfür durch Einkauf gegenwärtiger Güter gegen nächstjährige beschaffen und die Zahlung der letzteren ein Jahr später durch einen zweiten Einkauf gegenwärtiger gegen nächstjährige Güter besorgen.“

Die gebrauchten Ausdrücke sind zweideutig. Man weiß nicht, ob das tatsächliche Stattfinden solcher Arbitragen behauptet werden soll oder nicht. Das erstere wäre etwas gewagt, denn es ist uns keine Kunde überliefert, daß eine solche Operation je vorgenommen worden wäre. Sind aber bloß mögliche Arbitragen gemeint, so würde uns eine Merkwürdigkeit gezeigt: Arbitragen, die nicht ausgeführt werden, dennoch aber die Preise ausgleichen. Später werden doch wieder Redewendungen gebraucht, die auf Tatsächlichkeit zu deuten sind. Da wird aber wieder eine Aussage gemacht, die, wenn bewahrheitet, nicht minder merkwürdig erscheinen müßte. „Hat sich das Aufgeld auf z. B. 5% per Jahr ausgeglichen, dann kann es fernerhin ungestört auf dieser Höhe verharren. . . Die geschilderte Arbitrage hat keinerlei Veranlassung mehr in die Preisbildung einzugreifen.“ Da hätten wir Tauschoperationen, die für die Ewigkeit wirken! Während die Arbitragegeschäfte der Wirklichkeit immer wieder von neuem einsetzen, wenn ihre Voraussetzungen, wie das eben tatsächlich der Fall ist, wiederkehren, so hätten die in Rede stehenden Arbitragen, nachdem sie einmal in unvordenklichen Zeiten nivellierend gewirkt, ihr Werk für immer getan! Da kein Mensch den Zins je anders als proportional der Zeit des Umsatzes gekannt hat, so ist es unerfindlich, in welche Epoche der Erdgeschichte jene Arbitragen zu verlegen wären.

Wir haben es hier mit einer Phantasie zu tun, die auf unmöglichen Voraussetzungen beruht. Es ist eben, entgegen der gemachten Annahme, gar nicht möglich, daß sich vorerst unproportionale Marktpreise der gedachten Art bilden, weil schon die Preise der einzelnen Umsätze notwendigerweise der Zeit proportional sind. Hier ist die Theorie nicht mehr Abstraktion, sondern hat den Boden der Wirklichkeit vollständig unter den Füßen verloren.

§ 42. Wir müssen nun nochmal auf das Darlehen zurückkommen. Die Gedankenreihe, die den Darlehenszins betrifft, ist noch nicht zu Ende, sie wird vielmehr durch ein weiteres Argument vervollständigt, das an späterer Stelle in anderem Zusammenhange vorgetragen wird.

Wenn das Agio die Wertdifferenz zwischen gegenwärtigen und künftigen Gütern ausgleicht, so bewirkt der Zins doch keinen Wohlfahrtsgewinn für den Empfänger. Da aber ein solcher zweifellos vorliegt, so muß er uns irgendwie plausibel gemacht werden. Die Theorie begründet ihn mit dem an die Wertdifferenz sich anschließenden Anschwellen des Minderwertes der künftigen Güter zu ihrem künftigen Gegenwartswerte, womit offenbar ein wesentliches Merkmal der Zinserscheinung bezeichnet sein soll. Ausdrücklich wird hervorgehoben, alle Arten des Kapitalzinses hätten den gleichartigen Ursprung: „das Wertwachstum der Zukunftsgüter, die zu Gegenwartsgütern ausreifen“ (a. a. O. S. 572); mithin auch der Darlehenszins. „Auch beim Darlehen liegt die Bereicherung nicht, wie man auf den ersten Blick leicht meinen könnte, schon darin, daß der Gläubiger mehr Stücke zurückerhält als er hingibt, denn zunächst sind ja die eingehandelten Stücke minderwertig, sondern darin, daß das anfangs minderwertige Schuldobjekt allmählich im Werte schwillt und im Augenblicke der Fälligkeit endlich in den vollen Gegenwartswert eingerückt ist.“

Beim Darlehen ist freilich eine Erklärung dieses Anschwellens nicht gegeben worden, es kann aber kein Zweifel darüber bestehen, wie die Aussage aufzufassen sei. Wenn ein Kapitalist 100 gegenwärtige Güter für 105 künftige hingibt, so seien letztere eben 100 wert. Die 105 sind das Äquivalent der gegenwärtigen 100. Der Gläubiger hat nur dieses erhalten und somit nichts gewonnen. Erst durch das Anschwellen des

Wertes von 100 auf 105 entsteht sein Gewinn: der Zins. Dieses Wertschwellen müssen wir uns näher ansehen.

Vor allem müssen wir doch wohl sofort fragen, welcher Wert denn mit demjenigen gemeint sei, der den künftigen Gütern gegenwärtig in minderem Maße innewohne und sohin anwachse. Der subjektive Wert kann es nicht sein, da ja der vorliegende Umsatz nur durch die Marktpreisbildung erklärt wurde. Wäre trotzdem an den subjektiven Wert gedacht, so wäre der Beweisansatz unrichtig. Es ist zwar zweifellos, daß die 105 künftigen Güter gegenwärtig weniger wert sind als sie wert sein werden, es ist aber durch nichts bewiesen oder zu erweisen, daß dieser ihr geringerer Gegenwartswert gerade gleich ist dem Werte von 100 gegenwärtigen Gütern. Er kann auch höher sein; ja er muß höher sein, sonst würde das Wirtschaftssubjekt sich nicht zu dem Umsatze entschließen. Mit dem Plus an Gütern, das es durch den Tausch erlangt, hat es schon den Gewinn erzielt: das interne Wertschwellen ändert an diesem nichts mehr, denn die Güter wurden mit Rücksicht auf ihren künftigen Verwendungszweck eingetauscht.

Übrigens kann das subjektive Wertschwellen schon deshalb nicht gemeint sein, weil, wie wir nun hinlänglich wissen, eine subjektive Minderschätzung künftiger Güter in der Gegenwart lediglich mit Bezug auf die Zeit keinen Bestandteil der Theorie von Böhm bildet. Es kann mithin unter dem in Rede stehenden Werte nur der Tauschwert verstanden sein. Als Tauschwert wurde definiert die Eigenschaft der Güter, im Tausche eine bestimmte Menge anderer Güter zu verschaffen. Das ist im vorliegenden Falle die Eigenschaft der gegenwärtigen Güter, für 100 solcher künftige Güter in der Menge von 105, die Eigenschaft der künftigen Güter, gegenwärtig gegen 105 Stück 100 gleichartige Güter dem Wirtschaftssubjekte zu verschaffen. Daß diese Eigenschaft, deren logische Qualifikation im früheren beleuchtet wurde, sich nicht verändern, bildlich ausgedrückt „schwellen" kann, ist von Anfang als einleuchtend festgestellt worden.

Vom Tauschwerte in dieser Bedeutung muß man also wohl absehen und es könnte somit nur Tauschwert in dem Sinne sein, in welchem nicht die Eigenschaft einen Marktpreis zu erzielen, sondern der Marktpreis selbst Tauschwert genannt wird. Der Marktpreis der 100 gegenwärtigen Güter besteht in 105 minderwertigen zukünftigen Gütern.

Hier ist nun ein Umstand, den wir bereits kennen lernten, nicht außer acht zu lassen. Dieser Marktpreis wurde erläutert als Resultante aus subjektiven Wertschätzungen. Die subjektiven Wertschätzungen sind nach den „drei Gründen" Werte gegenwärtiger Güter (Guteinheiten), höher als der künftige Wert gleicher Güter (Guteinheiten). Danach ist die Einheit von den 100 gegenwärtigen Gütern mehr wert als eine Einheit von den 105 künftigen wert sein wird; und zwar in dem Grade, daß die Wertsumme der 100 gegenwärtigen und die künftige Wertsumme der 105 künftigen Güter ein Äquivalent sind. Künftige

Güter werden nach dem Nutzen geschätzt, den sie uns stiften werden, so wurde uns gelehrt. Die Einheit der 105 künftigen Güter und sämtliche Einheiten zusammengenommen werden demnach gegenwärtig zu ihrem künftigen (geringeren) Werte geschätzt: damit ist doch das Anwachsen zu einem höheren künftigen Werte negiert. Wer also die drei Gründe anerkennt und nicht auf sie und die ihnen zugeschriebene Wirkung vergißt, für den kann es ein Anschwellen dieses Wertes nicht geben, mit der Behauptung eines solchen liegt vielmehr ein Selbstwiderspruch der Theorie vor: ein wunder Punkt! Das Wertschwellen ist als notwendige Bedingung des Wohlfahrtsgewinnes durch den Umsatz gegenwärtiger gegen künftige Güter (hier das Darlehen) statuiert, sein Eintreten jedoch nicht erweislich, da die Erweisbarkeit durch die werttheoretischen Prämissen des „Wertverhältnisses zwischen gegenwärtigen und künftigen Gütern" demjenigen, der scharf zusieht, ausgeschlossen erscheint [1]).

§ 43. Im Gebiete des marktmäßigen Umsatzes gegenwärtiger gegen künftige Güter im Sinne unserer Theorie kann allerdings von einem Wertwachstum gesprochen werden, doch muß man sich immer dessen bewußt bleiben, welchen Sachverhalt das Wort deckt.

Wenn der Marktpreis als Tauschwert aufgefaßt wird, so ist der Marktpreis in gegenwärtigen Gütern, mit welchen konkret künftige gekauft werden, der gegenwärtige Tauschwert der künftigen Güter,

---

[1]) Nur aus der Wirksamkeit des „zweiten" Grundes — wenn man sie annimmt — könnte allenfalls ein Wertschwellen abgeleitet werden. Die künftigen Werte seien fälschlich zu niedrig geschätzt, somit muß ihr künftiger richtiger Wert demgegenüber eine Erhöhung aufweisen. Allein die anderen „Gründe" wollen einen in Wahrheit geringeren künftigen Wert der künftigen Güter beweisen und es betrifft insbesondere beim dritten Grunde die Aussage zweifellos alle Güter ohne Ausnahme. Demnach kann auch die Resultante nur einen geringeren künftigen Wert ergeben. Nun könnten hartnäckige Bekenner des zweiten Grundes sagen, dieser resultierende Wert werde eben durch dessen Wirksamkeit noch erniedrigt. Dagegen wäre zu bemerken, daß die Fälle des zweiten Grundes, die doch nur vereinzelte sind, in ihrem Einflusse auf die Resultierende des Marktverkehres durch die Wirkung der entgegengesetzt irrigen Schätzung, nämlich die Fälle der Überschätzung künftiger Bedürfnisse, paralysiert werden, zudem in der überwiegendsten Mehrzahl zu denjenigen gehören, die gar nicht zum Tausche gelangen und, soweit das doch geschieht, in der Menge der einander gegenüberstehenden Wertschätzungen verschwinden. Wie viele Leichtsinnige müßte es geben, wenn die Milliardennachfrage um Kapital durch sie eine Verstärkung erfahren sollte, die sich auch nur zu $^1/_{100}$ % im landesüblichen Zinsfuße ausdrücken würde! Nur die Resultierende des einzelnen konkreten Umsatzes wird beeinflußt. Aber die fälschliche Schätzung von seiten des Schuldners berührt die Schätzung von seiten des Gläubigers gewiß nicht. Die Folge einer solchen einseitig fälschlichen Schätzung ist, daß ein Wucherer von einem leichtsinnigen Schuldner höhere Zinsen zugesichert erhält, als dem Marktpreise entsprechen würde; das Mehr ist dann erhöhter Gewinn; daß aber der Wucherer nicht dadurch, sondern durch das Wertschwellen seinen Gewinn mache, davon kann wohl die höchste Kunst der Dialektik niemand überzeugen.

kurz ausgedrückt: ihr Gegenwartswert, aber eben ihr verkehrsmäßiger Gegenwartswert. Das ist eine Anzahl Einheiten gegenwärtiger Güter, die um die Stückzahl des Tauschgewinnes von der Anzahl der erkauften künftigen Gütereinheiten differiert. Wenn man das einen Wertabschlag nennt, so darf man nicht außer acht lassen, daß es nichts anderes als ein Quantitätsverhältnis von Gütereinheiten (Geldeinheiten) ist. Dieses Quantitätsverhältnis ergibt den Zins, aber eben in Wirklichkeit als ein Stückeplus, das im subjektiven Werte selbstverständlich ein Wertplus darstellt. Der mehrfache Sinn des Begriffnamens Wert führt hier zu einer Unklarheit, die nur schwer zu bannen ist.

Wert in demjenigen Sinn, welcher unserer Privatwirtschaft geläufig ist, bezeichnet die Mengen anderer Güter, die im Tausche zu den tatsächlichen Marktpreisen für ein Gut zu erlangen sind. Der Wert von 100 Münzeinheiten bedeutet also die Gewichtsmengen Brot, Fleisch, Zucker usw., welche man dafür kaufen kann. Das ist nun der Gegenwartswert künftiger 105 Münzeinheiten, die beispielsweise für 100 gegenwärtige marktmäßig umgesetzt werden. Im künftigen Zeitpunkte, da diese zu gegenwärtigen Gütern geworden sind, sind für dieselben im Verhältnis von 105 : 100 mehr Brot, Fleisch, Zucker usw. zu erlangen, als für die 100 zu kaufen waren. Der Wert in dem erwähnten Sinne des Wortes ist also gestiegen. Das ist das im Tauschwerte gegenwärtiger gegen künftige Güter enthaltene Anwachsen vom Gegenwarts- zum zukünftigen Werte der zukünftigen Güter, aber es ist evident, daß es ein Mengenverhältnis von Gütern bedeutet, da ja eben jener Tauschwert gegenwärtiger gegen künftige Güter ein solches Verhältnis ist. In dem Verhältnisse der Geldsummen 100 : 105 erscheint es auf den generellen Ausdruck gebracht, der wieder in der Rechnungsform des Zinses von 5% abgekürzt ist.

Als Ausdruck des Austauschverhältnisses der verschiedenen Güter untereinander, als Ausdruck von Tauschwerten gegenwärtiger oder künftiger Güter, sind Geldsummen Wertsummen: Vielfache von Werteinheiten (Tauschwerteinheiten), so daß die Geldeinheit hier Werteinheit bedeutet. Der Tauschwert von gegenwärtigen Gütern gegen künftige bleibt aber dessenungeachtet ein Quantitätsverhältnis: ein Mengenverhältnis gegenwärtiger (solcher) Werteinheiten zu künftigen Werteinheiten und es wird durch diese Terminologie nichts daran geändert, daß der Zins ein Gewinn an Gütermengen ist; Gütermengen, die durch Geldsummen repräsentiert werden.

Nachdem ein ganz allgemeiner Umsatz zwischen gegenwärtigen und künftigen Gütern in der entwickelten Privatwirtschaft sich herausgebildet hat, kann man den Wirtschaftskalkulationen jeweils die zurzeit geltenden Marktpreise des Zinses zugrunde legen und wird damit auf solange das Auskommen finden, als die Daten der konkreten Wirtschaftslage ungeändert bleiben. Hier setzt man den Zins schon voraus, und zwar nicht nur den Zins überhaupt, sondern solchen einer bestimmten

Höhe. Nach diesem Maßstabe berechnet man den „reduzierten Gegenwartswert“ künftiger Gütereingänge und die Höhe künftiger Erträge, welche durch die Umsätze aus den gegenwärtigen Gütern ersprießen werden. Daß ein Anwachsen des Wertes von diesen zu jenen auch jetzt keinen andern Sinn hat als den, der eben gekennzeichnet wurde, ist einleuchtend. Der Praxis des Wirtschaftslebens ist ganz wohl bewußt, daß dieses Vorgehen diejenigen Gefahren in sich schließt, welche eine Änderung in den Daten der Wirtschaft, die sich in einer Änderung der Zinshöhe äußert, mit sich bringt. Sie sucht ihnen auch durch Vorausberechnung der zukünftigen Gestaltungen soweit als möglich vorzubeugen, den Zins selbst aber behandelt sie als etwas Gegebenes, das für sie außer Frage steht. Für die auf dem Sondereigentum beruhende Privatwirtschaft steht er auch in der Tat außer Frage.

Einschaltung: Das Eskomptieren künftiger „Werte“. Der Berechnung des verkehrsmäßigen Gegenwartswertes künftiger Güter (Geldsummen) wird in der vollentwickelten Privatwirtschaft nicht nur der tatsächliche Zins, sondern Zinzeszins zugrunde gelegt. Dies erklärt sich ohne Schwierigkeit. Wenn das Zeitintervall zwischen der gegenwärtigen Hingabe und dem künftigen Empfange der umgesetzten Güter eine Mehrzahl von Wirtschaftsperioden umfaßt und die für jede dieser Wirtschaftsperioden resultierende Differenz der umgesetzten Güterquantitäten erst bei Beendigung des Umsatzes abgestattet würde, so würde der Gläubiger gegenüber einer Erneuerung des Umsatzes von einer Wirtschaftsperiode zur anderen Einbuße erleiden, da er im letztgedachten Falle das empfangene Güterplus wieder zu einem Umsatze verwenden kann. Es wird daher in jenem Falle die Differenz so berechnet, wie wenn die Erneuerung des Umsatzes stattfände, die den Gläubiger in jeder Wirtschaftsperiode in den Besitz des bezüglichen Güterquantums setzt: mit anderen Worten es wird Zins vom Zinse berechnet. Wenn z. B. jemand ein Darlehen von 80 zu 5% auf fünf Jahre gibt und die Summe der Zinsen für alle fünf Jahre im Betrage von 20 bei Rückerstattung des Darlehens empfängt, so ist sein Zinsgewinn geringer, als wenn er Jahr für Jahr für gegebene 80 84 erstattet erhält, das Darlehen von 80 erneuert und das Plus von 4 zu einem anderen Darlehen verwendet. Im letzten Falle hat er an Mehrgewinn 5% von 4 durch 4 Jahre, 3, 2 Jahre und 1 Jahr, zusammen durch 10 Jahre. Dadurch würde sein Zinsgewinn für sämtliche fünf Jahre von 20 auf 22 erhöht, so daß der vorliegende Umsatz auf 80 gegenwärtige Güter gegen 102 künftige sich stellt. Wird das Darlehen in Form des Diskonts durch Feststellung der Summe der künftig zu empfangenden Güter auf 100 gegeben, so wird das gleiche Resultat erzielt, indem nicht 80, sondern 78,35 als Darlehen gegeben werden. Durch Diskontierung zum tatsächlichen Zinse mit Zinseszins wird somit der Gegenwartswert der künftigen Güter berechnet, die nach Verlauf von mehr als einer Wirtschaftsperiode in die Wirtschaft eingehen.

Diese Gegenwartswertung hat aber eben die vollentwickelte Privatwirtschaft mit ganz allgemeinem marktmäßigen Umsatze gegenwärtiger gegen künftige Güter zur Voraussetzung. Es muß insbesondere ein ausgebildeter Leihverkehr bestehen, der den Wirtschaftssubjekten das stete Wiederausleihen aller für gegenwärtige Bedürfnisse nicht benötigten Güter ermöglicht und als regelmäßige Wirtschaftshandlung erscheinen läßt. In früheren Entwicklungsstadien und bei Wirtschaftssubjekten, welche nicht in den ausgebildeten Leihverkehr einbezogen sind, fehlt der Gesichtspunkt. In jener Weise rechnen also nur diejenigen, für welche die gegenwärtigen und künftigen Güter nach Tauschwert in Betracht kommen. Solcherart werden auch zwecks der Bewertung dauerbarer Güter deren künftige Nutzleistungen zum Gegenwartswerte angeschlagen, aber eben nur von demjenigen, welcher solche Güter zum gegenwärtigen Tauschwerte erwirbt und die künftigen Nutzleistungen zu ihrem Tauschwerte umsetzt.

Hieraus ergibt sich, daß ein nach diesem wirtschaftlichen Gesichtspunkte festgesetztes Wertverhältnis zwischen gegenwärtigen und künftigen Gütern und insbesondere eine solche Gegenwartswertung künftiger Güter weder in einer isolierten Einzelwirtschaft noch in einer kollektivistischen Wirtschaft platzgreifen, ja selbst für die Privatwirtschaft nicht einmal allgemein ausgesagt werden kann. Es ist aber auch ersichtlich, daß die Theorie die dargestellte Wertrechnung nicht auf den subjektiven Wert übertragen darf.

Es wäre daher ein offenbarer Irrtum, etwa für die Minderwertung künftiger Güter in der Wertperspektive eine mathematische Formel aufzustellen, welche für die verkehrsmäßige Gegenwartswertung, insbesondere mit Zugrundelegung von Zinseszins, entwickelt ist; ein Gedanke, welcher vorschwebt, wenn man die subjektive Gegenwartswertung künftiger Güter als Diskontierung des künftigen Wertes bezeichnet. Der Unterschied, welcher dies verbietet, springt schon durch den Umstand in die Augen, daß die Diskontierung je nach dem Zinsfuße, zu welchem sie vorgenommen wird, bei verschiedenem Zinsfuße einen verschiedenen Gegenwartswert für ein und dasselbe künftige Gut ergibt, während der subjektive Wert, den ein Wirtschaftssubjekt einem künftigen Gute im Vergleich zu einem gegenwärtigen beilegt, von seiner geistigen Individualität abhängt, somit als feststehender Ausfluß eben dieser, die etwas Gegebenes ist, erscheint. Es zeigt sich aber ein Unterschied weiter darin, daß die Diskontierung niemals den Wert 0 erreichen kann, wogegen bei der Wertperspektive allerdings für jedes Individuum jeweils der Nullwert jenseits einer bestimmten Zeitgrenze zum Vorschein kommt. In graphischer Darstellung würde die Diskontierung durch eine gekrümmte Linie zur Anschauung zu bringen sein, die sich der Abszissenachse asymptotisch nähert, die Wertperspektive dagegen würde eine gerade Linie zeigen, die in einem spitzen Winkel gegen die Abszissenachse geneigt ist und diese in einem Punkte schneidet, der den Nullpunkt des Wertes darstellt. Mit Bedacht wurde daher im früheren ein Gesetz oder eine Formel für die Abnahme der Wertgröße in der Wertperspektive nicht aufgestellt. Es geschah aus demselben Grunde, aus welchem auch über die geringere Stärke der vorausgefühlten Bedürfnisse eine nähere Aussage nicht gemacht wurde; die Abnahme des Wertes der künftigen Güter in der Wertperspektive entspricht ja eben dieser Abminderung der Bedürfnisgefühle. Es ist somit auch unangemessen, mit Bezug auf die Bedürfnisse von einer Eskomptierung künftiger Freuden und Leiden zu sprechen. Nur als bildlichen Ausdruck, als Vergleich kann man das gelten lassen, aber selbst der Vergleich ist irreführend, weil er den Gedanken erweckt, als ob die von den Eigentumsverhältnissen so tiefgreifend beeinflußte Verkehrswertung gegenwärtiger gegen künftige Güter im Grunde genommen dasselbe sei wie die subjektive Wertung, und dieser Gedanke liegt denjenigen, welche den Ausdruck gebraucht haben, nicht einmal ferne, da ihre Theorie das Sondereigentum nicht als Voraussetzung des Zinses betrachtet.

Vollends verwerflich wäre es, von einer Diskontierung künftiger Lust- oder Unlust-„Werte“ zu sprechen, weil da wieder einmal die unheilvolle Vertauschung des einen Sinnes des Wortes Wert mit einem anderen Sinne desselben vorläge. Man kann hier wieder sehen, wie irreleitend es ist, die allgemeinen ökonomischen Erscheinungen nicht auszusondern und aus den Erscheinungen unserer entwickelten Privatwirtschaft Begriffe abzuleiten, welche das ökonomische Wesen der Dinge in voller Allgemeinheit beschreiben sollen.

VI. Kapitel.

Robinson als Hausbesitzer. Zins von Dauergütern.

§ 44. Wir müssen doch noch einmal zu Robinson zurückkehren, obschon wir uns aus der Abgeschlossenheit seiner Wirtschaft längst in das Getriebe des Marktes begeben haben. Seine Hütte repräsentiert uns das Wohnhaus der Kulturwelt; sie mag technisch sich zu letzterem wie immer verhalten, wirtschaftlich ist sie dasselbe: ein dauerbares Gebrauchsgut. Ein dauerbares Gebrauchsgut stellt einen Fonds von Nutzleistungen dar, die in zeitlicher Aufeinanderfolge unmittelbare Bedürfnisbefriedigung bewirken. Es ist ein Inbegriff jener „für den Dienst der Zukunft vorbereiteten Nutzleistungen", deren Wertschwellen auch in der Wirtschaft Robinson's nicht fehlen könne. Robinson müßte uns somit auch den Hausbesitzer der Wirklichkeit vorstellen, ja nicht bloß die Hausbesitzer, sondern die Besitzer von dauerbaren Gütern überhaupt, die nach Böhm [1]) in den Nutzleistungen derselben Kapitalzins beziehen. „Das Wertwachstum der Zukunftsgüter, die zu Gegenwartsgütern ausreifen, sei ja auch wahrzunehmen bei den Grundherren und Hauseigentümern und sonstigen Besitzern ausdauernder Güter, die die späteren Nutzleistungsringe ihrer Güter allmählich heranwachsen lassen und ausgereift vollwertig pflücken."

Robinson als Hausbesitzer bezieht also Zins. Ob das zutrifft? Wenn es nicht zutrifft, dann muß der Zins, welchen unsere Hausbesitzer beziehen, wohl etwas anderes sein als das Wertschwellen in der Wirtschaft Robinson's. Es handelt sich mithin um eine Untersuchung analog jener, die im früheren über das Kapital in der Wirtschaft Robinson's abgeführt worden ist. Er wird uns auch hier wieder gute Dienste leisten und eben darum kommen wir nochmals auf ihn zurück.

Der Besitz ausdauernder Güter (oder Dauergüter, wie man sie nennen könnte) soll einen Wohlfahrtsgewinn, der sich als Zins charakterisiert, abwerfen und das soll auf die beschriebene Eigenschaft dieser Güter an sich zurückzuführen sein.

---

[1]) Positive Theorie, S. 572.

§ 45. Die oberste Prämisse der hierauf gerichteten Beweisführung bildet eine Darstellung der Wertbildung, betreffend die dauerbaren Güter überhaupt (zunächst ohne Unterschied, ob Gebrauchs- oder Produktivgüter), die ihrem Wortlaute nach ganz allgemein, also auch für den subjektiven Wert, gilt, tatsächlich aber den Tauschwert nämlich eine im marktgängigen Zinsfuße ihren Ausdruck findende Wertdifferenz zwischen gegenwärtigen und künftigen Gütern vor Augen hat. Jede künftige Nutzleistung eines dauerbaren (oder „ausdauernden") Gutes erscheint für die Wertung als künftiges Gut, ihr Wert „verfällt demselben Schicksale, wie der Wert künftiger Güter", was besagt, daß sie im Verhältnis der bewußten Wertdifferenz gegenwärtig weniger wert ist, als sie im Zeitpunkte ihres Eintrittes wert sein wird bzw. als eine gleiche gegenwärtige Nutzung [1]).

---

[1]) Der Wortlaut der Darstellung gibt allerdings zu ernsten Bedenken Anlaß. Es heißt da (a. a. O. S. 554): „können die Nutzleistungen eines ausdauernden Gutes in kurzer Zeit erschöpft werden, so sind die einzelnen (als gleich angenommenen) Nutzleistungen „in der Regel" auch gleichwertig". Also die späteren Nutzleistungen sind gleichwertig mit den gegenwärtigen, wofern sie sich nur in „kurzer Zeit" erschöpfen. „Bei vielen ausdauernden Gütern, wie bei Schiffen, Maschinen von mehrjähriger Dauer, Gebäuden, dehnt sich dagegen die Abgabe von Nutzleistungen über lange Zeiträume in der Art aus, daß die späteren Nutzleistungen... nicht vor Ablauf einer längeren Zeit empfangen werden können." „Infolgedessen", also bei Gütern dieser letztgedachten Kategorie, „verfällt der Wert der entlegeneren Nutzleistungsraten demselben Schicksale, wie der Wert künftiger Güter." Wie man sieht, wird die verschiedene Bewertung der Nutzleistungen davon abhängig gemacht, daß das bezügliche ausdauernde Gut seiner Beschaffenheit nach durch eine längere Zeit solche Nutzungen abgebe. Wo die Grenzscheide zwischen kurz oder lang liege, wird aber nicht gesagt. Eine Einteilung, die auf so schlaffer Logik ruht, ist gewiß zu beanstanden. Die richtige theoretische Unterscheidung stützt sich vielmehr darauf, ob das Gut nur eine einzige Nutzleistung oder eine Mehrzahl von solchen abgebe, die Einheit der Nutzleistung wie immer bestimmt, und gleichgültig, wie lange die Nutzbarkeit währt. Sodann begegnen wir wieder dem beliebten „in der Regel": es trete die angebliche Gleichwertigkeit der späteren Nutzleistungen mit der ersten im Falle „kurzer" Dauer der Nutzbarkeit nur „in der Regel" ein. Mithin müßte es Fälle geben, in welchen auch bei kurzlebigen dauerbaren Gütern doch die späteren Nutzleistungen geringeren Gegenwartswert hätten. Den Grund für das eine und für das andere erfahren wir wieder nicht. Eine derart verschwommene Aussage ist theoretisch unzulässig. Genau genommen dürfte alles, was hier gelehrt wird, nur für die eben aufgeführten Fälle der Minderwertigkeit der künftigen Nutzleistungen gelten, es werden aber schließlich die gewonnenen Lehrsätze für alle dauerbaren Güter ohne Unterschied verkündet. Was für eine Theorie wäre das doch, bei der man es so wenig genau nehmen darf!

Trotzdem hat die Aussage einen richtigen Kern. Wie wir schon sahen, liegt die Grenzscheide zwischen gegenwärtigen und zukünftigen subjektiven Bedürfnissen an dem Punkte, bis zu welchem die Befriedigung durch Gütereingänge gesichert und der Bedarf „gedeckt" ist. Innerhalb dieser wirtschaftlichen „Gegenwart" greift kein Unterschied in zeitlicher Hinsicht zwischen den Bedürfnissen Platz; mithin auch keiner in der Wertung der bezüglichen Güter. Die Wirtschaftsperiode bestimmt daher auch die Einheit der Nutzleistungen bei den dauerbaren Gütern, sei sie nun ein Tag, eine Woche oder ein Jahr. Die Nutzleistungen während

Der Gegenwartswert eines ausdauernden Gutes ergibt sich hiernach als die Summe der Gegenwartswerte seiner Nutzleistungen: ein uns wohlbekannter Satz, in dem aber hier unter Wert die Gütermengen des Umsatzes und unter Gegenwartswert der verkehrsmäßige Gegenwartswert im Sinne des vorhergehenden Kapitels verstanden sind [1]).

Hieran schließen sich nun die Wertvorgänge, die sich im Gebrauche des Gutes vollziehen.

Beim Gebrauche des Gutes geht jeweils die aktuelle Nutzleistung zu ihrem vollen Werte vom gleichzeitigen Gesamtwerte des Gutes ab, allein der dadurch entstehende Wertabfall wird zum Teile kompensiert durch ein Wertwachstum der noch bevorstehenden Nutzleistungen, indem diese im Vorschreiten der Nutzung mit dem Vorrücken in die folgende Gebrauchsperiode auch im Werte entsprechend vorrücken. Was früher nächstjährige Nutzung war, wird nun gegenwärtige; die bisher drittjährige wird nächstjährige usw. Nur die letzte Nutzleistung wird durch kein nachrückendes Glied mehr ersetzt. „Und so kommt es, daß der Wertverlust, den das ausdauernde Gut während des Gebrauchsjahres erleidet, gerade gleichkommt dem Anfangswerte der entlegensten am Gute haftenden Nutzleistungsrate. Natürlich ist dieser Wert kleiner als der Wert der präsenten Nutzleistungsrate, den man als „laufendes Erträgnis" empfängt, und so kommt es wieder, daß dem Besitzer des ausdauernden Gutes aus dem laufenden Erträgnisse nach Abschlag des Wertverlustes, den das Gut während des Gebrauchsjahres erleidet (der „Abnützungsquote"), immer noch etwas übrig bleibt, als Reingewinn oder Reinzins. Und zwar beträgt dieses „Etwas" gerade die üblichen Prozente vom Gesamtwert („Kapitalwert") des Nutzungsträgers." Die ziffermäßige Darstellung erläutert und bestätigt dieses Konklusum [2]).

---

jeder folgenden Wirtschaftsperiode sind „künftige" Nutzleistungen. Bei den langen Haushaltsperioden der entwickelten Wirtschaft gibt es somit dauerbare Gebrauchsgüter, deren Nutzdauer eine Wirtschaftsperiode nicht überschreitet, daher als eine Einheit gilt, so daß die Tagesnutzungen, von welchen alle dem Heute folgenden gewiß in eigentlichem Sinne künftige sind, keine voneinander abweichende Wertung erfahren. In den Beispielen der nachfolgenden theoretischen Darlegungen wird eine Jahresnutzung als Nutzungseinheit behandelt.

[1]) „Ist die heurige Nutzleistung z. B. 100 Gulden wert, so ist — unter der Annahme einer Differenz von 5 % pro anno — die nächstjährige, zweite Nutzleistung in der heutigen Schätzung nur 95,23, die drittjährige nur 90,70, die vierjährige 86,38, die fünf-, sechs-, siebenjährige usw. absteigend nur 82,27, 78,35, 74,64 gegenwärtige Gulden wert." „Ein Gut, z. B. eine Maschine, deren heurige Jahresleistung 100 fl. wert ist, und die imstande ist, Leistungen von gleicher Güte noch durch weitere fünf Jahre abzugeben, ist 100 + 95,23 + 90,70 + 86,38 + 82,27 + 78,35 = 532,93 fl. wert bei antizipativer Fruktifizierung der Jahresleistungen je zu Beginn eines Jahres, z. B. durch Vermietung um einen jeweils am 1. Januar zu bezahlenden Jahreszins von 100 fl."

[2]) „Am Beginn des ersten Gebrauchsjahres war das Gut als Träger von sechs Nutzleistungraten im Gegenwartswerte von 100, 95,23, 90,79, 86,38, 82,17 und 78,35 fl., zusammengenommen 532,93 fl. wert. Am Ende des Gebrauchjahres ist es als Träger von noch ausständigen fünf Nutzleistungraten im jetzigen Gegen-

Die Ziffern klappen, wie nicht anders zu erwarten, der Kalkül liefert den eindrucksvollen Beweis des Gedankenganges und seines Schlußergebnisses: daß im Verbrauche dauerbarer Güter (auch der Gebrauchsgüter) dem Wirtschaftssubjekte ein Wohlfahrtsgewinn jener Art zuteil werde, welche Zins genannt wird.

Wenngleich die Beweisführung, wie wir sahen, auf Grund der Erscheinungen der Tauschwirtschaft erfolgte, so ist doch nach der ganzen Anlage der Theorie und den vielfachen verallgemeinernden Wendungen ersichtlich, daß die beschriebene Erscheinung als eine im Grund ihres Wesens allgemeine, allen Wirtschaftszuständen gemeinsame, zu verstehen sein soll. Sie bilde einen selbständigen Hauptfall des Zinses, der eben lediglich in der bezüglichen Beschaffenheit der Güter seinen Grund habe.

§ 46. Die Deduktion ist sicherlich geeignet, kraft ihrer geschlossenen Logik zwingenden Eindruck zu machen. Wenn wir aber die Lehre mit den Erscheinungen der Wirklichkeit vergleichen, die sie wider-

wartswerte von 100, 95,23, 90,79, 86,38 und 82,27 fl., in Summa 454,58 fl. wert. Der Wertverlust beträgt also 78,35 fl., das ist gerade so viel als die letzte, entlegenste Nutzleistungsrate wert gewesen war. Da aber die Einnahme aus der laufenden Nutzleistung 100 fl. betragen hatte, so bleibt ein Reingewinn von 21,65 fl. übrig, der gerade eine 5 % Verzinsung des Betrages von 432,93 fl. repräsentiert", d. i. vom Anfangswerte von 532,93 fl. abzüglich der 100 fl., die sogleich bei Beginn der Gebrauchsperiode eingegangen sind. Die Rechnung für die weiteren Jahre, die stets mit dem nämlichen Ergebnisse schließt, möge bei Böhm (S. 557 ff.) nachgesehen werden. Die Verzinsung der sofort eingegangenen 100 fl., die doch auch erforderlich ist, damit die Verzinsung des Kapitales (Anfangswertes) von 532,93 zum Vorschein komme, muß anderweitig bewirkt werden, was wohl bezeichnend dafür ist, daß der Gedankengang den Zins schon voraussetzt. Wenn anstatt einer Realisierung jeder Nutzleistungrate vorhinein das Beispiel derart ausgeführt wird, daß die Jahresnutzungen dekursiv fruktifiziert werden, die Mietzahlung also am Jahresschluß erfolgt, so verändern sich, weil dann eben die Fruktifizierung durch das Gut allein vor sich geht, zwar die Ziffern des Kalküls, dieser selbst aber wird einfacher. Auf dieser Basis ist in buchhalterischer Weise (Tabelle S. 559) dargestellt, wie der aus dem Mietzinse von 100 nach Abzug der Wertverminderung resultierende Restbetrag jedes Jahr die 5 % Verzinsung des zu Anfang des Jahres erübrigenden Gutwertes ergibt. Da mit diesen Ziffern im weiteren argumentiert werden soll, so wird die Tabelle nachfolgend abgedruckt.

Der Eingang aus jeder Jahresnutzung kommt hier erst dem nächsten Jahre zugute, somit hat schon die erste Nutzung den Gegenwartswert einer „nächstjährigen", d. i. 95,23 usw. Der Anfangswert des Gutes ist demnach gleich 95,23 + 90,70 + 86,38 + 82,27 + 78,35 + 74,62 = 507,55.

Jahr	Wert am 1. Januar	Wert am 31. Dezember	Rohzins	Abnützung	Reinzins
1	507,55	432,93	100	74,62	25,38
2	432,93	354,58	100	78,35	21,65
3	354,58	272,31	100	82,27	17,73
4	272,31	185,93	100	86,38	13,62
5	185,93	95,23	100	91,70	9,30
6	95,23	—	100	95,23	4,77

spiegeln soll, so regt sich in uns dennoch ein Zweifel gegen ihr unbedingtes Zutreffen, und zwar gilt er vor allem der erwähnten Verallgemeinerung ihres Konklusums. Es drängt sich die Frage auf, ob angesichts der Voraussetzungen, auf welchen die Ableitung der Lehrmeinung aufgebaut ist, diese auch da als gültig angesehen werden könne, wo die gedachten Voraussetzungen nicht gegeben sind; eben jener Zweifel, den wir sogleich eingangs angedeutet haben. Das ist der Punkt, welcher den Gegenstand der Erörterung des vorliegenden Abschnittes zu bilden hat.

Dargestellt sind in dem Beweisgange die Vorgänge, welche sich in dem Umsatze der Nutzungen dauerbarer Güter in der Privatwirtschaft vollziehen. Der „Gebrauch", der von dem Gute hier gemacht wird, besteht im Verkaufe seiner Nutzungen. Die Schilderung zeigt uns den Besitzer eines ausdauernden Gutes, auch Gebrauchsgutes (eines Hauses, eines Klaviers), welcher die im Zeitverlaufe aufeinander folgenden Nutzungen dieses Gutes an andere verkauft, sie in dieser Art „realisiert", dadurch eine wiederkehrende „Einnahme" erzielt. Dabei ist ausdrücklich davon ausgegangen, daß ein allgemein gültiges Tauschverhältnis zwischen gegenwärtigen und zukünftigen Gütern von einem gewissen Ausmaße besteht, welches auch die Wirtschaftssubjekte bei dem konkreten Umsatze des Beispielfalles zugrunde legen. Mit anderen Worten: es wird der Zins schon vorausgesetzt, der erst in diesen Wirtschaftshandlungen aufgespürt werden soll. Weil der Mann, der ein dauerbares Gut zum Gegenwartswerte erwirbt, die in gegenwärtigen Gütern bestehende Ankaufsumme als Kapital behandelt, das ihm Zinsen tragen muß, so schlägt er zwecks Berechnung dieses Gegenwartswertes die künftigen Nutzleistungen, d. h. die Einnahmen aus dem Umsatze derselben, nicht nach ihrer vollen, sondern in der um den Zins verminderten Höhe an; er berechnet ihren „reduzierten Gegenwartswert" nach den im vorigen Kapitel erläuterten Gesichtspunkten. Das „Wertschwellen" der künftigen Nutzleistungen bis zum Zeitpunkte ihres Eintritts ist daher hier ein tatsächlicher Gütergewinn, ein Plus an Gütereingang gegenüber dem Güterausgang beim Ankaufe, wie beim Darlehen; es ist das Wertschwellen eines Wechsels gegenüber dem Betrage, zu welchem er eskomptiert wurde. Somit bleibt in der Tat nach Erstattung des Ankaufskapitales (Anfangswertes) des Gutes, die in Raten bei jedem Umsatze einer Nutzleistung vor sich geht, jeweils ein Gewinn übrig, eben jenes Plus, das durch das Minus des Ankaufspreises vorhinein gegeben war.

Damit ist aber auch alles übrige erklärt. Die Kapitalerstattung, welche in den Preisen der einzelnen Nutzungsraten enthalten ist, nimmt jenen rechnungsmäßigen Gang, wie er als „Abnützungsquote" (wohl besser Wertverminderung zu nennen) aufgezeigt wurde, da mit der Verminderung des Gesamtwertes des Gutes um den Preis der jeweils von ihm abgetrennten Nutzleistung immer auch die Reduktion der erübrigenden Nutzungswerte auf Gegenwartswert sich um eine Zinsrate vermindert, was als Gegenpost gegen jene Minderung des Gesamtwertes in Rechnung kommt, so daß sich danach der Tauschwert ergibt, zu welchem das Gut aus einer Wirtschaftsperiode in die andere übergeht und somit jeweils in der verkehrswirtschaftlichen Bilanz zu beziffern ist. Daher die Tatsache, daß der den Zins bildende Teil der Einnahme aus dem Umsatze der einzelnen Nutzleistungen eben den dem ganzen wirtschaftlichen Kalküle zugrunde gelegten Zins für den jeweils ausstehenden Kapitalbetrag zeigt, wie bei gleichen „Annuitäten", in denen Verzinsung und Tilgung einer Geldschuld zusammengefaßt sind. Wir verstehen die Lehre als treffliche theoretische Formel für die auf Grund des geltenden Zinses vorgenommenen Umsätze der Nutzungen von Dauergütern und die ökonomisch richtige Verteilung von Tauschgewinn und Wiederansammlung durch die erzielten Preise auf die gesamte Nutzungsdauer. Aber es entsteht hier nicht erstmals ein Zins; er ist schon vorhanden und es kann somit auch keine originäre Erklärung des Zinses vorliegen, die vielmehr in jenen Umsätzen gegenwärtiger und künftiger Güter bereits gegeben ist, die zu dem geltenden Zins führten.

§ 47. Wenn wir jedoch den Zins nicht voraussetzen, sondern ihn erstmals eben in denjenigen Umsätzen erkennen wollen, die den Gegenstand der Untersuchung bilden, so sehen wir, daß der Gütergewinn, den er ergibt, zustande kommt durch Aufschlag des Tauschgewinnes auf den Kostenwert (Gegenwartswert) der Nutzungen in jenem Ausmaße, welches der Wert der Nutzungen für den Empfänger gestattet. Erreicht der letztgedachte Wert die entsprechende Höhe nicht, so kann der Umsatz nicht vor sich gehen, und ob er möglich sein wird, zeigt sich vorhinein darin, daß der nach der subjektiven Wertung des Käufers mögliche, um den angestrebten Tauschgewinn detaxierte Verkaufpreis der Nutzungen einen summierten Gegenwartswert derselben ergibt, der dem Ankaufpreise mindestens gleichkommt. Ist das der Fall, dann haben wir einen Wirtschaftsvorgang vor uns, der sich durchaus dem Typus des Umsatzes gegenwärtiger gegen künftige Güter einfügt. Denn er setzt sich aus einer Anzahl von Umsätzen zusammen, deren jeder den Tauschwert der ausgelegten Gegenwartsgüter mit dem nach Verhältnis des Zeitverlaufes abgestuften Tauschgewinne dem Eigentümer zurückbringt. Man braucht es nur aus der Tabelle herauszulesen. Im Beispielfalle hat das Wirtschaftssubjekt an summierten Gegenwartswerten der sukzessiven Nutzungen 95,23 + 90,70 + 86,38 + 82,27 + 78,35 + 74,62, insgesamt 507,55 als Kaufpreis ausgelegt; davon bekommt es am Ende der ersten Wirtschaftsperiode, des ersten Jahres, 95,23 mit 5% Tauschgewinn im Betrage von 4,77, zusammen 100 zurück, nach dem zweiten Jahre 90,70 mit 5% Zins (und Zinseszins) auf zwei Jahre = 9,30, zusammen 100, im dritten Jahre 86,38 mit 5% Zins und Zinseszins auf drei Jahre = 13,62, zusammen 100 usw., endlich im letzten Jahre 74,62 mit 5% Zins und Zinseszins auf sechs Jahre. Es ändert nicht das geringste an der Sachlage, wenn die sukzessiven Nutzungen nicht von einem und demselben Käufer erworben werden (was ja in weitem Umfange gerade der Anlaß zu solchen Umsätzen ist) und wir müssen auch hier wieder von dem durch das Beispiel erläuterten als einem isolierten Tausche ausgehen, welcher erst durch das Hinzutreten der Konkurrenz auf seiten beider Tauschparteien die marktmäßige Gestaltung annimmt, so daß das Quantitätsverhältnis des Tausches, der Zins, erst in den bezüglichen Tauschvorgängen zutage tritt. So hat sich uns die wirtschaftliche Natur des Mietzinses als die nämliche wie die des Darlehenszinses erwiesen. Er hat dieselben wirtschaftlichen Voraussetzungen wie dieser und ist nur eine verwickeltere Form der gleichen Erscheinung.

§ 48. Sehen wir nun zu, was sich begibt, wenn der „Gebrauch" des Dauergutes im Selbstverbrauch seitens des Besitzers besteht. In dem Falle vollzieht sich die Motivation des wirtschaftlichen Vorganges lediglich durch den subjektiven Wert und wir können den Verlauf ungetrübt in der isolierten Wirtschaft verfolgen. Hier vermögen wir aber nichts anderes als jene Werterscheinung wahrzunehmen, die uns als Wertperspektive bekannt ist. Das „Wertschwellen", das hier vorliegt, ist, wie wir wissen, ein Vorgang im menschlichen Innern, der eine Veränderung in der Außenwelt nicht bewirkt. Das Wirtschaftssubjekt erfährt in ihm nicht einen Gütergewinn: es gewinnt nicht erst durch die Wertveränderung an Lebensförderung. Der Wohlfahrtsnutzen war ihm in jedem Zeitpunkte durch die Verfügung über das Gut schon gesichert. Die einzelne konkrete Nutzung wird auch nicht an sich wichtiger durch den Eintritt ihrer Leistung, sie erschien nur in der Vergangenheit weniger wert als zurzeit eine gleiche Nutzleistung. Jener Wertabschlag der künftigen Nutzleistungen ist für das Wirtschaftssubjekt notwendig, um durch den Vergleich zu ermessen, ob und inwieweit es unter gegebenen Umständen seine Arbeit auf Sicherung künftiger Befriedigungen durch Güter von längerer Nutzdauer richten solle und richten könne oder besser für seine Wohlfahrt sorge, wenn es die Betätigung seiner Kraft der Gütergewinnung für vorhergehende bzw. gegenwärtige Bedürfnisse zuwendet. Wenn aber die Anzeige des Wertes nach der ersteren Richtung wies, dann tritt in Hinkunft genau dasjenige Resultat ein, um dessentwillen der Arbeitsaufwand erfolgte: dasselbe ist schon durch diesen gesichert, nicht erst durch das Wertschwellen herbeigeführt.

Die Ziffern des Beispiels, das die Tauschwertgestaltung beschrieb, obschon nur unter den Voraussetzungen einer hochentwickelten Tauschwirtschaft zu gewinnen (vgl. letzte Einschaltung) wären immerhin an sich geeignet, auch die Wertperspektive des subjektiven Wertes zu illustrieren, aber die Wertdifferenzen, welche sie bezeichnen, haben da ökonomisch nicht die gleiche Bedeutung. Es liegt ein ganz wesentlicher Unterschied von dem früheren Falle vor. Die perspektivische subjektive Wertung erschöpft ihren wirtschaftlichen Dienst, den sie dem Menschen leistet, mit dem Entscheide über die Herstellung des Dauergutes. Ist der Entscheid im bejahenden Sinne erfolgt, dann hat das Wirtschaftssubjekt keinen Anlaß weiter, den jeweiligen Gesamtwert des dauerbaren Gutes in den verschiedenen Zeitpunkten seiner Existenz in Ansatz zu bringen, weil keine Wirtschaftshandlung mehr in den Gesichtskreis tritt, zu deren Zwecken solches erforderlich wäre. Ein Übergang des Gutes an andere Wirtschaften findet ja nicht statt, es handelt sich nur um den mechanischen Ablauf seines Verbrauches, der durch das Bedürfnis und die natürliche Beschaffenheit des Gutes sich von selbst vollzieht. Lediglich die Zeitdauer dieses Ablaufes ist vom Wirtschaftssubjekte im Auge zu behalten, um rechtzeitig wieder für weiter vorzusorgen, wenn das in seiner Absicht liegt; aber in anderer Hinsicht beschäftigt das Gut den Geist des Wirtschaftssubjektes nicht mehr. Es wird also keinerlei Motiv für das Wirtschaftssubjekt wirksam, dem Ausmaße der Wertverminderung im Vorschreiten der Nutzung nachzugehen; eine „Abnutzungsquote" nach der Formel sich zu vergegenwärtigen — Robinson würde höchlich erstaunt sein zu hören, er berechne derart die vorschreitende Wertverminderung seiner Hütte oder seiner Hausgeräte. Die Beziehung des der eigenen Arbeit zu dankenden Wohlfahrtsgewinnes durch das dauerbare Gut auf den jeweiligen Rest des solcherart berechneten Gutswertes wäre ein unmotiviertes und zweckloses Phantasiespiel, durch welches — ganz abgesehen von seiner ziffermäßigen Unerklärbarkeit — der Unterschied dieses Wohlfahrtsgewinnes von dem, der durch den Umsatz der Nutzungen im Tauschverkehr erzielt wird, nicht aufgehoben würde.

Wir meinen die Wirklichkeit mit Vorstehendem richtig beschrieben zu haben. Robinson stellt uns alle die Menschen vor, die in vergangenen Wirtschaftsepochen im Kreise der eigenen Wirtschaft sich ihre Behausung errichteten, ihre Kleidung, ihre Waffen, ihren Schmuck herstellten, die Hausgeräte anfertigten usw., oder die noch gegenwärtig auf gleicher Entwicklungsstufe stehen. Wie unwirklich wäre es, diesen Menschen bei der Verwendung solcher Gebrauchsgüter den Bezug eines lediglich durch zeitliche Wertdifferenzen bewirkten Wohlfahrtsgewinnes zuzuschreiben! Wohl keiner der ungezählten Millionen ist sich je eines solchen bewußt geworden!

Einschaltung: Gebrauchs-Dauergüter und Kapitalbildung. Die Einsicht, daß in den Wertvorgängen bei Herstellung und Nutzung von dauerbaren Gebrauchsgütern die Erscheinung des Zinses nicht eingeschlossen sei, ist geradewegs aus der Gegenwartswertung zu gewinnen. Schon die Gegenwartswertung eines Vorrates verbrauchlicher Güter, die in aufeinander folgenden Zeiteinheiten konsumiert werden sollen, zeigt im ziffermäßigen Bilde, wie wir wissen, den Wertabschlag der dem künftigen Verbrauche vorbehaltenen Stücke, welchen der Verlauf der Zeit wieder ausgleicht. Mit Rücksicht auf den höheren künftigen Wert enthält sich das Wirtschaftssubjekt des gegenwärtigen Verbrauches derjenigen Guteinheiten, die in solchem nur einen geringeren Nutzen, eben den der Wertanzeige, stiften würden. Im künftigen Zeitpunkte genießt es den vollen Nutzen, um dessentwillen der gegenwärtige Verbrauch unterlassen wird. Wir sehen hier ein „Wertschwellen“, das den Wohlfahrtsgewinn zum Ausdruck bringt, den das Wirtschaftssubjekt durch seine wirtschaftliche Handlung sich verschafft, ohne daß eine Änderung im Güterbestande eingetreten wäre. Im sukzessiven Verbrauche eines Gütervorrates spielen sich hiermit die nämlichen Wertvorgänge ab, wie im Verbrauche der Nutzungen eines dauerbaren Gutes. Das ist Böhm auch wohl bekannt; er führt auch die verbrauchlichen Güter, welche für die Zukunft aufbewahrt werden, als „Zukunftsgüter“ an, aber er läßt sie sofort von der Bildfläche verschwinden: ein wissenschaftlich unzulässiges Vorgehen! Wäre er den bezüglichen Wertvorgängen nachgegangen, so wäre ihre Identität mit denjenigen beim Verbrauche von Dauergütern gar nicht zu übersehen gewesen und es hätte nicht in dem sukzessiven Verbrauche der Nutzungen dauerbarer Güter ein Zins gefunden werden können, ohne Zinsgewinn auch demjenigen zuzusprechen, der ein Gut für späteren Verbrauch aufbewahrt!

Es fällt in die Augen, daß die Herstellung von dauerbaren Gebrauchsgütern und die Kapitalbildung nahverwandte Wirtschaftshandlungen sind. Sie stimmen darin überein, daß Produktivkräfte der gegenwärtigen Bedürfnisbefriedigung vorenthalten und auf künftige gerichtet werden, die eine Wohlfahrtsmehrung bedeutet und in entsprechender Werterhöhung der bezüglichen Güter ihren Ausdruck findet. Schon deren Gegenwartswert überwiegt den Wert der durch gleiche Arbeit zu gewinnenden gegenwärtigen Güter und leitet dadurch das wirtschaftliche Handeln. Es ist wohl an dieser Stelle nicht mehr erforderlich, das durch ziffermäßige Beispiele zu erläutern. Der höhere Wert kann beim dauerbaren Gebrauchsgute lediglich durch die Summierung der wiederkehrenden Befriedigungen sich ergeben, entspringt dagegen beim Kapitale, soferne solches nur einen Befriedigungsakt (durch das Schlußprodukt) bewirkt, aus der größeren Stärke des betreffenden Bedürfnisses oder aus der Befriedigung mehrerer Personen durch die Mehrzahl der erzeugten Produkte. Bei denjenigen Kapitalgütern, aus welchen ebenfalls wiederkehrende Befriedigungen hervorgehen, d. i. den dauerbaren Produktivgütern, tritt auch wieder die Wertbildung auf Grund der Summierung ein und es kann daher vielleicht schon ein minder starkes Bedürfnis die die Kapitalbildung entscheidende Werthöhe mit sich bringen; in der Regel wird freilich die Summierung und die größere Stärke der Bedürfnisse vereint sein.

Alle diese in den Gesichtskreis tretenden Werte werden verglichen und es werden die Produktivkräfte der Erzeugung des höchstwertigen unter den verglichenen Gütern zugewendet. Ob nun aber ein dauerbares Gebrauchsgut oder ein Produktivgut erzeugt worden ist: es genießt das Wirtschaftssubjekt dann eben den Wohlfahrtsgewinn, welcher der Zweck der bezüglichen Wirtschaftshandlung gewesen ist. Beim Dauergute liegt also vom Beginne einer neuen Wirtschaftsperiode an, ebenso wie beim Kapitale, eine Ausstattung der jeweiligen Gegenwart mit einem der Vergangenheit entsprungenen Nutzungsfonds vor. Das ist wohl auch der Gesichtspunkt, welcher die begriffliche Zusammenfassung beider Dinge seitens mancher Theoretiker veranlaßte.

Die erwähnte Übereinstimmung darf jedoch nicht dazu führen, das bekannte Unterscheidungsmerkmal zu übersehen oder zu vernachlässigen, das den beiden Güterkategorien einen verschiedenen wirtschaftlichen Charakter verleiht. Die Gebrauchsgüter gewähren den Wohlfahrtsnutzen unmittelbar in jedem Nutzungsakte, die Produktivgüter mittelbar: diese gewähren ihn erst für die nächste Wirtschaftsperiode oder von der nächsten Wirtschaftsperiode an und müssen überdies noch der Arbeit unterzogen werden, die sie zum Gebrauchsgute umwandelt. Die Bezeichnung beider Umstände durch das Wort „mittelbar" ist durch die Zweideutigkeit desselben möglich. In dem seinerzeitigen Produktionsbeschlusse des Wirtschaftssubjektes, der Wahl zwischen Herstellung eines dauerbaren Gebrauchsgutes oder eines Kapitalgutes, war die Entscheidung darüber gelegen, ob die Vorsorge für die Bedürfnisbefriedigung der Zukunft durch Lenkung der Arbeit auf unmittelbare, wiederkehrende oder auf mittelbare, sei es einmalige oder ebenfalls wiederkehrende Befriedigung erfolgen solle, was nach der relativen Stärke der bezüglichen Bedürfnisse zu bestimmen war.

Die Bedürfnisse konkurrieren derart um die beiden Verwendungszwecke der Produktivkräfte und es ergibt sich dadurch jeweils in dem Güterbestande eines Wirtschaftssubjektes (oder kollektiv betrachtet: eines Volkes) ein bestimmtes Verhältnis, in welchem derselbe sich aus den beiden Güterkategorien zusammensetzt; ein Verhältnis, das in seinem konkreten Ausmaße von den Daten der Wirtschaft abhängt.

Die beiden Güterklassen bedingen einander und beschränken einander: für je längere Zeit unmittelbare Bedürfnisbefriedigung durch Vorhandensein von Gebrauchsgütern, darunter insbesondere auch von Dauergütern, gesichert ist, desto mehr können die Produktivkräfte auf mittelbare künftige Befriedigung gerichtet werden, und je mehr Kapitalien vorhanden sind, desto reichlichere und in Dauergütern auf desto weitere Zukunft reichende Produktion kann stattfinden. Andererseits bedeutet die Nötigung, die in einem bestimmten Ausmaße verfügbaren Produktivkräfte für den einen oder den anderen Zweck zu verwenden, eine Einschränkung des einen auf Kosten des anderen. Der Wohlfahrtsgewinn der einen Art schließt den der anderen Art aus: es hängt dann eben von der im Güterwert dem Wirtschaftssubjekte vorschwebenden Größe desselben ab, welchen von beiden es im gegebenen Falle anstrebt.

Der betonte Unterschied läßt einen Vergleich des „Wertwachstums" der Nutzleistungen der dauerbaren Gebrauchsgüter mit dem Reifen von Früchten unangebracht erscheinen. Bei der Wertdifferenz zwischen

Produktivmittel und Produkt mag der Vergleich statthaft sein, denn der Wohlfahrtsgewinn durch Kapitalverwendung ist noch an die Bedingung der Aufwendung von Produktivkräften geknüpft, welche aus dem zu der erstrebten Bedürfnisbefriedigung an sich ungeeigneten, noch ungenießbaren Gute das genußreife Schlußprodukt hervorbringen [1]). Bei den dauerbaren Gebrauchsgütern bedarf es einer solchen Ausreifung ihrer Nutzungen nicht: diese sind an sich reif und sind genußfertig im Gutskörper als Vorrat aufgehäuft, in welchem sie des Zeitpunktes harren, in dem der Bedarfsfall herangekommen ist. Die Ausgleichung des reduzierten Gegenwartswertes durch das Verstreichen der Zeit ändert nichts an der ökonomischen Sachlage. Der Wohlfahrtsgewinn liegt schon im Vorhandensein des Dauergutes von Anfang an. Das Eintreten der Vollwertigkeit der einzelnen Nutzung im Zeitpunkte ihrer Wirksamkeit bewirkt keine weitere Mehrung dieses Gewinnes und bedeutet daher noch viel weniger einen Zins, als der Gütergewinn durch Kapitalverwendung in der Einzelwirtschaft einen solchen bedeutet. Was dort ausgeführt wurde, gelangt hier als Argument *a fortiori* zur Anwendung.

Die Verwandtschaft der beiden uns interessierenden Wertungsvorgänge hat gewisse Parallelismen zur Folge, insbesondere, wo beiderseits die Eigenschaft der Dauerbarkeit ihre Rolle spielt, also bezüglich der dauerbaren Gebrauchsgüter und des stehenden Kapitals. Dieser Erscheinungen hat hier nur insoferne Erwähnung zu geschehen, als betont werden muß, daß sie nicht ausreichen, eine Wesensgleichheit zu begründen. Hierher gehört zunächst das Verhalten des Wirtschaftssubjektes in Hinsicht auf eine dauernde Sicherung der betreffenden Bedürfnisbefriedigungen.

Will das Wirtschaftssubjekt bei dauerbaren Gebrauchsgütern sich die Andauer der Bedürfnisbefriedigung sichern, so muß es selbstverständlich während der Zeitdauer des Verbrauches die zeitliche Wohlfahrtsbilanz gegenüber der Zukunft von neuem ziehen und nach den gleichen Gesichtspunkten wie früher auf Gewinnung von Ersatzgütern durch Verwendung gegenwärtiger Produktivkräfte bedacht sein. Das würde in der Einzelwirtschaft sogar ebenso von einem Vorrate ver-

---

[1]) Böhm hat (Positive Theorie II, S. 188) das Ausreifen der Produktivgüter zu Gebrauchsgütern für die gesamte Produktion einer Volkswirtschaft sehr hübsch durch das Bild des Durchschnittes durch einen Baumstamm dargestellt, dessen Jahresringe die gleichzeitigen verschiedenen Stadien der Gütergewinnung veranschaulichen. Wie durch das Aufsteigen des Saftes im Stamme sich die Jahresringe ansetzen und dadurch das Wachstum, also das Reifen der Pflanze sich vollzieht, so setzen die vorhandenen Produktivkräfte ihre Nutzleistungen in den Jahresringen der Produktion ab, die Güter dadurch sukzessive zur Reife bringend. Durch Übertragung dieses Bildes auf die dauerbaren Gebrauchsgüter erklärt sich die etwas gewagte Metapher von den späteren Nutzleistungsringen, die heranreifen und vollwertig gepflückt werden. Allerdings sind die Tauschwerte der Nutzleistungen gemeint.

brauchlicher Güter wie von Dauergütern gelten. Daß diese Vorsorge ratenweise während der ganzen Zeitdauer des Verbrauches ins Werk zu setzen wäre, ist nicht erforderlich, wird sich aber offenbar in den meisten Fällen nahelegen. Mit den Kapitalgütern steht es nicht anders. Robinson kann die Baufälligkeit seiner Hütte abwarten, bevor er zur Errichtung einer neuen schreitet oder schon vorher nach und nach die Baumaterialien zurichten; einen neuen Bogen sich schnitzen, wenn der alte bricht, oder schon während der Nutzungsdauer des Gerätes regelmäßig ein gewisses Arbeitsmaß der sukzessiven Herstellung eines neuen zuwenden. In der Geldwirtschaft und bei ausgebildetem Kapitalismus werden sich Rücklagen, nach der Formel, deren Anwachsen von einem Jahr zum andern durch Anlage auf Zinseszins bewirkt wird, als das ökonomisch Richtige erweisen. Wenn auch hier in der Tilgung vorliegende Kapitalbildung und die Anschaffung von dauerbaren Gebrauchsgütern in gleicher Weise vor sich gehen, so wird doch der Unterschied zwischen beiden Wirtschaftsvorgängen nicht tangiert.

Die Eigenschaft der Dauerbarkeit zeigt bei verschiedenen Gütern, die einem und demselben Gebrauchszwecke dienen, verschiedene Abstufungen, die eine entsprechende, jedoch sich relativ vermindernde Abstufung in dem Aufwande von Produktivkräften zur Herstellung der bezüglichen Güter bedingen. Je weiter die Dauerhaftigkeit eines solchen Gutes in die Zukunft reicht, desto geringer ist der Gegenwartswert seiner weiter hinausliegenden zukünftigen Nutzleistungen. In desto geringerem Maße wächst folglich durch diese der Gegenwartswert der gedachten Güter und es gibt daher jeweils einen Grenzpunkt, bei welchem der Entgang an gegenwärtiger Befriedigung, die durch dasjenige Ausmaß von Produktivkräften zu erlangen ist, das auf die Herstellung der betreffenden Dauergüter zu richten wäre, größer wird als die Wohlfahrtsförderung durch die letzteren. Bis zu diesem Punkte ist die Herstellung und Verwendung von Dauergütern eine ökonomisch richtige Handlung und dies gilt sowohl für Gebrauchsgüter wie für Produktivgüter. Auf diese Bilanz haben verschiedene Umstände technischer Natur, ökonomisch hauptsächlich das quantitative Verhältnis der verfügbaren Produktivkräfte zum gegenwärtigen Bedürfnisstande, Einfluß und sie enthält den entscheidenden Gesichtspunkt der praktischen Ökonomie der Dauergüter, ist aber in keiner Weise geeignet, die Unterschiede zwischen den Wirtschaftsakten, die auf Bedürfnisbefriedigung durch dauerbare Gebrauchsgüter, und die auf solche durch Kapitalbildung gerichtet sind, zu verwischen.

In der Tauschwirtschaft unserer Wirklichkeit verschieben sich die Gesichtspunkte der Anschauung dadurch, daß und insoweit als der Verkehrsbegriff des Kapitales zur Geltung gelangt. Die wirtschaftliche Entscheidung über die Verwendung einer bestimmten Gütermenge zur Beschaffung eines dauerbaren Gebrauchsgutes oder als Kapital beruht auch hier auf der Wahl zwischen unmittelbarer wiederkehrender oder mittelbarer (späterer), doch gesteigerter Bedürfnisbefriedigung, nur daß die letztere nicht mehr durch das Hinzutreten zwischenliegender Arbeit, sondern durch den Zinsgewinn bewirkt wird. Insoweit dauerbare Gebrauchsgüter als Umsatzgüter für ihre Besitzer eine Zinsquelle bilden, fallen sie unter den Verkehrsbegriff des Kapitales und fällt daher für die bezüglichen Wirtschaftssubjekte die Gewinnung solcher Dauergüter mit der Kapitalbildung zusammen.

---

§ 49. Begeben wir uns nun aus der isolierten Einzelwirtschaft in unsere Privatwirtschaft und sehen wir zu, wie es sich da in dem Fragepunkte mit dem Selbstverbrauche dauerbarer Gebrauchsgüter verhält. Wenn die gedachte Theorie von den Umsätzen aus die Generalisierung zuließe, so müßte der Selbstverbrauch von Dauergütern in unserer Wirtschaft als ein mit dem Zinsgewinn identischer Wohlfahrtsgewinn erscheinen. Die Argumentation mit den Ziffern des Beispielfalles wird uns bestätigen und erläutern, was die logische Deduktion vorhinein ergibt.

Ein Kapitalist kauft ein Klavier, dessen Gegenwartswert nach den im früheren für die Maschine gewählten Zifferansätzen bei sechsjähriger Dauer und dem Werte einer Jahresnutzung von 100 sich mit 507,55 berechnet, um diesen Preis, vermietet es um 100 jährlich und erwirbt dadurch das Zinseinkommen von 5% des jeweils ausstehenden Kapitalbetrages. Derjenige, welcher das Instrument durch sechs Jahre um jährliche 100 gemietet hat, oder, was das gleiche ist, die Gesamtheit der Mieter, welche in den sechs Jahren aufeinander gefolgt sind, hat in dieser Summe (außer der Werterstattung) dem Verleiher Zins gezahlt. Wie, wenn er selbst das Klavier um 507,55 gekauft hätte und sohin den Gebrauchsnutzen genießt? Bezieht er in diesem Falle Zins vom Ankaufskapitale? Eine kurze Überlegung lehrt, daß dies nicht der Fall sein kann. Der Mann hat mit dem Betrage von 507,55 gegenwärtiger Güter die Nutzungen des Instrumentes auf sechs Jahre vorgekauft. Er braucht somit während dieser Wirtschaftsperioden seinen übrigen Bedürfnissen das Güterquantum, das er für Musikgenuß aufzuwenden bereit ist, nicht mehr zu entziehen; jenes Güterquantum, welches nach der Annahme des Beispiels 100 beträgt. Er hat jedoch demgegenüber auch einen Entgang in seiner Wirtschaft zu verzeichnen. Er hat 507,55 ausgegeben, die ihm, als Kapital angelegt, einen jährlichen Gütergewinn im Ausmaße von 5% eingebracht hätten. Er hätte die Summe zu 5% Zins und Zinseszins auf sechs Jahre anlegen können, was, Tilgung und Verzinsung in eine gleiche Annuität zusammengefaßt, 100 für jedes Jahr ergeben hätte. (74,62 Tilgung, 25,38 Zins im ersten Jahre, 78,15 Tilgung, 21,65 Zins im zweiten Jahre usw., genau nach den Ziffern der Tabelle.) Die Kapitalanlage hätte selbstverständlich auch in der Weise erfolgen können, daß das gesamte Kapital erst am Ende der Jahresreihe erstattet und bis dahin mit 5% jährlich, d. i. 25,38 verzinst werde. Das ist jedoch im wirtschaftlichen Effekte bekanntlich ganz dasselbe, denn die Beträge, welche in den Annuitäten früher zur Rückzahlung gelangen, können wieder zinstragend verwendet werden, wodurch sich die jährliche Zinseinnahme wieder auf 25,38 erhöht. Dann wäre aber der Aufschub gegenwärtiger Befriedigung auf den Ablauf der Kapitalverwendung konzentriert, während ihn die Annuitätentilgung gleichmäßig über die ganze Zeit verteilt. Als Kapital verwendet, hätte folglich die Kaufsumme von 507,55 dem Manne Jahr für Jahr den Betrag von 100 zur Verfügung gebracht, der somit für die laufenden Bedürfnisse hätte verbraucht werden können [1]). Durch Ankauf des Musikinstruments wurde er diesen entzogen: die Sachlage ist, wie man sieht, die nämliche wie in dem Falle der Miete. Die Zinszahlung, welche in letzterer enthalten ist, ist hier als Zinsentgang mit gleichem wirtschaftlichen Effekte zu verzeichnen. Und es kann ja auch gar nicht anders sein. Der Ankauf der einzelnen Nutzungen nacheinander kann wirtschaftlich nicht anders beschaffen sein als der Ankauf des Gesamtkomplexes der Nutzungen in einem Akte. Übereinstimmend wird in beiden Fällen der Gebrauchsnutzen dem Zinse vorgezogen. Ob je die einzelne Nutzung erkauft wird oder sämtliche auf einmal erworben werden, der Kauf erfolgt, wenn die Nutzleistungen dem Käufer eine höhere Befriedigung verschaffen als das zum Ankauf hingegebene Gut, wenn der subjektive Wert der Nutzleistungen den Wert des Kaufgutes übersteigt. Darin findet auch der Satz wieder Bewährung, daß der Zinszahler ebenfalls Wohlfahrtsgewinn von dem Umsatze davonträgt.

Wir sehen, daß wir durch die nationalökonomische Theorie nicht genötigt sind, wozu wir aber allerdings durch die Theorie Böhm's verhalten wären, unsere Aufwendungen für Kleider, Mobiliar, Bücher u. dgl. als Kapitalanlagen aufzufassen, die uns die landesübliche Verzinsung abwerfen.

§ 50. Hiermit sind wir zum Konklusum gelangt, das wohl die Frage klärt. Dauerbare Gebrauchsgüter werfen kraft ihrer Eigenschaft als Dauergüter einen Zins nicht ab, sie können jedoch als Umsatzgüter in der Privatwirtschaft unter den gleichen Voraussetzungen wie alle Güter, eben durch den Umsatz, Zins ergeben. Im Umsatze der einzelnen sukzessiven Nutzungen nimmt dieser als Mietzins eine eigenartige Form an.

Die erlangte Einsicht löst mit einem Schlage die bekannte Zweifelfrage, ob die dauerbaren Gebrauchsgüter zum Kapitale zu zählen sind

[1]) Auch die Tilgungsbeträge müssen herangezogen werden, da es sich bloß um die Bedürfnisgestaltung während der bewußten sechs Jahre handelt. Eine Aufsparung der Tilgungsbeträge würde eine Kapitalbildung für die über sechs Jahre hinaus liegende Zeit bedeuten, die nicht in Vergleich kommt.

oder nicht. Das Kreuz, das die Theoretiker mit dieser den Umfang des Kapitalbegriffes betreffenden Frage gehabt haben, ist von ihnen genommen. Die Frage ist für den Verkehrsbegriff des Kapitales insoweit die dauerbaren Gebrauchsgüter für die Wirtschaft als Umsatzgüter in Betracht kommen, zu bejahen, für den Urbegriff zu verneinen. Unklar war dies wohl in der oft wiederholten Aussage enthalten, die den gedachten Gütern Kapitaleigenschaft zusprach, weil man durch Vermietung einen Ertrag aus ihnen erzielen könne. Aber man glaubte sich dann gezwungen, wenn man überhaupt folgerichtig weiterdachte, den Selbstverbrauch dem Zinsbezuge gleichzustellen, und das ergab Unvereinbarkeiten mit der Definition des Kapitalbegriffes, über die man sich eben nur durch Worte hinweghalf.

Die Erscheinungen des praktischen Wirtschaftslebens, die in der entwickelten Theorie ihr getreues Spiegelbild haben, sind zu bekannt, als daß es mehr als eines flüchtigen Erinnerns an sie bedürfte. Die Fälle sind uns geläufig, in welchen solche Güter ausnahmsweise durch Einzelverkauf ihrer Nutzungen in Umsatz gebracht werden, und man erkennt leicht die wirtschaftlichen Umstände, welche es begründen. Man denke an die Vermietung von Instrumenten, Möbeln, Büchern u. dgl.

Der Kauf der einzelnen Nutzungen erfolgt seitens solcher Wirtschaftssubjekte, welche im konkreten Falle nur eine oder wenige aus der Gesamtreihe der Nutzungen verbrauchen wollen und deren Wertstand ein zu hoher ist, als daß sie wegen eines solchen vereinzelten Gebrauchsnutzens den Kaufpreis des ganzen Gutes aufzuwenden willens wären, oder von seiten anderer, die zwar das Gut verbrauchen wollen, jedoch die zum Ankaufe desselben nötigen Mittel gleichzeitig nicht besitzen. Der Verkauf der einzelnen Nutzungen bedingt diverse Nebenbestandteile im Preise, die von der Beschaffenheit des bezüglichen Gutes und verschiedenen Umständen abhängen, von welchen man sich leicht Rechenschaft geben kann. Diese, sowie die Gelegenheit zur Erzielung hoher Tauschgewinne, welche gerade bei solchen Geschäften in wirtschaftlichen Machtverhältnissen und häufig mangelnder Konkurrenz geboten ist, erhöhen nicht selten den Mietpreis auf einen Satz, der den normalen Zins ansehnlich übersteigt.

Den direkten Gegensatz bildet ein Gut, bei welchem der Verkauf der einzelnen Nutzung die Regel, ja geradezu den nur von wenigen Ausnahmen durchbrochenen Normalfall seines Gebrauches bildet. Es ist das Wohnhaus unserer städtischen Ansiedlungen. Eine Reihe technischer und ökonomischer Gründe bedingt dies, selbst in Gebieten, wo das Bausystem der Einzelwohnung vorherrscht. Schon allein die lange Dauer der Nutzbarkeit, die zufolge der soliden Bauweise viele Generationen umfassen kann, bringt es mit sich. Das Miethaus fällt daher unter unseren Lebensverhältnissen in der Tauschwirtschaft unter den Gesichtspunkt der Kapitalanlage. Diese weist Besonderheiten auf, die uns hier nicht interessieren und von welchen nur das Hinzutreten der Grundrente als Komplikation notiert werden soll.

Das Miethaus beeinflußt dann aber in der kapitalistischen Wirtschaft auch den wirtschaftlichen Charakter des Eigenhauses. Bei der langen Dauer der Nutzbarkeit wechselt das Wohnhaus im Laufe seines Daseins mehrere mal, meist viel mal seinen Eigentümer: das selbstbewohnte Haus wird Miethaus und umgekehrt, so daß der Mietertrag eo ipso die Grundlage zur Berechnung des Preises beim Besitzwechsel abgibt. Wo die allgemein übliche Bauweise mehrere, oft viele Wohnungen in einem Hause vereint, deren eine nur der Hauseigentümer bewohnen kann, muß vollends der Gesichtspunkt durchschlagen, daß die eigene Wohnungsnutzung als Ersparung von Mietzins im Haushalte zählt. Hierauf beruht es, daß wir unser modernes Wohnhaus überhaupt als Zinsquelle ansehen. Mit dem Vordringen des Wohnungskomforts in die Kreise der Landbevölkerung und des Kapitalismus in die Bodenkultur wird auch das ländliche Wohnhaus nach und nach in die Entwicklung nach gleicher Richtung einbezogen. Der Einblick in die angedeuteten Zusammenhänge, die dem Wohnhause in der vollentwickelten Privatwirtschaft das Gepräge geben, setzt uns in den Stand, es wohl zu scheiden von der Klasse der Produktivgüter, aber auch von demjenigen Wohnhause, das durch Robinson's Hütte repräsentiert ist. Wer die Lebensumstände in agrikolen Gebieten und insbesondere in minder vorgeschrittenen Ländern sich vor Augen hält, wird die Tragweite dieser Feststellung ermessen, die die volkswirtschaftliche Theorie davor bewahrt, in dem Punkte zu einem Zerrbilde der Wirklichkeit zu werden.

VII. Kapitel.

Der Zins im privatwirtschaftlichen Produktionsprozesse.

I. Abschnitt. Die Theorie der Produktionsumwege.

§ 51. Es erübrigt nunmehr nur noch die Untersuchung der verwickeltsten Erscheinung unseres Gebietes: des Zinses in der kapitalistischen Produktion der Privatwirtschaft. Auf diese ist die Theorie der Produktionsumwege eigentlich zugeschnitten; jenes originelle, abstrakte Gedankenbild der Produktionsvorgänge, das, indem es den Kapitalbegriff entwickelt, zugleich auf die Erklärung des Zinses hinzielt. Zwar ist es im Grunde eine rein ökonomische Konzeption, gültig für jede kapitalistische Produktion, auch die der isolierten Wirtschaft, aber der Mehrertrag, der, als den Produktionsumweg bedingend, vorangestellt wird, ist noch nicht der Zins und um zu diesem zu gelangen, werden privatwirtschaftliche Elemente in die Gedankenentwicklung eingeführt, nämlich das Gewinnstreben und die Konkurrenz von Unternehmern, wodurch der Begriff eben jenes privatwirtschaftliche Gepräge erhält.

Insoweit die Theorie der Produktionsumwege dem Erweise der angeblichen Mehrwertigkeit gegenwärtiger gegen künftige Güter zur Grundlage dienen soll, haben wir uns mit ihr bereits beschäftigt. Die Untersuchung wurde in der Richtung geführt, ob, wenn sie als Prämisse unangefochten hingenommen wird, der Beweis als erbracht anzuerkennen sei. Da sich ergab, daß dies nicht der Fall sei, so erschien es an jener Stelle nicht erforderlich, näher auf die Lehre einzugehen.

Für den Fragepunkt, welchem wir uns jetzt zuwenden, handelt es sich jedoch darum, ob die ökonomischen Gesichtspunkte, unter welche sie die technischen Produktionsvorgänge bringt, uns überhaupt ein zutreffendes Bild und eine befriedigende Erklärung der Erscheinungen der kapitalistischen Produktion in der Privatwirtschaft vermitteln, und ob der Zins in dieser durch sie etwa auch unter Absehen von der Mehrwertigkeit der Gegenwartsgüter nach den „drei Gründen“ seine Erklärung finde; aber auch darum, zu verstehen, in welchem Lichte ihr die Wirtschaftshandlungen der in der privatwirtschaftlichen Gütergewinnung einander gegenübertretenden Wirtschaftssubjekte der Unternehmer-Kapitalisten einerseits, der Lohnarbeiter andererseits erscheinen. Jetzt ist daher eine Nachprüfung ihres Inhaltes am Platze. Eine solche ist allerdings ohne einige Weitläufigkeit nicht durchführbar und selbstverständlich in dem Sinne vorzunehmen, um von ihr aus zu positiven Ergebnissen im Bereiche der eigenen Lehrmeinung zu gelangen [1]).

Die Theorie, wie sie vorgetragen wird, hat auf den ersten Blick den Anschein des Einleuchtenden. „Wenn man's so hört, möcht's leidlich scheinen." Sie hat auch guten Sinn in dem Kerne desjenigen, was sie zur Erkenntnis bringen will. Sie kehrt sich gegen die bekannte Auffassung, die im Kapitale einen selbständigen Produktionsfaktor erblickte, und hält ihr entgegen, daß das Kapital nichts anderes ist als „aus dem Riesenschatze der Naturkräfte herangezogene neue Hilfskräfte, deren Tätigkeit dem Produktionswerke zugute kommt". Die Kapitalbildung und -verwendung ist der Weg, diese Naturkräfte mit dem erwähnten Nutzeffekte für menschliche Lebensförderung heranzuziehen. Nur in der Charakterisierung dieses Weges als Umweg liegt der Keim von Irrungen, die sich erst dadurch ergeben, daß der richtige Grundgedanke zu einer Lehre, welche die ganze Erscheinung des Kapitals und des Produktivkapitalzinses erschöpfen soll, ausgewalzt wird. Wir werden zusehen, wie sich dieser Keim entwickelt.

§ 52. Im allgemeinen und in allen ziffermäßigen Ausführungen, die den Lehrvortrag als Beispiele zu erläutern bestimmt sind, wird als Frucht der gekennzeichneten Wirtschaftshandlung eine größere Menge an Gütern erwiesen, gegenüber einer geringeren Menge, die bei andersartigem Vorgehen, bei der „Augenblicksproduktion", zu erzielen sei. Und zwar eine mehr als verhältnismäßig größere Menge: eine größere, als dem Verhältnisse des Arbeitsaufwandes in den Vergleichsfällen entspräche.

Die Verlängerung der Produktionswege als Ursache dieses produktiven Mehrergebnisses wird auf das Gesamtprodukt eines solchen Produktionsvorganges, aber auch auf alle einzelnen Produkte zusammengenommen, bezogen derart, daß jedem außer der Zeit, welche die speziell auf jedes einzelne zu wendende Arbeit erfordert, die Zeit der Herstellung der technischen Hilfsmittel, mit deren Hilfe alle aus dem

[1]) Wie dem Leser bekannt ist, hat die Theorie vielfache Anzweiflungen und Anfechtungen erfahren, die Böhm auf das einläßlichste zu widerlegen bemüht war. Insoweit die erhobenen Anstände durch die betreffenden Erörterungen, die in der dritten Auflage seines Werkes zum Abschlusse gebracht sind, bereinigt erscheinen, soll nicht mehr auf sie zurückgegriffen werden.

Am Schlusse dieses Abschnittes (§ 65) sind die Sätze, welche auf Grund der Theorie in der Darstellung des Zinses der Produktiv-Unternehmung zur Verwendung kommen, in einen Absatz zusammengefaßt, so daß derjenige Leser, welcher die Zinstheorie ohne Unterbrechung zu verfolgen wünscht, vorerst den zweiten Abschnitt, vorbehaltlich des ersten, zur Kenntnis nehmen kann.

Produktionsvorgange hervorgehenden Güter gewonnen werden, als Produktionszeit angerechnet wird, beispielsweise beim Fischfang mit Boot und Netz jedem Fische die Zeit, welche erforderlich ist, um einen Fisch zu fangen, nebst der Zeit, welche die Herstellung von Boot und Netz gekostet hat. In diesem Sinne wird von der „Produktionsperiode“ eines Gutes gesprochen, gleichbedeutend mit Produktionsperiode, welche die betreffende Produktion aufweist. Zuweilen wird dies sogar auf eine Güterspezies bezogen, was aber logischerweise nur als ein Gut der bezüglichen Spezies auszulegen ist. Hiervon ist die Produktionszeit zu unterscheiden, welche auf jedes einzelne einem solchen Produktionsvorgange entstammende Gut für sich im Durchschnitte entfällt. Diese muß, wenn der Produktionsakt ökonomisch gerechtfertigt sein soll, kürzer sein als die Produktionszeit nach der früheren Produktionsweise, und wird es daher bei allen tatsächlich eingeschlagenen Produktionswegen dieser Art sein, da bei einer Division einer größeren Zahl von Zeiteinheiten durch eine mehr als verhältnismäßig größere Zahl von Produkteinheiten eine Verkleinerung der auf jede Produkteinheit entfallenden Produktionszeit herauskommt.

Das ist auch durchaus die Meinung von Böhm; er spricht sie (a. a. O. S. 18) unzweideutig aus: „Der größere Erfolg der Umwegproduktion offenbart sich darin, daß man mit gleich viel Arbeit mehr Produkt oder das gleiche Produkt mit weniger Arbeit erlangen kann.“ Da selbstverständlich immer eine sich gleichbleibende Arbeitseinheit vorausgesetzt ist, damit auch die gleiche Zeiteinheit des Arbeitsaufwandes, so bedeutet „weniger Arbeit“ eo ipso auch „weniger Zeit“. Es ist also von Anfang festzuhalten, daß die Verlängerung der Produktionsperiode mit dem Erfolge einer vermehrten Produktmenge die Verkürzung der durchschnittlichen Produktionszeit für das einzelne in dieser Menge enthaltene Stück bedeutet, und es kommt lediglich darauf an, in welcher Hinsicht die Aussage bezweckt ist, ob das eine oder das andere, Verlängerung oder Verkürzung, gesagt werden muß. Die Zwecke, welche die in Rede stehende Theorie mit Rücksicht auf die Zinserscheinung verfolgte, bedingten den Sinn in der erstgedachten Hinsicht. Es kam ihr darauf an zu zeigen, wie dadurch, daß die ursprünglichen Produktivkräfte, Arbeit und Nutzungen der Naturdinge, anstatt auf Gewinnung von Gütern zu unmittelbarer Bedürfnisbefriedigung, vorerst auf Herstellung von technischen Hilfsmitteln aus dem Naturreiche gerichtet werden, mittels welcher in anschließender Arbeitsbetätigung sohin Güter für spätere Bedürfnisbefriedigung gewonnen werden, zwar ein beabsichtigter produktiver Mehrerfolg resultiert, bis zu dessen Eintreten aber eine längere Zeit verläuft, als bei Güterbeschaffung für gegenwärtigen Bedarf. Diese Feststellung erfolgte im Hinblick auf gewisse Voraussetzungen, an welche eine solche Produktionsweise geknüpft ist, und auf deren Folgewirkung in der Verkettung der Wirtschaftsperioden.

Es ist aber ersichtlich, daß die Wortfassung der Theorie leicht Mißverständnissen ausgesetzt ist, die ja auch nicht ausgeblieben sind.

§ 53. Indes erwächst ihr eine ernstere Schwierigkeit dadurch, daß, was sie für eine Produktion von bestimmten Gütern in größerer oder geringerer Menge aussagt, auf die Produktion verschiedenartiger Güter ausgedehnt werden muß. Der „größere Erfolg" der produktiven Tätigkeit durch Umwegproduktion begreift nicht nur „mehr Produkte", sondern auch „bessere Produkte" in sich und zwar auch solche in der Einzahl. Die Schwierigkeit ergab sich darin, einen Umweg auch da erweisen zu müssen, wo ein gewisses Gut überhaupt nicht anders als mit den bezüglichen technischen Hilfsmitteln hergestellt werden kann. Auch „bessere Produkte" zählen hierher, denn ein Gut von höherer Qualität als ein Gut derselben Spezies von minderer Qualität ist ein anderes Gut, und wenn ein solches ohne die bestimmten Hilfsmittel nicht erzeugt werden kann, so liegt eben der gleiche Fall vor wie bei einem Gute, welches das einzige seiner Art ist.

Die Generalisierung scheint ermöglicht durch die Auslegung, daß das Mehr in solchen Fällen in der Anzahl der Werteinheiten bestehe, welche die betreffenden Erzeugnisse der Umwegproduktion aufweisen, gegenüber dem Werte von anderen Gütern, die auf direktem Wege zu gewinnen sind. Eine Brille z. B. ist nur auf dem weiten technischen Umwege herzustellen, den Böhm (Pos. Theorie S. 17) so gut schildert, und sie stellt ein Gut dar, das für mich einen größeren Wert besitzt als ein anderes Gut, das ohne den technischen Umweg herzustellen ist. Allein, die Zahlen der Wertgrößen sind, wie wir uns erinnern, doch nur Vorstellungsbilder zu dem Zwecke, uns die Gradabstufung der Stärke von Wertgefühlen oder der „Bedeutung" verschiedener Güter, also die Verschiedenheit von Intensitätsgrößen, zu erläutern. Die Werteinheit des subjektiven Wertes ist eine immaginäre Größe: mit dieser die Menschen in der Weise rechnen zu lassen, wie das bei den Mengengütern mit der Stückzahl geschieht, wäre eine theoretische Konstruktion, die mit der Wirklichkeit nichts mehr gemein hat. Böhm hat — wohl mit gutem Bedacht — diese Gedankenbrücke nicht betreten, sondern hilft sich über die Schwierigkeit durch eine Auskunft hinweg, die man nicht billigen kann, aber als Zeichen eines reichen Geistes anerkennen muß. Er verblüfft uns durch die Wendung, der größere Erfolg äußere sich in den gedachten Fällen in der Gestalt, daß man diese gewissen Güter überhaupt nur auf indirektem Wege herstellen kann „und dieser so sehr der bessere sei, daß er der einzige Weg zum Ziele ist"; ein Satz, der einem Sophisten im herkömmlichen Sinne des Namens alle Ehre machen würde! Und er vermag keine bessere Erklärung zu geben, sondern sieht sich veranlaßt, an einer zweiten Stelle zu gleichem Zwecke den Ausspruch selbst zu zitieren. Sich auf derlei dialektische Künste zu verlassen, ist gefährlich. Nach solchem Muster wäre die ganze Theorie der Produktionsumwege mit einem einzigen Satze zu erledigen. Bei allen Gütern, welche ohne die technischen Kapitalien überhaupt nicht oder nicht in gleicher Qualität erzeugt werden können wie mittels jener — und das ist zweifelsohne die überwiegendste Mehrheit — müßte die Produktionsperiode direkter Gewinnung als unendlich bezeichnet werden; diesem Zeitmaße gegenüber ist auch die längste Produktionsperiode eine kürzere.

In Wirklichkeit ist eine Erklärung nicht geboten, und wir finden schließlich die erforderliche Generalisierung kurzweg ohne solche vollzogen durch Heranziehung des Tauschwertes, was den klarsten Beweis dafür bildet, daß die Theorie, wie eingangs bemerkt wurde, eben nur von den Erscheinungen der Privatwirtschaft abgeleitet ist. Wir sehen im Verlaufe der Ausführungen stets das produktive Ergebnis der Arbeitseinheit in einem kürzeren und in einem längeren Produktionsprozesse ausgedrückt in einer kleineren und einer größeren Geldsumme. Es wird eben die gesellschaftliche Produktion unter Voraussetzung der Tauschwirtschaft ins Auge gefaßt und den Produkten der Umwegproduktion ein höherer Tauschwert zugeschrieben, d. i. ausgesprochen, daß sie, zum Marktpreise umgesetzt, eine größere Summe von Geldeinheiten ergeben als das in gleicher Weise zu berechnende Produkt einer kürzeren oder gar einer direkten Produktion. Auf diese Weise wird, während die Argumentation betreffend die Mehrwertigkeit der gegenwärtigen Güter darauf beruhte, daß die Umwegproduktion eine größere Menge von Produkten hervorbringe und diese sohin auch größeren Wert aufweisen, hier die größere Menge in die Werteinheiten (Tauschwerteinheiten) verlegt. Nun gibt es freilich keine weitere Schwierigkeit der Beweisführung, aber der Zusammenhang zwischen der Heranziehung von Naturkräften zur Gewinnung eines Gutes und dem künftigen Marktpreise desselben ist nicht klargestellt. Ein ursächlicher Zusammenhang wäre zweifellos erwiesen, wenn der Wert eines Gutes sich durch die zu seiner Gewinnung aufgewandte Arbeit bestimmen würde, aber diese Werttheorie ist bekanntlich überwunden und ganz unvereinbar mit den Grundanschauungen der Grenznutzentheoretiker. Im Sinne Böhm's muß man vielmehr an die Ableitung des Wertes der sukzessive aufgewendeten Arbeitseinheiten von dem künftigen Tauschwerte des Schlußproduktes denken.

Hier haben wir also einen wunden Punkt der Theorie, über den man sich hinwegsetzen muß, wenn man sich auf sie einläßt. Jedenfalls ist es keine befriedigende theoretische Lösung, wenn man einen typischen Vorgang, der dem ökonomischen Wesen der Produktion an sich angehört, nur durch Zuhilfenahme von Begriffen der Privatwirtschaft zu erklären vermag.

§ 54. An Voranstehendes reiht sich sofort ein zweiter Einwand.

Die Arbeitsleistungen, mit welchen die Heranziehung von Naturkräften erfolgt, sind Akte technischer Betätigung. Es unterliegt keinem Zweifel, daß die derart gewonnenen technischen Hilfsmittel häufig eine Beschleunigung des Produktionsprozesses bewirken. Der Mensch kann ein neues Werkzeug ersonnen haben: die Arbeit, welche auf Herstellung desselben gewendet wird, verlängert den Produktionsweg. Aber die anschließende Arbeit mit Hilfe dieses Werkzeuges kann das Schlußergebnis in so beschleunigtem Zeitmaße herbeiführen, daß die Gesamtdauer des Produktionsprozesses vom Einsetzen der ersten Arbeitseinheit bis zur Fertigstellung des Produktes kürzer wird, als sie früher war, bevor jenes neue Glied in den technischen Prozeß eingeschaltet wurde. Das leugnet die Theorie auch gar nicht. Sie ist der das Produktionsverfahren abkürzenden Erfindungen gewahr und versucht sich mit ihnen schlecht und recht abzufinden. Auf welche Weise, ist für uns nebensächlich. Es genügt uns, festzustellen, daß die Lehre, die Einschaltung von technischen Zwischengliedern in den Produktionsprozeß ergebe notwendigerweise eine Verlängerung der Produktionsdauer, eine falsche Generalisierung darstellt. Wir müssen daher die Theorie derart auffassen, daß wir unter Produktionsumweg eine Produktionsweise verstehen, welche durch Einschaltung technischer Zwischenglieder in den Produktionsprozeß eine Steigerung des produktiven Effektes bewirkt. Dieser Vorgang kann eine Verlängerung oder auch eine Verkürzung der Gesamtdauer des Prozesses bedeuten (die letztgedachten Fälle sind natürlich um so vorteilhafter). Verlängerung der Produktionsperiode und Umwegproduktion erscheinen im Lichte dieser Erkenntnis nicht als gleichbedeutend, sie werden aber von der Theorie als gleichbedeutend behandelt. Richtigstellend können wir unter „Verlängerung der Produktionsperiode" nichts anderes als Vermehrung der Zahl der technischen Glieder eines Produktionsprozesses verstehen, einerlei, ob sie von einer Verlängerung oder einer Verkürzung der Zeit nach begleitet ist. Nur indem wir sie nicht wörtlich nehmen, können wir die Theorie anwenden.

§ 55. Damit kommen wir zu einem Punkte, der Anstoß bereitet. Es wird sich uns im nachfolgenden zeigen, daß die Produktionsperiode der einzelnen konkreten Güter mit Ausnahme eines Zweiges der menschlichen Wirtschaft sich einem genauen ziffermäßigen Kalkül entzieht. Böhm selbst hebt dies hervor. Das sei jedoch kein Einwand gegen die Lehre. Niemand braucht im praktischen Wirtschaftsleben die Produktionsperiode zu kennen: jeder produziert eo ipso in verlängerter Periode, der ein technisches Zwischenglied im Produktionsprozesse einschaltet. Daß durch dieses Vorgehen der gewünschte wirtschaftliche Erfolg erreicht wird, ist unbestreitbar. Aber daß dadurch unbewußt die Produktionsdauer verlängert werde, ist nicht zutreffend, weil, wie wir ja eben sahen, auch das Gegenteil der Fall sein kann. Noch weniger kann von einer Absicht der Produzierenden, eine Verlängerung der Produktionsperiode eintreten zu lassen, die Rede sein.

Nun finden wir wiederholt Beweisführungen in dem Sinne, daß die produzierenden Wirtschaftssubjekte ein größeres Resultat pro Arbeitseinheit durch Verlängerung der Produktionsperiode herbeizuführen streben; wir finden Wendungen, in welchen geradezu von einem beabsichtigten Produzieren in längerer Periode im Hinblick auf eine bisher übliche kürzere, d. i. von einem Vergleiche gesprochen wird. Das sind, wörtlich genommen, Unmöglichkeiten, da man die Länge der Produktionsperiode nicht kennt. Eine Theorie muß man aber wörtlich nehmen können, andernfalls ist sie Phantasie. Nur als Einschaltung neuer technischer Zwischenglieder des Produktionsprozesses, ohne Rücksicht auf die Zeit, ist das zu verstehen: bei dieser ist Vergleich und Absicht dem Produzierenden möglich, denn die bisher tatsächlich geübte Produktionsweise kennt man eben.

Noch bedenklicher wird die Wortfassung der Theorie im weiteren Verlaufe dadurch, daß sie nicht nur von der Produktionsdauer einer konkreten Gütergewinnung, sondern von einer durchschnittlichen Produktionsdauer, sogar bezogen auf die Produktion einer ganzen Volkswirtschaft, handelt: einem Durchschnitt aus lauter unbekannten Größen. Und diese durchschnittliche „gesellschaftliche“ Produktionsperiode wird als Vergleichspegel für die Ausdehnung der Produktionsperiode seitens der einzelnen Produzierenden hingestellt!

Das wäre ein offenbarer Widersinn, der aber Böhm gewiß nicht zuzutrauen ist. Sehen wir näher zu, so finden wir ihn dadurch vermieden, daß die privatwirtschaftliche Produktion „einer“ Volkswirtschaft, d. h. innerhalb eines staatlichen Verbandes, als die Betätigung eines realen Kollektivums aufgefaßt und der Argumentation zugrunde gelegt wird, ein Verfahren, das nicht ohne theoretische Gefahren ist (wie sich uns auch später zeigen wird). Demzufolge erfährt der Begriff der Produktionsperiode eine Wandlung, und sind wir erst einmal darauf aufmerksam geworden, so werden wir auch gewahr, daß der Begriff überhaupt nicht diejenige Bestimmtheit besitzt, welche ihm auf den ersten Anblick eigen zu sein scheint. Und das bringt die Nötigung mit sich, um volle Klarheit zu gewinnen, nach dieser Richtung tiefer in die Sache einzudringen.

Vom Ausgangspunkte der Theorie aus begreift man die Umwegproduktion als den Vorgang, zwecks Gewinnung eines Gutes die Arbeit vorerst auf ein Ziel zu richten, welches eine Zwischenursache der Entstehung des betreffenden Gutes abgibt, so daß erst eine anschließende Vollendungsarbeit das zur Bedürfnisbefriedigung geeignete Ding ans Licht bringt. Vorbereitende und vollendende Arbeit zusammengenommen stehen einer „Augenblicksproduktion“ gegenüber, sie ergeben ein besseres Resultat als letztere, kosten aber zusammen mehr Zeit als diese. In unserem Geiste setzt sich also der Gedanke fest, die Umwegproduktion besteht in dem addierten Arbeitsaufwande, die Produktionsperiode mithin in der addierten Zeit der vorbereitenden und der vollendenden Arbeiten.

§ 56 Nun bringt die Theorie den Umstand zur Geltung, daß in die Produktionsperiode, d. i. den „Zwischenraum zwischen dem ersten aufgewendeten Arbeitsatom und der Werkvollendung“, zeitliche Zwischenräume eingeschoben sein können, die nicht mit Arbeit an dem konkreten Gute ausgefüllt sind. Wir können uns ganz gut eine Produktion denken, in welcher eine bestimmte Arbeitseinheit in ununterbrochener Aufeinanderfolge wiederholter Arbeitsakte die ganze Kette der vorbereitenden, werkfortsetzenden und vollendenden Arbeit abspinnt, wenngleich ein solcher Vorgang in der entwickelten Volkswirtschaft wohl nur das Gedankenabbild der Wirklichkeit bildet. Böhm nennt dies eine gleichmäßig ausgefüllte Produktionsperiode. Ihr stehen gegenüber Produktionsperioden, welche nicht von Anfang bis zum Ende gleichmäßig mit Arbeit angefüllt sind, sondern außer mit Arbeit mit Zeitverlauf ohne Arbeit. Dieser Zeitverlauf ohne Arbeit, d. h. ohne auf das eben in Frage stehende Produkt gerichtete Arbeit, wird ebenfalls in die Produktionsperiode eingerechnet. Ein supponiertes Beispiel: Die Produktionsperiode, die Zeit vom ersten bis zum letzten Arbeitsakte, die „absolute“ Produktionsperiode, umfaßt 10 Jahre, aber in diesen nur 100 Arbeitstage, von welchen die einen vor 10 Jahren, andere vor 9 Jahren usw., die letzten endlich unmittelbar vor der Werkvollendung eben zu dieser aufgewendet werden. Das Verhältnis, in welchem solche Zwischenzeiten mit Arbeitszeiten gemischt sind, kann natürlich bei verschiedenen Produktionen ein sehr verschiedenes sein und zwecks der Vergleichung müssen daher diese Mischungen je auf einen Durchschnitt gebracht werden. Es wird auch (S. 157) die Formel für diese Durchschnittsrechnung angegeben: Multiplikation jeder Arbeitszeiteinheit mit der Zeitdauer bis zur Werkvollendung; Addition dieser Produkte, Division der Summe durch die Anzahl der Arbeitseinheiten. Die auf diese Weise gefundenen Produktionsperioden sind doch wohl „durchschnittliche“ zu nennen, da, wie ganz richtig gesagt wird, in ihnen die durchschnittliche Wegdauer bezeichnet ist, die zwischen dem sukzessiven Aufwand von Arbeit und der Erlangung des Schlußnutzens liegt. Nach dieser und „nicht nach der absoluten Dauer des Produktionsweges zwischen dem ersten und letzten aufgewendeten Arbeitsatom“ sei die Verlängerung des Produktionsumweges und sonach der „Grad des Kapitalismus“ einer Produktion zu beurteilen.

§ 57. Hier unterläuft sogleich eine bedauerliche Unklarheit. Böhm sagt, daß, wenn er den Grad des Kapitalismus durch eine verschiedene Länge der Produktionsperiode zu illustrieren haben werde, er dem Beispiele stets die Annahme gleichmäßig ausgefüllter Produktionsperioden zugrunde lege, und will diese zur Unterscheidung von den absoluten Produktionsperioden „durchschnittliche“ Produktionsperioden nennen. Das gibt eine Verwechslung verschiedener Dinge. Die gleichmäßig ausgefüllten und die auf den Durchschnitt gebrachten nicht gleichmäßig ausgefüllten Produktionsperioden sind doch wohl voneinander zu unterscheiden. Indem die gleichmäßig ausgefüllten Produktionsperioden durchschnittliche genannt werden, wird das Verständnis der Lehre ungemein erschwert: einzelne in ihr begriffene Ausführungen sind gar nicht zu verstehen, wenn man bei ihnen an die „durchschnittlichen“ Produktionsperioden denkt. Es ist dies wohl nur ein Achtsamkeitsmangel, aber er hat unerwünschte Folgen. Bei den „durchschnittlichen“ Produktionsperioden ist der zeitliche Abstand zwischen dem Aufwande der Produktivkräfte und dem Ergebnisse auf durchschnittlichen Ausdruck gebracht, bei den gleichmäßig ausgefüllten Produktionsperioden dagegen nicht. Gleichwohl kann auch bei letzteren ein Durchschnitt gezogen werden. Denn auch bei gleichmäßiger Ausfüllung einer Produktionsperiode mit Arbeit ist der Abstand der ersten Arbeitsleistung von dem Schlußergebnisse ein größerer als der Abstand der zweiten Arbeitsleistung usw. Das entgeht Böhm nicht. Er nimmt diese Durchschnittsrechnung auch vor, nur nennt er den Durchschnitt: Wartezeit! Das geschieht nun allerdings nicht auf diese Art, vielmehr in folgender: Es schneit auf einmal in die Schilderung der Produktionsperiode eine „Wartezeit“ als etwas von jener zu Unterscheidendes hinein, sie wird aber in einer Weise definiert, die gar nichts anderes als die „durchschnittliche“ Produktionsperiode beschreibt! Bei Kennzeichnung der Durchschnittsbildung heißt es, es komme darauf an, ob eine Produktionsmethode den in ihr vollzogenen Aufwand von Produktivkräften früher oder später „lohnt“. In dem einen der zur Erläuterung angeführten Beispiele „lohnen“ sich 100 Arbeitstage nach einer Produktionsperiode von ungefähr einem halben Jahre, nach dem anderen Beispiele in fünf und einem halben Jahre. Das heißt doch, daß damit die Zeit bezeichnet ist, welche in jedem der unterschiedenen Fälle im Durchschnitte bis zum Eintreten des Erfolges der sukzessiven Betätigung verfließt. Bei Kennzeichnung der „Wartezeit“ heißt es, daß sie diejenige Zeit bezeichne, durch welche der Arbeiter auf den „genußreifen Erfolg“ seiner Arbeitsleistungen im Durchschnitte warten muß. Das ist offenbar das nämliche. Es finden sich auch in dem Buche Stellen, wo „Wartezeit“ für „Produktionsperiode“ steht. Dennoch soll Wartezeit etwas anderes bedeuten, worauf zurückzukommen sein wird.

Die Verwirrung steigert sich noch. Es wird als einleuchtend hervorgehoben, daß die Wartezeit (oder „durchschnittliche Wartezeit“, wie es wiederholt heißt) der Hälfte der gleichmäßig ausgefüllten Produktionsperiode gleich sei. Das mag man vorerst hinnehmen, wenn man es eben wirklich nur auf gleichmäßig ausgefüllte Produktionsperioden zu beziehen hat. Wenn aber unter solchen auch die „durchschnittliche“

Produktionsperiode verstanden ist, wozu ja die angeführte Stelle den aufmerksamen Leser nötigt, dann kommt ein Widersinn zum Vorschein. Denn bei dieser gibt es keine von ihr unterscheidbare Wartezeit: sie ist selbst schon die Wartezeit nach der Definition. Alles Nachsinnen, wie die Wartezeit auch bei der durchschnittlichen Produktionsperiode eben die Hälfte ausmachen könne, ist vergeblich.

Es tut daher vor allem eine Entwirrung not. Man müßte die Identifizierung der gleichmäßig ausgefüllten mit der durchschnittlichen Produktionsperiode fallen lassen; es wäre die absolute Produktionsperiode von der durchschnittlichen zu unterscheiden und die Unterscheidung zu beziehen sowohl auf die gleichmäßig ausgefüllte als auf die nicht gleichmäßig ausgefüllte Produktionsperiode. Pedantisch, aber klärend. Der Begriffsapparat, mit dem die Theorie arbeitet, wäre derart richtig eingestellt.

Indes erhebt sich alsbald eine neue Schwierigkeit. Was haben wir uns unter der ungleichmäßig ausgefüllten Produktionsperiode vorzustellen?

§ 58. Es ist unumgänglich notwendig, einen bestimmten Vorstellungsinhalt für den Begriff zu gewinnen. Leider geht Böhm in dieser Hinsicht den Lesern nicht ausreichend an die Hand. Wenn er sagt, das Beispiel einer absoluten Produktionsperiode von 10 Jahren, die nur 100 Arbeitstage umfaßt, von welchen einer vor 10 Jahren, je einer vor 9, 8, 7, 6 usw. Jahren aufgewendet wurde, die letzten 90 aber der Vollendungsarbeit gewidmet sind, entspreche einer Produktion, bei welcher man sich eines einzigen Werkzeuges bedient, dessen Produktionsgang auf 10 Jahre zurückreicht, z. B. einer Axt aus Bessemerstahl — so ist damit noch sehr wenig gewonnen, denn es muß sich jeder erst ein Bild der Produktionsweise machen, die einen Abstand von je 1 Jahr zwischen den auf die Herstellung der Axt gerichteten Arbeiten mit sich bringt. Negativ ist die Lösung bald gefunden: es ist in jeder dieser Zwischenzeiten nicht an der Axt gearbeitet worden; wenn gearbeitet wurde, so kam die Arbeit anderen Produkten zugute. Regelmäßige Wirtschaftstätigkeit vorausgesetzt, also den Fall, daß gearbeitet wurde, bleibt zu positiver Lösung nur die aus dem gesamten Tenor der Ausführungen abzuleitende Erklärung übrig, daß die Axt mit Hilfe einer Anzahl dauerbarer Güter hergestellt wurde, die je nur einzelne ihrer Nutzleistungen an die Axt abgaben und durch diese an das Schlußprodukt abgeben; Nutzleistungen, welche eben die angeführten zeitlichen Abstände von dem Zeitpunkte der Vollendung des Schlußproduktes aufweisen. Auf Grund des so angeschauten Sachverhaltes ist es allerdings einleuchtend, wieso man zu einer verlängerten Produktionsperiode gelangen kann. Es werden eben laut Formel dem bestimmten Gute nicht nur die für dasselbe aufgewendeten Arbeitseinheiten als Zeiteinheiten angelastet, sondern auch die Zeitintervalle, welche zwischen diesen Arbeitseinheiten verstrichen sind. Daß bei solcher Berechnungsweise für ein und dieselbe Summe von Arbeitstagen eine um so längere Produktionsperiode herauskommt, für je mehr Arbeitstage einer entlegenen Vergangenheit die entsprechende Zeitdistanz in Ansatz gebracht wird, ist selbstverständlich.

Allein viel ist mit dieser Einsicht nicht gewonnen: nicht mehr als eine doch recht verschwommene Vorstellung, und die mathematische Präzision der Formel ist trügerischer Schein [1]).

So ungenau die solcherart gewinnbare Vorstellung einer durchschnittlichen Produktionsperiode ist, eines geht aus ihr doch als zweifellos hervor: Diese Produktionsperiode kann im voraus nicht berechnet werden. Eine gleichmäßig ausgefüllte Produktionsperiode wäre voraus zu berechnen, indes auch nur unter der Voraussetzung, von welcher bei

---

[1]) Versucht man in die Zergliederung des vorgestellten Sachverhaltes einzugehen, so steht man bald vor einem Gewirre von Zweifelfragen und Verwicklungen. Jedes der dauerbaren Produktivgüter ist in letzter Auflösung durch eine Summe von Arbeitseinheiten hergestellt. Auf diese müßte die Gesamtzahl der von dem dauerbaren Gute abzugebenden Nutzleistungen aufgeteilt werden, um das Arbeitsquantum zu finden, welches eine seiner Nutzleistungen darstellt. Welche Zeit ist für eine jede solche einzusetzen? Die gesamte Herstellungszeit des dauerbaren Gutes oder der mittlere Durchschnitt, und zwar entweder addiert zu der Zeit von der Fertigstellung des dauerbaren Gutes bis zum Augenblicke der einzelnen konkreten Nutzleistung oder addiert zu dem Durchschnitte der Bestanddauer des dauerbaren Gutes? Nun käme die Zeit von dieser Nutzleistung an bis zum Zeitpunkte der Fertigstellung des Schlußproduktes. Wenn durch eine solche Nutzleistung aber vorerst nur ein Zwischenprodukt geschaffen wurde: ist die Zeit von jener Nutzleistung bis zur Vollendung des Schlußproduktes oder nur bis zur Herstellung des Zwischenproduktes zu rechnen und im ersten Falle dann noch die Zeit vom Zwischenprodukte zum Schlußprodukte? Wenn ein dauerbares Gut durch Nutzungen eines dauerbaren Vorproduktes zustande kommt: wie geschieht die Verteilung von diesem auf jenes und durch dasselbe auf das Schlußprodukt? Der Gedanke kann hier der Verwicklung gar nicht mehr folgen. Böhm sucht dem hieraus fließendem Einwande gegen die Lehre durch den Hinweis darauf zu begegnen, daß, sobald man nur einigermaßen in die Vergangenheit eines Gutes zurückgeht, alsbald derart kleine Arbeitspartikel als in ihm enthalten resultieren, daß man sie im Kalkül vernachlässigen könne, wornach man immer nur zu einer relativ kurzen Produktionsperiode gelange. Das ist eine unhaltbare Ausflucht. Einerseits zeigt sich die angedeutete Verwicklung bei der maschinellen Technik der Gütergewinnung auch ohne daß man dem Ursprunge eines Gutes weit nachzugehen braucht, und anderseits darf eine solche Vernachlässigung von Rechnungsposten wegen ihrer Geringfügigkeit wohl bei einem Kalkül stattfinden, der für praktische Zwecke angestellt wird und bei dem es auf absolute Genauigkeit nicht ankommt, niemals aber in einer theoretischen Formel, welche einen Gedankengang darstellen soll. Es war auch schon von anderer Seite der Einwand erhoben worden, daß es dem Begriffe der durchschnittlichen Produktionsperiode, wie er entwickelt ist, an genügender Bestimmtheit gebreche. Darauf erwiderte Böhm, das sei nicht zugegeben, denn es sei ja vollkommen klar und bestimmt bezeichnet, auf welche Weise der Durchschnitt zu ziehen ist. Das ist nicht zu bestreiten. Aber die mangelnde Bestimmtheit betrifft nicht die Art der Durchschnittsrechnung, sondern die Posten, welche in sie einzubeziehen sind.

der Konstruktion des Begriffes ausgegangen wurde, nämlich: daß das Gesamtprodukt am Ende der Periode gewonnen wird. Bei der nicht gleichmäßig ausgefüllten, auf den Durchschnitt gebrachten Produktionsperiode dagegen ist die Vorausberechnung ersichtlich ausgeschlossen. Bezeichnend hierfür ist es, daß sie uns auch nur *pro praeterito* deduziert wird. Da abgesehen von den allerprimitivsten Wirtschaftszuständen jede Produktion hierher zählt, so haben wir hiermit die Bestätigung der bezüglichen, im früheren bereits nach ihren Konsequenzen beleuchteten Aussage (§ 55).

§ 59. Die Berechnung der Produktionsperiode soll jedoch einem wichtigen Zusammenhange dienen. Wir hörten, daß die Wartezeit zu ihr „in einem ebenso bestimmten als einfachen Verhältnisse" steht. Die Wartezeit steht wieder im Verhältnis zu dem Gütervorrate, der die Bedürfnisse der Produzierenden während der Umwegproduktion zu befriedigen bestimmt ist: dem „Subsistenzmittelfonds". Dieser muß für die Wartezeit, die Zeit bis zum Eintreten des produktiven Erfolges, ausreichen. Von der Größe des Subsistenzfonds hängt folglich die Länge der Produktionsperiode ab. Um eine Produktionsperiode von gewisser Länge einschlagen zu können, muß ich wissen, ob die mir verfügbaren Subsistenzmittel für die Wartezeit ausreichen. Es kommt also alles auf jenes Verhältnis zwischen Produktionsperiode und Wartezeit an. Wie steht es mit diesem?

Bei einer gleichmäßig ausgefüllten Produktionsperiode, hörten wir, betrage die Wartezeit das arithmetische Mittel der absoluten Periode. Dasselbe ist, ganz richtig, der Durchschnitt der Zeit, in welchem alle aufgewendeten Arbeitsbetätigungen ihr Ziel erreichen. Aber ein Subsistenzvorrat, der nur für diese Wartezeit ausreichend wäre, würde den Produzierenden dem Hungertode überliefern: er muß für alle Arbeitstage vom ersten bis zum letzten, d. i. für die absolute Periode, die Bedürfnisbefriedigung bieten — wohlgemerkt: unter der Voraussetzung, daß das Produkt erst nach Absolvierung der letzten Vollendungsarbeit zum Vorschein kommt. Wir können uns jedoch einfache Fälle denken, in welchen eine gleichmäßig ausgefüllte Produktionsperiode derart ablaufe, daß vorerst ein dauerbares Produktivgut mittels Arbeit allein aus freien Gütern hergestellt und mit diesem technischen Hilfsmittel sodann bis zu dessen vollständiger Abnützung ein Quantum Verbrauchsgüter Tag für Tag gewonnen werde, die Produkte mithin schon während der Produktionsperiode sukzessive eingehen. Man denke an das Beispiel von dem Boote und Netze, das man konstruiert, während man sich von Fischen nährt. Hier bedarf man dieses Subsistenzvorrates nur für die Zeit der Herstellung des Produktivmittels, ob dann die Verwendungszeit das Zweifache oder Zehnfache, kurz welches Vielfache immer betrage. Hier könnte je nach der Beschaffenheit des Falles das abweichendste Verhältnis zwischen Wartezeit und Produktionsperiode obwalten.

Alle solchen Beispiele gleichmäßig ausgefüllter Produktionsperioden sind indes doch wohl nur theoretische Gedankenbilder. Sobald auch nur ein Werkzeug zur Verwendung gelangt, das einer früheren Wirtschaftsperiode entstammt, befinden wir uns schon im Bereiche der ungleichmäßig ausgefüllten Produktionsperiode. Diese durchschnittliche Produktionsperiode fällt nach der im früheren zitierten Definition mit der Wartezeit zusammen, das trifft aber mit Beziehung auf den Subsistenzfonds nicht zu. Bei der nach der gedachten Formel zu berechnenden durchschnittlichen Produktionsperiode — angenommen, daß die Berechnung ausführbar wäre — macht sich die Tatsache geltend, daß in einem gewissen kalendarischen Zeitraume eine Anzahl solcher Perioden durcheinander laufen, der Subsistenzmittelbedarf aber wird vom kalendarischen Zeitverlaufe bestimmt. Daher steht der Subsistenzvorrat mit einer einzelnen dieser Perioden in keinem Zusammenhange!

Anknüpfend an das Beispiel von einer absoluten Produktionsperiode in der Dauer von 10 Jahren, die aus 100 in diesem Zeitraume geleisteten Arbeitstagen besteht, sehen wir, daß ein Subsistenzvorrat, der beispielsweise für 300 Arbeitstage (einschließlich der zwischenliegenden Feiertage) i. e. ein Jahr reicht, die gedachte durchschnittliche Periode von etwas über $5^1/_2$ Jahre nicht ermöglichen würde. Er ermöglicht nur die Arbeitsleistung des einen in das erste Jahr fallenden Tages, während die übrigen 99 Arbeitstage der Periode durch die Subsistenzmittel, die in den folgenden Jahren zur Verfügung stehen werden, ermöglicht sind. Dagegen ermöglicht er das Produzieren von anderen Gütern durch 299 Arbeitstage. In dem Zeitraume von 10 Jahren können 30 Produktionsperioden, jede aus 100 Arbeitstagen bestehend, inbegriffen sein; jede wird eine durchschnittliche Produktionsperiode von anderer Dauer ergeben. Es können mithin noch 29 solche andere Produktionsperioden in dem durch den Subsistenzvorrat gesicherten Arbeitsjahre begonnen werden, die wieder vermittels der Subsistenzvorräte der folgenden Jahre ihre Fortsetzung finden. Sämtliche 30 Produktionsperioden müssen daher derart disponiert sein, daß nach Ablauf des ersten Arbeitsjahres aus ihnen, sei es aus allen oder einem Teile, ein Produkt erwächst, das für das nächstfolgende Arbeitsjahr einen Subsistenzvorrat von mindestens wieder der gleichen Größe ergibt. Es ist ersichtlich, daß der Subsistenzvorrat zu keiner dieser 30 Produktionsperioden in direkter Beziehung steht.

§ 60. Aber es besteht ein indirekter Zusammenhang. Es ist die gesamte wirtschaftliche Tätigkeit zu einer zeitlichen Disposition der Produktion in der Weise genötigt, daß aus ihr neues Produkt, anschließend an den Verbrauch der früher vorhandenen Güter, hervorgeht, und das kann natürlich nur für die arbeitsteilig gegliederte Gesamtgüterversorgung gelten, aus welcher die Güter für die Bedarfe aller Gattungen hervorgehen. Böhm führt das in gelungener Darstellung für die Wirtschaft eines Volkes durch und das ist der Punkt, an dem die Begriffsbildung umschlägt. Der Begriff der Produktionsperiode, der auf die produktive Tätigkeit des einzelnen Wirtschaftssubjektes bezogen, an ihr entwickelt und auch im Voranstehenden derart verstanden wurde, wird jetzt auf die gesamte produktive Tätigkeit der zu einer Einheit zusammengefaßt gedachten Wirtschaften, auf die Wirtschaftstätigkeit „eines ganzen Volkes" bezogen. Was im Besitzesstande der Gesamtheit dieser Wirtschaftssubjekte in einem gegebenen Zeitpunkte an Gütern vorhanden ist, einschließlich solcher, die noch nicht gebrauchsfähig, sondern erst noch zu Gebrauchsgütern umzugestalten sind, bestimmt die Zeitperiode, innerhalb welcher dieser ganze Güterbestand mit Rücksicht auf seinen Verbrauch zu erneuern ist; wobei freilich einige Vorbehalte hinsichtlich der Bestimmtheit dieses Zeitmaßes zu machen sind. Das ist die gesellschaftliche Produktionsperiode, die durch die vom Subsistenzvorrate gegebene Wartezeit bedingt ist [1]).

In diesem Sinne wird gelehrt, daß z. B. einer einjährigen Dauer der Sicherung der Bedürfnisbefriedigung durch den tatsächlichen Gütervorrat eine durchschnittlich einjährige Produktionsperiode entsprechen müßte. Man sieht: Diese Produktionsperiode bezieht sich auf die gesamte Produktion und sie ist etwas anderes als die durchschnittliche Periode der früheren Definition. Eine solche kalendarisch bestimmte Produktionsperiode enthält Produktionsperioden der verschiedensten Länge, die in die weitere Zukunft reichen und einzeln voraus unberechenbar sind.

Es fragt sich nun, ob diese — allerdings mit einer erheblichen Unsicherheit bezüglich der Dauer — kalendarisch bestimmbare Produktionsperiode von der Gesamtproduktion aus die einzelnen an dieser beteiligten Wirtschaftssubjekte ergreife, so daß die einzelnen Produzenten jeweils in ihr die Richtschnur für ihre Wirtschaftshandlungen hätten, womit also die Dauer der Produktionsperiode *pro futuro* gegeben wäre?

§ 61. Im Gedankenkreise der Theorie ist auf Grund der vorausgehenden Erwägungen folgendes festzustellen.

Die gesellschaftliche Produktionsperiode von kalendarisch bestimmter Dauer bedeutet keineswegs für die einzelnen Unternehmer eine Produktionsperiode von gleicher kalendarischer Dauer; im Gegenteil: die Gesamtgüterversorgung begreift, wie wir sahen, Unternehmungen

[1]) Der periodische Subsistenzbedarf eines Volkes ist keine starre Größe, wie dies die Prämisse annimmt, sondern eine elastische. Hierüber wäre mancherlei auszuführen, das indes für unseren Fragepunkt von untergeordneter Wichtigkeit ist und daher übergangen werden kann. Es ist auch nicht das zum Tauschwerte angeschlagene Volksvermögen, welches die Produktionsperiode begrenzt, da in ihm dauerbare Güter von ungemein langer Nutzungsdauer enthalten sind, insbesondere alle Baulichkeiten, vielmehr ist hier der Begriff des Volkseinkommens einzusetzen.

mit den allerverschiedensten Produktionsperioden, welche als absolute Produktionsperioden sich zum Teil weit über die kalendarische Zeitgrenze hinaus erstrecken und als durchschnittliche Produktionsperioden im Sinne der Definition ihrer Länge nach unbekannt sind. Es ist mithin nicht zulässig, zu sagen, daß z. B. einer gesellschaftlichen zweijährigen Produktionsperiode auch eine zweijährige Produktionsperiode jeder Unternehmung entspreche.

Ferner: Da der Unternehmer nicht weiß, mit welcher Produktionsperiode er produziert, so kann ihm die gesellschaftliche Produktionsperiode, wie sie durch den gesellschaftlichen Subsistenzvorrat bedingt ist, keinen Anhalt zu bewußtem Einschlagen einer Umwegproduktion von bestimmter Dauer bieten. Die Zeitdauer des Ausreichens des Subsistenzvorrates ließe sich — freilich mit einer bedeutenden Schwankungsweite — durch statistische Erhebungen feststellen: zwischen diesem Zeitmaße und irgend einer nach dem Gedankenbilde der Formel vorgestellten Produktionsperiode der einzelnen Produktionen besteht keine Beziehung.

Dagegen gewährt das Ausmaß des Subsistenzvorrates (in dem die Zwischenprodukte inbegriffen sind) der gesellschaftlichen Produktion, und jedem einzelnen Unternehmer hinsichtlich des speziellen Zweiges der Güterversorgung, in anderer Richtung eine Norm dafür, wie die Produktion anzulegen ist. Sie muß darauf berechnet werden, die neuen Güter für den Zeitpunkt fertigzustellen, in welchem der Vorrat verbraucht ist. Würde anders vorgegangen, so würden Störungen in der Güterversorgung eintreten, die für die betreffenden Unternehmungen selbst nachteilig wären. Produktionskrisen führen ihnen dies nachdrücklich zu Gemüte, wenn sie es außer acht gelassen haben. Die Unternehmer bestreben sich daher, ihre Produktionen in der verschiedenen Länge der Perioden derart zu disponieren, daß aus ihnen die durchschnittliche gesellschaftliche Produktionsperiode resultiert, welche dem Bedarf fortlaufend die benötigten Produkte liefert, d. h. die Unternehmer passen ihre (verschiedenen) Produktionsperioden unbewußt der durchschnittlichen gesellschaftlichen an.

Im Widerspruch hiermit steht es, wenn Böhm lehrt, daß gegenüber einer gesellschaftlichen Produktionsperiode von bestimmter Dauer jeder Unternehmer den Antrieb empfange, in längerer Periode zu produzieren, um der Vorteile teilhaftig zu werden, welche eine Verlängerung des Produktionsumweges mit sich bringt. Wenn der Satz, welcher die Begrenzung der Produktionsperiode durch den gegebenen Gütervorrat aussagt, richtig ist, dann kann die eben erwähnte Aussage unmöglich zutreffend sein. Es mag einer oder der andere der Unternehmer in dem angedeuteten Sinne vorgehen, das müßte aber eine entsprechende Einschränkung der Produktionsperiode auf seiten anderer Unternehmer nach sich ziehen, damit eben die Gesamtproduktion das vorhinein bestimmte Maß und Zeitmaß aufweise. Hier ist die Theorie in einen Selbstwiderspruch verfallen.

Aus der angeführten Aussage wird eine allgemeine Konkurrenz der Unternehmer um die Güter des Subsistenzvorrates gefolgert, die in der Erklärung des Unternehmungszinses als wesentliches Argument zur Verwendung kommt. Wir werden demselben im zweiten Abschnitte begegnen und können uns an dieser Stelle damit begnügen, ihm vorhinein den Glauben zu versagen [1]).

Die arbeitsteilig gegliederte gesellschaftliche Produktion findet indes mit dem voranstehenden Gedankeninhalte der Theorie noch keine vollständige Erklärung. Dazu bedarf es noch einer Ergänzung.

Der Verbrauch der Güter des Subsistenzvorrates ist Wirklichkeit, die dadurch ermöglichten Produktionsperioden der Unternehmer sind dagegen vorerst ein theoretisches Abbild. In Wirklichkeit leiten die Unternehmer nicht den ganzen Produktionsprozeß, von den ersten Anfängen der Kapitalbildung an, ein, sondern die Gegenwartsgüter, welche ihnen von der Vergangenheit überkommen sind, Verbrauchsgüter und Produktivgüter, enthalten bereits abgelaufene Phasen der Produktionsprozesse, an welche sich nur mehr die Vollendungsphase bis zum Eintritt des Bedarfes anschließt. Das Gütermaß, welches die Unternehmer bei der Produktion verbrauchen, bedeutet somit die Länge ihrer Produktionsperiode und damit ist ja auch das zeitliche Zusammenfallen des Produktionsergebnisses mit dem Verbrauche gegeben. So verstanden, wird der Inhalt der Theorie allerdings sehr einleuchtend. Die Anpassung der Produktionsperioden an den Subsistenzvorrat ist nichts anderes als der Verbrauch derjenigen Güter, welche eben für die Produktion verfügbar sind. Mit anderen Worten: Von der Menge der jeweils vorhandenen Kapitalien hängt die Menge der Kapitalien ab, die zur Produktion aufgewendet werden können. Hat es, um diese überraschende Entdeckung zu machen, erst der abstrakten Theorie bedurft?!

§ 62. Aber die Theorie enthält einen Satz, der das zeitliche Zusammenfallen von Produktionsperiode und Verbrauch des Subsistenz-

[1]) Durch dieses Argument würde, auch unter Absehen von den „drei Gründen", ein Agio der Gegenwartsgüter als Subsistenzmittel während der Produktion aus der Theorie der Produktionsumwege deduziert. Selbtverständlich könnte der Schluß nicht gelten für Wirtschaftszustände, in denen es eine Konkurrenz von Unternehmern nicht gibt, also weder für die isolierte, noch für die kommunistische Wirtschaft; für diese würde die Theorie der Produktionumwege somit ihre Beweiskraft für den Zins als Agio verlieren und auch mit Rücksicht hierauf gilt die Bemerkung, sie sei speziell auf die privatkapitalistische Produktion zugeschnitten. Sie bliebe dann vielleicht als eine „Produktivitätstheorie" des Zinses in allgemeiner Geltung. Da die physische Produktivität der Kapitalgüter aber mit Recht nicht als ausreichend angesehen wird, um den Zins zu erklären, so bliebe wohl nur die Wertzurechnung als Erklärungsbehelf. Und in der Tat nimmt Böhm auch auf die Zurechnungstheorie nebenbei Bezug, worauf hier im voraus hingedeutet werden soll. Nun muß man aber fragen: Wenn die Zurechnungstheorie den Zins erklärt, wozu bedarf es der Agiotheorie?

vorrates wieder verneint! Das ist die These, welche besagt, daß die Wartezeit beiläufig die Hälfte der Produktionsperiode betrage, d. h. daß zum Einschlagen einer bestimmten Produktionsperiode nicht ein Subsistenzfonds für ihre ganze Dauer erforderlich sei oder daß mit einem Subsistenzvorrate für den Bedarf einer bestimmten Zeit eine annähernd doppelt so lange Produktionsperiode eingeleitet werden könne. Auf die Produktionsperiode des einzelnen Wirtschaftssubjektes bezogen, erschien die Aussage als nicht haltbar, der Beweis für dieselbe wird erst durch Beziehung der kalendarischen Produktionsperiode auf die gesellschaftliche Wirtschaft versucht.

Die Beweisführung stützt sich auf die arbeitsteilige Gliederung der Produktion. In dieser werden bekanntlich die in einer Umwegproduktion aufeinanderfolgenden Stadien, welche das Produkt von der ersten vorbereitenden Arbeit an bis zur letzten werkvollendenden durchläuft, gleichzeitig durchlaufen infolge der Verteilung der technischen Glieder des Produktionsprozesses an verschiedene Wirtschaftssubjekte. Anstatt daß, wie es in einer Einzelwirtschaft geschähe, eine Produktion, die aus fünf technischen Gliedern besteht, fünf aufeinanderfolgende Zeiteinheiten beansprucht (jedes Glied als den gleichen Arbeitsaufwand erfordernd angenommen), besorgen in der gesellschaftlichen Wirtschaft fünf Wirtschaftssubjekte in ein und derselben Zeiteinheit je einen dieser fünf Arbeitsakte, wodurch in jeder der aufeinanderfolgenden Zeiteinheiten ein Produkt fertig und somit zur Bedürfnisbefriedigung verfügbar wird. Während für die in der Einzelwirtschaft Produzierenden der Bedarf durch fünf Zeiteinheiten gedeckt sein müßte, liefert die gesellschaftliche Produktion in jeder Zeiteinheit ein Produkt, das den Bedarf für einen der fünf Produzenten auf fünf Zeiteinheiten deckt. Die Folge hiervon ist, daß der eine innerhalb der konkreten Produktionsperiode den Verbrauchsvorschuß hinsichtlich dieses Gutes nur für eine Zeiteinheit, der zweite ihn für zwei usw., der fünfte ihn für fünf Zeiteinheiten braucht. (In die nächstfolgende Wirtschaftsperiode tritt jeder mit dem in der früheren nicht verbrauchten Produktquantum als Subsistenzvorrat ein.) Für alle zusammen beträgt mithin der Subsistenzvorschuß nur den Durchschnitt der nicht in derselben Wirtschaftsperiode durch die Produktion selbst gedeckten Bedarfe, was rechnungsmäßig unter den gemachten Voraussetzungen etwas mehr als die Hälfte ergibt. Bei Böhm ist das mathematisch eindrucksvoll dargestellt (a. a. O. S. 535 und Exkurs XIV).

Allein die Darstellung ermangelt des Eindruckes auf uns. Und zwar weil wir etwas nicht übersehen, das in ihr offenbar übersehen ist. Damit die erwähnte Gliederung der Produktion vor sich gehen könne, brauchen die Produzierenden außer den Gebrauchsgütern, die sie während der Produktion konsumieren, anderweitig Kapital! Denn sie haben ja einer vom anderen die Zwischenprodukte jedes einzelnen Stadiums der gegliederten Produktion zu übernehmen. Es ist das Kapital, das solcherart nach einem sehr gelungenen Ausdrucke Clark's die Produktion synchronisiert, und Böhm hat, wie wir wissen, in anderem Zusammenhange selbst dargelegt, daß jene Zwischenprodukte Subsistenzmittel darstellen, die im Werden begriffen sind. Stellen wir uns vor, wie sich eine solche Gliederung der Produktion erstmals herausbilde. In der ersten Zeiteinheit arbeitet der erste Produzent, die übrigen vier feiern noch, alle fünf benötigen Verbrauchsvorschuß für diese Zeiteinheit. In der zweiten benötigt der erste Produzent einen solchen nicht mehr, da er durch Ablösung des von ihm produzierten Zwischenproduktes Güter zum Verbrauch erhielt. Die übrigen vier, von denen der dritte, vierte und fünfte noch feiern, benötigen Verbrauchsvorschuß, der zweite hat aber überdies jenen Güterbedarf gehabt, der zur Ablösung des Zwischenproduktes des ersten nötig war. Für die dritte Zeiteinheit hat der dritte, vierte und fünfte wieder Verbrauchsvorschuß nötig, der dritte aber überdies doppelten Güterbedarf zur Ablösung des Vorprodukts, durch welche der zweite den Unterhaltsbedarf für die weitere Produktion und die Mittel zur Ablösung des Vorprodukts des ersten, das dieser in der zweiten Zeiteinheit herstellte, erhält usw. Der Ablösungs- und der Subsistenzgüterbedarf summieren sich, was in der Geldform des Kapitals sich vollzieht, und die Summe bildet jenen Gütervorrat, der zum Einschlagen der betreffenden Produktionsperiode nötig ist. Dieser Sachverhalt macht den Beweis hinfällig [1]).

Überaus bezeichnend ist es, daß ausdrücklich erklärt wird, es sollen aus jenem Satze, betreffend das Verhältnis des Subsistenzfonds zur Produktionsperiode, keine bestimmten Folgerungen gezogen werden! Was ist das doch für eine Theorie, die solcherart ihre Zwecklosigkeit selbst bezeugt! Versuche man nur die Konsequenzen zu ziehen, und es wird sich zeigen, daß die Theorie sich hier verrannt hat.

Bei näherem Eindringen in die Theorie finden wir somit, daß in ihrer Durchbildung sich erhebliche Anstände herausstellen. Durchsichtig und klar, in sich formell und materiell widerspruchslos kann sie sicherlich nicht genannt werden.

---

[1]) Selbst die angeführte Durchschnittsrechnung läßt sich mit ihrem Resultate für die gesellschaftliche Produktion nicht aufrecht halten. Sie hätte, um für diese gültig zu sein, zur Voraussetzung: erstens, daß die gesamte volkswirtschaftliche Produktion in solcher technischer Gliederung vor sich gehe, und zweitens, daß die Zeitmaße der Gliederung gleich unter sich und gleich für alle Produktionszweige wären. Beide Voraussetzungen sind nicht vorhanden. Bezüglich der ersten sieht Böhm sich genötigt, es selbst hervorzuheben, und er zieht daher das gewonnene Theorem eigentlich wieder zurück, indem er bemerkt, es sei ihm „nur um die negative Erkenntnis zu tun, daß der Zeitraum, für den der aufgestapelte Subsistenzfonds die Deckung enthalten muß, nicht so groß zu sein braucht als die durchschnittliche volkswirtschaftliche Produktionsperiode" (a. a. O. S. 536). Auch diese eingeschränkte Aussage ist nicht vereinbar mit einer Lehre, welche in dem Kapitale die Zwischengestalt erkennt, durch welche die Produktivkräfte in die Verbrauchsgüter übergehen.

§ 63. Indes, es gibt ein wichtiges Gebiet der menschlichen Lebensfürsorge, für das sie völlig versagt.

Wir sahen als Produktionsperiode einen Zeitverlauf verstanden, in dem eine Summe aufeinanderfolgender Arbeitseinheiten enthalten ist, sei es, daß diese für ein bestimmtes Produkt (bei der gleichmäßig ausgefüllten Produktionsperiode), sei es, daß sie für verschiedene Produkte (bei der ungleichmäßig ausgefüllten Produktionsperiode) aufgewendet werden. Wir finden aber außerdem als Produktionsperiode auch einen Zeitverlauf angesehen, welcher nicht durch Arbeit ausgefüllt ist, nämlich den Zeitverlauf, welcher dadurch hervorgerufen wird, daß der Mensch das Wachstum der Pflanzen und Tiere, das Reifen der Früchte abwarten muß. Bei denjenigen Wirtschaftszweigen, welche sich auf diese organischen Prozesse stützen, wird die durch das bloße Abwarten des Ablaufes dieser Naturvorgänge verbrachte Zeit als Produktionsperiode gerechnet. Böhm sieht demgemäß die Umtriebszeit bei der Forstwirtschaft als deren Produktionsperiode an; er erklärt die Forstwirtschaft geradezu als „das einfachste, auch dem ziffermäßigen Kalkül zugänglichste Paradigma einer ergiebigen Verlängerung der Produktionsperiode", eine Verlängerung, die sich auf Jahrhunderte, begleitet von einer technischen Mehrergiebigkeit, dem Holzzuwachse, erstrecken kann! Folgerichtig muß bei der Landwirtschaft mit einjährigem Pflanzenbau die Produktionsperiode ein Jahr betragen, was auch ausdrücklich gesagt wird. Das ist, wie es scheint, eine zweifellose Sache. Aber die Umwegtheorie wird durch diese Auffassung zu einer Sammlung unlösbarer Rätselfragen. Neben dem Abwarten der betreffenden Naturvorgänge findet Arbeit statt. Sofern sie innerhalb der Abwarteperiode stattfindet, mag man eben diese als Produktionsperiode ansprechen, da ja Zeit sowohl durch Arbeit als durch Zuwarten ausgefüllt sein kann. Wo aber „vorgetane Arbeit" in der Zuwartezeit wirksam wird, welche den Zeitverlauf der letzteren übersteigt, was dann? Wenn man mit Werkzeugen und Maschinen arbeitet, die, wie man ja durch Beispiele erläutert sah, eine Produktionsperiode von vielen Jahren darstellen können, wie ist da die Produktionsperiode bei der Landwirtschaft zu berechnen? Die Zuwartezeit, also ein Jahr, plus der letztgedachten Produktionsperiode, oder die Zuwartezeit in diese Produktionsperiode eingerechnet? Jedenfalls kann dann von einer Jahresperiode nicht mehr die Rede sein! Wie könnte man übrigens wissen, ob vorgetane Arbeit (mit der laufenden zusammen) die Zuwarteperiode übersteigt oder nicht, da man ja die durchschnittliche Produktionsperiode wirklich zu berechnen nicht imstande ist? Wenn man mit Rücksicht hierauf sich lediglich an die Zuwarteperiode hält: wo bleiben die verschiedenen „Grade des Kapitalismus", die doch in den verschiedenen Betriebsweisen der Landwirtschaft, vom extensiven bis zum intensivsten Betriebssysteme, vertreten sind, und die die Theorie als vorschreitende Verlängerung der Produktionsperioden darstellt, wenn allen die einjährige Produktionsperiode gemeinsam ist? Und was ist mit der Wartezeit: beträgt sie auch hier die Hälfte der Produktionsperiode? —

Wir brauchen die Ungereimtheiten nicht weiter auszuspinnen, die sich bei Anwendung des für die Produktionsperiode im allgemeinen Ausgesagten auf die vorliegende „Produktionsperiode" ergeben. Sie müssen sich ergeben, weil mit der Einbeziehung des gedachten Zuwartens in den Begriff der „Produktionsperiode" ein direkter Widerspruch zu dem Ausgangspunkte der begrifflichen Konstruktion begangen ist. Der Ausgangspunkt war: Anstatt direkt aufs Endziel gerichtete Arbeit erst vorbereitende, sodann werkfortsetzende und vollendende Arbeit: Summe dieser Arbeiten verlängerte Produktionsperiode; ein Umweg, welchen die Arbeit eingeschlagen hat. Das bloße Zusehen bei Abspielen eines Naturvorganges, den der Mensch nicht meistern kann, dessen Ablauf er abwarten muß, um die gewünschten Güter zu erlangen, jenem Arbeitsumwege gleichzuhalten, ist offenbar ein Zusammenwerfen verschiedener Dinge. Es kann wohl, wenn man die Wirklichkeit unbefangen ansieht, einem Zweifel nicht unterliegen, daß diese natürliche Produktionsperiode von jener theoretisch konstruierten Produktionsperiode zu unterscheiden ist. Mag man sie Betriebs-, Wachstums- oder Ernteperiode oder wie immer nennen, man darf die Merkmale der Umwegperiode nicht in ihr wiederfinden wollen, und zwar deshalb, weil sie eben in ihr nicht zu finden sind. Indem die Theorie beide identifiziert, in der natürlichen Produktionsperiode der Pflanzen und Tiere eine verlängerte wirtschaftliche Produktionsperiode erblickt, wird sie wirklichkeitsfremd [1]). Folgerichtig müßte man den primitivsten Landbau und die Forstwirtschaft als kapitalistische Wirtschaftsmethoden *par excellence*, ja als solche ansehen, die einen höheren „Grad des Kapitalis-

---

[1]) In welchem Maße das der Fall ist, erhellt vielleicht aus nichts klarer, als aus dem charakteristischen Satze, in welchem die Umwegproduktion durch das Beispiel des Getreidebaues erläutert wird. „Wir sind unvermögend, Phosphor- und Kaliatome aus dem Boden und Stickstoffatome aus der atmosphärischen Luft zusammenzulesen und in die Gestalt des Weizenkorns zu vereinigen; aber die chemisch-organischen Kräfte des Samenkornes vermögen diesen zauberhaften Vorgang anzuregen, und wir vermögen es wieder spielend, das Samenkorn an die Stätte seines geheimnisvollen Wirkens, in den Schoß der Erde, zu versenken" (Pos. Theorie I, S. 21). Als ob die Pflanze den Samen nach erreichter Reife nicht von selbst zu Boden fallen ließe, wo er Wurzel fassen kann, sondern es erst von der Intervention der menschlichen Arbeitskraft abhinge, daß die Pflanzen sich reproduzieren! Wenn die Reproduktion mittels des Samens ein Umwegvorgang ist, dann treibt die Natur selbst Umwegproduktion! Nach diesem Muster ist auch die Viehzucht Umwegproduktion: wir vermögen nicht, Fleisch auf chemischem Wege herzustellen, aber der Organismus des Tieres vermag Pflanzen in Fleisch umzuwandeln, und wir vermögen es wieder, dem Vieh Pflanzennahrung zu reichen! Nein. Das Eingreifen des Menschen in diese Naturvorgänge ist wohl das denkbar direkteste Nutzbarmachen derselben für seine Lebenszwecke. In weitestem Umfange besteht es bekanntlich in bloßem Ansichnehmen. Die Wiese, der Wald, die Tiere sind ohne Zutun des Menschen entstanden und reproduzieren aus sich neue Individuen: der Mensch braucht nur zu nehmen, was die Natur ihm fertig bietet.

mus" darstellen als so manche Fabrikindustrie, was Böhm bezüglich der Forstwirtschaft eben auch tatsächlich ausspricht! Wir sehen also: Die Theorie mutet uns zu, die Ausnutzung der organischen Natur seitens des Menschen zu seiner Lebensfürsorge, wegen des Zeitverlaufes, an den die bezüglichen Prozesse gebunden sind, als „zeitraubenden" Produktionsumweg anzusehen; auch wo (bzw. solange) eine Gewinnung der Güter auf unorganischem Wege uns überhaupt nicht möglich ist. Und sie enthält den Zwang, wo eine Gewinnung auf anderem Wege als mittels des Vegetationsprozesses möglich ist, diese als den *eo ipso* kürzeren Produktionsweg zu erklären, wenn auch dem unvoreingenommenen Beobachter das Gegenteil einleuchtet. Es wird wohl keine Meinungsverschiedenheit darüber herrschen, daß z. B. die Darstellung von Farbstoffen (falls es einst dazu kommt, auch von Nahrungsmitteln) mittels chemischer Synthese gegenüber ihrer Gewinnung durch Landbau ihrer Natur nach ein kapitalistisches Verfahren sei, und zwar mit einem weit höheren „Grade des Kapitalismus" als selbst eine intensive Landwirtschaft. Böhm aber steht nicht an, mit der Konsequenz des starren Doktrinärs zu behaupten, daß sie sicherlich weit direkter und kürzer sei als die Erzeugung mittels „des weitausholenden Vegetationsprozesses". Wenn man den baulichen und maschinellen Apparat einer solchen chemischen Fabrik bis in die Uranfänge jener Arbeitsleistungen zurückverfolgte, mit welchen die Schächte zu den Bergwerken gegraben wurden, aus welchen man die Erze gewann, die das Material für die schließlich hergestellten Werkzeuge lieferten usw., so käme man nach der mehrerwähnten Formel zu einer kaum absehbaren Zahl von Jahren als „durchschnittliche Produktionsperiode", gegenüber der kurzen Zeit, welche die Farbpflanzen zu ihrer Entwicklung brauchen. Wahrlich, es ist kaum ein ärgerer Selbstwiderspruch denkbar.

Vielleicht ist die der Wirklichkeit Gewalt antuende zwangläufige Vorstellung, als welche uns die Theorie in dem Punkte erscheint, durch einen eigentümlichen Umstand mit verursacht worden. Die Forstwirtschaft weist bekanntlich die Eigentümlichkeit auf, daß der Mensch nicht genötigt ist, zwecks Gewinnung des Holzes den Zeitpunkt der Vollreife des Baumes abzuwarten, sondern diesen schon früher fällen kann, wobei aber freilich, wenn ein Produkt von bestimmter Qualität erzielt werden soll, die entsprechende Entwicklungsperiode abgewartet werden muß. Ähnlich verhält es sich bei der Viehzucht. Wird nun das Nichtverkürzen der natürlichen Produktionsperiode als Verlängerung der wirtschaftlichen Produktionsperiode angesehen, dann findet man in der Tat hier ein Analogon dessen, was bei der „verlängerten", mit Arbeit ausgefüllten Produktionsperiode gilt: ein Zuwachsen an Produkt (hier im wörtlichen Sinne). Die Identifizierung lag bei nicht scharfem Zusehen nahe. Wenn aber die so aufgefaßte Produktionsperiode bei der Forstwirtschaft eine Verlängerung (mit gesteigerter Ergiebigkeit) gestattet, konnte dort, wo die bestimmte Reifeperiode abgewartet werden muß, wie beim Getreidebau u. a. in diesem Abwarten selbst eine Verlängerung der Produktionsperiode erblickt werden, wenn man die Generalisierung des Begriffes erzielen wollte [1]).

Das einzige gemeinsame Merkmal, mit Rücksicht auf welches die Zusammenfassung in einen Begriff erfolgte, ist die Notwendigkeit des Abwartens des produktiven Erfolges und somit die Notwendigkeit, bis zu dessen Eintreten mit einem Gebrauchsvorrate versehen zu sein, wenn es nicht mehr möglich ist, aus der Fülle freier Güter die Subsistenz in dieser Zeit durch Okkupation zu gewinnen. In allem anderen jedoch sind durchgreifende Unterschiede offensichtlich. Die Umwegproduktion ist das Mittel zur Gewinnung eines größeren Produktes als zu gewinnen ist, wenn man sie nicht einschlägt. Hier hingegen ist ohne das Zuwarten nicht etwa weniger, sondern überhaupt nichts an Gütern zu gewinnen. Denn genau besehen muß man auch bei rein okkupatorischer Lebensfürsorge zuwarten, bis die Früchte, die man sammeln will, reif, bis die Tiere, die man erjagen will, herangewachsen sind, das Holz, das man fällen will, die erforderliche Beschaffenheit erlangt hat. Allerdings sind bei der Umwegproduktion der Stoffverarbeitung die mechanischen Prozeduren oder chemischen Prozesse auch an Zeitverlauf gebunden, der abgewartet werden muß. Allein diese sind stets mit Arbeit verbunden, zum mindesten erfordern sie beaufsichtigende Arbeit und die menschliche Tätigkeit wirkt auf sie in der Richtung ein, sie, so weit erreichbar, abzukürzen. Das Resultat des Zeitverlaufes ist hier immer die Herstellung eines Dinges mit Ausschluß eines anderen: die Gewinnung eines wertvolleren Gutes mit demjenigen Arbeits- und Zeitaufwande, mit welchem ein minder wertvolles zu gewinnen wäre; ein Mehr an Wert bei gleichem Stoff. Beim natürlichen Zuwachse der organischen Vorgänge kommt dagegen ein Plus an nutzbarem Stoff zum Vorschein, dem kein Minus gegenübersteht, da jenes Reservoir, aus welchem die

[1]) Daß ein Gleichstellen verschiedener Dinge vorliegt, zeigt sich auch in den Folgen, welche die Fortsetzung der „Verlängerung“ in dem einen und in dem anderen Falle nach sich zieht. Bei der Verlängerung der Arbeitsperiode findet eine relative Steigerung des Produktquantums, jedoch nach der Annahme Böhm's in abnehmendem Maße, statt. Schließlich muß ein Stillstand der relativen Steigerung eintreten, der aber bei weiterer Verlängerung der Produktionsperiode eine weitere absolute Zunahme des Produktquantums ergibt. Die Anzahl der Produkteinheiten auf eine Arbeitseinheit bleibt dann gleich, da aber die Anzahl der Arbeitseinheiten in der weiter verlängerten Produktionsperiode eine größere ist, so ist auch das Produktquantum größer. Bei der natürlichen Produktionsperiode hingegen findet nach dem Kulminationspunkte des pflanzlichen und tierischen Lebensprozesses bekanntlich absoluter Rückgang und schließlich gänzliche Vernichtung des Individuums statt. Der Baum setzt nur bis zu einem gewissen Alter Holzmasse an, wird die „Produktionsperiode“ weiter verlängert, geht er langsam ein. Ein Gemüsegärtner, ein Viehzüchter, würde ebenfalls, wenn er dem Gesetze der Steigerung der Ergiebigkeit durch fortgesetzte Verlängerung der Produktionsperioden blindlings trauen wollte, recht unliebsame Erfahrungen machen!

Umwandlung schöpft, der Menschheit gegenüber als unerschöpflich erscheint.

Die natürliche Produktionsperiode ist diejenige, auf die im früheren als die einzige, einem ziffermäßigen Kalkül zugängliche hingedeutet wurde. Auf Grund der Kenntnis der Naturerscheinungen ist sie vorhinein berechenbar. Sie ist überdies unabänderlich; weder zu verkürzen noch zu verlängern. Sie ist nicht zu unterscheiden von einer Wartezeit, denn sie ist ja Wartezeit an sich. Das Produkt, welches sie liefert, ist Erzeugnis der Natur, mithin nicht auf Arbeit zurückzuführen. Durch Arbeit und technische Hilfsmittel vermag der Mensch lediglich die einschlägigen Naturvorgänge einzuleiten, wo es seinen Zwecken entspricht, die günstigsten Bedingungen für dieselben herzustellen, die Objekte von widrigen Natureinflüssen zu schützen usw. und auf diese Weise die erreichbare Vermehrung des natürlichen Ertrages herbeizuführen. Es verschmilzt der natürliche Zuwachs mit dem Ergebnisse produktiver Tätigkeit, und es zeigt sich uns ein Gebiet der menschlichen Wirtschaft, auf das die Gesichtspunkte, welche die Stoffverarbeitung leiten (bei der ein Zuwachs nicht mehr stattfindet), nicht ohne weiteres übertragbar sind [1]). Nur mit der kalendarischen Produktionsperiode

[1]) Auf dem durchgreifenden Unterschiede, welcher hier obwaltet, beruhen praktisch wichtige Erscheinungen. Die Umwegproduktion der Stoffverarbeitung kürzt die Produktionszeit des einzelnen Produktes ab, vermindert den Arbeitsaufwand und verbilligt die Produkte. Die natürliche Produktionsperiode vermag der größte Kapitalaufwand nicht zu verkürzen; er verbilligt die landwirtschaftlichen Produkte nicht. Im Verein mit denjenigen physikalischen Erscheinungen, welche in dem Gesetze der Abnahme des relativen Bodenertrages ihren Ausdruck finden, bewirkt steigender Kapitalaufwand, Verlängerung der Produktionsperiode in der Sprache der Theorie, vielmehr eine Steigerung der Gestehungskosten, was dann die bekannten Regeln, betreffend die intensive Landwirtschaft und die Preise der Bodenprodukte, ergibt.

Die Erwähnung des Gesetzes des abnehmenden Bodenertrages gibt Anlaß, noch einen zwar wichtigen, doch nicht wesentlichen Punkt der Theorie zu erörtern. Bei fortgesetzter Verlängerung der Produktionsperioden finde eine Abnahme der Steigerung der Produkte statt. Es hat den Anschein, als ob dieser Satz eine allgemeine Erscheinung beschreibe, das erwähnte Gesetz der landwirtschaftlichen Ökonomie ein Unterfall derselben wäre. Dem ist entschieden zu widersprechen. Das agronomische Gesetz ist naturwissenschaftlich erwiesen und empirisch jederzeit zu verifizieren. Die Aussage betreffend die Umwegproduktion ist jedoch lediglich eine Annahme. Mit technischen Gründen ist ein solches Verhältnis in der Produktsteigerung nicht zu erweisen. Die Annahme wird mit nichts anderem begründet, als daß die Dinge doch nicht ins Unendliche gehen, die Bäume nicht in den Himmel wachsen können. Das ist unzweifelhaft richtig: die Steigerung des kapitalistischen Charakters der Produktion hat sicherlich ihre Grenzen. Aber die Ursache hiervon ist wo anders zu suchen. Sie liegt darin, daß die Vorsorge für die Zukunft mittels der Kapitalbildung eine Einschränkung der Gegenwart in ihrer Lebensführung erfordert. Diejenige Arbeit, welche man den künftigen Wirtschaftsperioden widmet, entzieht man der gegenwärtigen und aus diesem Grunde kann man, angesichts der Beschränktheit der verfügbaren Arbeit, die Produktionsperiode jeweils nicht über ein gewisses Maß verlängern, wenngleich kann die natürliche Produktionsperiode in Beziehung gebracht werden, sie fällt mit ihr sogar zusammen, aber mit völliger Umkehrung des Verhältnisses zwischen Produktionsperiode und Subsistenzvorrat. Die natürliche Produktionsperiode hängt nicht vom Subsistenzvorrate ab, sondern der Subsistenzvorrat hängt von der Produktionsperiode ab. Ihre Dauer bemißt sich nicht danach, wie lange der Subsistenzvorrat ausreicht, sondern der Subsistenzvorrat muß solange ausreichen, als die Produktionsperiode dauert. Dieses Verhältnis ist der Menschheit gar wohl bekannt und macht sich mitunter recht unliebsam fühlbar.

Alles in allem genommen, bietet die Theorie der Produktionsumwege für das in Rede stehende Wirtschaftsgebiet also sicherlich kein zutreffendes Bild der Wirklichkeit.

§ 64. Schließlich sei noch eine Denkschwierigkeit hervorgehoben, die ihr anhaftet und sie beeinträchtigt. Die höchste Anforderung, welche sie an diejenigen stellt, die sich zu ihr bekennen wollen, besteht darin, daß sie sie zwingt, in den nach Tauschwert angeschlagenen konkreten Kapitalsummen die Länge der Produktionsperiode ausgedrückt zu sehen, mit welcher in den bezüglichen Wirtschaften produziert wird. Hat man sich erst einmal mit diesem Gedanken vertraut gemacht, und denkt man jedesmal, wenn man von Verlängerung der Produktionsperiode liest, an vermehrte Kapitalverwendung (welcher auch die Verwendung technisch produktiveren, „besseren" Kapitales gleichsteht) [1]), so ver-

---

die Vorteile für die künftige Lebenförderung noch so groß wären. Es bedarf also jener Annahme gar nicht, um die tatsächliche Begrenztheit der Umwegproduktion zu erklären. Aber es kommt noch ein zweiter Umstand ins Spiel. Je weiter der künftige Vorteil hinausliegt, desto schwächer fällt er gegenüber der Einschränkung der gegenwärtigen Lebensführung in die Wagschale. Je geringer der Wert der künftigen Produkte in der perspektivischen Wertung dem Wirtschaftssubjekte erscheint, desto eher wird der Grenzpunkt erreicht sein, an dem die Gegenwart mit ihren Zwecken den Ausschlag gibt. Der Steigerung der Produkte durch Verlängerung der Produktionsperiode wirkt die Wertverminderung in der Gegenwart für die wirtschaftliche Bilanz entgegen und die Grenze für vorteilhafte Umwegproduktion ist daher dort gegeben, wo ein Gegenwartswert der künftigen Produkte zum Vorschein kommt, der den Entgang an gegenwärtiger Befriedigung nicht aufwiegt. Dieser wichtige Umstand hätte von Anfang bei der schematischen Darstellung der Umwegproduktion, von der wir im II. Kapitel zu handeln Anlaß hatten, in der Weise berücksichtigt werden sollen, daß zur Bewertung der künftigen, größeren Produktmengen nicht nur verminderte Grenznutzenzahlen, sondern auch die perspektivischen Verkürzungen in Anwendung gebracht würden: nicht jene angebliche falsche Minderschätzung (des zweiten Grundes), sondern die wahre perspektivische Verminderung in der Gegenwartswertung. Da Böhm aber diese a priori nicht kennt, sondern eine Minderwertigkeit der künftigen Güter erst mittels einer Deduktion gewinnt, in welcher die Umwegproduktion selbst eine Rolle spielt, so konnte er jenem Umstande nicht Rechnung tragen. Daher war er zu jener Annahme gezwungen, wenn er nicht wirklich die Bäume der Umwegproduktion in den Himmel wachsen lassen wollte. Für uns fällt die Annahme mit der Theorie, das landwirtschaftliche Gesetz aber bleibt aufrecht.

[1]) Positive Theorie, Exkurs V, S. *143*.

steht man die darauf gebauten Schlüsse ohne weiteres. Aber die Verknüpfung der Vorstellung der Produktionsperiode bzw. der verlängerten Produktionsperiode mit einem bestimmten Ausmaße von Kapitalgütern bzw. einem gesteigerten Ausmaße solcher, diese Kapitalsgrößen ausgedrückt in Summen von Tauschwerteinheiten, bereitet Schwierigkeiten, so daß man nicht einmal sicher ist, ob man den Ideengang des Autors auch voll erfaßt habe. Jenes Bedenken, das von allem Anfang hinsichtlich der Vergleichbarkeit der Produkte als Tauschwertgrößen sich aufdrängte, kehrt hier in verstärktem Maße wieder. Vielleicht dürfte das Verständnis der Lehre in der Hinsicht in folgender Weise zu gewinnen sein:

Die Wirklichkeit, deren Gedankenabbild die Theorie uns bieten will, zeigt uns konkrete Kapitalgüter. Diese repräsentieren in ihrer Substanz und ihrem Werte die sukzessive aufgewendeten Arbeitsquanten und durch diese die aufgewendete Produktionszeit. Die geleisteten Arbeitsquantitäten wandeln sich durch den Ankauf der Arbeitsleistungen seitens der Kapitalisten in Sachgüter um. Da bei diesem Ankaufe nicht das Maß der (vergangenen) Arbeit den Wert bestimmt, sondern die Bewertung der Arbeitsleistungen als Produktivmittel von dem künftigen voraussichtlichen Werte des Endproduktes abgeleitet wird, so verteilt sich dieser Wert, der eine Geldsumme darstellt, auf die Arbeitsleistungen, die zur Produktion des Gutes aufgewendet werden, nach Verhältnis ihrer Größe. Wenn zum Zwecke einer Produktion z. B. drei Arbeitsleistungen aufgewendet wurden, eine aus drei Arbeitseinheiten, eine aus zwei Einheiten bestehende, und als dritte eine Arbeitseinheit, so wäre der Produktwert durch sechs zu dividieren, der übertragene Wert der ersten Arbeitsleistung wäre das dreifache, der Wert der zweiten Arbeitsleistung das zweifache des Quotienten, der eben den Wert einer Arbeitseinheit darstellt. Zu diesem Tauschwerte würden die Arbeitsleistungen vom Kapitalisten angekauft, und ihre Summe repräsentiert die Produktionsperiode. Je mehr und je größere Arbeitsleistungen aufgewendet wurden, desto größer ist diese Summe, die demgemäß die entsprechende Verschiedenheit der Produktionsperioden zum Ausdruck bringt. Nun ist aber in der Produktionsperiode auch der zeitliche Abstand enthalten, welcher die Arbeitsleistungen vom Zeitpunkte der Fertigstellung des Produktes trennt; man erinnere sich, wie er in der mehrmals erwähnten Formel in Rechnung gestellt ist. Auch diese Zeitintervalle müssen im Preise der Arbeitsleistungen zum Ausdruck kommen, je nachdem dieselben in einem früheren oder späteren Zeitpunkte angekauft werden. Das geschähe auch und zwar geschähe es durch den Zins, welchen die Kapitalisten auf die zum Ankauf der Arbeitsleistungen aufgewendeten Summen beziehen. Daher bedeute der Zins eine verlängerte Produktionsperiode: je höher die Zinssumme, welche im Preise des Endproduktes enthalten ist, desto länger war die Produktionsperiode des betreffenden Gutes. In Gemäßheit der Ableitung des Wertes der Arbeitsleistungen vom gegebenen Werte des Endproduktes ist dieser Zins als Abschlag bei Bestimmung des Wertes der Arbeitsleistungen zu denken. Hiegegen sind nun ganz erhebliche Einwände geltend zu machen.

Der Schluß von der Zinssumme auf die Länge der Produktionsperiode würde voraussetzen, daß der Zins immer von gleicher Höhe sei, so daß verschiedene Zinssummen das Verhältnis der Zeitlängen ausdrücken, für welche sie aufgelaufen sind. Andernfalls mangelt der Folgerung die Logik. Da aber bekanntlich die Zinshöhe wandelbar ist, so kann jener Zusammenhang nicht bestehen. Je höher der Zins ist, eine desto längere Produktionsperiode resultiert, für die Höhe des Zinses aber ist in dem vorausgesetzten Sachverhalte kein Bestimmungsgrund gegeben: ein solcher muß von außen hineingetragen werden. Aber auch soweit bei einer bestimmten Zinshöhe verschiedene Zinssummen das Verhältnis zurzeit ausdrücken, ist die gedachte Erklärung unstatthaft. Denn um sie gelten zu lassen, muß man schon den Zins als eine an den Verlauf der Zeit gebundene Veränderung von Werten begreifen, d. h. ihn nach der Theorie von Böhm solcherart auffassen. Die Verlängerung der Produktionsperiode ist aber die Prämisse in dem Erklärungsgange des Zinses. Man muß den Erklärungsweg schon kennen und billigen, bevor man den Zins in jenen Zusammenhang mit der Produktionsperiode bringen kann; kurz, wir befinden uns in einem Erklärungszirkel. Es ist dem, der diese Zeilen niederschrieb, nicht gelungen, ohne den Zins vorauszusetzen, von der Vorstellung der Produktionsperiode zur Tauschwertsumme einer Kapitalmenge, die jene repräsentiere, die Verbindung zu finden.

§ 65. Überschauen wir die Gedankenkette der Theorie von ihrem Grundgedanken an, so können wir feststellen, daß sie in ihrer Durchbildung das nicht hält, was sie in ihrem Ansatze zu versprechen schien und daß sie trotz der äußerlichen Konsequenz, mit welcher sie festgehalten wird, doch diejenigen Anforderungen innerer Folgerichtigkeit, logischer Geschlossenheit und lückenloser Aufhellung der Kausalzusammenhänge nicht erfüllt, die man an eine Theorie stellen muß, die uns bisher verborgene Einsichten erschließen und Aussicht auf Bestand haben soll. Hieran vermag auch die Virtuosität ihrer Handhabung von seiten ihres Urhebers nichts zu ändern.

Unserem Zwecke war es dienlich, uns einigermaßen in sie zu vertiefen. Es ist nunmehr leicht festzustellen, welcher Gebrauch von ihr in dem uns beschäftigenden speziellen Untersuchungsgebiete gemacht wird und wie die uns geläufigen wirtschaftlichen Erscheinungen im Gewande ihrer Terminologie sich darstellen. Es wird nicht mehr frühere oder spätere Arbeit ihrem Werte nach verglichen, sondern stets die Arbeit in einer längeren und die Arbeit in einer kürzeren Produktionsperiode. Die kürzeste Produktionsperiode ist die der Augenblicksproduktion, bei welcher der Arbeitende lediglich mit seiner Arbeit Güter zu gleichzeitigem Verbrauche gewinnt. Das ist kapitallose Produktion. Die Arbeit mit technischen Produktivmitteln ist Umwegproduktion, deren Periode schon mit der Gewinnung der Produktivmittel begonnen hat. Die Betätigung der Arbeitskraft an sachlichen Produktivmitteln, die sich im Eigentum des Unternehmers befinden, ist eben solche Umwegproduktion. Der Unternehmer betreibt sie, indem er Arbeiter beschäftigt, und die technischen Hilfsmittel der Produktion sind die früheren Phasen derselben. Der Vergleich der Arbeit in kürzerer oder längerer Produktionsperiode wird vorgenommen mit Bezug auf das Produkt, nämlich die Zahlen der Geldeinheiten des Verkehrswertes der erzeugten Güter. Die Arbeitseinheit liefert in der kürzeren Produktionsperiode das Produkt X, in einem längeren Produktionsumwege das (größere) Produkt Y, welche Produkte ihrem Verkehrswerte nach verglichen werden; im ersteren Falle z. B. 10 Münzeinheiten, im zweiten z. B. 12 Münzeinheiten. Dieses Produkt wird als Wert der Arbeit in dieser und jener Verwendung bezeichnet. Und zwar als subjektiver Wert. Wir werden hören, die eigene kapitallose Arbeit sei für den Arbeiter z. B. 2, 3 Münzeinheiten wert, für den Unternehmer sei die nämliche Arbeit, wenn an seinen technischen Hilfsmitteln ausgeübt, also in Umwegproduktion, 10, 12 wert. Da die Münzeinheiten im Bereiche des Verkehrswertes als Werteinheiten gelten, so ist die dialektische Umdeutung der quantitativen Erträgnisse der Arbeit auf Wertgrößen vollzogen. Dann sind es aber doch wieder Güterquanten, denn sie unterstehen dem Wertgesetze, daß sie künftige, und daher weniger wert sind als gegenwärtige Güter. Die gegenwärtigen Güter befinden sich im Besitze der Unternehmer und dienen als Subsistenzvorrat während der Wartezeit zur Ermöglichung der Arbeit, gegen deren Erträgnisse sie vertauscht werden.

2. Abschnitt. Der Zinsgewinn der Unternehmer.

§ 66. Die Gedanken-Bausteine liegen vor uns: verfolgen wir, wie die Theorie der Zinserscheinung in der privatwirtschaftlichen Produktion mit ihnen aufgebaut wird.

Wir müssen uns wieder tunlichst an den Wortlaut der Darstellung Böhm's anschließen.

„Die Tätigkeit der Unternehmer besteht in dem Kauf und der produktiven Verwendung von Gütern entfernterer Ordnung. Sie kaufen Produktivmittel, wie: Rohstoffe, Werkzeuge, Maschinen, Bodennutzungen und hauptsächlich Arbeitsleistungen, ein und setzen sie durch den Produktionsprozeß in Güter erster Ordnung, in genußreife Produkte um. Dabei fällt für sie ein . . . . Wertgewinn ab.“ Sie kaufen ein. Wofür kaufen sie ein? Für gegenwärtige Genußgüter: mit diesen kaufen sie auch die „sachlichen“ Produktivmittel, nicht bloß die „Arbeitsleistungen“. In Konsequenz der Umwegtheorie muß man aber die Rohstoffe, Werkzeuge, Maschinen in Arbeitsleistungen auflösen, so daß man also in letzter Analyse (abgesehen von Bodennutzungen, die der Vereinfachung wegen vorerst außer Betracht bleiben) den Unternehmer nicht „hauptsächlich", sondern überhaupt nur Arbeitsleistungen einkaufend sich vorstellen darf (s. a. a. O. S. 572: „Kapitalgewinn der Unternehmer, die die angekaufte Zukunftsware „Arbeit" in genußreife Produkte umwandeln").

Die eingekauften Produktivgüter „setzen sie durch den Produktionsprozeß in genußreife Produkte um". Diese ihre Funktion besteht nun freilich darin, zuzusehen, wie die Güter entfernterer Ordnung, in letzter Auflösung die Arbeit, ihre Nutzleistungen abgeben — für allfällige persönliche Mitwirkung am Produktionswerk beziehen sie separate „Vergütung". Durch den Kauf sind die Güter „entfernterer Ordnung" Eigentum des Unternehmers geworden und demgemäß sind die Erzeugnisse ihrer Nutzleistungen ebenfalls Eigentum des Unternehmers. Für den Unternehmer ist — fügen wir bei — es ganz gleichgültig, wie die Nutzleistungen zustande kommen. Die Kraftleistung eines Arbeiters gilt ihm ganz gleich der einer Maschine; deshalb und lediglich deshalb kann vom Standpunkte des Unternehmers die fremde Arbeitsleistung als ein Gut angesehen werden.

„Die Güter entfernterer Ordnung sind ihrer wirtschaftlichen Natur nach, obschon sie körperlich gegenwärtig sind, Zukunftsware. Sie sind in ihrem gegenwärtigen Zustande zur Bedürfnisbefriedigung untauglich, bedürfen, um dazu tauglich zu werden, erst der Umformung zu Genußgütern", was natürlich Zeit erfordert. Auch die Arbeit also oder die Arbeitsleistungen sind Zukunftsware, obschon körperlich gegenwärtig; sie sind „in ihrem gegenwärtigen Zustande" zur Bedürfnisbefriedigung untauglich und bedürfen daher erst noch der Umformung in Genußgüter: eine Aussage, die, auf die Arbeit bezogen, sich einigermaßen eigentümlich ausnimmt und natürlich nur durch das Fangballspiel sich erklärt, das mit dem Begriffe der Produktivmittel getrieben wird, indem der Sinn des Begriffes hin- und hergeschleudert wird, bald nur sachliche Güter, bald auch Arbeitsleistungen darunter verstanden werden. Sachlich ist natürlich die Feststellung des Tatbestandes, daß die Nutzleistungen der Produktivmittel einen Zukunftsnutzen ergeben, ganz richtig.

Von diesem Zukunftsnutzen, von dem Produkte bzw. dem Werte des Produktes leiten die Produktivmittel ihren Wert ab. „Wir schätzen, wie wir wissen, Güter entfernterer Ordnungen überhaupt nach dem Grenznutzen und Wert ihres genußreifen Schlußproduktes." Hierunter müßte der künftige Wert zu verstehen sein in Gemäßheit der Theorie der Produktionsumwege, welche die Wahl der ökonomisch vorteilhaftesten Produktionsperiode und sonach die Bewertung der in derselben geleisteten Arbeit nach dem Wertmaximum der künftigen Produkte lehrt. Mit einem Male wird jedoch durch Einschiebung des Satzes von der Mehrwertigkeit gegenwärtiger Güter gegen künftige eine gegenteilige Aussage deduziert. „Die genußreifen Schlußprodukte sind einstweilen noch künftige" Produkte „und künftige Güter sind, wie wir . . . wissen, weniger wert als gegenwärtige". Das ergebe die Folge, „daß auch die Produktivmittel, wenn man sie gegen gegenwärtige Güter abschätzt, einer geringeren als derjenigen Stückzahl genußreifer Schlußprodukte gleichwertig befunden werden, welche man aus ihnen erzeugen kann".

Hiermit ist die Aussage, welche sich nach unserer Wertperspektive für den subjektiven Wert ergibt, mit Bezug auf den Verkehrswert ausgesprochen. Es wird nämlich bei der Berufung darauf, daß das gedachte Wertverhältnis eine uns bekannte Sache sei, ausdrücklich der Abschnitt genannt, welcher von der marktmäßig entstandenen Wertdifferenz gegenwärtiger und künftiger Güter handelt, und selbst, wenn das nicht ausdrücklich geschähe, ist eine andere Auffassung gar nicht möglich, weil Böhm eben alle Ausführungen über die Zinsbildung auf dieses Wertverhältnis basiert. Das ist aber jene Schlußfolgerung, die wir als unzulässig erkannt haben, als wir feststellten, daß die aus dem Verkehre hervorgehende Wertdifferenz zwischen gegenwärtigen und künftigen Gütern nicht als Prämisse benützt werden darf, um eine eben im Verkehre entstehende Wertdifferenz solcher Art zu erweisen. Die Tauschwertbildung, welche als ein Glied der Schlußfolgerung dienen soll, kommt eben durch die Käufe und Verkäufe der Unternehmer (im Vereine mit anderen Umsätzen gegenwärtiger und künftiger Güter) zustande, darf daher nicht als Voraussetzung angesehen werden, auf Grund welcher der vorliegende Umsatz, nämlich der der künftigen Produkte der Arbeit gegen gegenwärtige Güter, sich vollziehe [1]).

Den einzelnen Unternehmer daraufhin angesehen, wie er mitten im Verkehre stehend seine wirtschaftlichen Erwägungen anstellt, ist es ja gewiß zutreffend, daß die Wertverhältnisse, die er als gegeben vorfindet, ihm Richtschnur sind. Damit gewinnt man jedoch keine richtige Erklärung der Zusammenhänge der Erscheinungen. Zu diesem Behufe muß man vielmehr den Unternehmer erstmals den Verkehr eröffnen lassen. Wenn ich die Bewegung eines Körpers erklären will, darf ich nicht den bewegten Körper ins Auge fassen, sondern muß von

---

[1]) Auch wenn man die erwähnte Prämisse, im Widerspruche freilich mit dem ganzen Tenor der Lehre, als subjektive Gegenwartswertung auffassen wollte, so wäre damit für die Erklärung des vorliegenden Umsatzes nichts gewonnen (gerade so wenig, wie sie etwa mittels unserer Wertperspektive zu finden wäre). Wenn ein Kapitalist einem präsumtiven Schuldner gegenüber geltend machte, daß die künftigen Güter, welche dieser zu bieten geneigt ist, einen geringeren Gegenwartswert besitzen und er daher eine größere Stückzahl solcher als Gegengabe verlange, so wäre damit der Abschluß des Darlehensvertrages nicht gegeben, wenn der Darlehenswerber mit Rücksicht auf die Verhältnisse seiner individuellen Wirtschaft nicht bereit wäre, das Mehr zu leisten. Wenn der Unternehmer dem Arbeiter weniger an Gütern anbietet als derselbe durch die Arbeit hervorbringen wird, mit der Begründung, der Gegenwartswert dieser Güter sei ein geringerer als der gleicher Güter, die er bietet, so käme der Umsatz doch nicht zustande, wenn nicht in der Wirtschaft des Arbeiters Umstände anderweit vorlägen, die ihn bestimmen, auf das Anbot einzugehen.

der Ruhelage ausgehen. So muß hier untersucht werden, was sich begibt, wenn der Unternehmer, ohne von irgendwelchen Voraussetzungen eines marktgängigen Quantitätsverhältnisses zwischen gegenwärtigen und künftigen Gütern auszugehen, in einen Umsatz gegenwärtiger Güter gegen die künftigen Produkte mit dem Arbeiter eintritt. Eine Untersuchung dieser Art finden wir auch, indes erst an späterer Stelle, in Ausführungen, welchen zwar nur die Aufgabe zugeschrieben wird, die Grundzüge der Erklärung näher zu erläutern, die uns aber diejenige Erklärung bieten, die wir hier vermissen. Wir werden uns daher alsbald mit ihnen zu befassen haben.

§ 67. Mit der Berufung auf die Tauschwertdifferenz ist natürlich nach dem uns bereits hinlänglich bekannten Muster aus der Detaxation (bei der Wertübertragung auf das Produktivmittel) gegenüber dem künftigen Tauschwerte des fertigen Produktes ein als Wertzuwachs angesprochener Gütergewinn deduziert. Da die Produktivmittel gegenwärtig eine geringere Anzahl von Genußgütern wert sind als später aus ihnen hervorgehen, so kauft der Unternehmer sie eben auch nur um eine solche geringere Summe (in Geldform). Dadurch sind sie „seine Zukunftsware" geworden. Die Zukunft wird Gegenwart und mit dieser sind dann als Resultat der Produktion die genußreifen Produkte mit ihrem Gegenwartswerte da. „Der Wertzuwachs ist der Kapitalgewinn." Was hat es also so Besonderes auf sich mit dem Kapitalgewinn des Unternehmers? Es ist lediglich in der Wirtschaft des Unternehmers eine Wertänderung eingetreten! Er hat Produktivmittel zu dem Werte angekauft, den sie zur Zeit des Beginnes der Produktion hatten, er verkauft die Produkte nach Beendigung des Produktionsprozesses zum Gegenwartswerte. Die Wertdifferenz tritt in dem Mehr an Gebrauchsgütern zutage, das das Ergebnis der Produktion aufweist, gegenüber der Anzahl solcher, welche zu ihr verwendet wurden. Der effektive Eingang neuer Güter, den doch die Produktion bezweckt und erzielt, ist nichts anderes als ein „Wertschwellen", als Ausfluß eines den Wirtschaftssubjekten im konkreten Falle von außen gegebenen Wertgesetzes. Die hiermit gewonnene Einsicht in die innere Natur der wirtschaftlichen Dinge sei die positive Widerlegung der sozialistischen Zinstheorie. Der Zinsgewinn des Unternehmers beruht einfach auf auf einer Wertverschiebung, nicht auf einer Ausbeutung des Arbeiters!

Daß der Umsatz gegenwärtiger und künftiger Güter zwischen Unternehmer und Arbeiter an sich nicht eine Ausbeutung des Arbeiters darstelle, dem ist ja rückhaltslos zuzustimmen. Ob aber der abstrakte deduktive Beweis auf die Anhänger der sozialistischen Zinstheorie einen besonderen Eindruck zu machen geeignet ist, darf bezweifelt werden. Denn die Bekenner jener Lehre werden es eben den Unternehmern verübeln, daß sie nicht gesonnen sind, an dem Wertschwellen mit seinen angenehmen Folgen die Gegenseite teilnehmen zu lassen. Auch wir sind, nachdem wir in dem Tauschwertschwellen ein den Gütergewinn des Zinses zum Ausdruck bringendes Quantitätsverhältnis erkannt haben (vgl. § 43), nicht imstande, in jener Harmlosigkeit eine theoretische Lösung zu erblicken.

§ 68. Die Erklärung, nach der wir suchen, wird uns an der Stelle, an welcher Böhm eine Schilderung von den Märkten entwirft, „auf welchen Produktivmittel gegen Gegenwartsware vertauscht werden". Hier treten die Unternehmer mit den Arbeitern in Verkehr, während vordem nur von Wertvorgängen im Bereiche der Güter ohne Beziehung auf die Menschen die Rede war.

Zunächst wird uns das Angebot und die Nachfrage bei den Produktivmitteln vorgeführt. Aus den im früheren angeführten Gründen hat nur von der Arbeit die Rede zu sein. Die Lohnarbeiter besitzen „fast nie ausreichende Mittel, um ihre Arbeit selbst in mehrjähriger Produktion ausnützen zu können. Sie stehen also vor der Alternative, entweder ihre Arbeit zu verkaufen oder sie auf eigene Rechnung in so kurz dauernden und unergiebigen Produktionsprozessen auszunützen, wie es ihnen eben ihre verfügbaren spärlichen Mittel gestatten. Natürlich werden sie diejenige Wahl treffen, die für sie die vorteilhaftere ist". „Ganz mittellose Arbeiter, die auf eigene Rechnung nur eine ganz kapitallose Augenblicksproduktion mit einem Erträgnisse von (beispielsweise) $2^1/_2$ fl. pro Woche durchführen könnten, werden bis zum Preisniveau von $2^1/_2$ fl. herab dem Verkauf ihrer Arbeit den Vorzug geben."

Die Lohnarbeiter also bilden das Angebot bei jedem das Erträgnis ihrer Arbeit bei Selbstverwertung übertreffenden Preise [1]).

„Wie steht es demgegenüber mit der Nachfrage? Sie wird repräsentiert durch die Unternehmer-Kapitalisten. Für sie ist die Arbeitswoche, die sie für die kapitalistische Produktion zu kaufen suchen, gerade so viel wert als das Produkt, das sie in eben dieser kapitalistischen Produktion erzeugen wird." (Es wird beispielsweise angenommen 10 fl. nach einem

[1]) Es wäre vorzuziehen, nicht die Arbeit als dasjenige hinzustellen, das die Arbeiter verkaufen, die Unternehmer kaufen, sondern das Produkt der Arbeit als das Kaufobjekt zu behandeln. Es ist ja auch nicht die Arbeitsleistung, die in der Arbeit vorliegende Kräfteäußerung, das was den Unternehmer interessiert, sondern das Geleistete, der Effekt der Arbeit. Mit der angeführten Wendung, die sich übrigens bei Böhm gelegentlich ebenfalls vorfindet, ist dem Einwurfe der Boden entzogen, die Volkswirtschaftslehre erniedrige die Arbeit zur Ware, und entfiele der Anlaß die Arbeit als ein „Zukunftsgut" zu charakterisieren, das seiner Existentwerdung entgegengeführt werde! Der vorliegende Umsatz wird danach damit zu beschreiben sein, daß die Arbeiter das künftige Produkt ihrer Arbeit, ihren Anteil am künftigen Produkte der gesellschaftlichen Arbeit, dem Unternehmer verkaufen (s. Sax, „Grundlegung", S. 283). Die im Texte wiedergegebene Wortfassung ist die Folge der Einbeziehung der Arbeit in den Gutsbegriff zwecks Konstruierung des Begriffes der Produktivmittel.

Produktionsprozeß von zwei Jahren.) „Aber es bleibt doch noch die Frage übrig: wie viel sind für die Unternehmer 10 fl. in zwei Jahren verfügbar wert im Verhältnis zu den gegenwärtigen Gulden, um die sie die Arbeitswoche kaufen müssen?"

Die Frage ist der Hinweis darauf, daß die künftigen Gulden des Produktwertes weniger wert sind als die gegenwärtigen des Lohnes. Das Ausmaß des Minderwertes darf nicht als durch das „natürliche" Wertverhältnis gegeben angesehen werden, weil ja dieses eben erst im Falle der Produktion erklärt werden soll! Es bleibt nur der Vergleich mit anderen Verwendungen der gegenwärtigen Güter, also Umsätzen anderer Art, welche einen Anhalt bieten [1]).

---

[1]) Die oben angeführte Frage ist die Umkehr der anderen: Was sind gegenwärtige Güter für den Unternehmer im Verhältnis zu (gleichen) künftigen wert, insoweit nicht die Verwendung zum Ankauf von Arbeit in Frage kommt? Auf die in solcher Art gestellte Frage wird uns auf S. 519 ff. eine sonderbare Antwort. Mit Beziehung auf seinen Bedürfnisstand, vernehmen wir, ist beim Unternehmer kein Unterschied zwischen den Gütern in gegenwärtiger und künftiger Verwendung wahrzunehmen: übersteigen die Güter seinen gegenwärtigen Bedarf, so kann er sie einfach für den zukünftigen aufheben. (Die „Unterschätzung" des künftigen Bedarfes wird auch bei ihm nicht eintreten.) Eine Mehrwertigkeit der gegenwärtigen Güter wird ihm dagegen durch ihre „technische Überlegenheit" über künftige nahegelegt und das ergebe die Gelegenheit, durch eigene Verwendung eben diesen Mehrwert zu realisieren. Mit gegenwärtigen Gütern kann der Unternehmer mittels eigener Arbeit einen längeren Produktionsumweg einschlagen, als wenn er Hilfsarbeiter aufnimmt, und zwar aus dem einfachen Grunde, weil man mit einem Gütervorrate, der für die Bedürfnisbefriedigung einer Person durch eine gewisse Zeit ausreicht, für zwei Personen erklärlicherweise nur die Hälfte jenes Zeitraumes hindurch auskommt. Hat der Unternehmer einen Subsistenzvorrat auf vier Jahre, so kann er einen Produktionsumweg von vier Jahren einschlagen, nimmt er hingegen einen Arbeiter zu Hilfe, so kann er mit diesem nur eine zweijährige Produktion betreiben. Bei solcher wird ein Erträgnis von 10 fl. für eine Arbeitswoche angenommen, bei vierjährigem Produktionsprozesse dagegen von 12 fl. Bei derartigem Ansatze der Rechnung liegt es auf der Hand, daß die gegenwärtigen Güter bei eigener Arbeit dem Unternehmer mehr abwerfen, da 4 mal 12 mehr ist als 4 mal 10. Hierbei unterlaufen indes drei Übersehen. Erstens wird ganz auf die bekannten Vorteile der Arbeitsteilung vergessen. Durch Zuhilfenahme von fremder Arbeitskraft kann relativ mehr erzielt werden als durch die Arbeit eines einzelnen. Vielleicht käme der Mann zu einem weit besseren Erträgnis, wenn er, anstatt durch vier Jahre mit seiner eigenen Arbeitskraft allein sich zuerst Werkzeuge herzustellen, Materialien beizuschaffen und dann dieselben zu verarbeiten, einen Arbeiter aufnimmt, um mit vereinten Kräften zu schaffen; vielleicht erzielen beide 14 fl. pro Person, so daß die eigene Arbeit entschiedenen Nachteil zeigen würde. Zweitens wird übersehen, daß das Erträgnis bei eigener Arbeit in dem Beispielfalle ebenfalls um zwei Jahre später zum Vorschein käme. Da wird die Frage: was sind 12 fl., nach zwei Jahren verfügbar, wert, nicht gestellt! Beim Produkte der fremden Arbeit wurde sie gestellt, beim Produkte der eigenen nicht. Wird sie aber gestellt, so sind wir ersichtlich wieder beim Ausgangspunkte angelangt. Drittens ist darauf vergessen, daß, wie ausdrücklich bei Kennzeichnung des Unternehmer-Kapitalisten betont wurde, falls er eigene Arbeit leistet, diese wie fremde zu behandeln, i. e. durch eine spezielle Vergütung zu lohnen ist. Wenn er auch einen Produktionsumweg mittels eigener

Das gibt also die praktische Erwägung, daß der Unternehmer, welcher in gegenwärtigen Gütern die Arbeit kaufen muß, jedenfalls keinen höheren Preis bewilligen wird als diejenige Gütersumme, mit welcher er in anderweitiger Verwendung, als Kapital, in zwei Jahren ebenfalls 10 fl. erzielen kann. Bis zu diesem Preise wird er Arbeit zum Zwecke der kapitalistischen Produktion kaufen.

Welche andere Verwendungsweise seiner Kapitalien steht ihm aber offen? Böhm bemerkt: „Der Kapitalist (es ist immer vom Unternehmer die Rede!) kann seine gegenwärtigen Güter zur besseren Fruktifizierung seiner eigenen Arbeit nicht gebrauchen, aber andere wollen sie eben zu diesem Zwecke von ihm gegen künftige Güter eintauschen und sind gerne bereit, ein Agio in künftigen Gütern zu bezahlen." Da unterläuft wohl ein arges Versehen. In der Argumentation steht doch „der" Unternehmer als Repräsentant der ganzen Klasse „dem" Arbeiter, der ebenfalls die ganze Klasse darstellt, gegenüber. Für die ganze Klasse der Unternehmer kommt Eigenverwendung der gegenwärtigen Güter gar nicht in Betracht: wie kann denn ein Teil der Mitglieder der Klasse doch zum Zwecke der „besseren Fruktifizierung ihrer eigenen Arbeit" Güter entleihen? Aber andere Leute können zu anderen Zwecken als dem der Produktion gegenwärtige Güter mit einem Plus an künftigen zu bezahlen bereit sein, z. B. ein Staat zum Zwecke einer Kriegführung oder einer Defizitdeckung. Solche Absorption von Kapitalien spielt bekanntlich eine große Rolle in unseren Tagen, eine weit größere als Böhm dem Konsumtivkredit einräumt. Und mit Rück-

Arbeit einschlägt, so bleibt er doch, schon durch den Ankauf der übrigen Produktivmittel, Unternehmer und es entsteht bezüglich des Produktes auch seiner Arbeit abermals die Frage: was ist dasselbe, nach Jahren verfügbar, heute wert? Daß die versuchte Erklärung sich da in einem Zirkel bewegt, ist offenliegend.

Sonderbarerweise wird das Exempel nur mit einem Arbeiter gerechnet. Offenbar, weil, wenn mit einer größeren Anzahl gerechnet würde, der Widersinn des Rechnungsansatzes gar zu sehr in die Augen fiele: anstatt 100 Arbeiter zu entlohnen, schlage ein Unternehmer einen hundertjährigen Produktionsumweg ein! Das würde Heiterkeit der Leser erwecken. Der eine Arbeiter aber wird mit den „einfachen Verhältnissen" eines noch unentwickelten Kapitalismus motiviert, „in welchen der Unternehmer noch selbst Arbeiter und sein Kapital nicht „sehr" bedeutend ist". Indes auch in früheren Zeiten, in welchen noch ein geringer Grad des Kapitalismus herrschte, wurde nicht bloß mit einem Arbeiter, sondern in weitem Umfange mit einer größeren Anzahl solcher gearbeitet. Andererseits ist in den Verhältnissen der Jetztzeit das Arbeiten mit einem Arbeiter bekanntlich noch in vielen Fällen zu sehen, selbst das Produzieren mittels eigener Arbeit allein nicht ausgeschlossen. Doch wir hätten uns die Mühe der Widerlegung ersparen können, denn das Argument wird schließlich für den Zustand einer entwickelten Volkswirtschaft zurückgenommen. Es wird uns gesagt, daß „aus der Möglichkeit der Eigenverwendung zur Verlängerung des Produktionsprozesses den gegenwärtigen Gütern unter unseren Verhältnissen „in der Regel" kein höherer Gebrauchswert zuwachse" und es wird demnach ganz von der Eigenverwendung abgesehen. Angesichts dessen können auch wir von dem, wie sich gezeigt hat, ohnehin unhaltbaren Argumente absehen und bleibt es bei dem Vergleiche mit Umsätzen.

sicht hierauf trifft zu, was er sagt: „Der Kapitalist hat augenscheinlich nicht nötig, den Arbeitern seinen gegenwärtigen Gulden al pari gegen ihr künftiges Produkt zu vertauschen, wenn er auf dem Darlehensmarkt für die gleiche Summe gegenwärtiger eine größere Summe künftiger Güter erlangen kann."

Derjenige Kapitalist aber, welcher Unternehmer ist und bleiben will? Nun, dieser braucht doch nach einer Verwendung seiner Kapitalien nicht erst zu suchen. Er verwertet seine gegenwärtigen Güter, indem er sie den Arbeitern als „Subsistenzmittel" verkauft. Hiermit sind wir bei der zweiten Seite unseres Marktverkehres, nämlich dem Angebot und der Nachfrage, betreffend die gegenwärtigen Güter, angelangt. (Bei Böhm erst nach einer lang ausgesponnenen, interessanten Zwischenschilderung der ineinandergreifenden Teilmärkte, welche Darstellung, während sie den Zusammenhang der Dinge nach anderen Richtungen beleuchtet, gerade den Zusammenhang, um den es sich hier handelt, zerreißt.) Und damit sind wir endlich auch zum entscheidenden Punkte gekommen, der alles klärt.

Die Kapitalisten bieten Gegenwartsgüter, „Subsistenzmittel" an; einleuchtend in demjenigen Umfange, welcher durch den tatsächlichen Vorrat an solchen gegeben ist. „Ihrem Angebote an gegenwärtigen Gütern — hören wir wieder Böhm im Wortlaute — stehen in der Nachfrage gegenüber: eine außerordentlich lange Reihe von Lohnarbeitern, die wegen der Unmöglichkeit, ihre Arbeit auf eigene Rechnung lohnend zu verwerten, sämtlich geneigt und bereit sind, ihr künftiges Arbeitsprodukt gegen eine erheblich geringere Menge gegenwärtiger Güter zu verkaufen", so daß im vorgedachten Beispielfalle der Arbeiter für das künftige Produkt von 10 fl. äußerstenfalls mit nur $2^1/_2$ fl. gegenwärtigen Gulden vorlieb zu nehmen entschlossen ist.

§ 69. Da haben wir die Erklärung dafür, warum ein Quantum Zukunftsgüter gegen ein geringeres Quantum gegenwärtiger Güter getauscht wird; da sehen wir, ohne erst von einem allgemeinen Satze betreffend das Wertverhältnis gegenwärtiger zu künftigen Gütern ausgehen zu müssen, wieso es kommt, daß Unternehmer und Arbeiter untereinander den Umsatz in dem eben erwähnten Verhältnisse vollziehen; wir erkennen klar, daß dieses Verhältnis nicht etwas vorhinein Gegebenes, dem Verkehre Vorgeschriebenes ist, sondern eben erst im Verkehre sich erzeugt, und wir verstehen schließlich leicht, wie durch die Konkurrenz auf beiden Seiten eine marktpreismäßige Feststellung dieses Verhältnisses sich herausbildet. So verhalten sich die Dinge in der Tat. Über die maßgebende Ursache dieses Schlußergebnisses kann man ja wohl auch nicht im Zweifel sein. Das Motiv, welches die Arbeiter bestimmt, „die Unmöglichkeit ihre Arbeit auf eigene Rechnung lohnend zu verwerten": was ist es denn anderes, als die Ermangelung eines Gütervorrates, mit dem sie ihre Bedürfnisse während einer Umwegproduktion auf eigene Rechnung befriedigen könnten?! Sie können nicht „warten“. Das ist, wie Böhm an anderer Stelle selbst hervorhebt, der einzige Grund, der sie zu einem Verkaufe der künftigen Produkte für Subsistenzmittel bestimmt. Die Unternehmer hingegen sind im Besitze der Güter, welche den zu einer Arbeitsgemeinschaft in der kapitalistischen Produktion verbundenen Menschen während dieser die Bedürfnisbefriedigung gewähren. In der Besitzesverschiedenheit ist sonach als letzte Ursache das Quantitätsverhältnis gegenwärtiger und künftiger Güter begründet, das im Umsatze zwischen Unternehmern und Arbeitern zutage tritt.

Aber wir haben noch der anderen Nachfrage um Gegenwartsgüter zu gedenken, die nicht zu Zwecken der Produktion erfolgt und die Böhm ebenfalls in diesem Zusammenhange erwähnt. Die Nachfrage von seiten solcher Unternehmer, welche für ihre Unternehmungen selbst Kapital anleihen, kommt hier nicht in Betracht, da sie nur eine durchlaufende Post bildet. Diese nehmen einen Teil des Angebotes der Kapitalisten aus dem Markte, um ihn sofort wieder auf einem anderen Teilmarkte an die Arbeiter auszubieten. Vielmehr fällt in den Gesichtskreis die Nachfrage einer „kleinen Reihe von Leuten, die wegen dringenden persönlichen Bedarfs Konsumtivkredit suchen, und die dringend benötigten, gegenwärtigen Güter gleichfalls gern mit Agio einzutauschen bereit sind“. Das ist wohl gerade keine sehr glückliche Formulierung, allein man versteht, daß damit eine Nachfrage von Leuten gemeint ist, die nicht produzieren, und es kann auch zugegeben werden, daß diese im Verhältnis zu der anderen Nachfrage relativ gering ist. Aber im Wortlaute der Aussage erscheint auf den öffentlichen Kredit vergessen, der, soweit er nicht für produktive Zwecke genommen wird, ebenfalls hierher gehört und eine unter Umständen sehr umfangreiche Nachfrage darstellt. Die Nachfrage zu anderen als Produktionszwecken hat mit jener der Arbeiter gemeinsam die Voraussetzung der Ermangelung von gegenwärtigen Gütern auf seiten der einen, des Besitzes und Vorrates der betreffenden Güter auf seiten der andern. Das Merkmal ist gemeinsam, weil es eben zum Wesen der Sache gehört.

Auf Grund der so beschaffenen Sachlage kommen jene individuellen Schätzungsverschiedenheiten zutage, welche den im früheren dargestellten marktmäßigen Umsatz gegenwärtiger gegen künftige Güter anregen und sohin den Marktpreis der ersteren in letzteren ergeben, der ein Plus dieser gegen jene zeigt. Dieses „Aufgeld“ erscheint uns als notwendige Folge der geschilderten Voraussetzungen, die mit der auf Sondereigentum beruhenden Privatwirtschaft gegeben sind. Wir konnten das Ergebnis schließlich aus der Theorie Böhm's selbst herausdestillieren, obschon es ja freilich auf anderem Wege weit einfacher zu gewinnen ist.

§ 70. Indes, damit würde Böhm nicht einverstanden sein: er hält trotz allem an der allgemeinen Wertüberlegenheit der gegenwärtigen

Güter fest, die sich ohne Beziehung auf die Besitzesverhältnisse ergebe, und beschließt seine der Zinserklärung gewidmete Darstellung mit einer zusammenfassenden Beweisführung, welche das „Agio" der Gegenwartsgüter auf allgemeinste Grundursachen zurückzuführen sucht. Diese seien gegründet auf das Mengenverhältnis der gegenwärtigen Güter gegenüber dem Bedarfe. „Bei sämtlichen Gruppen, welche die Nachfrage zusammensetzen, lägen die Verhältnisse so, daß die Nachfragenden geneigt und fähig sind, die begehrten Gegenwartsgüter nötigenfalls mit einer größeren Summe von Zukunftsgütern, also mit einem Agio zu bezahlen. Bei dieser Sachlage, bei der alle Anbietenden gegenwärtige und künftige Güter eben gleich schätzen" (was von den Kapitalisten behauptet wird), „alle Nachfragenden gegenwärtige Güter höher schätzen als künftige, kommt es für den Ausfall der Preisbildung einfach darauf an, auf welcher Seite das numerische Übergewicht ist". . . . . „Werden mehr Gegenwartsgüter begehrt als angeboten, so können nicht alle Bewerber befriedigt werden, es muß unter ihnen in bekannter Weise durch den Preiskampf eine Auslese stattfinden, durch welche diejenigen Bewerber zum Tausch gelangen, die für die begehrten Gegenwartsgüter das höchste Agio zu bieten imstande sind, während einige oder viele andere Mitbewerber ausgeschlossen werden, obschon auch sie ein — freilich geringeres — Agio zu bieten bereit gewesen wären. Da nun der Marktpreis immer höher sein muß als das Preisgebot der ausgeschlossenen Kaufbewerber und da dieses letztere schon ein Agio enthält, so ist es klar, daß bei dieser Sachlage jedenfalls auch der Marktpreis irgend ein — großes oder kleines — Agio für Gegenwartsgüter enthalten muß."

Die Ursache davon, daß alle in die Bewerbung Eintretenden ein Aufgeld in Zukunftsgütern zu entrichten bereit sind, liege in dem Umstande, „daß das Angebot von Gegenwartsgütern durch die Nachfrage numerisch überboten werden muß, weil es auch in der reichsten Nation durch den augenblicklichen Stand des Volksvermögens begrenzt, die Nachfrage dagegen eine praktisch grenzenlose ist".

Daß das Angebot an Gegenwartsgütern begrenzt ist, weil diese eben, sofern nicht einzelne Bestandteile des Volksvermögens freie Güter darstellen, wirtschaftliche Güter sind, ist sicherlich unbestreitbar. Daß aber die Nachfrage nach solchen eine unbegrenzte sei, leuchtet vorhinein keineswegs ein. Jede Nachfrage ist zugleich ein Angebot, die Nachfrage nach Gegenwartsgütern hier ein Angebot künftiger. Nur diejenigen treten als Nachfragende um gegenwärtige Güter auf, welche zukünftige anzubieten haben. Ob sie mehr künftige Güter anzubieten haben, hängt von der Menge ab, in welcher sie über solche verfügen werden; ob Darlehensbewerber künftig mehr Güter besitzen werden, ob Arbeiter mehr Güter herstellen werden. Wenn wir uns eine stationäre Wirtschaft vorstellen, die von einer Produktionsperiode zur andern ebenso viel

Güter gewinnt als konsumiert: wie sollte da ein Mehr an künftigen Gütern geboten werden!

Es bedarf also erst eines Beweises der behaupteten Unbegrenztheit der Nachfrage und ein solcher wird geführt durch Berufung auf die Umwegtheorie der Produktion, wobei der ganze Beweis auf den Produktivkapitalzins allein gestellt wird.

§ 71. Die Nachfrage erfolgt zum Zwecke der Umwegproduktion und sie „geht so weit, als sich durch Verlängerung des Produktionsprozesses das Produktionserträgnis noch steigern läßt". Und diese Grenze liege auch bei der reichsten Nation noch weit jenseits des augenblicklichen Besitzstandes, d. h. das Volksvermögen reiche nicht hin, die Subsistenzmittel für die verlängerten Produktionsprozesse zu bieten, die im Bereiche der Möglichkeit liegen.

Man bemerke, daß hier eine Schwenkung ausgeführt ist. Früher waren die Unternehmer-Kapitalisten, die Besitzer der Gegenwartsgüter, die Anbietenden, die Arbeiter die Nachfragenden: nunmehr treten die Unternehmer als Nachfragende auf, und zwar als Nachfragende (natürlich nicht gegenüber den Arbeitern, sondern) gegenüber der Gesamtheit der Volksangehörigen. An Stelle des Verhältnisses der einzelnen Unternehmer zu den einzelnen Arbeitern tritt die kollektive Erfassung des Phänomens der privatwirtschaftlichen kapitalistischen Produktion auf den Plan. In dieser ist das Verhältnis des Subsistenzvorrates zur Umwegproduktion von der Einzelwirtschaft auf die gesellschaftliche Wirtschaft übertragen, indem der „ganze Vermögensstock der Volkswirtschaft" als „Subsistenzfonds oder Vorschußfonds, aus dem die Gesellschaft ihre Subsistenz während der gesellschaftlich üblichen Produktionsperiode bestreitet", bezeichnet wird. Es wird im Sinne jener Theorie, die wir bereits zu würdigen Anlaß hatten [1]), dargestellt, wie die Ausdehnung der Umwegproduktion innerhalb „einer Volkswirtschaft" von dem Ausmaße dieses gesellschaftlichen Vermögensstocks abhänge, was derart gedacht ist, daß die einzelnen Mitglieder der Gesellschaft auf dem allgemeinen Subsistenzmittelmarkte die für ihre Arbeitstätigkeit erforderlichen Gütermengen aus diesem Fonds entnehmen.

Daß für die Produktion einer Gesamtheit von Wirtschaftssubjekten das nämliche gelten müsse, was für die jedes einzelnen gilt, ist eine plane Sache und es scheint daher die Erfassung jenes Grundverhältnisses der kapitalistischen Produktion von einem höheren, alles überschauenden Standpunkte nicht nur zulässig, sondern eine einsichtsfördernde Konzeption zu sein.

Indes, die kollektive Behandlung einzelwirtschaftlicher Phänomene, so notwendig sie ist, um die wirtschaftliche Gesamtlebensführung der Menschen in ihren Verbänden zu verstehen, hat ihre Schattenseiten; sie

[1]) Vgl. die Erörterungen im ersten Abschnitte § 61.

ist eine Klippe für die nationalökonomische Theorie, an welcher schon manche schöne Konstruktion scheiterte. Es wird mit ihr ein Begriff durch Addition von Einheiten gebildet, der dann wie ein von diesen Einheiten unabhängiges, vor ihnen bestehendes Reale angesehen wird, aus dem die Einheiten hervorgehen. Das hat arge Irrtümer verschuldet: man denke nur an die bekannten Lehren, die von einem „Nationalprodukt", einem „Nationaleinkommen" ausgehen, um von diesen das Einzelprodukt, das Einzeleinkommen abzuleiten. Auch im vorliegenden Falle zeigt sich die Gefährlichkeit der Methode.

Zunächst beinhaltet die Beziehung des ganzen Volksvermögens auf die Produktion (eigentlich die Umwegproduktion allein, denn die Augenblicksproduktion ernährt den Produzenten durch sich selbst) eine falsche Verallgemeinerung, die über alle Maßen ausgreift. Es hat doch der große Subsistenzmittelstock auch für die Masse derjenigen aufzukommen, welche nicht produzieren. Oder sollen wir etwa genötigt sein, die Tätigkeit des Seelsorgers, des Lehres, des Beamten, des Soldaten als Umwegproduktion aufzufassen? Andererseits ist der Begriff wieder zu eng, insoferne die Wirtschaft eines Volkes, wie bekannt, auch aus der eines anderen Gegenwartsgüter für Zwecke der Produktion heranziehen kann; Beziehungen, die trotz gelegentlicher Störungen sich in immer steigendem Maße zu entwickeln tendieren. Was also effektiv in Betracht kommt, ist derjenige Teil des Volksvermögens, der nach Ausscheidung der erstgedachten und Einbeziehung der letztgedachten Gütermengen für die kapitalistische Produktion als Betriebsfonds tatsächlich zu Gebote steht. Das ist aber nichts anderes als die zusammengefaßten Kapitalien der Unternehmer selber. Was den Arbeitern hiervon zukommt, darf einleuchtenderweise nicht eingerechnet werden, weil das eine Doppelzählung wäre. Die Leihkapitalisten, welche den Unternehmern Produktivkredit gewähren, zählen hier als Unternehmer: Mitunternehmer zu festem Ertragsanteil.

Durch Einschiebung des Kollektivbegriffes gelangt die Theorie dazu, die ihre Kapitalien zur Produktion verwendenden Unternehmer als Leute anzusehen, welche aus dem abstrakten „gesellschaftlichen" Subsistenzmittelfonds schöpfen; welche die gegenwärtigen Güter (die sie in Wirklichkeit ohnehin selbst besitzen) im Wege der Nachfrage aus dem Volksvermögen an sich ziehen, um sohin die künftigen Produkte dem Bedarfe anzubieten, und dadurch gelingt es, eine Konkurrenz der Unternehmer *in abstracto* zu konstruieren, die konkret vorgestellt als eine Unmöglichkeit erscheint [1]).

---

[1]) Eine solche Konkurrenz der Unternehmer um die Güter des gesellschaftlichen Subsistenzmittelfonds ist nur vorstellbar, indem man die Unternehmer als die Vermittler zwischen den Kapitalisten und den Arbeitern, als Vertreter der Arbeiter gegenüber jenen auffaßt, so daß sie als die Leiter der einzelnen produzierenden Gruppen den Wettbewerb untereinander führen. Das nötigt jedoch dazu, ihnen die Kapitalisteneigenschaft begrifflich abzusprechen, wonach ihr

Man höre, wie sich das zutrage. „Langt der Vermögensstock eines Volkes eben hin, um dasselbe während einer durchschnittlich einjährigen Produktionsperiode zu erhalten, so wird jeder wünschen, mit noch größerem Erträgnis in zweijähriger Periode zu produzieren und da der Vermögensstock nicht ausreicht, um allen den Subsistenzvorschuß für zwei Jahre zu gewähren, so wird innerhalb des überstarken Bedarfes die Auslese durch Überbieten stattfinden müssen, die zum Agio für Gegenwartsgüter führt", d. h. die Unternehmer überbieten sich an künftigen Gütern, wodurch sie einer von dem andern die gegenwärtigen Güter an sich ziehen, um sie zum Einschlagen der längeren Produktionsprozesse zu verwenden. Diese Gütermengen könnten also nur diejenigen liefern, welche bisher in kürzerem Produktionsgange produziert haben und nunmehr, offenbar mit Rücksicht auf die angebotenen vermehrten Zukunftsgüter, aufhören zu produzieren. Eben darin kann nur die „Auslese" bestehen. Nun ist zwar nicht einzusehen, welchen Vorteil die Volksgesamtheit von der Veränderung haben soll, denn die Menge der Kapitalien wird nicht größer durch die Verteilung in anderen Verhältnissen. Und es ist auch nicht erfindlich, warum die einen unter den Unternehmern nach solcher Heranziehung von Kapitalien streben sollten, wenn sie selbe durch gesteigerte Abgabe von Produkten erkaufen müssen.

Allein es erhebt sich eine andere Frage: Mit welchen Gütern befriedigen diejenigen, welche die Produktion einstellen, in der Zwischenzeit ihre Bedürfnisse? Gegenwärtige Güter besitzen sie nicht; diese haben sie ja abgegeben. Die zukünftigen erlangen sie erst nach dem Intervalle eines längeren (im Beispielfalle zweijährigen) Produktionsprozesses, den

---

Kapitalbesitz nur die zufällige Vereinigung zweier verschiedener wirtschaftlicher Funktionen in einer wirtschaftlichen Person bedeute. Dies ist eine wirklichkeitswidrige Konstruktion, wenngleich der Begriff des Kapitalisten sicherlich der weitere ist. Es gibt Kapitalisten, die keine Unternehmer sind, aber es gibt keinen Unternehmer, der nicht Kapitalist ist, weil eben Kapitaleinsatz zum Wesen der Unternehmung gehört. Die gedachte Auffassung muß allen Zins als Leihzins erklären und die Unternehmer ihr eigenes Kapital sich selbst leihen lassen! Schumpeter schrickt vor dieser Konsequenz nicht zurück. Jene Vereinigung der Funktionen hängt wieder damit zusammen, daß man die Funktionen der Produktivfaktoren Arbeit, Boden und Kapital unterscheidet, die Funktion des Kapitals (nicht des Kapitalisten!) in der Lieferung der „Subsistenz" während der Produktion erblickt — die Funktion des Brotes besteht zweifellos darin, gegessen zu werden — und diese Funktion des „Faktors" dann ohne logischen Skrupel kurzweg auf den Besitz des Kapitales überträgt.

Möglicherweise könnte die Ansicht sich geltend machen, die Unternehmer seien deshalb als Nachfragende um die Gegenwartsgüter (des Subsistenzfonds) anzusehen, weil ihr Kapital in Geld besteht und sie mit diesem Produktivmittel einkaufen und Arbeiter entlohnen, die für die Lohnbeträge um Gebrauchsgüter Nachfrage halten. Dabei würde übersehen, daß die Unternehmer — nicht die nämlichen Personen, sondern als Klasse — vorher alle diese Güter erzeugt und auf den Markt gebracht haben, somit zweifellos die Angebotseite darstellen.

die Produzierenden absolvieren müssen, bevor sie sie liefern können. Die Leute müßten inzwischen, um es trivial, aber drastisch auszudrücken, von der Luft leben. Solange die Erfahrung nicht gemacht ist, die solches ermöglicht, bleibt ihnen offensichtlich nichts übrig als das Geschäft abzulehnen und sie werden ihre gegenwärtigen Güter nicht abgeben. Der gedachte Umsatz gegenwärtiger gegen künftige Güter wird nicht stattfinden. Wenn der Umsatz nicht stattfindet, kann auch keine Wirkung eines solchen zu verzeichnen sein. Vielleicht wäre noch der Ausweg, die Leute einstweilen Augenblicksproduktion betreiben zu lassen. Indes auch diese — wenn wir selbst auf das Nisi des Begriffes uns gar nicht einlassen — ist unmöglich. Die Produktion vermag bekanntlich niemals aus dem Nichts etwas hervorzurufen, sie muß ein Objekt haben, an dem sie sich betätigen kann. Wenn aber alle gegenwärtigen wirtschaftlichen Güter als in den Besitz der mit längerer Produktionsperiode Arbeitenden übergegangen gedacht werden: wo ist das Objekt, welches die Unterlage jener Produktion bilden könnte? Selbst Beeren- und Wurzelnsammeln ist unmöglich, wenn die Eigentümer der Grundstücke, auf welchen die Pflanzen wachsen, es verwehren! Derart führt der vorausgesetzte Beweisgang sich von selbst *ad absurdum*. Und das ist leicht begreiflich. Erscheint doch schon der Ansatz des Beweises logisch ausgeschlossen: es wird dies nicht minder klar, wenn wir an Stelle des theoretischen Gedankenbildes der Produktionsperiode die in der Produktion zur Verwendung gelangende Kapitalmenge setzen. Wenn nach der Theorie ein gegebenes Gütermaß ausreicht, eine gesellschaftliche Produktion von bestimmter durchschnittlicher Dauer zu ermöglichen, so ist damit eben eine feste Grenze gezogen, die unüberschreitbar, solange nicht eine Vermehrung des Güterbestandes stattfindet [1]). In dem Durchschnitte können längere und kürzere Perioden — kapitalstärkere und kapitalschwächere Produktionen — enthalten sein. Es kann auch eine Bewegung in dem Sinne stattfinden, daß ein Teil der Produzierenden die Produktionsperiode (die Kapitalverwendung) weiter ausdehnt, was

---

[1]) Der „Subsistenzfonds" ist immer als ein Gütervorrat verstanden, welcher die Länge der Produktionsperiode f e s t begrenzt, andererseits aber sind unter „Subsistenzmittel" nicht bloß die Güter des physisch notwendigen Bedarfes, sondern auch solche inbegriffen, die entbehrlichem Verbrauche dienen: das tatsächliche Ausmaß des durchschnittlichen Lebensfußes. Das klappt nun freilich nicht, da eine verlängerte Produktionsperiode auch durch Einschränkung des letztgedachten freien Bedarfes ermöglicht werden könnte, und der innere Widerspruch ist nur durch die Zweideutigkeit des Wortes Subsistenzmittel oberflächlich verdeckt. In der zitierten Stelle z. B. „l a n g t der Vermögensstand eines Volkes e b e n h i n, um dasselbe während einer einjährigen Produktionsperiode z u e r h a l t e n", ist doch dem Wortlaute nach evident nur von der Befriedigung notwendiger Bedürfnisse gesprochen. Hierüber wäre noch einiges zu sagen, um jedoch Weiterungen der Erörterung tunlichst zu vermeiden, wird auf diesen Punkt nicht eingegangen, vielmehr hier, wie schon im früheren, entsprechend der Annahme der Theorie die feste Begrenzung der Produktionsperiode durch den gegebenen „Subsistenzfonds" der Argumentation zugrunde gelegt.

aber notwendigerweise gleichzeitig eine Einschränkung der Periode (der Kapitalverwendung) auf seiten anderer bewirkt (bewirken muß, wenn der Durchschnitt unverändert bleiben soll). Somit bleibt auch der Durchschnitt von Angebot und Nachfrage innerhalb jener Grenze unverändert und kann selbstverständlich von irgend einer Wirkung der nicht eintretenden Veränderung nicht die Rede sein. Ein in einer gewissen Höhe angenommenes Maß des gesellschaftlichen Subsistenzvorrates kann eben konsequent nur ein bestimmtes, unverrückbares Maß der durchschnittlichen (gesellschaftlichen) Produktionsperiode ergeben: wie es innerhalb des Durchschnittes aussieht, ist vollkommen gleichgültig. Aus dem Umstande, daß unter jener Voraussetzung nicht eine längere gesellschaftliche Produktionsperiode als die gedachte durchschnittliche möglich ist und daß selbst bei der reichsten Nation immer noch eine weitere Verlängerung der Produktionsperiode denkbar wäre, für welche der gegebene Besitzstand nicht die Mittel bietet, folgt somit die Zinserscheinung keineswegs. Denn damit das der Fall sein sollte, müßte sie sich aus der Beziehung zwischen dem Produkte und dem Verbrauche während der Produktion von selbst ergeben, das kann aber auch in der kollektiven Fassung dieser Begriffe ebensowenig platzgreifen, wie es in der isolierten Einzelwirtschaft (s. III. Kapitel) sich zeigt. Wäre die Konklusion schon für die Kollektivbegriffe gültig, d. h. würde das Agio schon aus dem Verhältnisse des „Subsistenzmittelfonds eines Volkes“ und des „Nationalproduktes“ bzw. der durchschnittlichen gesellschaftlichen Produktionsperiode folgen, dann hätte es der Beweisführung durch die Konkurrenz der Unternehmer erst gar nicht bedurft! Die letztere aber erscheint deshalb mißlungen, weil eben die vorausgesetzte Unbegrenztheit der Nachfrage nicht existiert. Die Nachfrage nach den vorhandenen gegenwärtigen Gütern ist begrenzt durch die innerhalb des Spielraumes des von ihnen gebotenen Subsistenzmittelfonds mögliche vorteilhafteste Produktionsperiode. Daß eine Nachfrage nach weiteren Subsistenzmitteln platzgreifen würde, wenn sie vorhanden wären, hat selbstverständlich auf die tatsächliche Nachfrage nach den vorhandenen keinen Einfluß und dies um so mehr, da die potentielle Nachfrage durch eine Eigenschaft der betreffenden (nicht vorhandenen) Güter angeregt würde, die voraussetzungsgemäß den vorhandenen Gütern nicht innewohnt, nämlich die Eigenschaft, ein gesteigertes Mehrprodukt zu ermöglichen!

§ 72. Man achte übrigens auf eine Konsequenz, welche den abgeführten Beweis absonderlich illustriert. Wenn das Überwiegen der Nachfrage über das Angebot das Agio ergibt und die Unternehmer-Kapitalisten eben die Nachfrage darstellen, dann sind doch sie es, die das Agio, den Zins entrichten! Die Zinslehre hat vom Anfang an die Kapitalbesitzer als diejenigen Wirtschaftssubjekte vor Augen, an die Zins gezahlt wird, die Zins erhalten: die Theorie macht am Ende aus ihnen Leute, die Zins zahlen! Und diese Verwandlung der Dinge in ihr Gegenteil geht vor sich, ohne daß man es merkt, ja sogar, wie es scheint, ohne daß die Theorie selbst es merkte.

Daß die Unternehmer an Leihkapitalisten Zins zahlen, ändert selbstverständlich nichts an der eigentlichen Sachlage, denn dieser Zins ist eben nur derjenige Teil des Zinsenerträgnisses der Unternehmung, den sie an ihre Kompagnons abführen. Auch daß sie sich in dieser Hinsicht gegenüber den Leihkapitalisten Konkurrenz machen, ändert nichts. An diese Konkurrenz ist nicht vergessen, ebensowenig wie an die Konkurrenz nach anderer Richtung, den Arbeitern und den Kunden gegenüber. Aber diese Konkurrenzkämpfe der Wirklichkeit, die Umsätze und den Zins voraussetzen, sind etwas ganz anderes als die gedachten imaginären Konkurrenzkämpfe der Theorie, welche angeblich den Zins erst erzeugen[1]).

Die hervorgehobene Konsequenz zieht eine weitere nach sich, die abermals der Wirklichkeit widerstreitet. Wir finden eine anschließende Ausführung des Inhaltes, daß das Agio des Zinses für die regelmäßige und wahrhaft ökonomische Versorgung der „Gesellschaft" nicht weniger heilsam sei, als es notwendig ist. Es erfülle nämlich die Funktion eines Regulators. „Die Möglichkeit Subsistenzmittel agiofrei zu erhalten, müßte die Unternehmer zu maßloser Ausdehnung der Produktionsperiode

[1]) Die gleichen Einwendungen treffen auch die Zinstheorie, welche H. Oswalt („Beiträge zur Theorie des Kapitalzinses", Zeitschrift für Sozialwissenschaft, 1910) in einem Aufsatze entwickelt, der in seinen kritischen Teilen vielfach mit den in diesem Buche vorgetragenen Ansichten übereinstimmt, in seinem positiven Teile jedoch, genau betrachtet, die in Erörterung stehende Lehre Böhm's, nur mit anderen Worten, vorführt, allerdings wie es scheint, unbeabsichtigterweise. Auch nach dieser Theorie erscheint der Zins als ein Preis, den die Kapital Verwendenden zahlen und entsteht der Zins durch die Konkurrenz derjenigen, welche Kapital verwenden wollen. Der „relative Kapitalmangel", demzufolge die Gütergewinnung für die zukünftigen Bedürfnisse nicht auf alle technisch möglichen Produktionen ausgedehnt werden kann, bewirke eine Auslese unter den Bewerbern durch den Preisaufschlag usw.; ein Gedankengang, vollständig im Sinne des hier erwähnten. Der relative Kapitalmangel werde dadurch herbeigeführt, daß die vorhandenen Gütervorräte über ein gewisses Maß hinaus nicht dem gegenwärtigen Bedarf entzogen werden können, dessen Befriedigung sonst in einer den Menschen unerträglichen Weise eingeschränkt werden müßte. Nun, wenn die betreffenden Güter für den wichtigeren gegenwärtigen Bedarf gewidmet bleiben müssen, so haben sie in dieser Verwendung höheren Wert, und in dem Augenblick, in welchem sie in dieser Verwendung einen höheren Wert aufweisen, wird doch sicherlich keine Nachfrage mehr um sie zu Zwecken einer minderwichtigen Verwendung geäußert werden, mithin die behauptete Konkurrenz nicht platzgreifen. Eigentümlich ist dem Autor nur die Einkleidung der Lehre als einer „Nutzungstheorie". Er versteht unter Kapitalnutzung allerdings nichts anderes als die einen Ertrag liefernde Verwendung von Kapital, verbunden mit Kapitalersatz. Der Terminus Nutzung sei daher nur ein bildlicher Ausdruck, eine Hilfsvorstellung unserer gedanklichen Erfassung der Erscheinung. Dagegen wäre an sich nichts einzuwenden, aber die Nutzung, wird gelehrt, hat einen Wert und wird daher mit einem Preise bezahlt. Also: ein bildlicher Ausdruck, eine Hilfsvorstellung soll Güterwert erhalten! Das ist wohl ein Mißbrauch des Wortes!

verlocken“; die „Agiolast“ hemme die übermäßige Ausdehnung der Produktionsperioden usw. Hier sind es wieder die Unternehmer, die als Entnehmer der Subsistenzmittel erscheinen: wieder die dialektische Verwandlung und zwar mit dem bereits bemerkten Effekte, die Unternehmer als Zinszahler figurieren zu lassen. In Wirklichkeit spielt der Zins die Rolle des Regulators, aber nicht als Last, sondern als Gewinn. Die Regulierung der Wirtschaft erfolgt durch das Streben nach dem höchsten Gewinne, also der vorteilhaftesten Kapitalanlage, nach Vermeidung von Verlusten und minder einträglichen Kapitalverwendungen [1]).

Überblicken wir die unvermeidlich etwas weitwendig gewordenen Ausführungen, so ist festgestellt, daß aus dem Mengenverhältnisse der gegenwärtigen und der künftigen Güter an sich und der Beziehung der ersteren zur Produktion der letzteren der Zins nicht abzuleiten ist. Es trifft zu, daß er aus einer Sachlage folgt, bei der alle Gruppen von Wirtschaftssubjekten, welche die Nachfrage um gegenwärtige Güter zusammensetzen, bereit sind, solche nötigenfalls mit einer größeren Menge künftiger zu bezahlen. Diese Sachlage basiert jedoch auf den individuellen Verschiedenheiten der Besitzes- und Bedürfnisstände auf Grund des Sondereigentums und es bietet uns die Erklärung der Zinserscheinung in der privatwirtschaftlichen Produktion eben auch nur jenes dem Umsatze zwischen Unternehmer und Arbeiter zugrunde liegende Verhältnis des Besitzes gegenwärtiger Güter auf der einen, des Nichtbesitzes auf der anderen Seite, das im früheren zergliedert wurde.

---

[1]) Zur Bekräftigung des Beweises der Notwendigkeit des Zinses, wie ihn die besprochene Theorie führt, wird schließlich noch die Beweisführung durch Annahme des Gegenteils versucht. Es wird uns gezeigt, daß die Unternehmer den Arbeitern gegenüber — jetzt werden wieder diese den Unternehmern gegenübergestellt — sogar wider ihren Willen zu einem Zinsabzuge genötigt seien, der Zins sohin, selbst wenn man die Annahme mache, er sei einmal nicht vorhanden, sich mit innerer Notwendigkeit von selbst durchsetze. Zum Zwecke des Nachweises wird wieder die sonderbare Aufstellung vorgeführt, daß der Unternehmer, der mit seiner eigenen Arbeit allein in längerer Produktionsperiode mehr erzielen könne, Verlust erlitte, wenn er einen Arbeiter in kürzerer Produktionsperiode mit einem Lohne beschäftigen würde, der dem Erträgnisse seiner eigenen Arbeit in dieser kürzeren Produktionsperiode gleichkommt. Allein produzierend kann er in einem Beispielfalle mit 6jähriger Arbeit $6 \times 650 = 3900$ erzielen, in dreijähriger Periode sei nur $3 \times 600 = 1800$ zu gewinnen, folglich mit einem Hilfsarbeiter zusammen 3600: gegen die eigene Arbeit in der sechsjährigen Periode ein Verlust von 300. Um diesen Betrag müßte er dem Arbeiter weniger zahlen, wenn er selbst gar nichts gewinnen wollte. — Es ist nicht schwer, die Haltlosigkeit der Beweisführung zu erkennen. Das Arbeiten in kürzerer und längerer Produktionsperiode ist entweder wörtlich zu nehmen oder bildlich. Im ersten Falle wird uns zugemutet, zu glauben, daß ein Mensch in sechs Jahren mehr Güter erzeugen könne, als zwei mit gleicher Arbeitskraft ausgestattete in drei Jahren. Dabei ist überdies die Wirkung der Arbeitsteilung wieder außer acht gelassen; eine Wirkung, die bei einem einzigen Mitarbeitenden selbstverständlich relativ weniger weit reicht als bei einer Mehr- bzw. Vielzahl und gerade im Gegenteile für die kürzere Periode des Beispielfalles nicht nur das gleiche, sondern ein vermehrtes produktives Ergebnis bedeutet. Zugleich wird auf die Minderwertig-

§ 73. Es soll nunmehr an dem typischen Beispiele eines mehrstufigen Produktionsprozesses gezeigt werden, wie in dem Verhältnisse der kapitalistischen Arbeitsgemeinschaft der Unternehmer seinen Zins, die Arbeiter ihren Lohn und damit beide Teile ihren Anteil am Ergebnisse der Produktion erhalten, wobei Zins und Lohn, in ihrem Ausmaße auf Grund der gegebenen Daten sich wechselseitig bedingend, eben erst in den konkreten Umsätzen sich ergeben. Diese Darstellung ist angeregt durch den Vorgang Böhm's, der eben dasselbe Beispiel zum beabsichtigten Erweise der These benützt, daß die tatsächliche Lohnhöhe vorhinein durch die bereits feststehende Höhe des Agio der gegenwärtigen Güter bestimmt und damit der resultierende Zins in eben diesem Ausmaße gegeben sei. Es handelt sich also um eine Probe, inwiefern die einander entgegengesetzten Theorien der Wirklichkeit adäquat seien, und es wird, wie vorausgeschickt werden soll, hierdurch neues Material gewonnen werden, das gegen die Agiotheorie und ihre detaillierte Durchbildung spricht.

Das Beispiel ist der supponierte Fall der Herstellung einer Maschine in einem fünfjährigen Produktionsprozesse (der im theoretischen Bilde die Gewinnung der Rohstoffe und die Anfertigung der Werkzeuge in sich begreift), für welchen Fall Böhm zur Widerlegung der „Ausbeutungstheorie" ziffermäßig ausführt, daß unter der Voraussetzung eines bestimmten Wertverhältnisses zwischen gegenwärtigen und künftigen Gütern die Arbeiter vor Fertigstellung des Produktes eben nur den

---

keit der künftigen Güter vergessen. Die 3900 werden beim sechsjährigen Produktionsprozesse — die Verlängerung der Produktionsperiode muß ja immer auf die Gesamtheit der Produkte bezogen werden! — um drei Jahre später existent als die 3600 der dreijährigen Periode. Sie wären daher nur mit ihrem Gegenwartswerte in den Vergleich einzubeziehen; möglicherweise ist dieser Gegenwartswert geringer als der der 3600! Wenn aber die Produktionsperiode bildlich zu nehmen ist, so will das Produzieren in sechsjähriger Periode, gegenüber einer dreijährigen, besagen, daß der Mann mit Hilfsstoffen, Werkzeugen, Maschinen arbeitet, die eine vorgetane dreijährige Arbeit repräsentieren, Ja, damit verwendet er doch schon fremde Arbeit! Aber abgesehen davon. Der höhere Ertrag ist dann eben die Folge der Wirksamkeit der technischen Hilfsmittel und das Beispiel illustriert da nichts anderes als daß die Handarbeit mit der mit technischen Hilfsmitteln ausgerüsteten Arbeit nicht konkurrieren kann. Der Abzug, den sich der Arbeiter gefallen lassen muß, ist auf diesen Umstand, nicht aber auf das Mengenverhältnis gegenwärtiger und künftiger Güter, das die Ursache des Zinses sein soll, zurückzuführen. Haben wir hier nicht einen eklatanten Fall des (von Böhm an anderen mit Recht getadelten) „dialektischen Deduzierens mit Worten, deren zugehöriger Vorstellungsinhalt dem geistigen Auge verschwommen oder versunken ist"?

Ist die Argumentation für uns nicht schlüssig, so ist damit doch keineswegs etwa der Zinsbezug des Unternehmers als Ausfluß seiner Willkür verstanden. Auch wir müssen der Ansicht sein, daß der Zins sich von selbst durchsetze. Er bildet sich kraft innerer Notwendigkeit auf Grund der Voraussetzungen seines Entstehens, nur daß eben diese Voraussetzungen andere sind als die der bekämpften Theorie.

jeweiligen Gegenwartswert ihres produktiven Anteils als Arbeitslohn erhalten können; demnach nicht mehr als sie tatsächlich erhalten, selbst wenn der Unternehmer ihnen den Wert ohne Abzug überweise. Der Wert der durch fünf Jahresarbeitsleistungen herzustellenden Maschine beträgt 5500, der Wert eines Fünftels mithin 1100 Münzeinheiten. Der Arbeiter des ersten Jahres hat $^1/_5$ einer Maschine erzeugt, die erst nach weiteren vier Jahren fertig sein wird; $^1/_5$ einer künftigen Maschine, das zurzeit und in dem gedachten Verhältnisse weniger wert ist. Dieses Wertverhältnis sei 5%. Falls der Arbeiter bis zur Fertigstellung mit seinem Lohnanspruche zuwartet, wird ihm der volle Wert des Produktfünftels zuteil, wenn er jedoch schon nach Ableistung der ersten Arbeitsrate den Lohn beziehen will, so kann er nur den Gegenwartswert erhalten. Demgemäß beträgt sein Lohn 1000, was auch der Lohnsatz der nachfolgenden gleichen Jahresarbeitsleistungen ist, der dem 5% Agio entspricht.

Dieses Resultat scheint mit der Mathematik nicht vereinbar, was auch von Rob. Maier geltend gemacht wurde. Der gegenwärtige Wert einer nach vier Jahren fertigen Maschine beträgt bei einem Zinsfuße von 5% (ohne Zinseszins) 916,6, nicht 1000. Ein Gegenwartswert von 1000 resultiert nicht bei einem 5%igen, sondern bei einem $2^1/_2\%$igen Zinssatze, demnach sei die Argumentation durch die Sprache der gewählten Beispielziffern selbst entkräftet.

§ 74. Böhm unternimmt nun die Beweisführung, daß dennoch seine Lehre in ihrem ziffermäßigen Resultate rechnungsmäßig vollkommen stimme. Die betreffenden Ausführungen sind eine der charakteristischesten Blüten am Baume der besprochenen Theorie und derart bestrickend, daß, wenn sie standhalten, die Agiotheorie wohl gegen jeden weiteren Einwand gefeit wäre. Sie lassen sich, wie folgt, wiedergeben[1]).

Der gleiche Anteil eines Fünftels sei nur hinsichtlich der technischen Seite der Arbeitsleistungen zu verstehen. Wirtschaftlich hingegen leiste der Arbeiter des ersten Jahres mehr als ein Fünftel (Begründung später), seine Arbeit sei daher mehr wert als die späteren Jahresleistungen, so daß, „wenn die Maschine z. B. in dem Quinquennium 1909 bis einschließlich 1913 hergestellt wird, die 1909er Arbeitsschicht wertvoller als die 1910er und diese wieder wertvoller als die 1911er usw." Der Wert der Arbeit stufe sich also der Zeit nach genau so ab wie der Güterwert und bei einer Wertdifferenz von 5% auf ein Jahr sei demnach die 1909er Arbeitsschicht um 5% wertvoller als die 1910er, diese wieder um 5% wertvoller als die 1911er usw. Damit stehe im Zusammenhang, daß den einzelnen Schichten eine verschieden große Quote des Produktes wirtschaftlich zugerechnet werde, immer jeder

---

[1]) Positive Theorie, II. Buch, Exkurs VI, S. 169.

zeitlich vorangehenden um 5% mehr als der nachfolgenden. Wohlbemerkt: Quote des künftigen Produktes. Diese Zurechnung findet sohin Ausdruck in der Zahlung eines *verschieden hohen Lohnes* für die verschiedenen Arbeitsschichten, da ja der Voraussetzung gemäß jeder Arbeiter als Lohn das erhält, was er produziert. Bei Verteilung des Wertes des fertigen Produktes würde nach jenem Verhältnisse der Arbeiter der ersten Schicht 1200, der Arbeiter der zweiten Schicht 1150, der dritten 1100, der vierten 1050 und der fünften 1000 erhalten. Denn 5500 unter fünf Personen in dem Verhältnis zu verteilen, daß der erste um 20%, der zweite um 15%, der dritte um 10%, der vierte um 5% mehr erhält als der fünfte, ergibt eben diese Ziffern. Bei einer Verteilung des künftigen Ertrages nach dem reduzierten Gegenwartswerte bei Beginn der Produktion würde sich natürlich das gleiche Verhältnis ergeben. Nun sehen wir aber, daß an alle Arbeiter unmittelbar nach Ableistung jeder Arbeitsrate der *gleiche Lohnbetrag* von 1000 gezahlt wird. Eben in dieser Zahlung der *gleichen Lohnsumme* liege, so paradox es scheint, die *ungleiche* Entlohnung. „Jeder bekommt einen Jahreslohn von 1000 Gulden, aber derjenige, der die kostbarste 1909er Schicht geleistet hat, bekommt eben auch 1909er Gulden, der Arbeiter, der erst 1910 seine Schicht beiträgt, bekommt auch nur 1910er Gulden usw." Man muß ergänzen: die 1909er Gulden sind die wertvollsten, die 1910er weniger wert usw.; die Gulden des nachfolgenden Jahres sind immer um 5% weniger wert als die Gulden des vorhergehenden. Die gleiche Summe in wertvollerem Gelde bedeutet einen verhältnismäßig höheren Lohn. Somit drückt sich in der Zahlung des *gleichen Lohnbetrages* die dem verschiedenen Werte der Arbeitsleistung entsprechende *ungleiche Entlohnung* aus. Der Lohnsatz von 1000 ist eben das dem 5%igen Agio entsprechende ungleiche Lohnmaß.

Trifft das alles zu, dann ist ersichtlich, daß der Arbeiter während einer solchen Produktionsperiode im Lohne stets den vollen Wert seiner Arbeit erhält, wobei aber der Unternehmer, trotzdem er dem Arbeiter den ganzen Wert seines Produktes als Lohn gegeben hat, dennoch — wunderbarerweise und unbeabsichtigt! — einen Gewinn macht. Die Argumentation fordert die kritische Prüfung geradezu heraus.

Der springende Punkt ist offenbar, wodurch es zu erweisen sei, daß der früheren Arbeit, obschon sie den *gleichen* Anteil am *technischen* Erfolge der Produktion hat, *wirtschaftlich* ein *höherer* Anteil, also ein höherer Wert zukomme als der späteren Arbeit in der nämlichen Produktionsperiode. Darüber wird uns nur der Aufschluß zu teil, daß die Arbeitsschicht des ersten Jahres die kostbarste und ergiebigste sei. Wieso die kostbarste, wird uns nicht gesagt. Kostspielig ist unter kostbar zweifellos nicht verstanden, es bleibt nur das Synonym von wertvoll, was übrigens durch eine spätere Stelle, in der gegenwärtige Arbeit für „wertvoller und ergiebiger" als künftige erklärt wird, Bestätigung findet. Das wäre nur eine Umschreibung, die Erklärung hätten wir lediglich in dem „ergiebiger“ zu suchen. Aber auch da ist der Behauptung eine Begründung nicht beigefügt. Wir können nur darauf raten, daß sie in jenem vermeintlichen Nachweise gelegen sei, demgemäß allgemein das frühere Produktionsmittel ein größeres Produkt liefere als ein späteres. Aber damit würde sich die Theorie in einen eklatanten Selbstwiderspruch verwickeln. In jenem Nachweise („dritter Grund“) sollte dargetan werden, daß die frühere Arbeit mit späterer zusammen relativ eine größere Ergiebigkeit aufweise, als die spätere allein aufweisen würde, innerhalb einer und derselben Produktionsperiode aber wurden sämtliche aufeinanderfolgende Arbeitseinheiten als gleich ergiebig angesehen. Innerhalb einer längeren Produktionsperiode wäre die größere Ergiebigkeit aller einzelnen in ihr enthaltenen Arbeitseinheiten, die eben durch ihre Vereinigung auf ein Ziel bewirkt erschien, durch gleichmäßige Aufteilung des am Ende der Produktionsperiode resultierenden größeren Produktquantums, und zwar auch des von diesem repräsentierten Wertquantums, auf alle Arbeitseinheiten — im Vergleich zu dem kleineren Ergebnisse bei kürzerer Periode — nachgewiesen. Nun wird unvermittelt innerhalb einer und derselben Produktionsperiode je der früheren Arbeit ein größerer Anteil am künftigen Produkte bzw. Produktwerte zuerkannt als den späteren Arbeitsschichten, ohne ein Wort der Erläuterung oder Begründung. Es heißt nur, er sei ihr „sicherlich“ wirtschaftlich „zuzurechnen“. Dieses Zurechnen ist nichts anderes als ein willkürliches Zuschreiben, solange es nicht auf irgend eine Weise begründet wird, die den Widerspruch mit jenem allgemeinen Nachweise aufklärt [1]). Allerdings folgt eine Begründung, jedoch nur in einem lakonischen Satze, und ohne die Aufklärung des erwähnten Widerspruches zu bieten. Es heißt kurz und bündig: „Wie gegenwärtige Güter überhaupt, so ist auch gegenwärtige Arbeit mehr wert als künftige.“ Der Mehrwert der gegenwärtigen Arbeit gegen künftige (im selben Produktionsprozesse!) wird aus dem Satze von der Mehrwertigkeit der gegenwärtigen Güter überhaupt gefolgert, wobei offenbar die Gutseigenschaft der Arbeit den Untersatz bildet. Das ist nun freilich eine höchst merkwürdige Schlußfolgerung, wenn wir selbst den Beweis für die „Güter überhaupt“ (II. Kapitel) als gelungen zugeben wollten. Die Beweisgänge, betreffend jene angebliche Mehrwertigkeit gegenwärtiger Güter überhaupt nach dem „ersten“ und „zweiten“ Grunde, wären geradezu ein Widersinn, wenn auf etwas anderes als Sachgüter bezogen; ebenso derjenige im Abschnitte des „dritten Grundes“, welcher von den Subsistenzmitteln handelt — denn Arbeit kann man nicht essen! Nur

[1]) Es wurde sogleich vorhinein bei Erörterung des Fragepunktes im II. Kapitel (dritter Grund) aufmerksam gemacht, daß nachträglich ein solcher Unterschied der Bewertung der verschiedenzeitigen Arbeitseinheiten innerhalb einer Produktionsperiode in die Theorie eingeführt werde. Das geschieht eben mit der plötzlich auftauchenden Zurechnung.

der Beweisgang nach dem dritten Grunde, welcher die Produktivmittel betrifft, kann in Betracht kommen und dieser bezieht sich eben auf die Arbeit. Erst von der Arbeit aus wurde der, wie wir meinen, sogar unzulässige Schluß auf Geltung auch für sachliche Produktivmittel formuliert. Wohlbemerkt: nur für Produktivmittel, nicht für Güter überhaupt! Nun wird auf einmal aus dem angeblichen Mehrwerte gegenwärtiger Güter überhaupt ein Rückschluß auf den „Wert der Arbeit" gezogen. Es ist dies eine scholastisch-formalistische Schlußfolgerung (mit dem Untersatze: Arbeit ist auch ein Gut), die auf die Verschiedenheit der Dinge nicht achtet, welche die gleichen Worte decken; unbeachtet läßt, daß das, was im Obersatze von den Gütern überhaupt ausgesagt wird, der Natur der Sache nach auf die Arbeit nicht passen kann, und die Eigentümlichkeiten außer acht läßt, welche die Arbeit, wenn man sie schon als Gut qualifiziert, innerhalb des Güterbereiches aufweist. Äußersten Falles könnte der Schluß, wenn schon der Arbeit Wert zugeschrieben wird, als für die Gegenwartswertung gültig zugestanden werden im Sinne der Wertperspektive. In solchem Sinne mögen die Menschen in der jeweiligen Gegenwart die gleichzeitige Arbeitsschicht höher schätzen als die Arbeitsleistungen der Zukunft; aber bei jedesmaligem Einsetzen der späteren Arbeitsleistung erhält diese doch ihren „vollen" Wert und es ist nicht einzusehen, wieso am Ende des Produktionsprozesses das Wirtschaftssubjekt den Arbeitsschichten, die insgesamt das Produkt ergaben, einen verschiedenen Anteil am Werte desselben zuzurechnen sich bestimmt finden sollte. Wäre aber eine Wirtschaftshandlung denkbar, die bei Beginn eines Produktionsprozesses nach einem Gesichtspunkte eingeleitet wird, der am Ende des Produktionsprozesses nicht ratifiziert würde? Ich bin zweifelsohne nicht bereit, für eine künftige Arbeit in gegenwärtigen Gütern den gleichen Lohn zu zahlen wie für eine gegenwärtige, aber ich zahle ohne weiteres für die künftige Arbeit den gleichen Lohn in künftigen (gleichzeitigen) Gütern. Folgt daraus oder bedeutet das, daß die gegenwärtige Arbeit einen größeren Wert hat als die künftige haben wird? Das müßte es aber bedeuten, wenn es wahr wäre, daß in dem Quinquennium 1909 bis 1913, das der Herstellung der Maschine gewidmet ist, „die Arbeitsschicht des Jahres 1909 wertvoller ist als die 1910er und diese wieder wertvoller als die 1911er usw.".

Der zu erbringende Beweis ist somit ganz und gar nicht erbracht: es ist nur der Schein einer Begründung erweckt und durch dialektische Wendungen die klaffende Bruchstelle der Theorie dem minder aufmerksamen Auge entzogen. Die betreffende Prämisse der Gedankenreihe ist hinfällig.

Aber auch der Untersatz, welcher die Konklusion vermittelt, besteht nicht die Probe: er ist ein Denkfehler und zwar kein geringer. Er legt der Aussage, betreffend die zeitliche Verschiedenwertigkeit der Geldsummen, einen Sinn bei, den sie gar nicht haben kann! Die Minderwertigkeit der künftigen Geldsummen, die Höherwertigkeit gegenwärtiger gegenüber jenen, ist doch nur als Gegenwartswertung zu verstehen. Die 1909er Gulden sind im Jahre 1909 mehr wert als 1910er Gulden. Aber im Jahre 1910 sind letztere, als gegenwärtige Güter, vollwertig, d. h. gleichwertig den 1909er Gulden im Vorjahre. Sollte die Argumentation schlüssig sein, so müßte die erwähnte Aussage in dem Sinne verstanden werden, daß die 1909er Gulden höheren Wert besitzen als die 1910er, diese wieder höheren Wert als die 1911er usw.; es müßten die 1909er Gulden um 5% mehr wert sein als die 1910er Gulden im Jahre 1910, um 10% mehr wert als die 1911er im Jahre 1911, um 15% mehr wert als die 1912er im Jahre 1912, um 20% mehr wert als die 1913er Gulden im Jahre 1913. Eine Aussage, die genau so falsch ist wie jene, betreffend den Wert der 1909er, 1910er usw. Arbeitsschichten, aber notwendig ist, um von der letztgedachten aus zu dem bewußten Konklusum zu gelangen, denn nur, wenn beide Aussagen richtig wären, wäre es zutreffend, daß die höherwertige Arbeitsschicht auch mit höherwertigem Gelde bezahlt werde.

Die schöne Theorie ist ein Rattenkönig von Trugschlüssen und es muß, wenn das, was sie erklären will, in der Tat vorliegt, eine andere Erklärung dafür geben.

§ 75. Nun ist es zweifellos richtig: mit dem in den aufeinanderfolgenden Abschnitten einer Produktionsperiode für die bezügliche Arbeit gezahlten gleichen Lohnsatze erhält der Arbeiter stets den ihm gebührenden Anteil am Produkte in dem durch das konkrete Tauschverhältnis zwischen gegenwärtigen und künftigen Gütern gegebenen Ausmaße. Im Sinne unserer Lehrmeinung bereitet es auch keinerlei Schwierigkeit, dies ursächlich zu erfassen. Es ist der Umsatz von gegenwärtigen Gütern (in Geldform) gegen künftige zwischen Unternehmer und Arbeiter, der das Ergebnis herbeiführt; der Umsatz, in dem eben jenes konkrete Wertverhältnis fixiert wird. Die Absichten, welche die Wirtschaftssubjekte in diesen Beziehungen zueinander verfolgen, bieten uns zwanglos den gewünschten Aufschluß. Wir können sie in dem Beispiele des mehrstufigen Produktionsprozesses klar verfolgen.

Man halte sich die Sachlage gegenwärtig, welche zu dem in Rede stehenden Umsatze führt. Der Arbeiter verlangt für die Betätigung seiner Arbeitskraft in fremder Wirtschaft einen Produktanteil, welcher größer ist als das Produkt, das er bei Verwendung der Arbeitskraft in der eigenen (kapitallosen) Wirtschaft erzielen könnte. Der Unternehmer auf der anderen Seite ist nicht geneigt, den ganzen Wert (Tauschwert), den das Produkt des Arbeiters haben wird, diesem zu überlassen, sondern gesteht nur weniger zu. Dies kann er tun, weil der dem Arbeiter die Güter zu liefern in der Lage ist, die dieser zur Befriedigung seiner Bedürfnisse während der Arbeit bedarf. Für solche kann er einen Preis erlangen, in dem Produkte (Produktanteile) des Arbeiters, der um so höher ist, je höheren subjektiven Wert der Arbeiter den benötigten Gütern wegen ihrer Ermangelung beilegt, d. h. mit je weniger Gegenwartsgütern dieser sich für ein bestimmtes Ausmaß zukünftiger (eben sein Produkt) begnügt. Besäße der Arbeiter die Subsistenzmittel, so könnte er den Zeitpunkt der Vollendung des Produktes abwarten und würde dann seinen Produktanteil ungeschmälert erhalten; der Unternehmer wäre nach der Voraussetzung des Beispielfalles nicht in der Lage, einen Tauschgewinn zu machen. Der Arbeiter ist aber durch seine wirtschaftliche Lage zum Vorverkauf seines künftigen Produktanteils genötigt und der Lohn ist der Preis in Gegenwartsgütern, den er beim Verkaufe seines Produktanteiles an den Unternehmer erzielt. Da dieser Preis marktmäßig festgesetzt wird, so kann man ihn im Sinne von Tauschwert Gegenwartswert der künftigen Produktanteile nennen, man muß aber sich dessen bewußt bleiben, daß dieser Gegenwartswert eben erst durch die Umsätze zwischen Arbeitern und Unternehmern (unter Einwirkung auch anderer Umsätze gegenwärtiger gegen künftige Güter) bestimmt wird. Der „Gegenwartswert" des künftigen Produktes (Produktanteiles) wird also nicht dadurch gefunden, daß man (Unternehmer und Arbeiter einvernehmlich) nach dem zurzeit geltenden natürlichen Wertverhältnisse zwischen gegenwärtigen und künftigen Gütern den Wert des künftigen Produktes auf die Gegenwart projiziert, sondern aus dem im Lohne ausgedrückten Preisverhältnisse ergibt sich das „Wertverhältnis gegenwärtiger zu künftigen Gütern", mit anderen Worten nicht durch Eskomptierung des zukünftigen Produktwertes nach dem geltenden Zinsfuße bestimmt sich der Lohn, sondern durch Entgegenhalt des vereinbarten Lohnes zum künftigen Produktwerte (Tauschwerte) bestimmt sich der Zins. In der Wirtschaft der Wirklichkeit geht man freilich im erstgedachten Sinne vor, da man sich jeweils an das Ergebnis früherer Wirtschaftsakte hält, solange nicht die Änderung der wirtschaftlichen Sachlage zu einer Abweichung nötigt, allein hier handelt es sich zwecks Erklärung um das erstmalige Abspielen des wirtschaftlichen Vorganges, wobei kein Zusammenhang mit früheren Wirtschaftshandlungen ins Auge gefaßt werden darf. Auf dem in solcher Art bestimmten „Gegenwartswerte" des künftigen Produktes beruht der Tauschgewinn, welchen der Unternehmer bei dem Umsatze erzielt. Die Theorie von Böhm, indem sie den Lohn als Gegenwartswert des künftigen Produktes ohne Tauschgewinn des Unternehmers sich ergeben läßt, macht den doch tatsächlich aus den Besitzesverschiedenheiten fließenden Tauschgewinn verschwinden; sie ist in dieser Hinsicht unbewußt tendenziös. Sie erklärt — nebenbei bemerkt — den solcherart beschriebenen Lohn als gerecht, weil er ohne Tauschgewinn des Unternehmers gewonnen sei. Nach der hier vorgetragenen Lehre dagegen erzielt der Unternehmer einen Tauschgewinn am Lohne, dieser Gewinn ist aber darum noch keineswegs ein ungerechter.

Bei denjenigen Umsätzen, die in aufeinanderfolgenden Abschnitten einer Produktionsperiode vollzogen werden, will der Unternehmer den Tauschgewinn selbstverständlich in jedem Abschnitte für die ganze Zeitdauer machen, welche denselben vom Zeitpunkte der Gewinnung des Produktes trennt. Wir können uns jetzt schon der Sprache der Praxis bedienen: er will und muß den Zins in jedem Abschnitte, also so oft mal beziehen, als Zinstermine in dem Zeitraume bis zur Produktvollendung enthalten sind. Damit sind die Daten zum Ansatze eines Wirtschaftskalküls gegeben. Der künftige Tauschwert des Produktes ist eine gegebene Größe, die der Unternehmer aus den sie bestimmenden Faktoren voraus berechnet. Das im Lohne zu überweisende Quantum an Gegenwartsgütern bestimmt sich für die Zeiteinheit durch die Absicht des Unternehmers, denjenigen Gewinn zu machen, welchen er im einzelnen Falle erreichen kann, bzw. den zu erzielen unter den obwaltenden Konkurrenzverhältnissen möglich ist, und wird durch das Übereinkommen mit dem Arbeiter festgesetzt. Das ergibt einen bestimmten Zinsfuß, der der Wirtschaftshandlung zugrunde gelegt wird. Die Dauer der Produktion mit den Zinsterminen steht vorhinein fest. Auf Grund dieser Daten ist durch eine Rechnungsoperation die Gesamtsumme an Gegenwartsgütern zu finden, welche auf den Durchschnitt der Produktionsperiode die zugrunde gelegte Verzinsung durch den Tauschwert des Produktes erhält. Auf die Anzahl der Produktionsstadien aufgeteilt, ergibt diese den Lohnsatz, der für jedes Stadium die gleiche Summe zeigt und auf das Kapital, das in ihm ausgelegt ist, so oft mal den Zins trägt, als Zeiteinheiten in der Zeitdistanz bis zum Produkte enthalten sind. Die Anlage des Beispielfalles, welche die Lohnzahlung erst nach Ablauf eines Jahres statuiert, bringt es mit sich, daß die letzte Arbeitsschicht aus dem gleichzeitig fertiggestellten Produkte ihren Lohn erhält. Demnach wurden nur 4000 in Gegenwartsgütern vorausgelegt, für welche aus dem Produkte 4500 verbleiben. Der Tauschgewinn von 500 ergibt $5^0/_0$ Verzinsung für 4000 auf $2^1/_2$ Jahre d. i. den mittleren Durchschnitt der Produktionsperiode. Auf jede der fünf Arbeitsschichten entfällt 1000 als Lohnsatz. Dieser muß in der ersten Schicht durch 4 Jahre verzinst werden, was vom Produkte $1000 + 200 = 1200$ absorbiert, in der zweiten Schicht durch 3 Jahre, was 1150 erfordert usw.: in der dritten durch 2 Jahre = 1100, in der vierten durch 1 Jahr = 1050, während für die letzte Schicht eben infolge der Konstruktion des Beispielfalles eine Kapitalvorauslage nicht stattfindet [1]).

[1]) Ein richtigeres Bild würde eine Anlage des Beispieles in Gemäßheit der Tatsache ergeben, daß in Wirklichkeit die Lohnzahlung von Anfang an, Woche für Woche, stattfindet. Das ergibt für das erste Jahr des Beispielfalles eine durchschnittliche Vorauslage auf $^1/_2$ Jahr, demnach für die ganze Produktionsdauer die Vorauslage der ersten Lohnrate auf $4^1/_2$, der zweiten auf $3^1/_2$ Jahre usw., endlich der letzten auf $^1/_2$ Jahr. Insgesamt sind die 5 Lohnraten zusammen auf

Für den Arbeiter wird die zeitliche Gleichheit des Lohnsatzes durch die Bedachtnahme auf gleichmäßige Befriedigung eines gewissen Bedürfnisstandes während der Produktionsdauer erklärlicherweise zur Notwendigkeit. Würde die Lohnzahlung in der Weise erfolgen, daß im Beispielfalle der fünfte Teil des Produktwertes, 1100, auf den jeweiligen Gegenwartswert zur Zeit der Ableistung jeder der sukzessiven Jahresschichten reduziert wird (durch Eskomptierung zu $5^0/_0$), so hätte der Arbeiter an Lohn zu erhalten: nach der ersten Arbeitsschicht 904,9, nach der zweiten 950,1, nach der dritten 997,7, nach der vierten 1 047,5, nach der letzten 1100. Er erhielte zusammen ebenfalls 5000, aber seiner häuslichen Ökonomie wäre die Abstufung der Lohnbeträge sicherlich unerwünscht. Die in Übereinstimmung mit dem Unternehmer vor sich gehende Lohnbemessung ist nichts anderes als eine zeitliche Ausgleichung, die selbstverständlich gegen den mittleren Durchschnitt eine Erhöhung der niedrigeren, eine Verminderung der höheren Raten bedeutet, an der Lohnhöhe selbst nichts ändert. Einleuchtenderweise muß infolge der Erhöhung der ersten Raten vom Produktwerte je ein größerer Teilbetrag zur Bestreitung des vermehrten Zinses dieser Unternehmer-Vorschüsse herangezogen werden, was natürlich eine Verminderung der übrigen Teilbeträge ergibt, die zur Bestreitung der geringeren Zinsen der verminderten Vorschüsse dienen und ausreichen. Das ist ein für den Arbeiter und auch an sich ganz gleichgültiger Umstand, da es sicherlich an der gesamten Sachlage nichts ändert, ob sich der Betrag von 5500 aus fünfmal 1100 oder aus 1200 + 1150 + 1100 + 1050 + 1000 zusammensetzt. Die Agiotheorie erklärt die solcherart abgestuften Produktwertteile als eben derart abgestufte Arbeitswerte und nennt die Be-

---

$12^1/_2$ Jahre, somit durchschnittlich auf $2^1/_2$ Jahre ausgelegt. Die Rechnung stellt sich hier folgendermaßen.

Um durch den Produktwert von 5500 eine $5^0/_0$ige Verzinsung auf $2^1/_2$ Jahre für die Lohnsumme zu gewinnen, muß diese 4888,8 betragen. Das gibt eine jährliche Lohnrate im Betrage von $977{,}\dot{7}$. Von den ausgelegten Lohnraten erhält der Unternehmer sonach die Verzinsung aus dem Produktwerte:

für die 1. auf $4^1/_2$ Jahre mit	219,99 +	$977{,}7\dot{7}$	=	1197,76
„ „ 2. „ $3^1/_2$ „ „	171,10 +	977,77	=	1148,87
„ „ 3. „ $2^1/_2$ „ „	122,23 +	977,77	=	1100,—
„ „ 4. „ $1^1/_2$ „ „	73,33 +	977,77	=	1051,10
„ „ 5. „ $^1/_2$ Jahr „	24,44 +	977,77	=	1002,21
Zusammen:	611,09 +	$4888{,}8\dot{8}$	=	5499,94,

d. i. 5500 mit der minimalen Abweichung, welche die periodischen Dezimalbrüche bewirken. In der Wirtschaft der Wirklichkeit würde der Lohnsatz also $977{,}7\dot{7}$, nicht 1000, betragen und bei diesem illustriert das Rechnungsbeispiel den Vortrag im Texte in vollkommener Weise. Der Kürze halber soll es jedoch bei dem Gebrauche, welcher im folgenden noch von dem Beispiele gemacht werden wird, bei der Ziffer von 1000 bleiben.

ziehung der abgestuften Teilbeträge des Produktwertes auf die aufeinanderfolgenden Arbeitsleistungen Zurechnung. Mag man es so nennen, wenn man will, aber diese Zurechnung hat, wie wir sehen, mit einem „Werte“ der „Arbeit“ oder einem verschiedenen Werte der zeitlich verschiedenen Arbeitsleistungen nichts zu tun und sie steht auch nicht vorhinein fest, so daß erst aus ihr der gleiche Lohnsatz sich ergäbe, sondern sie kommt durch das Übereinkommen zwischen Unternehmer und Arbeiter, welche den gleichen Lohnsatz intendieren, nachhinein zur Erscheinung [1]).

In der Wirtschaft der Wirklichkeit vereinfacht sich der Sachverhalt durch die arbeitsteilige Gliederung der Produktion, welche die Gleichzeitigkeit der verschiedenen Arbeitsschichten eines mehrstufigen Produktionsprozesses mit sich bringt. Der fünfstufige Produktionsprozeß des Beispielfalles ist hier in fünf gleichzeitig vor sich gehende verwandelt, die je nur eine Arbeitsschicht in sich begreifen, daher auch nur je einen Umsatz mit einmaligem Tauschgewinn zeigen. Die theoretische Konstruktion bleibt nach wie vor richtig und gibt das genaue Bild der Wirklichkeit für solche Produktionen, welche sich über mehr als einen Zeitabschnitt erstrecken. Demgemäß wird zu beurteilen sein, ob die hier vorgetragene Theorie die Handlungen der wirtschaftenden Menschen zutreffend schildert.

§ 76. Doch die kapitalistische Produktion der Unternehmer erschöpft sich nicht in dem Verhältnisse zu den Arbeitern. Was bisher erörtert wurde, ist noch nicht die ganze Erscheinung. Der Preisgewinn durch den Vorankauf der Produktanteile der Arbeiter ist nur eine Seite der vorliegenden Umsätze; die andere Seite betrifft den Absatz der Produkte an die Verbraucher und eben dieser müssen wir uns nun noch zuwenden.

Den zweiten Bestandteil des Unternehmergewinnes bildet derjenige Tauschgewinn, welcher beim Umsatz der sachlichen Produktivmittel in die aus ihnen hervorgehenden, für andere Wirtschaftssubjekte bestimmten Produkte angestrebt wird; die Differenz zwischen dem Ankaufpreise der technischen Produktivmittel und dem Verkaufpreise der Produkte. Es ist dies jene Seite der Erscheinung, von welcher zu Beginn des Erklärungsganges vorerst abgesehen wurde, wo gesagt ist, daß der Unternehmer gegen Gegenwartsgüter außer den Arbeitsleistungen auch Bodennutzungen einkauft. Die „Bodennutzungen“ sind die Bestandteile des Naturfaktors, Mineralien, Pflanzen, Tiere,

---

[1]) Sieht man derart genau zu, so findet man, daß der der Arbeit angeblich zugerechnete Wert nichts anderes ist als der im Übereinkommen mit dem Unternehmer festgestellte Produktanteil des Arbeiters. Die hiermit gewonnene Einsicht ist wichtig für die Beurteilung derjenigen Lehre, welche das „Verteilungsproblem“ mittels Zurechnung zu lösen unternimmt. Auf diese Theorie wird noch im folgenden (§ 90) einzugehen Anlaß sein.

welche das Material der technischen Produktionsmittel abgeben[1]). In der durch Verwendung dieser wirtschaftlichen Güter zu Produktivmitteln beeinflußten Preisbildung derselben vollzieht sich die Kapitalbildung gesellschaftlich. Ihr steht die gesellschaftliche Wertung der künftigen Produkte in der Preisbildung eben dieser gegenüber, die dem Unternehmer im Absatze den Erfolg seiner Tätigkeit bietet. Von dem bezüglichen Produktpreise kommen vorerst diejenigen Güterquanten ideell in Abzug, mit welchen der Erwerber des Produktes dem Unternehmer die den Arbeitern ausgelegten Produktanteile ersetzt und den bezüglichen Zinsgewinn liquidiert. Der Rest des Güterquantums des Produktpreises stellt denjenigen Teil vom aktuellen Wert (Tauschwert) des Produktes im Zeitpunkte der Perfektion dar, der mit dem seinerzeitigen Gegenwartswerte der Produktivmittel, dem vorgedachten Kapitalwerte, in Vergleich kommt. Die Plusdifferenz erbringt den bezüglichen Tauschgewinn für den Unternehmer.

Die Voraussetzung der Erzielung des Tauschgewinnes ist die entsprechende Wertgestaltung auf seiten derjenigen Wirtschaftssubjekte, die als Käufer der Produkte in Betracht kommen. Die Sachlage ist die nämliche wie beim Darlehen. Der Besitzer von Produktivgütern ist nicht damit einverstanden — zufolge der subjektiven Gegenwartswertung — im künftigen Produktpreise nur das gleiche zu erhalten, was er für das gegenwärtige Gut, das Produktivmittel, aufgewendet hat. Allein damit ist das Zustandekommen des Umsatzes noch nicht gegeben, vielmehr hängt es davon ab, daß der Erwerber des künftigen Produktes diesem nach den Verhältnissen seiner Wirtschaft einen subjektiven Wert beimißt, demzufolge er dasselbe eben zu einem höheren Preise zu kaufen bereit ist; andernfalls kann der Umsatz nicht zustande kommen. Ob er zustande kommt, zeigt sich dem Unternehmer im voraus darin, daß der um den angestrebten Tauschgewinn detaxierte Verkaufpreis des Produktes einen auf die Produktivmittel übertragenen Wert ergibt, welcher dem mit Rücksicht auf die Verwendbarkeit dieser Güter zum gegenwärtigen Verbrauche sich bestimmenden Kostenwerte mindestens gleichkommt bzw. ihn mehr oder minder übersteigt; in der Sprache der Praxis ausgedrückt: daß der geschäftliche Kalkül eine Verzinsung des auf den Ankauf der zum Verbrauch gelangenden Produktivmittel aufgewendeten Kapitales durch den Erlös beim Verkaufe der Produkte vorhinein resultieren läßt. Zeigt sich dieses erwartungsgemäße Resultat der Produktion nicht, so wird von ihr Abstand genommen und es unterbleibt die Nachfrage um das betreffende Gut zwecks Verwendung als Produktivgut, wodurch ein Druck auf seinen Preis ausgeübt wird, bis

[1]) Hierher gehört auch der Boden selbst, insoweit er vermöge seiner Tragfähigkeit den Flächenraum bietet, auf welchem die Arbeitstätigkeiten vor sich gehen können, und gegenüber der angewachsenen Menschenzahl aufgehört hat, ein freies Gut zu sein. Hier spielt aber zufolge des Privateigentums alsbald die Grundrente herein, auf die einzugehen nicht beabsichtigt ist.

jenes Preisniveau erreicht ist, das den gewünschten Erfolg der Produktion ermöglicht.

Da die stehenden Kapitalien erst in einer Reihe von Wirtschaftsperioden verbraucht werden, so muß der Gegenwartswert jedes künftig zum Verbrauch gelangenden Teiles die Verzinsung so oft mal erhalten, als Wirtschaftsperioden von der Gegenwart bis zum Verbrauche verfließen; in gleicher Weise wie wir dies beim Umsatze der Nutzleistungen dauerbarer Gebrauchsgüter gesehen haben (S. 141).

Jene Wertgestaltung auf seiten der Käufer der Produkte hat in den individuellen Bedürfnis- und Besitzesverhältnissen ihre Bestimmungsgründe, eine Anschauung, die uns nun wohl schon hinlänglich geläufig ist. Dabei ist das verschiedene Ausmaß des Individualbesitzes ein ganz wesentlicher Umstand. Könnten wir uns die gesellschaftliche Güterversorgung in der Weise durchgeführt denken, daß die verschiedenen Produktionszweige von den verschiedenen Wirtschaftssubjekten bei gleichem Umfange des Besitzes betrieben werden, so würden die Tauschgewinne beim Absatz der Produkte sich kompensatorisch ausgleichen.

Bekannt ist, welch große Verschiedenheiten und Schwankungen die Höhe der gedachten Tauschgewinne aufweist, die von den Wandlungen in den Daten der Privatwirtschaften verursacht sind und zwar sowohl im einzelnen Falle als in der marktmäßigen Bestimmung, die wieder erhebliche Abweichungen je nach der Ausdehnung des Verkehrskreises zeigt, welcher die bezüglichen Wirtschaften umspannt. Monopole mannigfacher Art, welche auf die Preise der Produkte ihren Einfluß ausüben, wirken im Sinne einer Steigerung der Tauschgewinne, zeitweiliges oder lokales Überwiegen der Produktion gegenüber dem Bedarfe wirkt im Sinne einer Erniedrigung derselben, die bis zu völligem Erlöschen führen kann, wo und solange die betreffenden Wirtschaftssubjekte aus irgendwelchem Grunde eine Änderung ihrer produktiven Tätigkeit eintreten zu lassen nicht in der Lage sind. Eine Darstellung dieser außerordentlich verwickelten Zusammenhänge, in welchen Wirkungen mit Gegenwirkungen sich kreuzen, ist hier nicht beabsichtigt, da es lediglich darauf ankam, die Wesensgleichheit der vorliegenden mit allen übrigen Umsätzen gegenwärtiger gegen künftige Güter festzustellen.

§ 77. Diese Seite der Erscheinung kommt in der Theorie Böhm's nicht gebührend zur Geltung. Er lehrt, daß die Bodennutzungen, wie die technischen Produktivmittel, die Zwischenprodukte, nicht mit einer ihrem Produkte gleichen Gütersumme bezahlt werden, weil man mit einer solchen Gütersumme, wenn man sie zur Verlängerung der Produktionsperiode, als Darlehen oder zum Ankauf von Arbeit verwendet, mehr an künftigen Gütern erzielen könne (a. a. O. S. 546). Das heißt: es wird wieder der Zins vorausgesetzt.

Was die Bodennutzungen im Sinne des natürlichen Zuwachses betrifft, so ist die Aussage richtig, sie bezeichnet aber eine Entwicklungserscheinung, nämlich die Einbeziehung des Grundeigentums in den Kapitalismus (s. das sogleich Nachfolgende).

Die Bewertung der Zwischenprodukte kann doch nur mehr insoweit in Frage stehen, als Naturstoffe, im Sondereigentum befindliche Bestandteile des Naturfaktors, in ihnen enthalten sind, da ja, insoweit sie in die Arbeitsleistungen aufzulösen sind, der Fragepunkt schon im früheren erledigt ist. Das Angeführte ist indes das Gegenteil einer Erklärung. Der Hinweis auf den Produktionsumweg ist eine Tautologie, denn das Zwischenprodukt ist ja eben eine Phase desselben. Der Hinweis auf das Darlehen ist der Verzicht auf eine Erklärung durch die Produktion selbst. Der Hinweis auf die Möglichkeit des Arbeitkaufes ist die Begründung dessen, was in einem Produktionsprozesse geschieht, durch das, was in einem anderen geschieht, und führt, auf alle Unternehmer insgesamt bezogen, zu einem Widersinn: wenn alle Unternehmer an Stelle von Materialien Arbeit kaufen würden, so käme kein Produkt zustande, zu dem diese notwendig sind. Somit mangelt eine Erklärung dafür, wieso der Unternehmer für das Kapital in Rohstoffen, Hilfsstoffen usw. einen Zins erhalten kann. In der Zusammenfassung der „Ergebnisse" (a. a. O. S. 572) ist dementsprechend der Kapitalgewinn der Unternehmer ausschließlich auf die Umwandlung der angekauften „Zukunftsware Arbeit" in genußreife Produkte zurückgeführt.

Für das stehende Kapital, die Werkzeuge, Maschinen, Werkgebäude, findet sich eine spezielle Erklärung. Für diese Güter wird durch Anwendung der die ausdauernden Güter überhaupt betreffenden Lehren, die im vorigen Kapitel besprochen wurden, der Satz abgeleitet: daß „aller Zins, den die ausdauernden Produktivgüter liefern, von ihnen lediglich in ihrer Eigenschaft als ausdauernde Güter getragen wird". Wenn das zuträfe, wäre wenigstens für die Verzinsung dieser einen Gruppe der Produktivgüter eine Erklärung geboten. Allein der Umstand, daß der Beweis auf derselben Grundlage geführt wird, welche auch für die dauerbaren Gebrauchsgüter gelten soll, rechtfertigt die Einwendung von unserer Seite, daß eben nicht die Eigenschaft der bezüglichen Güter als Dauergüter, sondern ihre Eigenschaft als Umsatzgüter es ist, was den Zins ergibt: die dauerbaren Produktivgüter kommen ja in der Unternehmerproduktion eben nur als Umsatzgüter in Tätigkeit. Der Preisgewinn ist der Zins, den sie abwerfen [1].

---

[1]) Bei der bezüglichen Beweisführung (Positive Theorie, S. 564ff.) wird ein Nebenumstand herbeigezogen, der auf eine falsche Fährte führt. Die vom dauerbaren Produktivgute jeweilig abgetrennte Nutzleistungsrate werde weiterhin nicht als Zins des Dauergutes, sondern als Betriebskapital gerechnet und verkörpere sich in einem Zwischenprodukt, z. B. in Garn, das mit der Spinnmaschine gewonnen wurde. (Das muß jedenfalls als „verbrauchliches" Zwischenprodukt verstanden werden, denn die Maschine ist ja auch ein Zwischenprodukt.) Allein Nutzleistungs-

Indes ist mit der erwähnten Erklärung doch anerkannt, daß im Geschäftsgewinne der Unternehmer ein Zinsbestandteil enthalten sei, der nicht auf das Verhältnis zu den Arbeitern zurückzuführen ist. Das gleiche muß doch in der Behauptung gefunden werden, daß die sachlichen Produktivmittel mit einer geringeren Summe als der Wertsumme ihres Produktes bezahlt werden. Aber diese Bestandteile verschwinden weiterhin in dem theoretischen Bilde und das verschuldet die Unklarheit, die sich bei Böhm und seinen Nachfolgern über diese Seite der Erscheinung breitet, so zwar, daß man schließlich auf Lehrsätze stößt, welche auf ausschließlicher Begründung des Unternehmerzinses durch das Verhältnis zum Arbeitslohne beruhen.

§ 78. Im Unternehmergewinn der Wirklichkeit sind noch Nebenbestandteile enthalten, die nur erwähnt werden, um einem Mißverständnisse unserer Darlegungen vorzubeugen. Auszuscheiden, wenngleich nur begrifflich, ist derjenige Abzug vom Produkt bzw. dessen Tauschwert, der den Anteil der eigenen Arbeit des Unternehmers darstellt. Ebenso die Versicherungsprämie zur Deckung des Risiko, das der Aufbau des Wirtschaftsplanes auf künftige Preisgestaltungen mit sich bringt.

Endlich ist offenbar, daß der Gütergewinn, welcher durch den natürlichen Zuwachs an Pflanzen und Tieren für den Eigentümer

raten gehen doch auch in das Endprodukt über, z. B. die der Webmaschinen, der Gebäude usw. und das Erwähnte gilt nur für Halbfabrikate, wofern über sie eigene Rechnung geführt wird oder sie Gegenstand einer selbständigen Unternehmung werden. Das Angeführte ist also offenbar nur ein rein formeller Umstand, der das Wesen der Sache nicht berührt. Im übrigen möge, um eine vielleicht schon ermüdende Breite der Erörterung zu vermeiden, nur auf folgendes aufmerksam gemacht werden. Es ist wieder das Beispiel einer Maschine gewählt, die durch 6 Jahre Nutzleistungen abgibt, welche jedoch erst im fertigen Produkte einen Erlös von 100 ergeben, als Zwischenprodukt daher einen Wertabschlag erfahren müssen. Auf dieser Grundlage wird der Gegenwartswert der Maschine nach dem Muster des früheren Kapitels berechnet, wobei aber der jeweilige Wert der laufenden Nutzung mit 90 angesetzt ist, die sich erst im fertigen Produkte in 100 verwandeln. Dadurch kommt ein Gegenwartswert heraus, der bei den gleichen ziffermäßigen Voraussetzungen anstatt wie beim Gebrauchsgute des vorigen Kapitels 507,62 nur die Ziffer von 460,36 zeigt. Das führt zu einer Antinomie. Eine Gebäude, eine Lichtanlage, eine Uhr usw. verursacht die nämlichen Herstellungskosten, ob das Gut als Gebrauchsgut oder als Produktivgut zur Verwendung gelangen soll; selbstverständlich gleiche Ausführung für beide Fälle vorausgesetzt. Ein Gut, dessen Gegenwartswert, i. e. Kostenwert 468,38 beträgt, würde, wenn es als Gebrauchsgut einen Wert von 507,62 hat, eben als solches verwendet werden, als Produktivgut nur dann, wenn sein Wert auch in dieser Verwendung mindestens die gleiche Höhe erreicht. Demnach müßte auch für die Maschine des Beispiels der gleiche Gegenwartswert eingesetzt sein, dadurch würde aber die Durchführung des Rechenexempels in Gemäßheit der theoretischen Prämissen unmöglich. Die richtige Rechnung wäre, 507,62 als Gegenwartswert der Maschine einzusetzen, der dadurch zum Vorschein kommt, daß der Erlös im Preise des fertigen Produktes, der auf eine Nutzleistung des Produktivgutes entfällt, höher als 100 ist: höher um den Tauschgewinn!

des Bodens entsteht, an sich etwas von dem Gütergewinn durch Umsatz völlig Verschiedenes ist. Unsere Erklärung begreift ihn daher nicht in sich. Erst die Steigerung des natürlichen Ertrages durch fremde Arbeit und Anwendung technischer Hilfsmittel im Verein mit dem Absatz der vermehrten Produkte an fremde Wirtschaften verleiht der Bodenkultur den Charakter der Unternehmung. Die Entwicklung vollendet sich durch Einbeziehung des Grundeigentums in den Kapitalismus. Indem der durch den natürlichen Zuwachs stets wiederkehrende Gütergewinn wie der Zins eines Kapitales angesehen und die betreffende Bodenfläche um ein Kapital erworben wird, das tatsächlich einen Zins abwirft, dessen Höhe dem Gütergewinn durch den natürlichen Ertrag gleich ist, nimmt der Zuwachs für diesen Grundeigentümer (und seine Nachfolger) die Eigenschaft des Zinses an, und so kommt es, daß in der kapitalistischen Privatwirtschaft auch die Bodenkultur bewußt nach den Gesichtspunkten eines auf Zinsgewinn abzielenden Unternehmens betrieben wird. Der Zuwachs ist auf diese Weise zu einem Bestandteile des Unternehmergewinnes geworden [1]).

Der Unternehmergewinn der Wirklichkeit zeigt verschiedene Abspaltungen. Daß der Unternehmergewinn der Erzeuger von Halbfabrikaten nur Zinsbezug a conto des Gewinnes der Schlußproduktion darstellt, ist einleuchtend; ebenso, daß der Zinsgewinn der Erzeuger von Produktivmitteln, die solche zufolge der arbeitsteiligen Gliederung der Güterversorgung nicht selbst zu verwenden gedenken, sondern für andere herstellen, sich von dem Zinsgewinne der sie zur Anwendung bringenden Unternehmer ableitet und in dem von diesen gezahlten Ankaufspreise realisiert. Der kapitalistische Produktionsprozeß beginnt mit der Herstellung der Produktivmittel und, da die Proportionalität des

[1]) Die „Kapitalisierung" des Bodenertrages, als die verkehrsmäßige Bewertung des Bodens, ist zunächst vom Standpunkte des Käufers verständlich. Es kommt zu fragen, nach welchem Gesichtspunkte der Besitzer des Bodens diesen wertet. Der Boden als solcher (mit Ausnahme jener Fälle, in welchen er als erschöpfbare Lagerstätte von Mineralien der Wirtschaft dient) ist ein dauerbares Gut von unbegrenztem Bestande, das durch den Gebrauch keine Abnutzung erleidet. Es entfällt die Berechnung einer Abnutzungsquote, und es würde sich somit lediglich um die Gegenwartswertung sämtlicher künftigen Nutzleistungen handeln. Das Wirtschaftssubjekt eine perspektivische Wertung sämtlicher, in unbestimmter oder gar unendlicher Reihe wiederkehrender Nutzungen vornehmen zu lassen, ist offenbar untunlich. In der geschlossenen Wirtschaft entfällt jedoch die Schwierigkeit, da in dieser das Wirtschaftssubjekt zu einer Bewertung des Bodens keinen Anlaß hat. Denn die Gegenwartswertung dauerbarer Güter hat ja hier nur den Sinn und Zweck, zu beurteilen, ob man seine Arbeit auf Herstellung solcher ökonomischerweise richten könne. Das Wirtschaftssubjekt wird Fruchtbarkeitsunterschiede der Grundflächen erkennen und in der Wirtschaft beachten, aber diese Grundflächen gegen gegenwärtige Güter zu bewerten, dazu liegt kein Anlaß vor.

Erst in der Verkehrswirtschaft wird eine solche Bewertung des Bodens notwendig, da sich der Tausch gegen andere Güter nahelegt. In der angegebenen Weise geht sie von denjenigen aus, welche Boden erwerben wollen: es frägt sich,

Zinses zur Dauer des Umsatzes eben auch bei den Umsätzen zwischen dem Unternehmer und dem Käufer der Produkte platzgreift, muß folgerichtig jeder mehrstufige Produktionsvorgang für jede Stufe Zinsgewinn ergeben.

Auf diese Weise erklärt sich uns auch von selbst der Handelsgewinn. Nicht nur soweit der Handel als abschließender Teilakt der

---

wie sich die Bodenbesitzer dazu stellen. Sie haben, wenn überhaupt ein Motiv zum Tausche für sie vorliegt, sicherlich keinen Grund, einen Tausch abzulehnen, infolgedessen sie aus den immer wieder erneueten Umsätzen der eingetauschten Güter einen Zinsgewinn erzielen, welcher mindestens dem wiederkehrenden Bodenertrage gleichkommt. Eine selbständige Berechnung des Bodenwertes auf Grund der Gegenwartswertung aller künftigen Nutzleistungen bzw. ihres Gelderlöses würde auch hier die erwähnte Schwierigkeit ergeben. Die Gegenwartswertung besteht in der ausgebildeten Verkehrswirtschaft, wie wir wissen, in der Diskontierung der künftigen Tauschwertsumme, und zwar zum marktgängigen Zinsfuße; es müßte also eine Diskontierung *in infinitum* stattfinden. Die Mathematik lehrt freilich, daß die Diskontierung (mit Zinseszins) der künftigen Jahreserträgnisse bis zu unendlicher Dauer durch Summierung der bezüglichen Gegenwartswerte zu derjenigen Summe führt, welche als Kapital dem Zinsfuße der Diskontierung entspricht. Das brauchen jedoch die Grundbesitzer nicht zu wissen; nur wenige werden es wissen, das Resultat ist ohne Anwendung solcher mathematischer Kenntnisse bereits zufolge der angeführten wirtschaftlichen Erwägung gegeben. Die Bewertung des Bodens in der bezüglichen Höhe ist also nur durch jenen Tausch bzw. seine Voraussetzungen tatsächlich zu erklären, nicht aber durch die gedachte Gegenwartswertung. Deshalb ist aber die theoretische Formel für dieselbe keinesfalls eine unfruchtbare Spekulation. Sie beweist nämlich, daß die theoretischen Prämissen, auf welche sie aufgebaut ist, durchwegs zutreffend sind. Der Umstand, daß die Diskontierung der künftigen Nutzleistungen in der Summe der Gegenwartswerte den Kapitalisierungswert ergibt, beweist, daß, wenn die Grundbesitzer die Wertrechnung nach dieser Formel ausführen würden, sie eine richtige Schlußfolgerung aus richtigen Prämissen zögen. Sie ziehen die Folgerung nicht, weil das Resultat ihnen auf andere Weise vorhinein gegeben ist, aber das ändert nichts daran, daß der Schluß vollkommen richtig ist, und das ist eine erfreuliche Bekräftigung der werttheoretischen Prämissen, die ihm zugrunde liegen, und somit ein Zeugnis für die Richtigkeit unserer Theorie.

Böhm meint, erst durch diese Gegenwartswertung des Bodens sei die Tatsache zu erklären, daß der Bodenertrag für den Eigentümer ein Reinertrag ist, es also eine allgemeine Grundrente gibt. Das heißt doch, den Ertrag von einer Art der Wertung abhängig machen. Der Ertrag ist jedoch an sich vorhanden, ganz abgesehen von der Wertung. Das, was an Pflanzen und Tieren auf dem Boden erwächst, dieser „natürliche“ Ertrag (Zuwachs) ist eo ipso Reinertrag und fällt demjenigen zu, der als Eigentümer über den Boden verfügt. Seine Einkleidung in den Unternehmergewinn der Verkehrswirtschaft bringt ihn nicht etwa erst zur Entstehung, sondern ist eben nur seine verkehrswirtschaftliche Gestalt. Der Bezug dieses stets wiederkehrenden Ertrages würde, wenn jene Wertung nicht platzgriffe, keineswegs „den Charakter eines langsamen Abbröckelns vom Vermögensstamm“ haben, wie Böhm behauptet. Ebensowenig trifft es zu, daß die theoretische Erklärung der Grundrente mit der Erklärung des Kapitalzinses ausdauernder Güter zusammenfalle und die Grundrente geradezu nichts anderes als ein Spezialfall von Kapitalrente aus ausdauernden Gütern sei: diese Grundrente besteht auch da, wo es einen Zinsgewinn von dauerbaren Gütern überhaupt nicht gibt.

arbeitsteiligen Güterversorgung noch örtliche und andere Veränderungen an den Gütern selbst vornimmt, die notwendig sind, um sie in genußreifem Zustande in den Bereich der Konsumenten zu bringen: auch als Teil der Dauer des Umsatzes hat der Handel einen entsprechenden Anteil am Zinsgewinne zu beanspruchen.

§ 79. Indem wir die Umsätze des Unternehmers nach den zwei Seiten, gegenüber den Arbeitern einerseits, gegenüber den Kunden andererseits, erfassen, erschließt sich uns das volle Verständnis der Erscheinung. Es erklärt sich uns die bekannte zweifache Funktion, welche der Unternehmerzins in der Privatwirtschaft versieht: es erklärt sich, wie durch ihn die Beziehung des Ertrages auf die Kosten, der Wertvergleich zwischen Ertrag und Kosten für die gesellschaftliche Produktion erfolgt und die Produktion somit nach allen Seiten hin die fördersamste Richtung erfährt, und andererseits die „Verteilung des Ertrages" an alle Mitglieder der arbeitsteiligen Arbeitsgemeinschaften sich vollzieht[1]).

Das Gesamterträgnis eines Unternehmens setzt sich zusammen aus dem Gewinne, welcher beim Umsatz des zu Lohnzahlungen verwendeten Kapitales, und demjenigen, welcher beim Umsatz des in den technischen Produktionsmitteln verbrauchten Kapitales erzielt wird. Die Tauschgewinne aus beiden Quellen sind im Gesamterträgnisse des Unternehmens untrennbar verbunden und es ist eine Ausscheidung des Gewinnes von der einen gegenüber dem von der anderen Seite nur dadurch möglich, daß einer von beiden als gegebene Größe behandelt wird. Das Erträgnis wird auf das Gesamtkapital des Unternehmens bezogen: die beiden Zuflüsse können in einem sehr verschiedenen Verhältnisse Anteil an ihm haben. Es kann das Erträgnis zu relativ gleichen Teilen von beiden geliefert sein oder aber von der einen Seite in überwiegendem Maße. Extreme Fälle sind: einerseits eine Industrie, welche nur durch Hungerlöhne eine magere Verzinsung ihres Kapitales zu erzielen vermag, das bei höheren Löhnen ertraglos bliebe, andererseits Betriebe, bei welchen durch die Koalition der Arbeiter die Löhne auf einen Stand gebracht wurden, daß nur mehr ein Geschäftsgewinn erübrigt, der den durchschnittlichen Darlehenszinsfuß nicht übersteigt.

§ 80. Es drängt sich die Frage auf, ob der Zins der Produktivunternehmung nicht durch die Konkurrenz der Unternehmerkapitalisten untereinander schließlich und allgemein bis auf Null herabgedrückt werden kann bzw., wenn solches durch die Erfahrung als nicht eintretend bewiesen sei, welche Ursachen es verhindern. Eine vielbe-

[1]) Es ist hier nicht beabsichtigt, die bedeutsame Rolle, welche Unternehmer und Unternehmergewinne in der sozialwirtschaftlichen Güterversorgung spielen, nach allen Seiten hin zu beleuchten (z. B. die Wirkungen der eingeschlossenen spekulativen Betätigung oder die Wirksamkeit als Motor des ökonomischen und technischen Fortschritts), da es sich eben nur um Feststellung des allgemeinen Wesens der bezüglichen Wirtschaftserscheinungen handelt.

sprochene Frage, deren Lösung mit der Erklärung der Zinserscheinung selbst gegeben sein muß. Die Agiotheorie hatte die Aufgabe, den Bestand des Unternehmungszinses als dauernd nachzuweisen, indem sie seine Verursachung auf ein Gebiet verlegte, das mit der Konkurrenz der Unternehmer nichts zu tun hat. Die Auffassung des Zinses als eine Preiserscheinung läßt die Lösung in gleichem Sinne nicht ohne inneren Widerspruch der Theorie erwarten. Indes solcher Anschein trügt und es sind nicht ausgemachte Wahrheiten, sondern preistheoretische Irrtümer, die ihn hervorrufen. Die Frage ist mit voller Klarheit in einer Schrift erledigt, welche für den Zins in der privatwirtschaftlichen Produktion eine im Endergebnisse mit der hier vorgetrageneu übereinstimmende Erklärung gibt [1]). Die Erzielung eines Wohlfahrtsgewinnes durch die Güterumsätze gehört zum Wesen der Tauschwirtschaft und das Anstreben eines solchen ist die Feder, welche das Uhrwerk der verkehrswirtschaftlichen Güterversorgung im Gange erhält. Dieses Streben geht in jedem einzelnen Falle auf Erzielung des erreichbar höchsten Gewinnes, ohne Rücksicht auf die Konkurrenten, aber dieser „Eigennutz" wirkt nur so lange, als ein Wohlfahrtsgewinn eben erreichbar ist, und hört auf ein Handlungsmotiv zu sein, sobald ein Vorteil nicht mehr winkt; er verwandelt sich dann in das Motiv, die wirtschaftliche Handlung, mit welcher ein Vorteil nicht verbunden ist, zu unterlassen. „Man strebt wohl eigenen Gewinn auf Kosten fremden Gewinnes an, aber man strebt nicht danach, fremden Gewinn durch Verzicht auf den eigenen Gewinn auszuschließen" (außer in vereinzelten Fällen vorübergehend zu dem Zwecke, um den Konkurrenten zu dauerndem Ausscheiden aus der Konkurrenz zu zwingen). Man gibt vielmehr eine Produktion, die keinen Gewinn abwirft, auf, bzw. man unternimmt

---

[1]) „Zur Theorie des Produktivkapitalzinses" von Dr. Oskar Engländer, 1908. Ein Zitat mag zur Kennzeichnung genügen. S. 140: „Weil diese Voraussetzung (daß alle Produktionsfaktoren jedem ohne alle Kosten jederzeit zur Verfügung stehen, somit jeder alles für sich selbst produzieren könnte) nicht gegeben ist; weil heute die Mittel zur Produktion weder der Volkswirtschaft, noch jedem einzelnen kostenlos zur Verfügung stehen, müssen jene, welche die Produktionsmittel besitzen, durch Zugestehen eines Gewinnes veranlaßt werden, zu produzieren und die Produkte zu verkaufen, so daß sich das Dasein des Gewinnes als eine Erscheinung des volkswirtschaftlichen Verkehres aus der arbeitsteiligen Organisation der Volkswirtschaft von selbst ergibt". S. 144: „Ursache des Produktivkapitalzinses ist die Produktivität des Kapitales im Sinne von Wirtschaftlichkeit, d. h. jener Eigenschaft, bei Anwendung Erträge zu liefern, die wertvoller sind als die bei der Erzeugung des Kapitalgutes erwachsenen Opfer zuzüglich der mit der Anwendung des Kapitalgutes verbundenen Opfer. Der Besitz des Kapitalgutes wendet diesen mit der Erzeugung und Anwendung der Kapitalgüter verbundenen Vorteil als das Ergebnis des Preiskampfes, welcher über Erwerbung der Kapitalgüter, Erwerbung der Arbeitsleistungen und Verkauf der mit Hilfe der Kapitalgüter erzeugten Produkte geführt wird, zum Teile dem Besitzer der Kapitalgüter zu und wird so zur Quelle des arbeitslosen Produktivkapitaleinkommens." Die Übereinstimmung im Endergebnisse bedeutet keineswegs auch eine Zustimmung zu allen Einzelheiten des Gedankenganges.

sie erst gar nicht, auch wenn man sieht, daß der Konkurrent Gewinn erzielt. Es wird daher auch keineswegs der Preis der Produkte auf die Dauer durch die Konkurrenz der Produzenten auf das Niveau der Kosten herabgedrückt, sondern er steht dauernd mit einem durchschnittlichen Tauschgewinne über der Kostenhöhe, und die Konkurrenz der Unternehmer hat nur die Wirkung, eben diesen Tauschgewinn in einem gewissen Maße zu nivellieren. Erweist sich eine Produktion als „unrentabel", so versucht der Unternehmer die Arbeiter zu bewegen, in eine Verringerung ihres Produktanteiles zu willigen, oder er verwendet die Produktivmittel zur Herstellung anderer als der bisher erzeugten Güter, die einen höheren Absatzpreis ergeben, oder sucht das gewünschte Resultat durch Änderungen nach beiden Seiten hin zu erreichen. Daß in solchen Fällen auch Kostenersparungen durch die verschiedensten Mittel angestrebt werden, d. h. das ohnehin wirksame Bemühen des Unternehmers, durch tunlichste Minderung des Verbrauches an Kapitalgütern zum Maximum des Ertrages zu gelangen, einen besonderen Antrieb erfährt und hierin ein mächtiger Hebel des wirtschaftlichen Fortschrittes gelegen ist, ist allbekannt: immerhin bezeichnet dies nur ein Zwischenstadium, das am Endergebnisse nichts ändert. Nicht minder bekannt ist der leidige Umstand, daß die stehenden, für bestimmte Zwecke spezialisierten Kapitalien eine Änderung in der erwähnten Richtung erschweren und oft nicht ohne Verlust gestatten, allein das bedeutet nur eine Steigerung des Risikos solcher Unternehmungen, dem durch den bezüglichen Nebenbestandteil des Tauschgewinnes vorhinein Rechnung getragen werden muß. Das Endergebnis ist stets, daß der Zins in der privatwirtschaftlichen Produktion dauernd durch die Konkurrenz der Unternehmer nicht aufgehoben werden kann, weil sie bis zu diesem Ende nicht fortgesetzt wird. Das Ausscheiden der einen Gewinn nicht bietenden, das Aufgeben bzw. Nichtzustandekommen der bezüglichen Unternehmungen ist aber in letzter Linie dadurch ermöglicht, daß die betreffenden Kapitalien als Gebrauchsgüter verwendet oder in solche verwandelt werden können. Die Verwendung der vorhandenen Güter als Gebrauchsgüter anstatt zur Produktion ist die *ultima ratio*, auf welche die Besitzer solcher Güter sich stützen. Und damit sind wir wieder beim *punctum saliens* der Erscheinung. Der Besitz bestimmter Gegenwartsgüter auf der einen, der Nichtbesitz auf seiten der anderen Wirtschaftssubjekte verbürgt die Preisbildung in dem bewußten Sinne. Mit dieser Einsicht bestätigt die Wirtschaftstheorie nur dasjenige, was die allgemeine Ansicht des Alltagslebens: im Sondereigentum, d. h. den durch innere und äußere Ursachen hervorgerufenen individuellen Besitzesverschiedenheiten liegt die wesentliche Voraussetzung des Zinsgewinnes und mit seinem Bestande ist auch der Bestand des Zinses verknüpft.

VIII. Kapitel.

Zins im Sozialistenstaat?

§ 81. Den stärksten Trumpf zuletzt! Der Zins sei auf allgemeine, das Wertverhältnis zwischen gegenwärtigen und künftigen Gütern beherrschende Ursachen, die unabhängig von Besitzesverschiedenheiten ihre Wirkung äußern, zurückzuführen. Wenn in dieser Hinsicht noch ein Zweifel bestünde, so muß er schwinden, sobald sich zeigt, daß der Zins auch ohne die Voraussetzung des Sondereigentums, also in einer sozialistisch organisierten Gemeinwirtschaft, nachweisbar erscheine. Eben dieser Nachweis soll uns zum Schlusse geboten werden. Er fordert sicherlich unser größtes Interesse heraus. Vorweg sind soziale Einrichtungen auszuscheiden, welche in einer Mischform von wirtschaftlicher Organisation, falls eine solche unter dem Titel eines sozialistischen Staates ausgedacht wird, individualistischen Charakter an sich tragen. Wenn unbeschränktes Sondereigentum an Gebrauchsgütern und der Austausch solcher zwischen den Staatsangehörigen zugelassen würde, so wäre damit, wie leicht einzusehen, wieder die Voraussetzung eines Umsatzes gegenwärtiger gegen künftige Güter, mithin des Zinses, gegeben. Hierin wäre nur eine Bestärkung der Meinung zu finden, welche eben in den individuellen Bedürfnis- und Besitzesverschiedenheiten den Entstehungsgrund des Zinses erblickt. Wir müssen vielmehr eine sozialistische Organisation im vollen Sinne des Wortes annehmen, ob wir eine solche für durchführbar ansehen oder nicht; eine Gesamtlebensführung ohne individuelles Eigentum, in welcher der einzelne mit seinen Zwecken völlig aufgeht, die Individualbedürfnisse insgesamt Gemeinbedürfnisse geworden sind.

Auch in einer solchen müsse es Zins geben, und zwar aus dem einleuchtenden Grunde, weil die Ursachen fortbestehen, die ihn in der individualistisch organisierten Volkswirtschaft hervorrufen. Die „natürliche Wertdifferenz zwischen gegenwärtigen und künftigen Gütern“ mit dem Anschwellen des Wertes im Laufe der Zeit bestehe fort. Der Fortbestand des Zinses sei die unausweichliche Folge. Zum Erweise der Fortdauer der natürlichen Wertdifferenz werden wieder die bekannten „drei Gründe“ angerufen. Für uns, die wir diese, auf das

Individuum bezogen, schon als hinfällig erkannten, ist damit natürlich gar nichts bewiesen [1]).

§ 82. Aber ein wohlbegründetes Wertgesetz müßte sich allerdings auch im Sozialistenstaat wieder finden, nämlich die Gegenwartswertung künftiger Güter im Sinne der Wertperspektive. Nur auf dieses passen die anschließenden erläuternden Ausführungen Böhm's und nur in diesem Sinne ist ihnen zuzustimmen. Als Ausfluß der ökonomischen Grundverhältnisse ist jene Wertung eben eine allen Wirtschaftszuständen gemeinsame Erscheinung. Sicherlich müßten auch die zu einer solchen Lebensgemeinschaft verbundenen Menschen für die Bedürfnisse von heute zuerst sorgen, könnten die Güter, welche dem Bedürfnisse von heute dienen, nicht gleichstellen denjenigen, welche erst für die Bedürfnisse von morgen verfügbar sein werden: die künftigen Güter könnten ihren Geist und ihre Tätigkeit nur in um so geringerem Maße beschäftigen,

---

[1]) Selbst wenn die „drei Gründe" der Mehrwertigkeit gegenwärtiger Güter bei den einzelnen Wirtschaftssubjekten zutreffend wären, so würden sie durch das Aufgehen der Einzellebensführung in der Gemeinwirtschaft ihrer Wirkung beraubt. Die „Verschiedenheit der Versorgungszustände in Gegenwart und Zukunft" besteht fort. Auf eine ganze Gemeinwirtschaft bezogen ist das selbstverständlich auch richtig, aber es kann auch Gleichwertigkeit oder Mehrwertigkeit der künftigen Güter bedeuten! Für den einzelnen wurde die Mehrwertigkeit der gegenwärtigen Güter unter allen Versorgungszuständen aus ihrer Eignung zum Reservevorrate für unvorhergesehene Bedarfsfälle gefolgert (wie man sich erinnern wird, in unstichhaltiger Weise), solche Wechselfälle sind jedoch in einer Gesamtlebensführung für den einzelnen ausgeschlossen. „Die echt menschliche parteiische Unterschätzung der Zukunft, die Kürze und Unsicherheit des menschlichen Lebens" bestehe auch im Sozialistenstaat. Jene fälschliche Schätzung der künftigen Bedürfnisse, welche aus Leichtsinn, Willensschwäche u. dgl. hervorgehe, müßte demnach bei der Gesamtheit der zur Gemeinschaft Verbundenen und den Leitern eines solchen Gemeinwesens sich wiederfinden!! Als ob nicht gerade solche psychische Defekte einzelner Individuen in einer Gesamtorganisation wirkungslos würden. Auch die Kürze und Unsicherheit des Lebens der Individuen hat doch offenbar gar nichts zu bedeuten, wo alle in einer Gesamtheit aufgegangen sind, auf welche die Lebenszwecke bezogen werden. Geradezu auffallend aber ist schließlich das den dritten Grund betreffende Argument. „Freilich die Rücksicht auf die größere technische Ergiebigkeit gegenwärtiger Produktivmittel fällt für die einzelnen als Motiv fort, da im Sozialistenstaat niemand mehr Unternehmer auf eigene Rechnung sein darf: Dafür macht sich aber eben dieses Motiv desto stärker für die große Gemeinwirtschaft geltend, welche jetzt die gesamte Nationalproduktion besorgt und leitet." Sollte denn die größere Ergiebigkeit gegenwärtiger Produktivmittel, die doch in der Weise, wie sie in der Theorie der Produktionsumwege dargestellt wird, auf natürlichen Ursachen beruhen müßte, nur für die Unternehmer gelten? Nicht auch für die Arbeiter? Wenn sie aber für alle einzelnen gilt, wie kann sie in einer alle einzelnen umfassenden Gemeinschaft für die Gemeinschaft gelten und für alle einzelnen fortfallen? Und sollte sie doch nur für die Unternehmer gelten, wie kann sie in der Gemeinwirtschaft fortbestehen, die alle einzelnen zu einer Arbeitsgemeinschaft zusammenschließt, in der es das Verhältnis von Unternehmer und fremder Arbeit überhaupt nicht gibt? Mit den drei Gründen ist, wie man sieht, in der Gemeinwirtschaft noch viel weniger etwas auszurichten, als in der Privatwirtschaft.

je weiter sie in der Zukunft entlegen sind. Die individuellen Wertungen dieser Art müssen wir uns in einer solchen sozialistischen Gemeinwirtschaft als zu einer Gesamtwertung zusammengefaßt denken, die dem organisierten Gesamthandeln zugrunde liegt und in welcher die ursprünglich emotionelle Motivation der einzelnen Wirtschaftssubjekte sich zu einer reflektierten kollektivistischen entwickelt hat [1]). Man kann sich das, wenn man überhaupt eine solche Gemeinwirtschaft für möglich hält, nur als im Wege einer öffentlich-rechtlichen Festsetzung des Wirtschaftsplanes vor sich gehend vorstellen, in welchem die für die verschiedenen Bedürfnisse der Verbandsmitglieder zu erzeugenden Gütermengen festgestellt, die verfügbaren Arbeitskräfte den einzelnen Produktionen zugewiesen, alle Aufwendungen an gegenwärtigen Gütern für Herstellung dauerbarer Gebrauchsgüter und für Kapitalbildung bestimmt werden, wobei die Bedürfnisse und die Wertungen der Verbandsmitglieder in den bezüglichen Erhebungen, Beratungen und Beschlüssen zur Geltung gebracht werden. Erklärlicherweise würde ein ungeheurer administrativer Apparat für diesen Zweck erforderlich sein und man kann die Meinung vertreten, daß trotz eines solchen wahrscheinlich nicht entfernt das gleiche erreicht würde wie durch die individuelle Initiative, durch die tauschwirtschaftliche Produktion in der regellosen Privatwirtschaft. Doch das soll hier nicht untersucht werden, vielmehr handelt es sich lediglich darum, festzustellen, daß die Wertperspektive in einer solchen sozialistischen Gemeinwirtschaft eine zeitliche Planmäßigkeit der Gesamtgüterversorgung mit sich bringen müßte, die der zeitlichen Wohlfahrtsbilanz einer Einzelwirtschaft durchaus entspricht.

Damit ist die Frage des Zinses auch schon erledigt. So wenig wie in einer isolierten Einzelwirtschaft ein Wohlfahrtsgewinn aus der das Vorschreiten des Produktionsprozesses begleitenden Wertänderung entspringt, die doch nur das geistige Spiegelbild des sich vollziehenden Wohlfahrtsgewinnes ist, ebensowenig kann in einer Kollektivwirtschaft die Gütergewinnung in Gemäßheit des Wirtschaftsplanes einen Wohlfahrtsgewinn außer demjenigen ergeben, welcher schon im Produktionsplane vorgesehen und mit diesem gegeben war. Wie Robinson den Ertrag seiner Wirtschaft nur auf seine Arbeit und den natürlichen Zuwachs zurückzuführen hat, ebenso hätte eine kollektivistische Produktion einen Ertrag anderen Ursprungs nicht zu verzeichnen. Der allgemeinen

[1]) In der „Grundlegung der theoretischen Staatswirtschaft" wird ebenfalls von kollektivistischen Wertungsvorgängen gehandelt. Diese sind aber wohl zu unterscheiden von den hier in Rede stehenden. Dort ist eine auf der Privatwirtschaft beruhende Staatswirtschaft, eben die der Gegenwart, Gegenstand der Untersuchung und es werden die Güterübergänge zwischen den umschlossenen Privatwirtschaften und dem Staate auf die elementaren wirtschaftlichen Erscheinungen, insbesondere der Wertung, zurückgeführt. Das Wort hat also dort einen anderen Sinn als hier, wo eine Gemeinwirtschaft vorschwebt, welche die gesamte wirtschaftliche Individuallebensführung absorbiert hat.

Folgerung auf Fortbestehen des Zinses im Sozialistenstaat, die auf das „Wertverhältnis zwischen gegenwärtigen und künftigen Gütern“ gebaut ist, ist eine ebenso allgemeine Verneinung entgegenzusetzen.

Doch nicht hierauf beschränkt sich der Beweis, welcher uns geboten werden soll, sondern er wird in spezieller Ausführung in der Richtung angestrebt, zu zeigen, daß im Verhältnis der Gesamtheit zum einzelnen der Zins sich auch in einer sozialistischen Wirtschaftsorganisation einstellen müsse, wobei von praktischen Voraussetzungen ausgegangen wird. Wenn auf solcher Grundlage der Beweis gelänge, dann wäre allerdings das Spiel gewonnen. Das beansprucht unsere vollste Aufmerksamkeit, aber freilich auch einige Geduld, denn man muß dem Beweisgange genau nachgehen.

§ 83. Das Verhältnis der Gesamtheit zum einzelnen wird beschrieben wie folgt. „Der Sozialistenstaat, der alle Produktivmittel besitzt, läßt alle Volksglieder in seinen Werkstätten arbeiten und zahlt ihnen dafür einen Lohn.“ (Unter den Werkstätten muß natürlich auch Feld und Wald begriffen werden.) Kann es jemand entgehen, daß in der Kennzeichnung der Güterüberweisung an die arbeitenden Volksgenossen als Lohn eine *petitio principii* gelegen ist? Doch daran wollen wir uns nicht stoßen. Ebensowenig daran, daß unter Produktivmittel hier die technischen Kapitalien gemeint sind, die Arbeit nicht inbegriffen ist, die doch von der Theorie immer als Produktivmittel, ja als das ureigentliche Produktivmittel, erklärt wurde. Konsequenz wäre in dieser Hinsicht gar nicht so übel angebracht, da der Sozialistenstaat über die Arbeit seiner Mitglieder in der Tat als über sein Produktivmittel verfügt; anders als mit staatsherrlicher Verfügung über die Arbeitskraft der einzelnen Mitglieder ist der Sozialistenstaat gewiß nicht zu denken! Im Sinne eines Lohnzahlenden dagegen führe der Staat „im größten Maßstabe den den Privaten untersagten „Kauf“ der Zukunftsware Arbeit aus“. Mag es als Kauf gelten, wenn es auch auf der Gegenseite kein freiwilliger Verkauf ist.

Nun richtet der produzierende Staat „verschiedene Teile der Arbeit gleichzeitig auf verschieden weit entfernte Produktionsziele. Eine Gruppe von Arbeitern läßt er z. B. Brot backen, eine andere einen Bergwerksschacht graben, der vielleicht erst in 20 Jahren die ersten Genußgüter liefern hilft, wieder eine andere läßt er einen abgetriebenen Waldschlag wieder aufforsten“. Eine zutreffende Prämisse, nur wäre hinzuzufügen, daß der produzierende Staat die Arbeit verschiedener Gruppen von Mitgliedern auch auf gleich entlegene Produktionsziele von verschiedener Ergiebigkeit richtet. Alle Arbeiter erhalten für gleiche Arbeitsleistung gleichen Lohn, was ebenfalls eine praktisch ganz richtige Voraussetzung bildet. Der Sozialistenstaat kann einem Arbeiter, dessen Zukunftsprodukt einen noch so hohen Wert repräsentieren mag, keinen höheren Lohn zahlen als Arbeitern, deren Produkt der unmittelbaren Gegenwart dient, z. B. den Bäckern. Er kann auch, muß wieder hinzugefügt werden, Arbeitern, welche höherwertige Produkte erzeugen, keinen höheren Lohn zahlen als den allgemeinen, welchen diejenigen erhalten, die das mindestwertige Produkt herstellen, das überhaupt produziert wird. Von einem Herunterkonkurrenzieren der höherwertigen Produkte auf das Niveau der Grenzproduktion kann doch da, wo eine Konkurrenz nicht platzgreift, nicht die Rede sein.

Nunmehr setzt die Theorie der Verlängerung der Produktionsperioden ein. „Die auf entferntere Ziele gerichtete Arbeit erzielt ein größeres technisches Produkt, das zugleich seinerzeit, wenn es genußreif geworden ist, auch einen größeren Wert besitzen wird. Während z. B. das Produkt, das ein Arbeiter in einem Tage beim Brotbacken erzeugt, vielleicht nur 2 fl. wert ist, mag ein Arbeiter bei der Aufforstungsarbeit in einem Tage vielleicht hundert Eichenschößlinge setzen, die ohne weiteren Arbeitszusatz nach hundert Jahren zu kräftigen Eichenstämmen ausgereift, jeder 10 fl., also zusammen 1000 fl. wert sein mögen.“ Nichtsdestoweniger erhalten die Aufforstungsarbeiter auch nur 2 fl., den gleichen Lohn wie die Bäcker, keineswegs „den ganzen Wert ihres künftigen Produkts“. Damit aber begeht man ihnen gegenüber dieselbe „Ausbeutung“, die heute die kapitalistischen Unternehmer ausüben. Man bringt im Kaufe der Zukunftsware Arbeit ein Agio für Gegenwartsgüter in Rechnung; fertigt den Arbeiter für ein Zukunftsprodukt von 1000 fl. mit einem gegenwärtigen Lohn von 2 fl. ab, entsprechend dem heutigen Werte der gepflanzten Schößlinge. Den Mehrwert aber, den diese im Laufe ihrer Ausreifung zu schlagfähigen Eichenstämmen ansetzen, schiebt die sozialistische Gemeinwirtschaft als echten Zins in die Tasche. „Dem Aufforstungsarbeiter wird vom Werte seines künftigen Produktes von 1000 fl. ein Betrag von 998 fl. als Zins abgezogen.“ Wenn man nicht wüßte, daß dies strenger wissenschaftlicher Ernst ist, man wäre versucht, in dem Ausspruche eine von heiterer Laune eingegebene Selbstpersiflage der Theorie zu erblicken. Dieser Arbeiter, dem auf hundert Jahre vorhinein vom Werte seines Produktes 99,8% Zins abgezogen werden! Indes man muß es als Konsequenz der theoretischen Prämissen hinnehmen.

In der Deduktion fällt vor allem ein Umstand auf, nämlich der, daß der gegenwärtige Wert des zukünftigen Produktes der Aufforstungsarbeiter genau mit dem allgemeinen Lohne (2. fl.) übereinstimmt. Es ist aber sofort ersichtlich, daß dieses Resultat nur bei den dem Beispiele zugrunde gelegten Zifferansätzen zum Vorschein kommen kann. Wählt man andere Ziffern, dann verschwindet die Kongruenz mit dem Lohnsatze. Wenn der Arbeiter z. B. nur 50 Schößlinge in einem Tage zu pflanzen imstande wäre, so würde der Wert seines künftigen Produktes 500 fl., sein Gegenwartswert somit 1 fl. betragen. Wenn der Wert jedes der Stämme anstatt mit 10 fl. mit 20 fl. beziffert wird, ist der Zukunftswert des Produktes 2000 fl., der Gegenwartswert 4 fl. Da der

Lohn der Voraussetzung gemäß stets 2 fl. beträgt, so erhielte der Arbeiter der angenommenen zwei Fälle das eine Mal das Doppelte, das andere Mal die Hälfte des Gegenwartswertes seines künftigen Produktes und der Satz, demzufolge der Arbeiter im Lohne den Gegenwartswert seines Produktes erhalte, erweist sich für den Sozialistenstaat als unhaltbar. Wer aus der Darstellung den Eindruck empfing, daß der Arbeiter, weil sein Lohn „entsprechend dem heutigen Werte der gepflanzten Schößlinge“ bemessen werde, den allgemeinen Lohn, eben 2 fl., erhalte, wird bei genauerem Zusehen gewahr, daß das nur zufällig eintritt, wenn der künftige Wert des Produktes gerade 1000 fl. beträgt, bei allen anderen Wertgrößen nicht. Hieraus ergibt sich eine für die Theorie verhängnisvolle Alternative. Entweder es müßte im Sozialistenstaat der Lohn des Arbeiters dem Gegenwartswerte seines Produktes entsprechen: dann fällt sein Lohn je nach den Wertgrößen der Produkte verschieden aus und es ist somit der Lohn für gleiche Arbeitsleistung nicht gleich. Oder es bleibt dabei, daß der Sozialistenstaat allen Arbeitern für gleiche Leistung den gleichen Lohn zahlt, dann gilt die Bemessung des Lohnes nach dem Gegenwartswerte des Produktes nicht und alle Folgerungen entfallen, welche auf letztgedachte These gebaut wurden.

Eine Vereinbarung der einander widerstreitenden Thesen wäre nur durch die Annahme zu gewinnen, daß eben nur solche Produktionen zur Ausführung gelangen, deren Produkte im Gegenwartswerte sich gleich, und zwar gerade dem Lohne gleich stellen. Eine solche Annahme ist aber unstatthaft. So wenig im Sozialistenstaat ein Herunterkonkurrenzieren verschiedenwertiger Produkte auf den Wert des Grenzproduktes stattfindet, ebensowenig ist erweislich, daß nur diejenigen verschieden entlegenen Produktionen zur Ausführung gelangen, die gleichen Gegenwartswert ihrer Produkte aufweisen. Es wird uns gesagt, daß ein Gut ökonomischerweise nicht erzeugt werden darf, wenn nicht sein „reduzierter Gegenwartswert dem sonstigen Normalwert einer gleichen Arbeitsmenge gleichkommt“. Allein mit dieser negativen Grenze haben wir noch keinen Anhaltspunkt betreffend die Güter, deren reduzierter Gegenwartswert den „Normalwert einer gleichen Arbeitsmenge“ übersteigt, es ist also noch nicht erwiesen, daß diese sämtlich den gleichen reduzierten Gegenwartswert haben müssen, und noch viel weniger bewiesen, daß sich ihr Gegenwartswert auf die Höhe des „Normalwertes“ einstellen müsse. Mit diesem Normalwert ist offenbar der allgemeine Lohnsatz gemeint und es ist an eine Nivellierung gleichwie in den privatwirtschaftlichen Unternehmerkonkurrenzen gedacht. Das ist aber eine dem Sozialstaat unangemessene Denkweise. Eine große monopolistische Produktion ist in der Lage, einen Teil der Produkte auch unter den Selbstkosten abzugeben, lediglich auf das Verhältnis der Gesamtkosten zu dem Gesamtprodukte zu sehen. Solcherart können auch im Sozialistenstaat immerhin in einem gewissen Umfange Güter produziert werden, deren Gegenwartswert unter dem Niveau des allgemeinen Lohnsatzes steht, wenn nur die Gesamtheit der Lohnbeträge zu dem Gesamtwerte der Produkte im richtigen Verhältnisse bleibt. Der allgemeine Lohnsatz wäre mit jenem Wertbetrage gegeben, der durch Aufteilung des Gesamtertrages der Produktion auf alle Mitglieder des produzierenden Verbandes sich herausrechnet. In die Produktion würden die Güter des Bedarfes nach der Reihe ihrer Wertgrößen einbezogen be zu der durch die vorhandenen Arbeitskräfte gegebenen Grenze. Irgend eine Beziehung des allgemeinen Lohnes zu dem speziellen Wert des einzelnen Produktes bestünde nicht. Es könnte daher auch von irgend einem Abzuge, welcher dem einzelnen Arbeiter gemacht würde, nicht die Rede sein. So würde sich das Bild der sozialistischen Produktion darstellen, wenn man sich in die Idee einer solchen Gemeinwirtschaft hineindenkt und nicht mit privatwirtschaftlichen Vorstellungen an sie herantritt.

Wir sehen: die Lehre, daß der Sozialistenstaat, indem er dem einzelnen Arbeiter den gegenwärtigen Wert seines künftigen Produktes als Lohn überweist, in dieser Wertdifferenz einen Zinsgewinn mache, ist unhaltbar, schon vorhinein unvereinbar mit der Voraussetzung des gleichen Lohnes für alle Arbeiter und nichts anderes als die Übertragung privatwirtschaftlicher Vorstellungen auf den supponierten Sozialstaat.

Es frägt sich aber weiter, wie denn der Gegenwartswert der künftigen Produkte im Sozialstaate berechnet werde. Unzweifelhaft ist an die Eskomptierung des künftigen Wertes mit Zinseszins gedacht, da uns nicht das geringste über eine andere Berechnungsart berichtet wird und eben die erwähnte in allen ziffermäßigen Ausführungen wiederkehrt [1]). Daß sie jedoch auf die kollektivistische Wirtschaft nicht übertragbar ist, haben wir bereits im früheren festgestellt. Es wäre die Übertragung einer privatwirtschaftlichen Erscheinung auf ein Gebiet, wo ihre Voraussetzungen fehlen, und wir hätten wieder einen Erklärungszirkel vor uns.

§ 84. Schließlich nehmen wir in dem Beweisgange noch an etwas anderem Anstoß, wir finden in ihm eine Unvereinbarkeit mit der Natur der Dinge, man möchte beinahe sagen mit dem einfachen Menschenverstande. Der Arbeiter empfängt als Lohn den gegenwärtigen Wert s e i n e s Produktes und in dem erläuternden Beispiele erscheint der Eichenstamm als das Produkt des Pflanzungsarbeiters. Da haben wir die Auffassung des natürlichen Zuwachses an dem Gute, dessen Gewinnung

[1]) Die Ziffern des Beispieles betr. den Aufforstungsarbeiter stimmen freilich nicht. Es müßte eine Eskomptierung zu 5% Zinseszins auf 100 Jahre für 1000 einen Gegenwartswert von 2 ergeben, 2 mit 5% auf Zinseszins angelegt wächst aber in 100 Jahren nur auf 263 an, der Arbeitslohn von 2 wäre also nur der Gegenwartswert eines künftigen Produktes im Werte von 263, nicht von 1000. Der Grund dieser Unstimmigkeit ist nicht ersichtlich, und könnte etwa darin gesucht werden, daß die 100 Jahre nur eine beiläufige Zahl sein sollen, aus welcher keine Konsequenzen zu ziehen seien.

in Rede steht, als eines vom Menschen geschaffenen Wertes und diese Auffassung führt zurück auf die Gleichstellung des bloßen Abwartens des Vegetationsprozesses mit einer die Produktionsperiode ausfüllenden Reihe von Arbeitsakten. Es ist dies jener Punkt in der Theorie der Produktionsumwege, auf den gehörigen Orts als eine Zusammenschweißung verschiedenartiger Dinge hingedeutet wurde. Auch hier zeigen sich wieder die zum Verderben der Theorie ausschlagenden Folgen. Der hundertjährige Eichenstamm soll das Produkt des Menschen, und zwar desjenigen Arbeiters sein, der den Schößling zu Urgroßvaters Zeiten gesetzt hat. (Der Wortlaut, welcher oben im Druck hervorgehoben wurde — es finden sich übrigens noch andere Stellen gleichen Sinnes — läßt eine andere Auslegung nicht zu.) Das aber ist eine starke Zumutung, selbst an willige Leser. Wäre es den Anhängern der Marx'schen Wertlehre je eingefallen, sich so weit zu versteigen? Sie würden höchstens den eben in die Erde gesetzten Schößling mit seinem Werte, ihrem Prinzipe getreu, als das Produkt des Arbeiters erklären: daß aber auch dasjenige, was die Natur während 100 Jahren durch den Vegetationsprozeß hervorbringt, als Erzeugnis des Arbeiters anzusehen sei, das auszusprechen war erst der Theorie, die uns beschäftigt, vorbehalten. Bei der Forstwirtschaft mit Plenterbetrieb können die durch Selbstbesamung des Waldes entstandenen Bäume doch nur als Erzeugnisse der Natur angesprochen werden: bei Schlagwirtschaft sollen die erwachsenen Bäume Produkte des Arbeiters sein, welcher die Schößlinge gesetzt hat! Dies ist unvereinbar und eben ein Beweis dafür, daß an die aus den Vegetationsvorgängen hervorgehenden Güter mit der Betrachtungsweise der Theorie nicht herangetreten werden kann. Die auf solche Güter gewendete Arbeit ist vielmehr unter dem Gesichtspunkte der Kosten zu würdigen und zwar in jener allgemeinen Fassung des Kostenbegriffes, welche eine einseitige Grenznutzentheorie vernachlässigt hat. Waldbäume gleicher Beschaffenheit haben unter gleichen Umständen den gleichen Wert, ob sie gepflanzt wurden oder durch Selbstbesamung des Waldes entstanden sind. Mit Bezug auf die Nutzbarkeit richtet sich ihr Wert bekanntlich nach der gewinnbaren Holzmasse. Dem Vorbedacht auf den Holzbedarf künftiger Generationen entspringt jeweils in der Gegenwart das subjektive Bedürfnis (das Begehren) und sohin die Wertung betreffend die jungen Pflanzen, welche durch die Natur im Verlaufe der Zeit die jenen künftigen Bedürfnissen entsprechende Nutzbarkeit erlangen. Der den heranwachsenden Pflanzen beigelegte Wert ist perspektivischer Gegenwartswert und hängt nicht von der durch ihre gleichzeitige Beschaffenheit gebotenen Nutzbarkeit ab. Mit Rücksicht auf diesen Wert findet man sich daher bestimmt, wenn es notwendig ist, Arbeit oder Gegenwartsgüter — und zwar innerhalb der von dem gedachten Werte gezogenen Grenzen — zur Gewinnung der Pflanzen aufzuwenden: solche Gegenwartsgüter stellt eben der Lohn des Arbeiters dar, der den Samen und später die aufgesproßten

Pflanzen an den Ort versetzt, wo sie die erwünschten günstigen Bedingungen ihres Wachstumes finden. Welche Absonderlichkeiten ergeben sich, wenn man die Lohnzahlung an den Forstarbeiter (im Betrage von 2 fl.) als Kapitalanlage, die Differenz zum künftigen Werte des Baumstammes als Zins ansieht, der im Zeitpunkte der Verwertung angewachsen zur Realisierung gelangt! Wo bleiben die aufgelaufenen Zinsen bei Plenterwirtschaft, bei welcher doch ein Aufwand an Gütern für die jungen Pflanzen überhaupt nicht erfolgt? Und wenn wir schließlich an einen Waldbesitzer denken, der eine Aufforstung mit eigener Arbeit besorgt (wir können uns doch den Fall vorstellen, daß ein Bauer einmal, anstatt wie sonst seine Berufsgenossen zu tun pflegen, Wald auszuhauen, auf einer für andere Kulturen nicht geeigneten Grundfläche einen Wald anlege, und die wirtschaftlichen Vorgänge sind ja voraussetzungsgemäß in der Privatwirtschaft die gleichen wie im Sozialstaate): an wem verdient der Mann, bzw. seine Nachkommen, den Zins? An sich selbst offenbar, das wäre an seiner Arbeit. Somit hätten wir einen Zins, den die Arbeit abwirft!

Wann immer man bei konsequentem Durchdenken des Anwendungsgebietes einer theoretischen Formel auf solche Unstimmigkeiten oder Ungereimtheiten stößt, hat man den Beweis, daß die Formel falsch ist; daß in ihrer Ableitung ein Fehler begangen wurde. Alles dieses leitet zu der abschließenden Feststellung, daß das gewählte Beispiel der Forstwirtschaft zum Erweise desjenigen, was bewiesen werden sollte, ganz und gar ungeeignet erscheint, mithin dem Beweisgange, selbst wenn dessen Hinfälligkeit nicht vorhinein erkannt worden wäre, in keiner Weise eine Stütze bieten kann [1]).

[1]) Es ist vielleicht nicht überflüssig, das eben Ausgeführte gegen ein Mißverständnis zu schützen. Bekanntlich wird, wenn die kapitalistische Wirtschaftsform erst einmal allgemein geworden ist, auch die Forstwirtschaft, wie die gesamte Urproduktion, in sie einbezogen, infolgedessen dann der Ertrag eines Forstes als der Zins eines Geldkapitales angesehen wird; jener Kapitalsumme, um die das Grundstück erworben wurde oder zu welcher es angeschlagen wird. Daß unter solchen Umständen die Gesichtspunkte der Kapitalwirtschaft zur Geltung kommen, das sollte selbstverständlich nicht geleugnet werden. Was bestritten wurde, ist die Lehre, welche den forstwirtschaftlichen Ertrag überhaupt, auch da, wo eine kapitalistische Wirtschaft nicht platzgreift, nur als Zins im privatwirtschaftlichen Sinne zu begreifen vermag. Das Irrige dieser Auffassung wird vollends einleuchtend, wenn man an den Bodenkommunismus denkt, der ja nicht bloß eine theoretische Vorstellung, sondern, wie bekannt, in weitem Umfange geschichtliche Wirklichkeit ist. Eine Gemeinde besitze einen Wald, der sich immer von selbst erneuert und durch wohlberechnete Fällung jeweils schlagbarer Bäume den Gemeindemitgliedern eine regelmäßige Versorgung mit ihrem Holzbedarfe liefert: die Verteilung des Holzes erfolge *in natura* zu gleichen Teilen an die Gemeindegenossen. Hier ist doch augenfällig, daß nur von einem Ertrage durch natürlichen Zuwachs die Rede sein kann. Wir können uns sogar eine geregelte Schlagwirtschaft unter gleichen Umständen denken und wir werden noch immer mit den Gesichtspunkten des natürlichen Ertrages (selbst in Geld angeschlagen) und der Arbeitskosten das Auslangen finden.

§ 85. Ein anderer Beweis wird nicht erbracht. Er wird nicht einmal unternommen, weil er für überflüssig erachtet wird. Es wird uns gesagt, daß die Aufforstungsarbeit die einschlägigen Verhältnisse am reinsten beleuchte und daß genau dieselben Verhältnisse, nur in abgeschwächtem Grade, bei allen Arbeiten wiederkehren, die überhaupt auf entferntere Produktionsziele gerichtet sind. Es erfolge daher bei allen solchen der Zinsabzug seitens des Sozialistenstaates aus gleicher Ursache und es sei nicht nötig, das für andere Fälle als den abgehandelten erst des näheren nachzuweisen.

Damit wäre ja freilich der Fragepunkt auch für uns erledigt. Wir würden sagen, daß demnach im allgemeinen ein solcher Zinsabzug ebensowenig nachweisbar sei wie im Falle der Forstwirtschaft. Aber es findet sich an einer früheren Stelle des Werkes bereits der Fall behandelt, daß ein entlegenes Produktionsziel durch eine mit Arbeit ausgefüllte Produktionsperiode verfolgt wird und die Entlohnung der Arbeiter nach Maßgabe des jeweiligen Gegenwartswertes des von ihnen Geschaffenen den Zins ergebe. Was dort für die Privatwirtschaft entwickelt ist, soll doch voraussetzungsgemäß im Sozialistenstaat wiederkehren und wir können daher in der bezüglichen Ausführung eben jenen Beweis erblicken, den wir angesichts des Fehlschlagens des Argumentes *a fortiori* hier für den Sozialistenstaat noch vermissen. Es ist dies jenes lehrreiche Beispiel der Herstellung einer Maschine in einem fünfjährigen Produktionsprozesse, das im vorangehenden Kapitel eingehend behandelt wurde. Es sollte beweisen, daß das Produkt der fünf aufeinanderfolgenden Jahresarbeitsleistungen, das einen Wert von 5500 besitze, den Arbeitern in seinem ganzen Ausmaße dadurch zukomme, daß der Unternehmer bei einem Wertagio der gegenwärtigen Güter von 5% ihnen mit dem jährlichen Lohnbetrage von 1000 den zu dem erwähnten Satze diskontierten Gegenwartswert ihrer Produktanteile ausfolge. Die Voraussetzung, daß der Unternehmer am Arbeitslohne keinen Gewinn erzielen wolle, stempelt das Beispiel doch geradezu zu einem Beweisstücke für den Sozialistenstaat und man muß sich eigentlich wundern, warum nicht in diesem Sinne auf dasselbe Bezug genommen wurde. Wenn wirklich eine „natürliche“ Wertdifferenz zwischen gegenwärtigen und künftigen Gütern ein solches Ergebnis mit sich brächte, dann müßte es in der Tat wie in der Privatwirtschaft, so auch in einer sozialistisch organisierten Gemeinwirtschaft sich zeigen: jener Beweis, der in Frage steht, wäre erbracht.

Für uns erscheint nun allerdings die Mühe der Argumentation in solchem Sinne vorhinein verschwendet, da wir erkannten, daß die 5% Wertdifferenz eben erst in dem Umsatze zutage tritt, in dem die Lohnbemessung mit 1000 erfolgt, nicht ein vorhinein feststehendes Wertverhältnis sie bestimmt, und daß sie gerade auf dem Bestreben der Unternehmer, beim Umsatze mit den Arbeitern solchen Gewinn zu erzielen, beruht, bzw. auf den Umständen, welche es ihm ermöglichen, denselben auch tatsächlich im konkreten Ausmaße durchzusetzen. Da jener Lehrsatz auf einem Beweisgange fußt, den wir so kläglich scheitern sahen (§ 74), so kann er auch für den vorliegenden Fall, für die Frage des Zinses im Sozialistenstaate in keiner Weise entscheidend sein. Gestattet aber diejenige Theorie, welche wir jener unhaltbaren Lehre entgegenstellen, eine verneinende Beantwortung der Frage?

Sehen wir zu, indem wir an der Konkretisierung mittels des ziffermäßigen Beispiels festhalten.

§ 86. Es soll also eine Maschine im Werte von 5500 durch einen fünfstufigen Produktionsprozeß hergestellt werden. Während dieser Produktionsperiode werden gegenwärtige Güter, Subsistenzmittel, verbraucht, die im Ausmaße von 5500 von einer früheren Produktion geliefert worden sind, deren Ergebnis nach dem allgemeinen Austauschverhältnis eben dieses Gütermaß darstellt.

In der Privatwirtschaft erhalten die Arbeiter solche Subsistenzmittel, während sie die neue Maschine erzeugen, vom Unternehmer in den aufeinanderfolgenden Lohnzahlungen von je 1000, zusammen im Betrage von 5000 vorgeschossen. Die erübrigenden 500 dienen dem Unternehmer zur Befriedigung seiner Bedürfnisse während der Produktionsperiode, bzw. zu derjenigen Verwendung, welche ihm je nach Lage seiner Wirtschaft als die vorteilhafteste erscheint. Der Vorgang wiederholt sich: immer werden die 5500 derart verteilt, daß 5000 als Subsistenzmittel an die Arbeiter zum Verbrauche während der folgenden Produktion und 500 an den Unternehmer fallen.

Wenn im Sozialistenstaat der Unternehmer-Gesichtspunkt und damit der Zins entfällt, so würde die Lohnrate nicht 1000, sondern 1100 betragen, so daß die von der früheren Produktion her vorhandenen 5500 jeweils wieder in ihrem Gesamtbetrage im Laufe des nachfolgenden Produktionsprozesses den Arbeitern überwiesen würden. Die Frage ist eben, ob das möglich sei.

Als Quelle des Zinsgewinnes hat sich uns nicht ein natürliches Wertverhältnis zwischen gegenwärtigen und künftigen Gütern im Sinne der bekämpften Theorie, sondern die Eigentumsverteilung in der Privatwirtschaft gezeigt, kraft welcher die Kapitalisten über die aus den früheren Produktionen stammenden Gegenwartsgüter verfügen. Da in der sozialistischen Gemeinwirtschaft alle Mitglieder Miteigentümer der vorhandenen Güter sind, so verfügen sie als solche auch über die gedachten Subsistenzmittel und können daher die 5500 des Beispielfalles während der Arbeit unter sich verteilen, mittels welcher sie neue 5500 erzeugen. Man muß ja wohl verstehen, daß der Beispielfall nicht wörtlich für die Produktion jeder einzelnen Güterart gemeint ist, sondern die Beziehung des der früheren Produktionsperiode entstammenden Gesamtgütervorrates der verbundenen Wirtschaftssubjekte auf die anschließende Gesamtproduktion bedeutet.

Nach der Lehre von Böhm müßte die Gemeinwirtschaft als Gesamtheit zu den einzelnen Mitgliedern als Arbeiter genau in dasselbe Verhältnis treten, in welchem die Privatunternehmer zu den Lohnarbeitern stehen: sie müßte in der Überweisung der Subsistenzmittel einen Tauschgewinn machen, den Maschinenarbeitern nur 1000 Lohn zahlen und somit 500 Zinsgewinn erzielen. Allerdings müßte sie dann die hierdurch gewonnenen Güter an die Mitglieder der Gemeinwirtschaft verteilen, so daß die Arbeiter als Mitglieder der Gemeinwirtschaft nachträglich den Zins bezögen, der vorab an ihnen gewonnen wurde. Freilich würden diese Zinsbezüge zu anderen Zeiten und zum Teile an andere Personen fließen, was, wie Böhm meint, einen markanten Unterschied von dem Falle ausmachte, daß der Zins von den Arbeitern nicht erst eingehoben werde. Allein letzterem ist nicht beizustimmen, da bei der allgemeinen Lebensgemeinschaft einer solchen Gemeinwirtschaft sich eine allgemeine Kompensation ergeben würde, die jedem von den anderen das zubrächte, was von ihm an die anderen überwiesen wird; man darf nicht vergessen, daß ein allgemein gleicher Lohnsatz vorausgesetzt ist. Es wird schwerlich zu bestreiten sein, daß eine solche Wirtschaftsweise nur der Form nach den Zins mit sich brächte, eben nur die Anwendung der privatwirtschaftlichen Wirtschafts*form* wäre. Es könnte vielleicht sogar die Frage aufgeworfen werden, ob nicht Zweckmäßigkeitsgründe für eine solche Einrichtung sprächen, was zu untersuchen jedoch, ohne ein bestimmtes Bild der Organisation vor Augen zu haben, höchst müßig wäre. Die Frage kann nur sein, ob notwendigerweise eine Zinserhebung solcher Art aus dem Verhältnisse der Gemeinwirtschaft zu ihren Mitgliedern folge und diese Frage ist zu verneinen, weil eben diejenige Sachlage, welche den Entstehungsgrund des Zinses in der Privatwirtschaft bildet, in der Gemeinwirtschaft sich nicht wiederfindet.

Man darf sich nicht beirren lassen durch die uns geläufige Vorstellung, daß die Produktion Güter hervorbringe, die einen höheren Wert besitzen als diejenigen, welche während derselben verbraucht werden. In der Einzelwirtschaft unseres Robinson sehen wir, daß das in einem stationären Zustande der Wirtschaft nicht der Fall ist. Die Gemeinwirtschaft, welche hier vorausgesetzt wird, wäre ein Wirtschaftssubjekt, das in seinem Gesamthandeln den Kreislauf des wirtschaftlichen Lebens genau in gleicher Weise vollzieht. Wenn die Arbeiter, die in einem bestimmten Zeitpunkte über einen Subsistenzfonds von 1100 verfügen, der ein gewisses Maß ihrer Bedürfnisse in der Gegenwart deckt, ihre Arbeit auf Güter für gleichzeitigen Verbrauch richten würden, so würden sie Güter erzeugen, die weniger wert sind als die konsumierten; sie würden zu den vorhandenen weitere Güter hinzufügen, die an Intensität zurückstehenden Bedürfnissen dienen. Man übersehe nicht, daß ja die Güter hier genau so wie beim Einzelwirt *als Vorrat* gewertet werden, also eine verschiedene Werthöhe der einzelnen Bestandteile des Gesamtbestandes aufweisen, nicht mehr jede Gutseinheit, wie in der Privatwirtschaft, mit allen anderen wertgleich ist. Wird jedoch die Arbeit auf zukünftige Güter gerichtet, was geschieht, wenn diese einen größeren Wert zeigen als die für die Gegenwart gewinnbaren, so ist der ökonomische Erfolg schon erreicht, wenn dieselben auch nur eine der gegenwärtigen gleichkommende Bedürfnisbefriedigung der Zukunft gewährleisten, d. h. nicht mehr wert sind als im vorliegenden Falle 1100. Daß sie vor und bei Beginn der Produktion weniger wert waren, ist ein ganz gleichgültiger Umstand, der sich ja eben durch den Verlauf der Zeit behebt. Ihr damaliger Wert hat doch nur die Anzeige geliefert, nach welcher Richtung die Arbeit am vorteilhaftesten zu betätigen war. Auch in der Privatwirtschaft verhält es sich im vorausgesetzten Falle nicht anders. Es werden von den Arbeitern 5000, vom Kapitalisten 500, zusammen 5500 während der Produktion konsumiert, die durch das neugewonnene Gut ersetzt werden, mit welchem der Kreislauf von neuem beginnt. Ein Unterschied waltet nur hinsichtlich der „Verteilung" der Güter: die Arbeiter konsumieren um 500 weniger als im Sozialistenstaat, da das letztgedachte Gütermaß kraft des Sondereigentums dem Kapitalisten als dem Leiter der Produktion zufällt.

Von dem Güterverbrauche im Betrage von 5500 ist freilich auch im Sozialistenstaate den Arbeitern ein Abzug zu machen. Da es auch hier eine Leitung der Produktion geben muß, würden selbstverständlich die zur Bedürfnisbefriedigung der Leiter erforderlichen Güter von den 1100 abgehen. Ob den Arbeitern da im Endergebnis mehr zukäme als in der Privatwirtschaft, ist eine *quaestio facti*, die uns für unsere Frage nicht interessiert. Es wird — nebenbei bemerkt — viele Leute geben, die der Ansicht sind, daß die Leitung der Produktion im Sozialistenstaate wegen des Verwaltungsapparates, den sie erforderte, eine dermaßen kostspielige und aus bekannten Gründen gegenüber der Tätigkeit der Privatunternehmer minder erfolgreiche sein würde, daß die Arbeiter kaum ein größeres Ausmaß von Gütern als Produktanteil erhalten würden. Aber abgesehen hiervon läßt eine stationäre Wirtschaft die Verschiedenheit des Sachverhaltes klar hervortreten: in der Privatwirtschaft zeigt sie den Zins, in der sozialistischen Gemeinwirtschaft nicht.

Die uns beherrschende Vorstellung von dem Mehrertrage der Produktion über den Verbrauch rührt von den Zuständen einer fortschreitenden Wirtschaft her: bei erstmaliger Verwendung technischer Kapitalien und bei gesteigerter Verwendung solcher kommt ein produktiver Mehrerfolg zum Vorschein. Ein solcher wäre auch zu verzeichnen, wenn in dem Beispielfalle, der die Herstellung der Rohstoffe, Werkzeuge usw., kurz der technischen Produktivmittel, in dem Verlauf der fünfjährigen Produktionsperiode selbst vor sich gehend annimmt, mit gleichem Arbeitsaufwande erstmals neue Produktivmittel von technisch größerer Ergiebigkeit hergestellt würden. Auch im Sozialistenstaat würde in allen solchen Fällen erstmaliger bzw. gesteigerter Kapitalverwendung ein gesteigerter Gütergewinn resultieren; ein Mehrertrag, der, dauernd wiederkehrend, an die Mitglieder der Produktionsgemeinschaft als Erhöhung des allgemeinen Lohnsatzes zur Verteilung käme, soweit er nicht für den Bedarf der zugewachsenen Bevölkerung benötigt würde.

§ 87. Ökonomischerweise kann während der Konsumtion von 1100 gegenwärtigen Gütern die Produktion auf ein fünf Jahre entlegenes Ziel nur dann gerichtet werden, wenn die vorangehenden gleichen Bedürfnisse des nächsten, des zweitnächsten, dritten und vierten Jahres bereits durch die Eingänge aus anderweitiger produktiver Tätigkeit gedeckt sind. Andernfalls darf die Arbeit nur auf ein näherliegendes Ziel gelenkt werden; dürfte die Maschine des Beispielfalles gar nicht erzeugt werden; soweit aber vorgehende Bedürfnisse gedeckt sind, kann etwa noch verfügbare Arbeitskraft für ein ferneres Genußziel eingesetzt werden, welches im vorliegenden Falle immer mit 1100 gleichen Gütern bezeichnet wäre. Eine solcherart vor sich gehende Disposition über die gesamten Arbeitskräfte der Gemeinwirtschaft (angenommen, daß sie praktisch durchführbar sei) würde eine vollkommen ersprießliche zeitliche Ordnung der Bedürfnisbefriedigung mit sich bringen.

Es wäre eine durchaus irrige Auffassung, im Voranstehenden eine Schilderung oder Empfehlung staatssozialistischer Organisation der Produktion erblicken zu wollen. Es sollte lediglich dargetan werden, daß die Gesetze des Wertes uns in keiner Weise nötigen, im Phantasiebilde einer solchen Gemeinwirtschaft der Zinserscheinung Raum zu geben, und das zu dem Zwecke, um die Einsicht zu bekräftigen, daß wir es im Zinse mit einer spezifisch privatwirtschaftlichen Erscheinung zu tun haben.

IX. Kapitel.

Ergebnisse.

§ 88. Wer die Ausdauer gehabt hat, dem Gange der Untersuchung bis zum Schlusse zu folgen, wird längst zu einem Endurteile über die Theorie gelangt sein, mit der wir uns so eingehend beschäftigt haben. Es hier mit kurzen Worten auszusprechen, hat nur dann Sinn, wenn wir annehmen dürfen, daß der wissenschaftliche Standpunkt, von welchem aus die Nachprüfung vorgenommen wurde, sich nicht als ein irriger erweise und daß die erhobenen Einwände als zutreffend anerkannt werden. Die unzulängliche Tragfähigkeit einzelner Fundamente der Lehre, im Verein mit der ansehnlichen Reihe von Trugschlüssen, falscher Verallgemeinerungen, innerer Widersprüche und anderer Fehler im Gedankenaufbaue, die wir als Beckmesser wider Willen anzumerken bemüßigt waren, berechtigt zu dem Ausspruche, daß in dem Ideengange und den Lehrsätzen, in welche er ausläuft, eine haltbare Theorie nicht erkannt werden kann. Für alle Zeiten wird Böhm das Verdienst bleiben, durch seine Kritik der alten Kapital- und Zinstheorien einer unvoreingenommenen theoretischen Erfassung der einschlägigen wirtschaftlichen Erscheinungen den Boden bereitet zu haben, aber seine eigene „Positive Theorie" bietet noch keine endgültige Lösung des Problems. Die dialektische Meisterschaft, mit welcher die Theorie entwickelt ist, hat es allerdings nicht leicht gemacht, den Fehlerquellen auf den Grund zu kommen. Dabei wird keineswegs verkannt, daß viele Partien des Werkes bleibende Errungenschaften der Wissenschaft von weitreichender Bedeutung darstellen, und es darf insbesondere auch nicht übersehen werden, welch mächtige Anregungen zu erneuerter theoretischer Durchdringung des vorliegenden Erscheinungsgebietes von ihm ausgegangen sind. Es zählt dadurch zu denjenigen, welche die Wissenschaft auch durch ihre Irrtümer fördern. Der Verfasser dieses Buches will es mit Nachdruck hervorheben, daß er gerade durch den von dem Werke empfangenen Anreiz, den gedachten Irrungen bis auf die Wurzel nachzuspüren, eine wesentliche Befestigung und Vertiefung seiner entgegengesetzten wissenschaftlichen Anschauungen erfahren hat. Es dürfte diesen zum Vorteil gereichen, daß sie in Anknüpfung an jenes Werk durch Bekämpfung seiner charakteristischen Ideen entwickelt werden konnten.

Ein untergeordneter, aber kennzeichnender Mangel der Theorie ist ihre Verwickeltheit. Einfachheit einer Theorie ist allerdings noch keine Bürgschaft für ihre Richtigkeit, aber Kompliziertheit ein Symptom des Gegenteils. Alle Theorien, die als ein Triumph des menschlichen Geistes zu bleibender Anerkennung gelangten, sind einfach und klar, mag die Fülle der Erscheinungen, die sie in ihrem allgemeinen Wesen und Zusammenhange erfassen, noch so reich und bunt sein. Diesen ist die Zinstheorie von Böhm-Bawerk sicherlich nicht anzureihen. Sie ist eine zu kunstreich ausgesponnene Gedankenkette, die wegen der Ungleichmäßigkeit ihrer Glieder die Zerreißungsprobe nicht aushält. Sie geht von der Grenznutzenlehre aus, aber sie ist keine direkte und keine notwendige Konsequenz derselben; sie gelangt zu ihren Konklusionen erst mittels Einschiebung jener theoretischen Zwischenglieder, die eine so eingehende Untersuchung erheischten. Die Bekenner der Grenznutzentheorie sind daher durchaus in der Lage, die Zinstheorie Böhm's abzulehnen. Auf der anderen Seite ist die Ablehnung dieser Zinstheorie kein Grund, auch die Grenznutzentheorie zu verwerfen. Dennoch ist der letzteren vereinzelt eine Gegnerschaft oder mißverständliche Auffassung offensichtlich dadurch erwachsen, daß man sich mit der auf sie basierten Zinstheorie nicht zu befreunden vermochte.

Ob die eben dieser gegenüber hier vertretene Lehrmeinung hinsichtlich der Anforderungen, welche an eine exakte Theorie der Volkswirtschaft zu stellen sind, den Vergleich mit ihr aushält, wird der wissenschaftliche Areopag entscheiden.

§ 89. Die Zinstheorie steht wohl im Mittelpunkte des Interesses, das die Gegenwart den sozialökonomischen Erscheinungen entgegenbringt, im Zusammenhange mit den sozialpolitischen Ideen und Bestrebungen, die in allen Kulturvölkern Wurzel gefaßt haben und bis in die untersten Volksschichten gedrungen sind. Die allgemeinsten Fragen, welche das Leben in dieser Hinsicht an die Wissenschaft stellt, lassen sich in folgende drei zusammenfassen.

Erstens: ob der Zins ein notwendiges Korrelat des Kapitales sei und daher unter allen Wirtschaftszuständen und in allen Wirtschaftsepochen in irgend einer Gestalt zu konstatieren sein müsse.

Zweitens: ob der Kapitalzins, welcher sich in unserer Privatwirtschaft vorfindet, als ein lediglich dem Besitze entstammender Gütergewinn allgemein und in allen einzelnen Fällen als ein gerechtfertigtes Einkommen anzuerkennen sei.

Drittens: ob das konkrete Ausmaß dieses Einkommens jeweils durch unabhängig von den Individuen wirkende ökonomische Momente fest bestimmt sei oder durch soziale Machtverhältnisse in größerem oder geringerem Grade beeinflußt werde.

Volkswirtschaftliche Theorien müssen, wie sie aus dem Leben geschöpft sind, dem Leben dienen; die handelnden Menschen müssen sich in ihnen wiedererkennen und in der Beschreibung der Verursachung und des Zusammenhanges ihrer Handlungen die vernunftgemäße Begründung derselben finden, deren sie sich vermöge des Dranges nach Erkenntnis zu vergewissern streben. Die Wissenschaft entspricht ihrem Zwecke um so vollkommener, je sicherer die Aufschlüsse sind, die sie denen gibt, die sie um solche angehen. Es ist daher angezeigt, zuzusehen, wie die einander entgegengestellten Theorien sich zu den drei Fragen verhalten, und es dürfte nicht zu bestreiten sein, daß von einer mehr oder minder befriedigenden Antwort auf diese, die sie erteilen, ein Rückschluß auf den wissenschaftlichen Wert der betreffenden Lehren zulässig ist.

§ 90. Die erste Frage betrifft die Beziehung der Erscheinung des Zinses zu den Organisationsformen der wirtschaftlichen Gesellschaft; jene Frage, die sogleich am ersten Eingang der Darstellung aufgeworfen wurde. Damit ergibt sich zugleich der Anlaß, ein theoretisches Detail zu besprechen, das im früheren noch nicht Erledigung finden konnte. Es wird uns nämlich eine Variante der Zinstheorie geboten mittels einer Erklärung der Erscheinung, welche ausschließlich auf der Grenznutzenlehre fußt. Dies geschieht dadurch, daß Böhm sich der Zurechnungstheorie Wieser's anschließt, indem er zu ihr nach einer Richtigstellung ihrer theoretischen Prämissen in einer Weise Stellung nimmt, die nicht anders als in dem Sinne zu verstehen ist, daß sie zu dem gleichen Ergebnisse führe wie die Agiotheorie. Und diese Lehre wird für die in Frage stehende prinzipielle Auffassung der Zinserscheinung höchst bedeutsam.

Sie besteht bekanntlich darin, den Wertungsvorgang, welcher bei Bewertung eines Gutes als Bestandteil eines Nutzkomplexes komplementärer Güter platzgreift, bei der Aufteilung des Ertrages einer Produktion auf die komplementären Produktivgüter wiederfinden zu wollen (wobei die Arbeit als solches Gut aufgefaßt ist). Die „Verteilung des Ertrages“ sei ein Spezialfall, sogar der Hauptfall der Wertzurechnung. Ein verführerischer, aber ein trügerischer Gedanke. Denn die „Zurechnung“ bedeutet beide Male etwas anderes. Die Zurechnung in erstgedachter Hinsicht ist die Anrechnung der Werterhöhung bzw. Wertminderung, welche eine Gruppe komplementärer Güter als Nutzkomplex durch Hinzutreten bzw. Ausscheiden eines ihrer Glieder erfährt, als Wert eben dieses Gutes, und das ist sicherlich ein ganz richtiges Vorgehen des Wirtschaftssubjektes, wenn es sich eben um Erwerbung oder Hingabe (Aufwendung) eines Gutes als komplementäres Gut handelt. Es gründet sich auf einen Zusammenhang der Nutzbarkeit, welcher in der entwickelten Wirtschaft mit allgemeiner Umsetzbarkeit der Güter im subjektiven Werte genauen Ausdruck finden kann. Hierbei kann ersichtlich für ein und dasselbe Gut eine verschiedene Werthöhe resultieren, je nachdem es das eine Mal nach dem Ausscheiden seines Komplementes als übrig bleibendes Gut in anderweitiger Verwendung mehr oder minder an Wert einbüßt, vielleicht auf ein Minimum an Wert herabsinkt, oder aber als hinzutretendes den Wert des Güterkomplexes ganz wesentlich über den Wert des anderen Gutes (oder der anderen Güter) in anderer Verwendung steigert. In den meisten Fällen muß demnach, wenn man die derart alternativ sich ergebenden Wertgrößen zusammenrechnet, eine größere Wertsumme zum Vorschein kommen als der Wert des Nutzkomplexes, das verschlägt jedoch nichts, weil die Wirtschaft zu solcher Addition keinen Anlaß hat.

Würde nach gleichem Gesichtspunkte bei der Zurechnung des Wertertrages einer Produktion an die Produktivmittel, welche zu ihr mitgewirkt haben, vorgegangen, so würde für jeden „Produktionsfaktor" ein verschiedener Ertragsanteil sich ergeben, je nachdem letzterer in dem Wertreste bestünde, der, nach Zurechnung der Differenz an den anderen Faktor, durch seinen Wert in anderer Verwendung gegeben ist, oder aber in dem Plus, um welches der Faktor durch sein Hinzutreten den Wert des Ertrages der Produktion über den Wert des anderen Faktors in anderer Verwendung steigert, und es würden häufig die addierten Werte der alternativen Berechnung den Wert des Ertrages übersteigen. Das wäre die *reductio ad absurdum* des Gedankens der Wertzurechnung als distributiver Zuteilung. Diese ist selbstverständlich nur als die Aufteilung des Wertes des Ertrages in dem Sinne gedacht, daß jeder Faktor seinen bestimmten Anteil erhält und die Summe der Anteile eben das Ganze des Ertrages ergibt. Das ist offenbar ein Zurechnungsmodus anderer Art als der vorgedachte und müßte daher auch in anderer Weise theoretisch begründet werden.

Wieser hatte die Zurechnung bei komplementären Gütern als Repartition des Wertes des Güterkomplexes zu festen Quoten an seine Bestandteile gelehrt, wobei der Wunsch, den Satz eben als Prämisse der Lehre der Ertragszurechnung zu verwenden, offenbar der Vater des Gedankens gewesen ist. Österreichische Autoren: O. Kraus, Oskar Engländer und Schumpeter haben auf den hierin gelegenen inneren Widerspruch mit der Grenznutzentheorie hingewiesen. Böhm verzeichnet das und widmet dem Fragepunkte in gleichem Sinne eine eingehende Erörterung in der dritten Auflage seines Werkes, die es ermöglicht, hier so kurz zu sein und auf Grund welcher er den betreffenden Wertungsvorgang beschreibt wie folgt [1]). Die wirkliche Verteilung sei ganz und gar aus den die subjektive Wertschätzung bestimmenden Zurechnungsurteilen zu erklären, aber nicht direkt. Die zugerechneten

[1]) Positive Theorie, S. 276ff. und Exkurs VII.

Quoten, die mit den wirklich zugeteilten Quoten nur unter besonderen kasuistischen Voraussetzungen zusammenfallen, erklären und bestimmen zunächst nur die Höhe der den Produktivgütern zugewendeten subjektiven Wertschätzungen, die wirklichen Aufteilungsquoten gehen aber erst als Resultanten aus eben diesen durch die Zurechnung bestimmten subjektiven Wertschätzungen hervor, d. h. sie ergeben sich durch die Preisbildung der Produktivgüter auf Grund jener subjektiven Werte [1]).

Wir müssen uns klar machen, was mit dem Inhalte des Satzes gesagt ist. Wie die bezüglichen Preisvorgänge sich abspielen und zu dem vorausgesetzten Resultate führen, das ersehen wir aus der im früheren enthaltenen Darstellung des Verhältnisses zwischen Unternehmer und Arbeiter: der auf den beiderseitigen subjektiven Werten beruhenden Preisbildung des Produktivgutes Arbeit in jedem einzelnen Produktionsakte. Was im Umsatze gegenwärtiger gegen künftige Güter zwischen Unternehmer und Arbeiter vertragsmäßig als Preis des Arbeitsproduktes festgesetzt wird, das ist der Anteil des Arbeiters am Produktionsertrage, das ist die der Arbeit in Gemäßheit ihres „produktiven Beitrages" zugerechnete Produktwertquote. Derjenige Wertbetrag, um den dieser Anteil der Arbeit hinter dem gesamten Produktwerte (Tauschwerte des Produktes) zurückbleibt — abgesehen von den Bodennutzungen, die wir immer beiseite lassen — bildet den Ertragsanteil des Kapitales nach dessen Wiederersatz aus dem Erlöse der Produktion; d. i. den dem Kapitale zugerechneten Zins. Zins ist also das Residuum aller der angeführten, die Produktivgüter und das Produkt umfassenden Preisbildungen.

Wenn wir uns alle sachlichen Produktivmittel auf die zu ihrer Herstellung verbrauchte Arbeit zurückgeführt denken, wie das bei jener Analyse des wirtschaftlichen Verhältnisses zwischen Unternehmer und Arbeiter geschah, so ergibt sich der Zins als der nach Abschlag

---

[1]) Wieso auf Grund dieser Formulierung der ganz und gar nicht nebensächlichen Differenz mit Wieser's Lehre schließlich dennoch eine Übereinstimmung im Ergebnisse sich herausstellen soll, das zu untersuchen würde ein näheres Eingehen auf diese ganze Materie erfordern, das hier nicht beabsichtigt ist. Wieser sucht in seinem neuesten Buche eine sachliche Übereinstimmung oder mindestens eine Annäherung unter Aufrechthaltung seines prinzipiellen Standpunktes plausibel zu machen. Die Argumente, mit welchen das geschieht (insbes. S. 192, 213, 215) entbehren in unseren Augen der Klarheit und Schlüssigkeit. Wenn sich nun wirklich eine Übereinstimmung des Schlußresultates erweisen ließe, so könnte sie nur dadurch zustande gekommen sein, daß Wieser bei seiner „Nutzzurechnung" eben immer den verkehrswirtschaftlichen Wert im Auge hat, ihm immer die Tauschwerteinheit als Nutzeinheit (Grenznutzen) vorschwebt; man vgl. hierzu oben S. 95 und beachte anstatt eines ausführlichen Beweises lediglich die eine Belegstelle: „Nicht nur der erfahrene Geschäftsmann komputiert so, sondern auch die Frau des Proletariers, wenn sie .. Brot für eine Woche einkauft (a. a. O. S. 192). Über diesen Punkt wird wohl noch eine wissenschaftliche Debatte aus Anlaß des Wieserschen Buches sich entspinnen, die die Frage der Klärung zuzuführen hätte.

der im Vertrage mit den Unternehmern festgesetzten Arbeitslöhne erübrigende Rest des Reinertrages der Produktion. Das nennt die Theorie den dem Kapitale in Gemäßheit seines „produktiven Beitrages“ zugerechneten Ertragsanteil.

Die Lohnhöhe stelle sich in der Preisfestsetzung bei allseitiger frei und voll wirkender Konkurrenz auf den Lohnsatz des „letzten“, in der betreffenden Produktion noch mit Vorteil bzw. ohne Verlust zu beschäftigenden Arbeiters ein, das sog. „Grenzprodukt“; eine theoretische Konstruktion, über die so manches zu sagen wäre, das an diesem Orte nicht weiter verfolgt werden soll.

Es kann wohl niemand entgehen, daß diese Zurechnungstheorie des Zinses sich mit der Agiotheorie nicht deckt. Diese Erklärungsweise bezieht sich offenbar nur auf einen Teil des Gesamtgebietes der Zinserscheinung, d. i. lediglich auf den Produktivkapitalzins, und wenn sie wirklich für diesen das gleiche Resultat ergibt wie die Agiotheorie, so sind die übrigen großen Gruppen der Zinsarten nicht von ihr betroffen, und es ist dadurch ein Grundsatz verletzt, den Böhm selbst mit Recht stark betont, nämlich daß die Erklärung aller Arten und Fälle des Zinses im innersten Grunde eine einheitliche sein müsse. Es könnte sich aber auch die Auffassung uns nahelegen, daß sie für das erwähnte Teilgebiet der Erscheinung die zutreffende und zureichende Erklärung bietet, welche die Agiotheorie für die übrigen nach kritischem Urteile n i c h t bietet. Dann wäre die theoretische Sachlage noch ungünstiger, denn es müßten die übrigen Gruppen der Zinsfälle erst wieder aus dem Produktivzinse abgeleitet werden, was auf der mit der Lehre gebotenen Basis nicht ohne erhebliche Gewaltsamkeiten und selbst mit solchen teilweise überhaupt nicht gelingen könnte. Wenn man insbesondere in betreff des Konsumtivleihzinses meinen sollte, dies verschlage nichts, weil er nur eine verschwindende Minderheit der Zinsfälle ausmache, so wäre solches nicht nur wissenschaftlich unzulässig, da die exakte Erklärung eines Phänomens keinen Ausnahmefall duldet, sondern es wäre auch mit den Tatsachen unvereinbar, die gerade in der Gegenwart Riesensummen öffentlicher Anleihen zeigen, welche als Gegensatz zum Produktivkredit dem Konsumtivkredite der Privatwirtschaften gleichzustellen kommen [1]). Übrigens wäre vielleicht schon *a priori* anzunehmen, daß die Agiotheorie und die Zurechnungstheorie sich gegenseitig ausschließen. Wenn wirklich der Gegenwartswert der Produktivgüter durch die Ableitung vom k ü n f t i g e n Mehrwerte des Produktes eine Werterhöhung erfährt, wie kann das Wertplus noch einmal in Hinkunft als Vergütung für den produktiven Dienst zum Werte des Produktivgutes hinzukommen? Wenn ein Produktivgut von 100 wegen des Produktes von 105, das es

[1]) Die obenstehende Bemerkung sollten auch diejenigen Nationalökonomen sich vor Augen halten, welche, uneingedenk des Konsumtivdarlehens, heutigen Tages noch eine Erklärung des Zinses geben, die sich ausschließlich irgendwie auf den „produktiven Dienst“ des Kapitals stützt.

abwerfen wird, mit 105 bewertet wird, dann kann wohl nicht mehr ein Plus von 5 ihm künftig anheimfallen: das kann nur geschehen, wenn der Wert des Produktivmittels auf 100 eingestellt bleibt, dem dann die 5 als produktiver Beitrag zugerechnet werden. Die Wertgleichheit des Produktes und des übertragenen Wertes der Produktivmittel schließt also die gedachte Zurechnung und damit streng genommen den Zins selbst aus, woraus folgen müßte, daß ein solcher nicht in die Erscheinung treten könnte, wenn nicht ein anderes ursächliches Moment hinzukommt. Diese Konsequenz ist auch in der Tat von J. Schumpeter gezogen worden und sie erscheint unausweichlich, solange man sich der Einsicht verschließt, daß die Ableitung des Wertes der Produktivmittel vom Gegenwartswerte des Produktes in Gemäßheit unseres Kostenbegriffes (s. die Wertperspektive im II. Kapitel) die Schwierigkeit beseitigt bzw. sie nicht erst aufkommen läßt.

Doch nicht die Einwendungen gegen die Zurechnungstheorie interessieren uns, sondern im Gegenteile unter Absehen von allen Einwendungen ihre Bedeutung für den in Rede stehenden Fragepunkt.

Läßt man die vorgetragene Lehre unbefangen auf sich wirken, so drängt sich uns das Urteil auf: Die Zurechnungstheorie der Ertragsausteilung ist Erklärung der Wirtschaftserscheinungen vom Unternehmer-Standpunkte! Was in der Verkehrswirtschaft auf Grund der konkreten Daten der Wirtschaft, d. i. der individuellen Bedürfnis- und Besitzverhältnisse als der Rückstand der tatsächlichen Preisbildungen der Löhne und Produkte reinen Überschuß auf die Kapitalverwendung ergibt, das ist der für die „Funktion" des Kapitales gebührende, ihm zuzurechnende Ertragsanteil. Die Preisbildungen sind das Entscheidende. Damit ist aber ein Element in das theoretische Bild eingeführt, das ausschließlich der Verkehrswirtschaft angehört: das Privateigentum. Der Lohn des Arbeiters — der des einzelnen Arbeiters im supponierten Einzelfalle, aber ebenso der Lohn des letzten Arbeiters in der allgemeinen Konkurrenzproduktion — bleibt hinter den Produktwerte zurück. Man erinnere sich, was Böhm mit unzweideutigen Worten hierüber lehrt. Der Arbeiter begnügt sich mit einem geringeren Lohne als dem Wertbetrage des Produktes, weil er nicht die Subsistenzmittel besitzt, die er während der Arbeit zur Bedürfnisbefriedigung benötigt. Der Kapitalist, der kraft des Privateigentums im Besitze dieser Subsistenzmittel sich befindet, ist infolge dieses Umstandes in der Lage, die Preisbildung des Lohnes in diesem Sinne durchzusetzen. Daher rührt in wesentlicher Kausalverknüpfung sein Ertragsanteil, der Zins. Damit ist nun doch sicher ein zu der allgemeinen Werterscheinung hinzutretendes Element gegeben, das eben nur in der Privatwirtschaft zur Geltung kommt. Vergeblich wäre es, dies leugnen zu wollen, und zu behaupten, daß die Zurechnungstheorie vom Sondereigentume absieht: das, was sie als Konklusum verkündet, könnte gar nicht zustande kommen, wenn nicht die Besitzesverschiedenheit, aus der die subjektiven Wertdifferenzen entspringen, gegeben wäre. Die Zurechnung unter Voraussetzung eines verkehrslosen Zustandes zu entwickeln und dennoch zu einem Ergebnisse zu gelangen, welches die Privatwirtschaft charakterisiert, ist eben nur durch eine *petitio principii* möglich, welche privatwirtschaftliche Momente in die obersten Voraussetzungen einschiebt.

Das bedeutet: die Zurechnungstheorie der Ertragsverteilung ist eine spezifisch privatwirtschaftliche; in ihrem Lichte erklärt sich der Zins als eine dieser Organisationsform der Wirtschaft allein eigentümliche Erscheinung. Sie stimmt in dieser Hinsicht mit unserer Theorie überein, freilich nur im Ergebnisse. Daß sie zu letzterem mittels einer gedanklichen Entwicklung gelangt, die gar ernstlichen Einwürfen ausgesetzt ist, soll uns hier nicht weiter kümmern, indem wir lediglich auf das Gewebe von Trugschlüssen verweisen, das wir zu entwirren hatten bei der behaupteten Ertragszurechnung an die angeblich wertvollere frühere Arbeit gegenüber späterer innerhalb eines Produktionsprozesses, die im gleichen Lohnsatz ihren Ausdruck finde [1]).

Aber freilich: Die Vertreter der Lehre werden die Stichhaltigkeit des ausgesprochenen Urteils schwerlich zugeben. Sie werden daran festhalten, daß die Zurechnung eine allgemeine Werterscheinung sei,

---

[1]) Auch wenn man die sachlichen Produktivmittel nicht in Arbeit auflöst, zeigt sich, daß der „zugerechnete" Ertrag nichts anderes als privatwirtschaftlicher Tauschgewinn ist. Wir lesen bei Böhm (a. a. O. S. 279 ff.): „Der häufigste Fall der Komplementarität (der Güter) ist, daß einzelne Glieder der Gruppe nicht bloß zu anderen Zwecken verwendbar, sondern auch durch andere Exemplare ihrer Art ersetzlich sind. Die Aufteilung geht hier in der Art vor sich, daß aus dem durch den Grenznutzen der gemeinsamen Verwendung bestimmten Gesamtwert der ganzen Gruppe zunächst den ersetzlichen Gliedern ihr fixer Wert vorweg zugeteilt und der — je nach der Größe des Grenznutzens variable — Rest den nicht vertretbaren Gliedern als ihr Einzelwert zugerechnet wird. Die wichtigste Anwendung der Komputation nach dieser Formel finde statt bei der Zurechnung des Produktionsertrages an die verschiedenen bei seiner Erzielung zusammenwirkenden Produktivkräfte: Bodennutzungen, Arbeitsleistungen, sachliche Produktivmittel. Die überwiegendste Mehrzahl dieser komplementären Güter ist als marktgängige Ware beliebig (?) ersetzlich; so die Leistungen der Lohnarbeiter, die Rohstoffe, Werkzeuge usw. Nur eine Minorität ist nicht oder doch nicht leicht vertretbar: das Grundstück, die Fabriksanlage. Wie man sieht, treffen also genau diejenigen kasuistischen Umstände zu, für welche die entwickelte Teilungsformel Geltung erhalten soll. Vom Gesamtertrag zieht man in der Praxis zunächst die Aufwände für die ersetzlichen Produktivmittel von gegebenem Substitutionswert ab: für Lohnarbeit, Rohstoffe, Werkzeugabnutzung usw. und den Rest schreibt man als Reinertrag dem oder den nicht vertretbaren Gütern zu: der Bauer seinem Boden, der Fabrikant seiner Fabrik. Damit sei der durchgreifendste Bestimmungsgrund für die Höhe der Honorierung bloßgelegt, die jeder der drei „Produktionsfaktoren" erlangt. Nur sei ein Unterschied zu konstatieren. Nämlich jene Quote, welche die Arbeiter erhalten, und jene andere, welche die Eigentümer des mitwirkenden Bodens erhalten, ist ohne weiteres identisch mit Arbeitslohn und Grundrente. Die Quote aber, die auf die Mitwirkung des Kapitals entfällt, ist noch nicht der Kapitalzins: sie ist erst das Bruttohonorar für die Kapitalmitwirkung, aus dem sich der Kapitalzins erst dadurch herausschält, daß und

die in den Tauschvorgängen nur eigenartigen Ausdruck findet, in diesen nur die der Privatwirtschaft entsprechende Form zeige. Demgemäß werden sie nach wie vor in dem, was unsere Theorie als das Wesen des Zinses ansieht, auch nur eine Form erblicken, den Grundzug der Zinserscheinung aber ebensowohl in einer isolierten Wirtschaft wie in einer kommunistisch organisierten Gesellschaft wiederfinden wollen, in dieser Hinsicht also wieder die Übereinstimmung mit der Agiotheorie bekunden.

§ 91. Die zweite Frage schließt sich logisch an: ob und inwiefern der Zins, so wie wir ihn in unserer Privatwirtschaft sehen, ein gerechtfertigtes Einkommen sei oder nicht. Auf diese Frage muß die Theorie eine bestimmte Antwort geben; ausdrücklich oder implicite. In der Tat sind alle Zinstheorien im Hinblick hierauf konzipiert. Während die alten Theorien von dem Zwecke eingegeben waren, den Zins zu rechtfertigen, ist die sozialistische Zinstheorie bekanntlich durch die Tendenz geleitet, ihn als ungerechtfertigt hinzustellen, und verfolgen die neueren Varianten der alten Lehren abermals den Zweck, ihn trotz der Einwendungen der Sozialisten als gerechtfertigt erscheinen zu lassen. Wir

---

insofern nach Abzug des Wertes der verbrauchten Kapitalsubstanz von jenem Bruttohonorar noch etwas übrig bleibt. Das aufzuklären sei aber ein Problem für sich."

Gegen diese Darstellung ist wohl Erhebliches einzuwenden. Was vom Ertrage nach den Aufwänden für Lohnarbeit, Rohstoffe, Werkzeugabnutzung usw. (auch Maschinen- und Gebäudeabnutzung muß hierin inbegriffen sein) übrig bleibt, soll, wie der Wortlaut besagt, als Ertragsanteil der unvertretbaren „Fabriksanlage" zugeschrieben werden? Das entspricht doch nicht der Wirklichkeit: es wird dem Gesamtkapitale angerechnet, und zwar erstens — nach ihrer Wiedererstattung — den Aufwänden für Lohnzahlungen, für Rohstoffe und Abnutzung, also gerade den ersetzlichen Produktivmitteln, und zweitens den nichtverbrauchten Teilen des stehenden Kapitales. Letztere aber haben doch sicherlich zu derjenigen Produktion, deren Ertrag aufgeteilt werden soll, nicht mitgewirkt! Nur von denjenigen Nutzleistungen der dauerbaren Produktivgüter kann das gesagt werden, welche in der konkreten Produktion verbraucht wurden. Den Titel, aus welchem das gesamte stehende Kapital Zins erhält, kennen wir (s. VII. Kapitel S. 206). Seine jeweils nicht verbrauchten Teile erhalten Zins nicht als Produktionsfaktor derjenigen Produktion, deren Ertrag aufgeteilt wird, und sie erhalten ihn eben, bevor etwas von ihnen verbraucht wird, also ist er für sie kein Bruttohonorar, von dem noch etwas für verbrauchte Kapitalsubstanz abgehe. Das umlaufende Kapital aber und derjenige Teil des stehenden, welcher zu der konkreten Produktion mitgewirkt hat, d. h. für sie verbraucht wurde, erhalten nebst ihrem „fixen Werte", den sie vorweg aus dem Gesamtertrage (als Kapitalersatz) zugeteilt bekamen, noch einen Anteil zugerechnet, von dem somit auch nichts mehr abgeht, der also ebenfalls „Reinertrag" ist und nur den Tauschgewinnen beim Absatz der Produkte entstammen kann. Die Zuteilung geht mithin keineswegs nach der vorangestellten Formel vor sich. Hieraus ist zweierlei zu entnehmen. Erstens, daß Böhm mit der Feststellung, die Ertragsverteilung falle mit der komputativen Zurechnung nicht zusammen, gegen sich selbst Recht behält. Zweitens, daß die Beziehung der im Preise der Produkte erzielten Tauschgewinne auf die Gegenwartsgüter des Unternehmerkapitals die „Zuteilung" des Ertrages ist.

finden zwar eine durch die wissenschaftliche Arbeitsteilung motivierte Ablehnung dieser Absicht in dem Hinweise, die nationalökonomische Theorie habe nur die Erscheinungen zu erklären, das, was ist, in seinen Zusammenhängen zu schildern, sei aber nicht berufen, in einem Urteile den Erscheinungen irgend ein Prädikat beizulegen. Allein, da die Erklärung als eine kausale beabsichtigt ist, so ist damit doch wohl ein Urteil in dem gedachten Sinne ausgesprochen, da eine stärkere Daseinsberechtigung als die innere Notwendigkeit eines Dinges kaum denkbar ist.

Konsequent müssen wir auch in der Lehre Böhm's eine unzweideutige Rechtfertigung des Zinses erblicken. Wenn der Zins eine elementare Werterscheinung ist; wenn der Wert das wirtschaftliche Handeln der Menschen leitet und wenn die Menschen sohin unter diesem Leitsterne in bestimmter Weise handeln bzw. gehandelt haben, so sollte man meinen, ist ihr Handeln damit *eo ipso* gerechtfertigt, weil als die Folge gegebener Voraussetzungen erwiesen. Der Zins, hörten wir, sei das notwendige Produkt einer „natürlichen" Wertdifferenz der Güter, die durch ihr Mengenverhältnis und die Verschiedenheit ihrer Nutzfunktion gegeben sei. Was derart durch eine äußere, für uns unabänderliche Bedingung unserer Wirtschaftsführung vorgezeichnet ist, ist doch wohl jeder Diskussion entrückt. Und damit ist — wohlbemerkt — nicht bloß die Existenz des Zinses, sondern auch seine konkrete Höhe gerechtfertigt. Denn beides wird in einem durch die bezeichnete Wertdifferenz entschieden; eines ist unlöslich an das andere gebunden. Jedwede Zinshöhe muß folgerichtig als erklärt und dadurch gerechtfertigt angesehen werden, wenn sie die Folgewirkung eines von außen gegebenen, unserer Einwirkung entzogenen Mengen- und Wertverhältnisses der Güter ist; wenn sie, wie es in schroffster (freilich unhaltbarer) Formulierung lautete, die Folge einer Differenz „objektiver" Werte ist. Bei konsequentem Denken könnte somit die Theorie unmöglich den Zins an sich erklären, einzelne Fälle aber als ungerechtfertigt zugeben.

Hiermit würde die Lehre aber offenbar in Widerstreit mit dem allgemeinen Empfinden geraten, und sie sieht sich daher veranlaßt, eben diesem Rechnung zu tragen. Zu dem Zwecke rekurriert Böhm auf die ethische Qualifikation des einzelnen Zinsbezuges (Pos. Theor. S. 375 ff.), wozu er offensichtlich genötigt war, weil ein brauchbares Argument in dem wirtschaftlichen Gedankengange nicht zu finden ist, das diesen nicht vollständig durchbrechen würde. Am Zinse selbst klebe kein Makel, in seinem Wesen liege nichts, was ihn an sich unbillig oder ungerecht erscheinen ließe. (Das heißt doch: er ist vom sittlichen Standpunkte als gerechtfertigt anzuerkennen.) Indes seine konkrete Höhe könne sittlich zu beanstanden sein. Dann nämlich, wenn kein reger Wettbewerb die Kapitalbesitzer zwingt, „ihre Preisforderungen auf ein „mäßiges Niveau" herabzustimmen, das für eine

Ausbeutung der Besitzlosen keinen Raum mehr läßt“ und sonach tatsächlich Zinsgewinne in „unangemessener Höhe“ zum Vorschein kommen, welchen der Vorwurf wucherischer Ausbeutung zu machen ist. „Und allerdings rücken die sehr ungleichen Besitzverhältnisse in unserer modernen Volkswirtschaft die Gefahr der Erzwingung ausbeutender Zinssätze in unwillkommene Nähe.“

Dazu komme noch, daß nicht selten auch das Billigkeitsgefühl durch den Kontrast von Gewinn und Verdienst beleidigt werde. Durch die Gunst einer „bevorzugenden Rechtsordnung“ fallen oftmals gerade die größten Kapitalvermögen ihren Eignern ohne persönliches Verdienst in den Schoß, und wieder ohne Mühe und persönliches Verdienst vollzieht sich der gewinnreiche Umsatz von Gegenwarts- in Zukunftsgüter.“ Mit klaren Worten wird hier sogar der Zinsempfang an sich mit der sittlichen Würdigkeit in eine Beziehung gebracht, welche für die Fälle des Mangels an persönlicher Mühe und Tüchtigkeit den Zins überhaupt als sittlich ungerechtfertigt erscheinen läßt. Nun muß man doch meinen, daß das sittliche Urteil nicht als etwas völlig Belangloses gedacht ist. Es muß mit irgend einer Sanktion ausgestattet sein, derzufolge dasjenige, was als sittlich ungerechtfertigt erklärt wird, nicht zum tatsächlichen Vollzuge gelangen darf. Allerdings scheint es, daß durch die Anführung des sittlichen Verdienstes persönlicher Mühe und Tüchtigkeit nicht ernstlich eine Bedingung für die Zulässigkeit des Zinsbezuges aufgestellt werden sollte, aber das sittliche Verdikt über wucherische Zinshöhe ist ja doch mit aller Strenge gefällt. Wer sollte dem nicht beistimmen?! Aber seine Exekution wird für die Theorie höchst bedenklich. Es ist offensichtlich, daß sie hiermit in einen Zwiespalt gerät und uns in einen Zwiespalt versetzt, über den nicht hinwegzukommen ist. Was vordem mit dem Aufwande tiefgründiger Forschung als eine elementare wirtschaftliche Erscheinung, die mit Notwendigkeit besteht, dargestellt wurde, wird auf einmal in einer unbestimmten Zahl von Fällen als sittlich ungerechtfertigt, folglich unzulässig erklärt. Volkswirtschaft und Ethik geraten damit in einen Konflikt, für den die Theorie selbst keine Lösung angibt. Ein erschwerender Umstand ist es, daß auch keinerlei Anhaltspunkte dafür gegeben sind, wo das persönliche Verdienst anfängt oder aufhört, und bei welchem Ausmaße die Zinshöhe das „mäßige Niveau“ überschreite und „unangemessen“ werde. Am bezeichnendsten für den inneren Zwiespalt der Lehre ist es schließlich, daß bei der wirtschaftlichen Erklärung des Zinses vom Sondereigentum ganz abgesehen, ein Einfluß desselben auf die Zinsbildung in Abrede gestellt wurde, bei der Ausführung über die sittliche Qualifikation dagegen gerade das Sondereigentum, der Besitz der einen, der Nichtbesitz der anderen Seite, als die Voraussetzung der sittlich ungerechtfertigten konkreten Erscheinungen namhaft gemacht wird. Hier liegt die Fehlerquelle zutage. In Wahrheit wurde freilich auch bei der Erklärung des Zinses, trotz entgegenstehender Äußerungen, vom Sondereigentum nicht abgesehen, wie wir ja erst kurz vorher zu bemerken Anlaß hatten. So sehen wir, daß die Theorie, um mit dem wirklichen Leben in Übereinstimmung zu bleiben, sich zu einer Einräumung verstehen muß, die, genau genommen, eine Preisgabe der wirtschaftlichen Gesetze der Zinsbildung und Zinshöhe bedeutet. Denn was sollen uns die schönsten Lehren über die Entstehung des Zinses und die Bestimmungsgründe seiner Höhe, wenn daneben eine Instanz anerkannt wird, der es zusteht, eine konkrete Höhe desselben, nach einem von ihr allein aufgestellten Maßstabe bemessen, als statthaft oder unstatthaft zu bezeichnen?

Die Auffassung des Zinses als spezifisch verkehrswirtschaftliche Erscheinung ist von solchem Zwiespalte frei. Ihr gilt der Zins nicht schon als solcher wirtschaftlich gerechtfertigt, sondern sie scheidet von Anfang wirtschaftlich-richtigen und wirtschaftlich-unrichtigen Zins und erklärt nur den ersteren als gerechtfertigt und somit als wirtschaftlich zulässig. Sie kennt in dieser Hinsicht auch nicht die Trennung des Zinses von seiner konkreten Höhe, denn ihr ist die Höhe selbst ein Kriterium der wirtschaftlichen Richtigkeit, und soweit die konkrete Höhe im einzelnen Falle nicht den Tauschgewinn als wirtschaftlich unrichtig erscheinen läßt, ist der betreffende Zins gerechtfertigt, wie immer sich seine Höhe innerhalb der gezogenen Grenze stellt. Da sie als Bedingung der wirtschaftlichen Richtigkeit die Wechselseitigkeit des Tauschgewinnes und ein der Wirtschaft aller Verbundenen dienliches Verhältnis des beiderseitigen Wohlfahrtsgewinnes statuiert, so bedarf sie, um mit dem Leben in Übereinstimmung zu bleiben, keines anderen als des wirtschaftlichen Maßstabes und es wird ihr in dieser Hinsicht auch die Zustimmung der Ethik zuteil, die ihr bezeugt, daß das wirtschaftlich Richtige in diesem Sinne auch das sittlich Richtige ist. (Man sehe das Zitat im IV. Kapitel S. 108.) Wie bekannt, sind die Maßnahmen, mittels welcher die Gesellschaft dem Mindestmaß ethischer Anforderungen durch die Zwangsgewalt des Rechtes die Durchführung unbedingt sichert, nach eben jenem Gesichtspunkte orientiert.

Mit der Zurechnungstheorie ist für die Frage ebenfalls nichts gewonnen. Von beiden Bekennern der Lehre wird nachdrücklich betont, daß die Verteilung durch wirtschaftliche Zurechnung keineswegs die gerechte Verteilung bedeuten solle[1]). Wir stehen somit der nämlichen Schwierigkeit gegenüber, welche für die Agiotheorie aufgezeigt wurde. Der Vorgang der Wertzurechnung als Befolgung der Wertgesetze

[1]) Mit einem gewissen Widerspruche hierzu wird allerdings in jener Ausführung, welche die Zurechnung des Produktertrages an die angeblich der Zeit nach höher- und minderwertige Arbeit behandelt (Positive Theorie, Exkurs VI), der in Gemäßheit dieser Zurechnung sich ergebende Lohn als „gerechter" Lohn bezeichnet. Demgemäß müßte auch der für den Unternehmer nach Abschlag dieses gerechten Lohnes erübrigende Zinsgewinn ein gerechter Ertragsanteil sein. Indes war dort nicht eine Aussage *ex professo* beabsichtigt, sondern die Wendung nur im Anschlusse an den Wortlaut bekämpfter Ansichten anderer Autoren gebraucht.

ist wirtschaftlich richtiges, weil wirtschaftlich motiviertes Handeln: sein Ergebnis kann aber dem vom sittlichen Urteile, von der Gerechtigkeit, Geforderten widersprechen.

Von unserem Standpunkte brauchen wir diesen Gegensatz nicht anzuerkennen. Indem wir diese „Zurechnung" als Preisbildungsvorgänge in unserem Sinne erfassen, sind wir nicht genötigt, in ihr immer ein wirtschaftlich richtiges Handeln zu erblicken, und es bietet sich uns die Lösung der gedachten Frage in der bereits angedeuteten Richtung [1]).

§ 92. Die dritte Frage bezieht sich hauptsächlich auf den aus dem Verhältnisse der Unternehmer-Kapitalisten zu den Lohnarbeitern entspringenden Produktivkapitalzins, betrifft also die Bemessung der beiderseitigen Anteile am Produktionsertrage und dient ganz vorwiegend dem Bestreben, für die Beurteilung der modernen Lohnkämpfe den

[1]) Wenn der Hinweis auf eine „gerechte" Verteilung des Produktionsertrages nicht eine Verteilung nach Gesichtspunkten der sittlichen Gerechtigkeit in Aussicht nehmen will, d. h. eine Verteilung in dem Sinne, daß jedem an wirtschaftlichen Gütern das zukomme, was ihm nach seiner sittlichen Würdigkeit gebührt, so könnte nur eine Verteilung nach Gesichtspunkten der wirtschaftlichen Gerechtigkeit gemeint sein. Mit dieser Auffassung würde jedoch ein unklarer Gedanke aufgenommen, der weite Verbreitung gefunden hat. Wir sahen, daß die austeilende „Zurechnung" in Preisbildungen ausläuft. Jene Auffassung würde also bedeuten, daß die Richtigkeit oder Unrichtigkeit eines Preises aus dem Begriffe der wirtschaftlichen Gerechtigkeit gefolgert und bestimmt werden könne. Das ist indes ausgeschlossen. Der Begriff der Gerechtigkeit, wie immer man ihn faßt, enthält kein Merkmal, das ein positives Kriterium abgeben könnte, eine konkrete Preishöhe als wirtschaftlich-richtig oder -unrichtig zu erklären. Das *justum pretium* ist nicht mit „gerechter Preis" zu übersetzen, sondern mit „richtiger Preis". Die Beziehung des Preises zur Gerechtigkeit ist vielmehr darin gegeben, daß diese eben den richtigen Preis sanktioniert. Ein Preis ist nicht darum wirtschaftlich richtig, weil er gerecht ist, sondern er wird als gerecht befunden, wenn und weil er wirtschaftlich richtig ist. Daher kommt es, daß man Güterübergänge aus einer Wirtschaft in die andere, bzw. Güterempfänge als gerecht erklärt, sofern sie als wirtschaftlich richtige Vorgänge sich darstellen. Auf Grund dieser Auffassung hat der Verfasser der „Grundlegung" auch die Güterübergänge zwischen den Privatwirtschaften und der Staatswirtschaft, die staatsfinanziellen Leistungen der Staatsangehörigen, welche die ältere Finanztheorie lediglich nach dem Gesichtspunkte der Gerechtigkeit zu bestimmen unternahm, als unter dem Einflusse der Wertung sich vollziehende wirtschaftliche Vorgänge nachgewiesen, die, soferne sie als solche richtig sind, als gerecht erklärt werden, wonach die vermeintlich aus der Gerechtigkeit abzuleitenden Postulate der Finanzdoktrin erst ihre Erklärung dadurch finden, daß sie eben das wirtschaftlich Richtige bezeichnen (s. auch Sax, „Die Progressivsteuer", Zeitschr. für Volkswirtsch. u. Verw., I. Heft). Somit erweist sich die ökonomische Finanztheorie, welche Privatwirtschaft und Staatswirtschaft gleichmäßig auf die allgemeinsten ökonomischen Kategorien zurückführt, auch hinsichtlich des Verhältnisses der Gerechtigkeit zur Wirtschaft als fruchtbringend. Ob diese Theorie nicht nach denjenigen Gesichtspunkten, welche für die Würdigung theoretischer Konzeptionen maßgebend sind, solche in höherem Maße verdient hätte, als ihr bisher tatsächlich zuteil geworden, ist eine Frage, die der Verfasser von seinem Standpunkte aufzuwerfen wohl das Recht hat, aber zu entscheiden natürlich nicht berufen ist.

objektiv-wissenschaftlichen Standpunkt zu gewinnen. Es ist nicht zu verkennen, daß sie in ihrem Wortlaute eine Schlagwortformel darstellt und die bezüglichen Gedankengänge eine klare Fassung der Begriffe vermissen lassen, aber es liegt ihr doch die Wahrnehmung zugrunde, daß die von der Theorie der Volkswirtschaftschaft verkündeten „Gesetze“ über die Zins- und Lohnhöhe diese als Ausfluß von Größenbeziehungen gegebener Faktoren darstellen und ihr dadurch eine ziffermäßige Bestimmtheit zuschreiben, welcher die Erfahrungen der Wirklichkeit, insonderheit betreffend die erwähnten Lohnkämpfe, zu widersprechen scheinen. Hierbei spielt freilich eine mißverständliche Auffassung dessen, was allgemeine Aussagen von der Art der allgemeinen Preisgesetze zu bedeuten und zu leisten haben, mit herein. Die Agiotheorie ist unleugbar eine schroffe Formulierung der kausalen Verknüpfung des Resultates mit festbestimmten Daten als Ursachen, bei welcher für eine weitere mitwirkende Ursache kein Raum bleibt. Der Zins sei, so heißt es, das „organisch notwendige Agio“, das infolge des Mengenverhältnisses und der größeren Nützlichkeit der gegenwärtigen Güter gegenüber den künftigen („dritter Grund“) für jene gezahlt werde, auf dem Darlehensmarkte in Form des Zinses, auf dem Arbeitsmarkte in der Form eines Arbeitspreises, der hinter dem Betrage des künftigen Arbeitsproduktes zurückbleibt. Die Höhe des Agio ergibt sich hiernach offenbar durch die tatsächliche Gestaltung dieses Mengen- und Nützlichkeits-Verhältnisses. Was aber durch das gegebene Wertverhältnis der Güter und „eine Tatsache der Produktionstechnik“ (dritter Grund) ursächlich erklärt ist, darauf können „soziale Machtverhältnisse“ doch keinen Einfluß üben. Man vergesse nicht, daß das Wertverhältnis gegenwärtiger und künftiger Güter sogar als ein Verhältnis „objektiver Werte“ charakterisiert wurde. Wenn eine Organisation der Arbeiter geschaffen wurde mit dem Zwecke und dem Erfolge die Lohnhöhe zu steigern, so tritt eine Änderung in dem Stande des „Agio“ zutage, ungeachtet jene ursächlichen Momente gleichgeblieben sind. Ist also nicht jeder siegreiche Streik eine Widerlegung der Theorie?

Auch die Zurechnungstheorie ist eine Formel, die zum mindesten durch den Wortlaut die gleiche Auffassung nahelegt. Die Anteile am Produktionsertrage seien für jeden mitwirkenden „Faktor“ durch seinen „produktiven Beitrag“ bemessen, der durch das Wertgesetz der Zurechnung gefunden wird. In der gesellschaftlichen Produktion ergeben sich Zins und Lohnhöhe durch die Größenbeziehungen zwischen dem Subsistenzmittelfonds und der Arbeitsmenge einer Volkswirtschaft, reguliert durch das Streben der Unternehmer nach höchstem Gewinn mittels der unter den jeweils gegebenen Verhältnissen ergiebigsten Kapitalverwendung (Ausdehnung der Produktionsperiode). Hier liegt doch wohl die Aussage einer rein quantitativen Bestimmung durch Eaten ebensolcher Art vor, die in dieser Hinsicht von der alten Lohnfondstheorie sich wirklich nicht viel unterscheidet.

Es ist nicht zu verwundern, daß unter dem Einflusse der sozialpolitischen und sozialistischen Ideen in Deutschland sich Widerspruch gegen eine solche, wie man meinte, mechanische oder naturgesetzliche Auffassung der Volkswirtschaft regte, der sich bis zur ebenfalls prinzipiellen Formulierung der entgegengesetzten Einseitigkeit steigerte. Die Ausführungen des Hauptwortführers dieser Richtung, Stolzmann, sind den Lesern, sei es im Originale, sei es in Auszügen bekannt. Nicht das Maß des Beitrages der einzelnen Produktionsfaktoren zum Produktionsertrage, sondern die sozialen Machtverhältnisse entscheiden über die Verteilung des Ertrages zwischen Grundeigentümer, Kapitalisten und Arbeiter; nicht was die Produktionsfaktoren beitragen, sondern was die Menschen, die als Eigentümer hinter diesen Produktionsfaktoren stehen, in den bestehenden sozialen Machtverhältnissen sich als Vergütung zu erzwingen wissen, ergäbe die Ertragsanteile. Die rein ökonomischen Momente geben die Voraussetzung und die Grenzen, den Rahmen für die Verteilung des Produktes ab, innerhalb dieses Rahmens aber seien es die Machtfaktoren, welche das Maß der Anteile bestimmen. Es ist leicht ersichtlich, worauf die Formel hinzielt. aber der Versuch, auf Grund derselben zu genauen Aussagen über die absolute und relative Maßbestimmung der Ertragsanteile im einzelnen zu gelangen, ist gänzlich mißlungen! Die Sätze, welche der oben genannte Autor in diesem Sinne entwickelt, konnte Böhm mit leichter Mühe zerpflücken [1]).

Die Vermittlung zwischen beiden Extremen hat Böhm selbst übernommen. Es sei seine Überzeugung, daß die tatsächliche Gestaltung der Preis- und Einkommensverhältnisse aus dem vereinigten und ineinandergreifenden Einflusse von rein wirtschaftlichen und von sozialen Machtfaktoren zu erklären ist, und es sei das noch nicht befriedigend gelöste Problem, die Art und das Maß des von jeder der beiden Seiten stammenden Einflusses darzulegen; darzulegen, wieviel der eine neben dem andern und eventuell gegen ihn vermag [2]).

Jene Ansicht stehe heutzutage wohl für jeden Verständigen von vornherein fest. Auch die Grenznutzentheoretiker hätten sich ihr nicht verschlossen. Sie hätten nur vorerst die Gesetze der Zuteilung unter der Annahme allseitiger völlig wirksamer Konkurrenz abgeleitet, aber sich dessen wohl bewußt, daß diese Lehrsätze nach der anderen, der bezeichneten Richtung einer Ergänzung bedürften.

Ob hiermit die Meinungen und Absichten jener Theoretiker richtig ausgelegt sind und ob nicht vielmehr die Gesetze der Zurechnung von ihnen in einem Sinne gedacht waren, welcher den Einfluß der erwähnten Faktoren ausschließt, einen solchen höchstens als „Störung" zugeben kann, soll dahingestellt bleiben. Nachdem nun aber von maßgebender

---

1) Geschichte und Kritik, II. Aufl., Anhang. Desgl. III. Aufl.

2) „Zur theoretischen Nationalökonomie der letzten Jahre", Zeitschr. f Volkswirtsch. usw., VII. Band, S. 425, wiederholt in der Vorrede zur dritten Auflage der Positiven Theorie.

Stelle die Wirksamkeit beider ursächlichen Momente ausdrücklich anerkannt und das Problem der Feststellung der beiderseitigen Kraftäußerungen formuliert ist, sehen wir die in Rede stehende Frage in der Zurechnungstheorie bejahend und damit in einer Weise beantwortet, welche die Antwort, die aus der Agiotheorie des Zinses folgt, aufhebt [1]).

Unsere Theorie enthält einleuchtend die Lösung der Frage in gleichem Sinne und dies um so mehr, da sie in den Preisbildungen nicht eine bloße Form, sondern das Wesen des Zinses und in ihm den Ausfluß der größten sozialen Macht erblickt, d. i. des Privateigentums!

Soziale Machtverhältnisse können nur auf etwas von Einfluß sein, das selbst aus solchen Beziehungen zwischen den Menschen entspringt. Ein solches Ding ist eben der Tausch, der die soziale Funktionsteilung zwischen den Individuen und das Sondereigentum mit der auf beiden Sozialerscheinungen beruhenden wirtschaftlichen Differenzierung der Menschen zur Voraussetzung hat. Der individuell verschiedene Umfang und Inhalt des Privateigentums — das historische Resultat des Waltens des Individualismus und sozialer Institutionen — bedingt den Umsatz zwischen denjenigen, welche bestimmte gegenwärtige Güter besitzen, und denjenigen, welche solche gleichzeitig nicht besitzen, jedoch zukünftige Güter besitzen werden, bei welchem Umsatze infolge der individuellen Wertdifferenzen ein Gewinn an künftigen gegen Einsatz gegenwärtiger Güter zum Vorschein kommt. Sein Ausmaß regelt sich in marktpreismäßiger Gestaltung nach dem bekannten Gesetze von Angebot und Nachfrage, je nach den konkreten Daten der Wirtschaft, den tatsächlich vorhandenen Gütern, dem Ausmaße der Ge-

[1]) In einem prächtigen Aufsatze: „Macht oder ökonomisches Gesetz?“ erschienen im XXIII. Bande der Zeitschr. f. Volkswirtsch. usw., S. 205ff., dem letzten, der aus seiner Feder geflossen, weist Böhm den theoretischen Weg, der zur Lösung der Frage zu betreten ist. Er zeigt, daß einseitige Macht der Unternehmer gegenüber Arbeitern, welche unter sich um die Löhne konkurrieren, den Lohn mehr oder minder tief unter das Grenzprodukt drücken kann, und daß andererseits die Macht der Koalition die Arbeiter instand setzt, vom Unternehmer einen das Grenzprodukt übersteigenden Lohnsatz zugestanden zu erhalten. Die solcherart entstandenen Lohnsätze seien jedoch nicht von Dauer; sie lösen Interessenmotive aus, die im Laufe der Zeit wieder eine Wirkung in entgegengesetztem Sinne mit sich bringen. Diese Untersuchung, welche, die Arbeitsleistungen in Gemäßheit des Unternehmer-Standpunktes als zu den sachlichen Produktivmitteln komplementäre Güter behandelnd, die bekannten Erscheinungen und Argumente der Lohnkämpfe in der Terminologie der Grenznutzenlehre vortrefflich darstellt, kommt zu dem Schlusse, daß die eben gedachten Einflüsse der ökonomischen Macht nicht anders als durch die Kategorien von Grenznutzen und subjektivem Wert hindurch wirken können und, da die subjektiven Wertschätzungen der beiden Tauschparteien den Preisspielraum nur eingrenzen, auf das Preisniveau eben auch nur in dieser Weise bestimmend wirken, daß sie sich also gemäß und innerhalb der von der Theorie aufgestellten Preisgesetze vollziehen und es daher gelte, nicht etwa die Preisgesetze beiseite zu stellen, sondern sich gerade auf ihren Boden zu stellen und sie nur nach jenen Richtungen auszubauen, in welchen die sozialen Machteinflüsse wirksam werden.

winnung neuer je nach den Arbeitsleistungen und der technischen Produktivität der Produktivmittel gemäß des Standes der Naturerkenntnis, dem Bedarfe an Gütern für die verschiedenen Zwecke usw. Die Besitzer derjenigen Güter, welche als technische Produktionsmittel und als Unterhaltsmittel während der Verarbeitung der ersteren dienen, leiten die Produktion in arbeitsteiligen Arbeitsgemeinschaften, indem sie den Arbeitstätigen die individuellen Anteile am künftigen Produkte vorhinein gegen Verbrauchsgüter ablösen und diese, sowie die bei der Produktion zum Verbrauch gelangenden technischen Produktivmittel als Kosten gegenüber dem Ertrage an künftigem Produkt ins Auge fassen; nach den gleichen Gesichtspunkten, welche bei der Einzelwirtschaft als subjektive Wertvorgänge sich abspielen, aber mit dem durchgreifenden Unterschiede, daß in der Privatwirtschaft der Wirklichkeit Preisbemessungen an Stelle der Wertschätzungen getreten sind. Die wissenschaftliche Analyse hat den Zusammenhang zwischen diesen verschiedenen Preisbildungen, die äußerlich gesondert in die Erscheinung treten, aufgehellt. Noch viel klarer als beim Unternehmerzins, der in der verwickelteren Erscheinung des Unternehmergewinns eingeschlossen, ist bei den übrigen Zinsformen die Tatsache, daß der Güterbesitz der einen, der Nichtbesitz der anderen die Voraussetzung seiner Entstehung bildet. Die ganze Erscheinung erwächst also vorhinein auf einer Grundlage, welcher Machtwirkungen nicht etwas externes, sondern wesenszugehöriges sind. Bedeuten doch die sozialen Beziehungen an sich das Verhältnis gegenseitiger Abhängigkeit der Menschen in ihrer Lebensführung, in welchem die Ungleichmäßigkeit der Ausstattung mit inneren und äußeren Mitteln Überlegenheit der einen über die anderen mit sich bringt.

§ 93. Mit der Feststellung der Tatsache, daß das Privateigentum eine wesentliche Voraussetzung des Zinses bildet, ist indes keineswegs etwa eine Billigung oder eine neue Lesart der sozialistischen Zinstheorie zum Ausdruck gebracht. Allerdings erscheint uns der Zins als derjenige Teil des durch das Zusammenwirken von Kapital und Arbeit entstandenen Produktes, welchen der Kapitalbesitzer kraft der durch die Besitzesverschiedenheiten bedingten individuellen Wertdifferenzen an sich zu ziehen vermag. Aber ebenso ist der Anteil der Arbeiter (nicht etwa dasjeinge, was ihnen als ihr produktiver Beitrag zuzurechnen wäre, oder das, was sie ohne Kapital erlangt hätten, sondern) ein Teil des aus dem Zusammenwirken der beiden Faktoren Arbeit und Kapital hervorgegangenen Produktes, der das Erträgnis der kapitallosen Arbeit in um so höherem Maße übersteigt, je weiter die Entwicklung des Kapitales gediehen ist. Die Arbeiter genießen also Anteil an den Früchten der der jeweiligen Gegenwart von früheren Wirtschaftsperioden überkommenen Ausstattung mit Gütern, zu der sie persönlich doch nicht beigetragen haben.

Die Lehre erscheint geeignet, die entgegengesetzten Einseitigkeiten zu überwinden, die sich in der sozialistischen Ausbeutungstheorie einerseits, den Zinstheorien der orthodoxen Nationalökonomie und der Agiotheorie andererseits gegenüberstehen. Wenn der Sozialismus sich zu der Erkenntnis durchringt, daß das Sondereigentum nicht ein Erzeugnis der Willkür oder roher Gewalt, vielmehr eine aus dem ökonomischen Grundverhältnisse unseres Daseins mit Notwendigkeit hervorgegangene soziale Beziehung ist, die auf einer bestimmten Entwicklungsstufe der Entfaltung der Persönlichkeit und der maximalen Steigerung der allgemeinen Wohlfahrt dient, so kann er nicht länger gegen die auf dem Sondereigentum beruhenden Wirtschaftshandlungen Front machen. Auf der anderen Seite dürfen die Anwälte des Eigentums sich nicht der Einsicht verschließen, daß ihm nur relative Berechtigung zukommt und daß ihm daher durch die kollektivistische Lebensgemeinschaft Grenzen da zu stecken sind, wo es in seinen Folgewirkungen eine der Gesamtheit schädliche Förderung der einen auf Kosten der übrigen Glieder des Verbandes erkennen läßt. Mit dieser vermittelnden Erkenntnis könnte sich die Kluft der Überzeugungen, welche die sozialistischen und die bürgerlichen Parteien trennt, schließen und der unvermeidliche Interessenkampf würde fortab nicht mehr die Frage des Prinzipes, sondern die Frage des Maßes betreffen. Jene Zinstheorien könnten, wenn nicht überwunden, einer solchen Entwicklung Hindernisse bereiten, insoferne überhaupt wirtschaftliche Theorien auf die Handlungen der Menschen Einfluß zu üben imstande sind.

§ 94. Es erübrigt nun noch, zum Schlusse unsere Lehrmeinung so kurz und klar als möglich zu resümieren [1]). Das Zinsproblem ist

[1]) Zwei österreichische Autoren, die ebenfalls Böhm in der Zinstheorie nicht unbedingt Gefolgschaft zu leisten vermochten, sind mit eigenen Zinstheorien hervorgetreten. Durchaus eigenartig ist die Lehre, welche J. Schumpeter in dem Buche „Theorie der wirtschaftlichen Entwicklung" 1912 vorgetragen hat. Er hält die „drei Gründe" nicht für ausreichend, die Zinserscheinung zu begründen. Teils seien sie nicht erwiesen, teils unwesentlich oder Ausnahmefälle; den „dritten Grund" akzeptiert er als die Tatsache der Mehrergiebigkeit von Produktionsumwegen, aber aus dieser folge der Zins noch nicht. Die Ableitung des Wertes der Produktivgüter vom Werte der Produkte macht Kosten und Erlös der Produktion zusammenstimmen, weshalb in einem statischen Zustande der Wirtschaft die Leiter der Produktionsbetriebe — abgesehen von Monopolfällen — keinen Zins, sondern nur persönlichen Unternehmerlohn beziehen. Nur im dynamischen Zustande der Wirtschaft entstehe der Zins durch das Auftreten derjenigen Wirtschaftssubjekte, welchen Schumpeter allein den Titel Unternehmer beilegen will, nämlich derjenigen, die neue Unternehmungen ins Leben rufen, d. h. neue technische oder geschäftliche Kombinationen ersinnen und zur Anwendung bringen, durch welche sie mit den alten Produktivmitteln neue Werte schaffen. Jene stehen ihnen zum früheren Preise zu Gebote, der Mehrwert der Ergebnisse ihrer fortschrittlichen Produktionsweise wirft ihnen daher einen Überschuß ab, den Unternehmergewinn. Dieser Gewinn sei jedoch nicht dauernd, sondern werde durch alsbald einsetzende Konkurrenz der Nachahmer und Nachfolger zuerst herabgedrückt, schließlich

nur in einem zweistufigen Erklärungsgange zu bewältigen und zwar nach jenem methodologischen Grundsatze, welcher in der „Grundlegung der theoretischen Staatswirtschaft" durchgeführt ist.

Auf der ersten Stufe wird die Güterversorgung als rein ökonomischer Vorgang, also abgesehen von den Beziehungen der Menschen zu- und untereinander, analysiert. Die Begriffe des Bedürfnisses, des Gutes, der Arbeit, des Wertes, des Kapitals, des Ertrages und der Kosten genügen, diesen Vorgang vollständig in unseren Gedanken zu erfassen. Das Kapital kommt als technisches Produktivmittel in Betracht, das einen Wohlfahrtsgewinn, die Herstellung höherwertiger Güter, bedingt durch Einschränkung gegenwärtiger Befriedigung, vermittelt. Der Ertrag der Produktion wird als Saldo der zeitlichen Wohlfahrtsbilanz, wenn er dauernd beabsichtigt ist, jeweils nach Abschlag desjenigen, was zu diesem Zwecke der Gegenwart immer wieder entzogen wird, der Kosten, gebucht. Der abstrakte Produktionsprozeß zeigt also zufolge der Kapitalverwendung einen gesteigerten Ertrag, der auf das Kapital, den Wert der Kostengüter, bezogen wird, weil er ohne Aufwendung derselben nicht entstanden wäre, der aber nicht durch diese allein entstanden ist. Es ist der Mehrertrag einer Produktion mit Kapital

aufgehoben. Von diesem Unternehmergewinne spalte sich der Kapitalzins ab. Die Unternehmer seien prinzipiell vom Kapital entblößt, sie müssen sich solches erst beschaffen. Hierbei finden sie „in dem Bestande des Privateigentums ein erst zu überwindendes Hindernis". Die Kapitalisten, die als Klasse prinzipiell von den Unternehmern zu scheiden sind, befinden sich im Besitze des Kapitals und die letzteren sind daher genötigt, ihnen für die Überlassung desselben einen Teil des Gewinnes abzutreten. Die Überlassung des Kapitals geschieht durch Übertragung von Geld oder Kreditzahlungsmitteln, wodurch die Unternehmer die „Kaufkraft" erlangen, mittels welcher sie die Produktivmittel an sich ziehen. Ungeachtet der Vergänglichkeit des Unternehmergewinnes ergebe sich der Zins in der dynamischen Wirtschaft dennoch als ständiges Einkommen der Kapitalistenklasse, weil sich immer wieder neue Unternehmungen in immer wachsendem Umfange bilden, die eine das Angebot übersteigende Nachfrage nach Kaufkraft entfalten; eine Nachfrage, die so groß ist, daß sie sogar den Mietzins und den Konsumtivzins zu begründen vermöge, indem die Kapitalisten letzteren fordern, weil sie immer von den Unternehmern Zins erhalten können.

Gegen diese „dynamische Zinstheorie", die mit vorstehendem nur in den äußersten Umrissen gezeichnet ist, hat Böhm in der Zeitschr. f. Volkswirtsch. usw., XXII. Band, gewichtige Einwendungen erhoben, die auch auf die hier übergangenen Details der Gedankenentwicklung eingehen. In einer „Entgegnung", in welcher Schumpeter die Einwürfe zu entkräften sucht, hält er seine Thesen aufrecht und erläutert sie mehrfach. Jedermann hat also Gelegenheit, die Kontroverse zu verfolgen. Unsererseits nur nachstehende ergänzende Bemerkungen. Nicht abzuleugnen ist die ganz markante Stellung, welche dem Privateigentum in dem Ursachenkomplexe der Zinserscheinung zuerkannt wird. Wie hiermit die Auffassung des Zinses als eines lediglich „funktionellen" Anteiles des Kapitals als Produktionsfaktor zu vereinbaren ist, mag freilich fraglich erscheinen. Jene stets vorhandene überwiegende Nachfrage nach Kaufkraft wird darauf basiert, daß die vorteilhaften Kombinationen, die durch das technische und sonstige Wissen der Zeit ermöglicht sind, jederzeit in einer weit über alle Erfüllungsmöglichkeiten hinausreichenden Zahl sich darbieten. Dies ist weder empirisch noch deduktiv gegenüber einer Produktion ohne Kapital, aber das Produkt der kombinierten Produktionsfaktoren. Alle Verwicklungen des Produktionsvorganges, welche durch abweichende zeitliche Entlegenheit der Genußziele, durch die Ausdehnung der Nutzungen der dauerbaren Kapitalgüter über eine Reihe von Wirtschaftsperioden, sodann durch das Verhältnis der Komplementarität der Produktivgüter sich ergeben, sind als Wertungsvorgänge zu durchschauen. Die Beziehung des Mehrertrages der kapitalistischen Produktion auf die Produktivmittel, der Reinertrag, kann im abstrakten Gedankenbilde eine rechnungsmäßige Gestalt nur durch Supponierung ideeller Werteinheiten annehmen, auf welche die verschiedenen Wertgrößen als Vielfache zurückgeführt werden. Dieser Reinertrag ist keineswegs der Zins in unserem Sinne.

Auf der zweiten Stufe des Erklärungsganges treten an die Stelle der abgeschlossenen Einzelwirtschaften oder des Kollektivums derselben die Individuen, welche in den sozialen Beziehungen zueinander und einander gegenüber stehen. Hier werden die ein Objekt der Analyse für sich bildenden sozialökonomischen Gebilde als Ursachen wirksam; an ihrer Spitze das Individualeigentum, wohl eine der wichtigsten Erscheinungen des Lebens der Menschheit, für die so

---

zu beweisen, ist eine bloße Behauptung. Der Ansicht, daß der Unternehmer prinzipiell vom Kapitalisten zu trennen sei, ist nicht beizupflichten. Es gehört vielmehr zum Wesen der Unternehmung, daß sie mit eigenem Kapitale das Risiko der vorausberechneten Preise und Absatzziffern trage und einem Kreditgeber für den ihm gewährten Ertragsanteil hafte. Wer ohne solche Sicherung einem Unternehmer leiht, ist tatsächlich Mitunternehmer, wie immer die Form der Kapitalübertragung beschaffen sei, das geschäftliche Risiko trifft ihn mit. Mit jener schiefen Auffassung hängt es zusammen, daß Schumpeter die Assoziation als eine Form des Kredites ansieht, während gerade umgekehrt die Assoziation bisweilen in Form des Kredites auftritt. Zur richtigen Würdigung der Theorie ist schließlich festzuhalten, daß sie nur in ihrem Zusammenhange mit der interessanten Krisentheorie des Autors zu verstehen ist. Was die letztere betrifft, so kann man sicherlich eine Strecke Weges mit ihm gehen; man wird der gelungenen Darstellung Beifall zollen, welche zeigt, wie die Neuerer und Bahnbrecher als das treibende Element der Unternehmerschaft den Rhythmus der volkswirtschaftlichen Bewegung angeben. Aber dadurch ist man noch keineswegs genötigt, einzusehen, daß sie den Zins erst hervorrufen. Der andere Autor, auf den hinzuweisen, ist Otto Conrad, der in den Schriften „Lohn und Rente" 1909 und „Die Lehre vom subjektiven Wert" 1912 den Produktivkapitalzins als den Preisaufschlag darstellt, den die Unternehmer-Kapitalisten auf die Arbeitskosten, welche als gegebene Größe behandelt werden, gegenüber den Käufern ihrer Produkte zu machen und durchzusetzen aus dem Grunde in der Lage seien, weil die Produktivmittel der Menge nach beschränkt sind, die Kapitalisten über sie als Monopolisten verfügen und daher durch die Konkurrenz niemals zur Ermäßigung der Produktpreise auf das Niveau der Arbeitskosten gezwungen werden können. Hiermit ist nur die eine Seite der Erscheinung berührt, hinsichtlich dieser steht aber der Autor unserer Lehrmeinung insoferne nahe, als er den Zins ebenfalls wesentlich als Preiserscheinung erkennt, die das Sondereigentum zur Voraussetzung hat. Nur ist die Möglichkeit des Herunterkonkurrenzierens des Produktpreises für insolange nicht zu leugnen, als der Unternehmer aus dem Verhältnisse zu den Arbeitern den Zins gewinnen kann.

manche Lehrbücher der Nationalökonomie nicht einmal einen passenden Platz in ihrem System zu finden wußten.

Hier nimmt die gesellschaftliche Güterversorgung in der Wirtschaft der Wirklichkeit auf Grund des Sondereigentums und der Arbeitsteilung (im weitesten Sinne des Wortes) als Ausflüssen der sozialen Gestaltungskraft des Individualismus, die bekannte Erscheinungsform der Tauschwirtschaft an, in welcher ein allgemeines Austauschverhältnis der Güter untereinander im ganzen Bereiche der gesellschaftlichen Produktion sich herausbildet, das durch Reduktion auf die Geldeinheiten die „Wertrechnung" mit sich bringt.

Das Kapital wird hier der Inbegriff der zum Umsatz zwecks Gütergewinnes bestimmten Gegenwartsgüter. Die hierin gelegene Schwenkung des Kapitalbegriffes, die der Theorie so viel zu schaffen machte, entspricht der Zweistufigkeit des Erklärungsganges.

Die kapitalistische Produktion geht vor sich als ein Komplex von durch Individualwertdifferenzen geleiteten Tauschvorgängen; speziell mittels jener Umsätze gegenwärtiger gegen künftige Güter, die im VII. Kapitel zergliedert wurden. Außer diesen ergeben sich solche Umsätze anderer Art, welche mit der Produktion in keinem oder nur in mittelbarem Zusammenhange stehen. Der Tauschgewinn der Kapitaleigentümer beim Umsatze gegenwärtiger gegen künftige Güter ist der Zins. Der Produktivkapitalzins ist derjenige Teil des Mehrertrages der kapitalistischen Produktion, welcher den Kapitalisten nach Abschlag des der Arbeit in den Umsätzen zufallenden Teiles verbleibt. Die addierten Zinsgewinne der Kapitalisten ergeben mithin keineswegs die Summe des Mehrertrages, welche die abstrakte kapitalistische Produktion für die Gesamtheit der Wirtschaftssubjekte zeigt. Das müßte aber der Fall sein, wenn jener Mehrertrag der Zins wäre und die Produktivitäts- und Nutzungstheorien alter oder modernisierter Fassung zuträfen. Daß man den Teil mit dem Ganzen identifizierte, hat in der privatwirtschaftlichen Auffassung des Kostenbegriffes seinen Grund, derzufolge die Anteile am Produkte, welche der Unternehmer den Arbeitern auszahlt, als Kosten erscheinen.

Die den Arbeitern zufallenden Anteile des Mehrertrages sind nicht praktisch ausscheidbar, sondern nur als das Wertplus des Gütergewinnes gegenüber dem Ergebnisse kapitalloser produktiver Betätigung zu erfassen.

Der Leihzins beim Produktivdarlehen ist abgeleiteter Produktivkapitalzins. Der Mietzins kann ohne große Gewaltsamkeit ebenfalls unter denselben subsumiert werden, indem man ihn als Handelsgewinn auffaßt, der aus sukzessivem Absatz der Güternutzungen fließt. Der Konsumtivleihzins hat dagegen mit der Produktion nichts zu tun und steht mit dem Mehrertrage der kapitalistischen Produktion höchstens in einem sehr entfernten Zusammenhange.

Als ein Fall der Preiserscheinung ist die Zinsbildung durch Anwendung der allgemeinen Preisgesetze auf den isolierten Umsatz gegenwärtiger und künftiger Güter, sodann auf die Marktumsätze bei einseitiger und beiderseitiger Konkurrenz als typischer Vorgang zu beschreiben.

Von den allgemeinen Zügen der Erscheinung zu den Besonderheiten der konkreten Gestaltungen vorschreitend, haben wir zunächst die Gruppe der Fälle des Produktivkapitalzinses auszuscheiden, die in ihren Beziehungen zu dem Arbeitslohne zu erfassen sind. Die bezüglichen Aussagen über die Höhe des Zinses in der wechselseitigen Bedingtheit mit jener der Arbeitslöhne wären wirklichkeitswidrig, wenn ihnen die Annahme allseitiger und vollständiger Konkurrenz zugrunde gelegt wird; sie können nur als Annäherung an die Wirklichkeit, als ein Idealbild aufgefaßt werden. Hieran reiht sich die Gruppe der verschiedenen Fälle des Leihzinses, in welcher wieder hauptsächlich zwei Untergruppen zu unterscheiden sind, die verschiedenen Darlehensgruppen entsprechen. Die eine Darlehensgruppe umfaßt jene Kapitalumsätze, in welchen gegenwärtige Güter in ihrer Natural- oder in der Geldform von einer Wirtschaft in andere übertragen werden, die andere charakterisiert sich als Übertragung des Geldes als spezifisches Gut, d. i. als Zahlungsmittel in der entwickelten Geld- und Kreditwirtschaft. In der ersten der beiden Gruppen bedingen die verschiedenen wirtschaftlichen Zwecke, zu welchen die Güterübertragungen erfolgen, weitere Abweichungen in den Einzelheiten der Wirtschaftsakte. Alle diese Gruppenunterschiede beruhen auf Besonderheiten der ökonomischen Umstände und ergeben gesonderte Kreise des Angebotes und der Nachfrage, in welchen eine spezielle Zinsbildung vor sich geht, wobei jedoch diese Kreise nicht hermetisch gegeneinander abgeschlossen sind, sondern einer, wenngleich indirekten und schwachen gegenseitigen Einwirkung Raum geben. Bei der Kompliziertheit der Wechselzusammenhänge aller dieser Zinsformen im Wirtschaftsgetriebe werden wohl über ein gewisses Maß von Allgemeinheit der betreffenden Aussagen hinaus nur empirische Gesetze zu finden sein. Nur in solcher Weise ist schließlich auch der Einfluß zu bestimmen, welchen der Kollektivismus auf die Höhe des Zinses ausübt, indem er dem Individualismus in der gesellschaftlichen Güterbeschaffung und -verteilung jeweils das der Gesamtentfaltung dienliche Maß anweist; ihm freien Spielraum gewährt, insofern als das Walten des Eigeninteresses das Maximum des Gesamtertrages herbeizuführen geeignet ist, und ihm Schranken auferlegt, wo eine dem Wirtschaftsverbande abträgliche einseitige Wohlfahrtsförderung der einen seiner Mitglieder zuungunsten der anderen zutage tritt.

Dieses theoretische Bild zeigt uns im Zinse eine Erscheinung, die der Privatwirtschaft angehört und von ihr unzertrennlich ist. Eben darum ist er für die Wirtschaft Robinson's wie für eine sozialistische Gemeinwirtschaft ausgeschlossen, die ihn in ihren die Güterversorgung leitenden Wertungsvorgängen weder kennen noch brauchen.

GPSR Compliance

The European Union's (EU) General Product Safety Regulation (GPSR) is a set of rules that requires consumer products to be safe and our obligations to ensure this.

If you have any concerns about our products, you can contact us on ProductSafety@springernature.com

In case Publisher is established outside the EU, the EU authorized representative is:

Springer Nature Customer Service Center GmbH
Europaplatz 3
69115 Heidelberg, Germany

Batch number: 10844827

Printed by Printforce, the Netherlands